PT 1745.L5 ASM

GERMANISTISCHE ABHANDLUNGEN

LOHENSTEIN UND TACITUS

BERNHARD ASMUTH

# Lohenstein und Tacitus

EINE QUELLENKRITISCHE INTERPRETATION

DER NERO-TRAGÖDIEN UND DES

»ARMINIUS«-ROMANS

J. B. METZLERSCHE

VERLAGSBUCHHANDLUNG

STUTTGART

GERMANISTISCHE ABHANDLUNGEN 36

ISBN 3 476 0189 X

KLAUS GÜNTHER JUST
DANKBAR GEWIDMET

# VORBEMERKUNG

Das Manuskript hat 1969 der Philologischen Abteilung der Ruhr-Universität Bochum als Dissertation vorgelegen. Für den Druck wurden einige Formulierungen geändert. Die nachträglich erschienene Literatur ist nur in den Anmerkungen und im Literaturverzeichnis berücksichtigt.

Herrn Dr. Horst Belke danke ich für seine Hilfe beim Lesen der Korrekturen, dem Land Nordrhein-Westfalen für einen Druckkostenzuschuß. ·

# INHALTSVERZEICHNIS

VII

LOHENSTEIN UND TACITUS

# EINLEITUNG

Stärker als die Literatur der letzten zweieinhalb Jahrhunderte wurzeln die Werke der Barockzeit in vorgegebenem Traditionsgut. Ohne dessen Kenntnis können sie nicht recht beurteilt, teilweise nicht einmal im vordergründigen Sinne verstanden werden. Die vielen mythologischen, historischen und biblischen Anspielungen dieser Bildungsdichtung bedürfen des erläuternden Kommentars, um für den heutigen Leser verständlich zu sein. Auch hinter dem rhetorischen Schmuck läßt sich oft nur mit Mühe das eigentlich Gemeinte erkennen. Solchen praktisch-hermeneutischen Schwierigkeiten, die sich bei der Lektüre derartiger Texte immer wieder ergeben, entsprechen im Bereich der ästhetischen Urteilsfindung die literarhistorischen Probleme. Erst wenn alle Voraussetzungen bekannt sind, vermag die Eigenart eines Werkes klar hervorzutreten. Das gilt nicht nur hinsichtlich des vorgegebenen Formenkanons der rhetorischen Figuren, der Embleme, der petrarkistischen und maristischen Motive und der poetologisch geregelten Gattungsstrukturen. Auch die Stoffe und Gedanken dieser Dichtungen sind nicht unmittelbar aus dem Leben gegriffen, auch sie waren weitgehend vorgeprägt. Nach Originalität strebten die Autoren jener Zeit weniger durch die Wahl eines möglichst neuen Materials als durch sinnreiche Kombination und Füllung vorgegebener Rahmenteile und Versatzstücke. Die Erarbeitung der stofflichen und ideellen Quellen erscheint um so notwendiger, als ohne sie die stilistische und gattungspoetische Einordnung eines Werkes nur mit Vorbehalt erfolgen kann.

Die bisherigen Quellenforschungen zur deutschen Barockdichtung galten hauptsächlich den Dramen des Schlesiers Andreas Gryphius (1616–64). [1] Gezielte Quellenuntersuchungen zu den sechs Tragödien oder gar zu dem umfangreichen *Arminius*-Roman seines jüngeren Landsmannes Daniel Casper von Lohenstein (1635–83) liegen bislang, abgesehen von einem 1967 erschienenen Aufsatz von Gerhard Spellerberg [2], nicht vor. Wahrscheinlich hat die Vielzahl der von Lohenstein benutzten Quellen die Interpreten verwirrt. »Wer wollte wohl den Quellen nachspüren, welchen Lohenstein bei der Erzählung der geschichtlichen Begebenheiten, die sich über alle Zeitalter und alle Erdteile ausbreitet, gefolgt ist?« fragte 1866 Leo Cholevius [3] im Hinblick auf den *Arminius*. Er hielt es sogar für »ermüdend, nur eine Vergleichung mit Tacitus anzustellen« [4], den er offensichtlich in durchaus richtiger Einschätzung als Hauptquelle des Romans ansah. Ähnlich meinte Luise Laporte 1927, es sei »ohne wissenschaftlichen und menschlichen Wert, den zahllosen Quellen des Romans im einzelnen nachzuforschen«, da der Quellenstoff »nicht etwa neu gestaltet und eigenartig verwandelt, sondern völlig unverarbeitet übernommen« sei. [5] Im übrigen hebt auch Laporte besonders die Anklänge an Tacitus hervor. [6]

Bei den Tragödien, die nach Zesens Vorschlag von 1640 wie bei Gryphius »Trauerspiele« heißen, erweist sich die Quellenlage als nicht minder verwirrend, obwohl oder gerade weil Lohenstein eine Fülle von Literaturangaben in seinen Anmerkungen bereitstellt. Von seinem Erstling *Ibrahim Bassa* abgesehen, gab der Dichter allen Trauerspielen solche Anmerkungen bei. Klaus Günther Just hat die Autoren, die Lohenstein in diesen Anmerkungen zitiert, in einem alphabetischen Register erfaßt und dieses in seiner Ausgabe der römischen Trauerspiele abgedruckt. [7]

Nicht zuletzt aufgrund dieses Registers, das Tacitus als den mit Abstand meistgenannten Autor ausweist, konnte Just zu dem Ergebnis kommen, »daß nicht so sehr Seneca als vielmehr Tacitus eine überragende Bedeutung für Lohensteins Dramatik besitzt, nicht nur im Sinne einer Quelle für dramatisches Material, sondern darüber hinaus im Sinne eines werteprägenden geistigen Kraftfeldes«. [8] Den Einfluß von Senecas Tragödien auf das Renaissance- und Barockdrama hatte 1907 Paul Stachel hervorgehoben. [9] Die stoffliche Abhängigkeit von Tacitus erläutert Just an anderer Stelle genauer: »Auf weite Strecken brauchte Lohenstein nur eine dramatische Paraphrase des durch Tacitus Aufgezeichneten zu geben« [10], und er merkt hierzu an: »In einzelnen Fällen ›übertrug‹ Lohenstein Tacitus beinahe wörtlich aus prosaischem Bericht in dramatische Aussage, z. B. *Agrippina* I 132, 580, *Epicharis* I 375.« [11] Das sind wichtige Hinweise. Das Ausmaß und die näheren Einzelheiten auch nur der stofflichen Seite von Lohensteins Tacitusrezeption blieben der Forschung allerdings bisher verborgen.

Die *Annalen*, das Hauptwerk des römischen Geschichtsschreibers, in dem er die Regierungszeit der römischen Kaiser Tiberius, Claudius und Nero behandelt, dienten dem Breslauer Dichter als Hauptquelle für zwei seiner sechs Dramen und für seinen einzigen Roman. Mit seinen Trauerspielen *Agrippina* und *Epicharis* dramatisierte er die beiden hervorstechendsten, ihm vielleicht schon aus seiner Schulzeit bekannten Passagen der *Annalen*: die Ermordung der Kaiserinmutter Agrippina durch ihren Sohn Nero im Jahre 59 n. Chr. (ann. 14, 1–13) und das Scheitern der gegen Nero gerichteten Pisonischen Verschwörung, in deren Zusammenhang auch der frühere Erzieher und Minister Neros, der Philosoph Seneca, den Tod fand, im Jahre 65 (ann. 15, 47–74). Das letzte Ereignis lag genau 1600 Jahre zurück, als die beiden Stücke des dreißigjährigen Dichters im Druck erschienen. Hier mag ein ähnliches Jubiläumsbewußtsein mitgespielt haben wie fünf Jahre später, als man der Eroberung Jerusalems durch Titus im Jahre 70 gedachte, bei den beiden miteinander wetteifernden Berenice-Tragödien von Corneille und Racine. In dem erst posthum 1689–90 gedruckten, über 3000 Seiten umfassenden *Arminius*-Roman, insbesondere in den Büchern II 6 und 7, verarbeitet Lohenstein die ersten beiden Bücher der *Annalen*, die den Germanienfeldzug des Germanicus zum Hauptthema haben. Damit ist der Rahmen der folgenden Untersuchungen im wesentlichen abgesteckt. Daß Lohenstein zu den römischen Trauerspielen ebenso wie zum *Arminius* auch noch andere antike Quellen heranzieht, zu den Dramen besonders Sueton und den Dion-Exzerptor Xiphilinus, zu dem Roman Cassius Dion selbst,

Velleius Paterculus, Florus, Strabon und Sueton, ist kaum von Belang. Sie dienen vornehmlich zur Auskunft in Detailfragen und erreichen jedenfalls nicht annähernd die Bedeutung von Tacitus, der die Gesamtstruktur dieser Werke entscheidend mitbestimmt. Die einseitige Konzentration auf die Hauptquelle ist durch deren überragenden Einfluß gerechtfertigt.

Mit seiner Vorliebe für Tacitus entspricht Lohenstein dem Zeitgeschmack. Bemerkenswert erscheinen nur das Ausmaß und die Art seiner Tacitusrezeption. Der Verfasser der *Annalen* und der *Historien* galt im 17. Jahrhundert als der beste antike Historiker, wenn nicht sogar als der größte antike Autor überhaupt. So wirkt es kaum verwunderlich, wenn unter den vielen Römerstücken, die zeitweilig den Hauptanteil der historischen Tragödien ausmachten, [12] auch Taciteische Stoffe vertreten sind. Auch das Bestreben, der anerkannten Autorität unter den Geschichtsschreibern des Altertums möglichst getreu zu folgen, kennzeichnet nicht nur Lohenstein. In eben dem Jahr, als er seine beiden römischen Trauerspiele herausgab, wurde in Paris die Tragödie *Othon* gedruckt, die Pierre Corneille (1606–84) nach den *Historien* des Tacitus gedichtet hatte. Im Vorwort an den Leser preist er »cet incomparable auteur, que j'ai traduit tant qu'il m'a été possible«. [13] Ähnlich äußert sich sein jüngerer Rivale Jean-Baptiste Racine (1639–99) in dem zweiten Vorwort zu seinem *Britannicus*: [14]

J'avois copié mes personnages d'après le plus grand peintre de l'antiquité, je veux dire d'après Tacite. Et j'étois alors si rempli de la lecture de cet excellent historien, qu'il n'y a presque pas un trait éclatant dans ma tragédie dont il ne m'ait donné l'idée. [...] Ainsi le lecteur trouvera bon que je le renvoie à cet auteur, qui aussi bien est entre les mains de tout le monde. [15]

Die hohe Wertschätzung, die Tacitus im 17. Jahrhundert besonders in den romanischen Ländern, aber auch in England, Holland und Deutschland genoß, hat vor allem zwei Ursachen. Man bewunderte seine Menschenkenntnis und seine politischen Einsichten.

Die Dichter wurden damals ebenso wie später ihre Kollegen im 19. Jahrhundert von den scharf gezeichneten Charakteren angesprochen. [16] Die pathetische Geschichtsschreibung des Tacitus, die mit der Darstellung großer Charaktere und gewaltiger Ereignisse eine der tragischen verwandte ästhetische Wirkung erstrebt [17], zog natürlich besonders die Tragödiendichter an. Seine Kunst, die seelischen Hintergründe politischer Geschehnisse auszuleuchten, mußte gerade Lohenstein, den »Psychologen« [18] unter den deutschen Barockautoren, faszinieren. Die ebenso genaue wie kritische Menschendarstellung machte das Taciteische Geschichtswerk aber nicht nur zur Schule und Quelle der Dramatiker, sondern auch zum Vorbild der neuzeitlichen Moralisten. [19] Guicciardini, Montaigne und nicht zuletzt der Spanier Baltasar Gracián, dessen *El politico Fernando* Lohenstein ins Deutsche übersetzte, haben Tacitus sehr geschätzt. Sie waren die ersten großen Moralisten der Romania. [20]

Wichtiger als die psychologische Tiefenschärfe, die die literarisch Tätigen begeisterte, war jedoch der politische Gehalt seiner Schriften. Dieser erst garantierte ihnen die volle Breitenwirkung. 1515 hatte Beroaldus erstmals die ersten Bücher der *Annalen* publiziert, die vor der Entwendung des Codex Mediceus I aus dem westfälischen Kloster Corvey nach Italien unbekannt gewesen waren, und damit das Werk des Tacitus auf seinen heutigen Umfang vervollständigt. Aber »bei den Humanisten, die unter dem Banne der ciceronischen Latinität standen, fand der Historiker nicht den gebührenden Anklang. Sein Einfluß entwickelte sich erst, als infolge der vielen Staatsumwälzungen die politische Wissenschaft sich ausbildete.« [21] Die Tacitusausgabe des berühmten Justus Lipsius (1547–1606), die 1574–75 erschien und bis 1600 sieben weitere Auflagen erlebte, schuf für diese Entwicklung die philologischen Voraussetzungen. Auch Lohenstein hat diese Ausgabe mit ihrem noch heute vorbildlichen Kommentar benutzt. [22] Als eigentlicher Vater des politischen wie auch des stilistischen Tacitismus, der gegen Ende des 16. Jahrhunderts Mode wurde, muß dagegen Marc-Antoine Muret (1526–85) gelten, der den jungen Lipsius erst zu seinen Tacitus- und Seneca-Studien anregte [23] und der durch seine 1580/81 in Rom gehaltenen Vorlesungen über Tacitus' *Annalen* zum »Initiator des italienischen Tacitismus« wurde. [24] Von Italien aus griff der Tacitismus dann bald auf die anderen europäischen Länder über, literarisch gefördert vor allem durch die *Ragguagli di Parnaso* des Traiano Boccalini, den Gryphius in den Anmerkungen zu seinem *Papinianus* zweimal erwähnt [25] und den auch Lohenstein kennt. [26] »Mit den *Ragguagli di Parnaso* aber verbreitete sich der Ruhm des Tacitus, verbreitete sich eine uns heute exzessiv anmutende Vorliebe für diesen antiken Historiker.« [27] Wie in Dantes *Divina Commedia* Vergil als Führer durch Hölle und Fegefeuer, so tritt bei Boccalini Tacitus als Führer durch die satirische Spiegelwelt des Parnaß auf. [28] Als anerkannter Lehrmeister politischer Klugheit wird er in den politischen Handbüchern des 17. Jahrhunderts zur meistberufenen Autorität. »In Italien, in Frankreich und Spanien hat sich um die Wende zum 17. Jahrhundert allgemein die Auffassung von Tacitus als dem meisterlichen Darsteller des höfischen Lebens, dem Magister politicae rei durchgesetzt.« [29] Lipsius pries ihn als den klügsten aller antiken Autoren [30], Boccalini als »il vero maestro degli uomini accorti [31], Gracián als »gran oráculo de los políticos« und »ídolo de estadistas« [32], für Gryphius ist er der »Welt-weise Geschicht-Schreiber« [33], der keiner namentlichen Nennung bedarf. Auch Lohenstein genügt die Antonomasie, als er einmal »aus dem fürtrefflichen Geschicht-Schreiber« zitiert. [34]

Die Sentenzen, die Tacitus in seine Geschichtsdarstellung einflicht, wurden, zu Florilegien zusammengestellt, zum Kanon politischer Taktik, der den Monarchisten wie den republikanisch Gesinnten gleichermaßen nützlich erschien. [35] Weniger einig war man sich in moralisch-rechtlichen Fragen, die allerdings in der Zeit nach Machiavelli erst in zweiter Linie interessierten. Die einen feierten Tacitus als heimlichen Republikaner, die anderen umgingen seine offenkundige Freiheitsliebe und forderten Gehorsam dem absolutistischen Königtum gegenüber, indem sie sich offiziell auf Tacitus beriefen, aber aus den Reden der von ihm angeprangerten Personen zitierten, ohne dies zu vermerken. [36]

Daß die Geschichtsschreibung des Tacitus um 1600 den Gipfelpunkt ihrer Wirkungsgeschichte erreichte, liegt allerdings nicht nur an den Ansichten, mit denen er seine Darstellung würzt, sondern auch an der lakonischen Prägnanz, mit der er sie zum Ausdruck bringt. Während die Humanisten die langen Perioden Ciceros bewundert hatten, weckten Muret und Lipsius die Begeisterung für die syntaktische und semantische Sparsamkeit des taciteischen Stils. Die Verlagerung des Interesses von der goldenen zur silbernen Latinität – Lipsius brachte auch Seneca und den Stoizismus neu in Mode – hängt mit dem stilgeschichtlichen Umbruch von der Renaissance zum Barock eng zusammen. Um so bedauerlicher ist es, daß eine Untersuchung über den taciteischen Stil in der deutschen Barockliteratur noch fehlt. [37]Auch über den politischen Tacitismus sind wir genauer nur im Hinblick auf den romanischen Bereich informiert. [38]

Es kann nicht Aufgabe dieses Buches sein, diese geistes- und stilgeschichtlichen Lücken zu schließen. Das hieße die Möglichkeiten einer auf einen Dichter beschränkten Spezialuntersuchung überschätzen. Immerhin soll versucht werden, den Anschluß der Barockgermanistik an die Romanistik durch Bereitstellung wichtigen Materials vorzubereiten.

Im Vordergrund steht die Frage, wie Lohenstein die von Tacitus gebotenen Stoffe bzw. Texte bearbeitet hat. Die Struktur seiner Trauerspiele wie auch die des *Arminius*-Romans treten vor der Folie der *Annalen*-Texte klarer hervor. Es ergäbe sich allerdings ein schiefes Bild, wollte man angesichts des gesamteuropäischen Tacitismus alle Abweichungen von Tacitus oder den anderen antiken Quellen der Originalität Lohensteins gutschreiben. Manches, was letzten Endes auf Tacitus zurückgeht, und einiges mehr übernahm der schlesische Dichter aus zeitgenössischen französischen Bearbeitungen, die, abgesehen von dem durch Spellerberg vorgestellten Roman *Ariane* von Desmarets, bislang der Lohenstein-Forschung nicht bekannt waren. Sie werden im Rahmen dieser Arbeit als Zwischenquellen mit besprochen. Dramengeschichtlich besonders bedeutsam erscheint die Beziehung zu François Tristan L'Hermite (1601–55), dem neben Corneille und Mairet wichtigsten französischen Tragiker der ersten Jahrhunderthälfte, dessen 1645 gedruckte Tragödie *La Mort de Seneque* den Anstoß zu Lohensteins *Epicharis* gab. [39]

Neben der stofflichen Abhängigkeit wird, wenn auch wesentlich knapper [40], die geistige Beziehung Lohensteins zu Tacitus zu untersuchen sein, insbesondere hinsichtlich des Menschenbildes und der politischen Einstellung. Allerdings muß hier eine bloße Gegenüberstellung genügen, da wir die genauen Ursachen von Lohensteins nicht immer Taciteischen Auffassungen nicht kennen. Über die Personen oder gar Lehrmeinungen, die seine geistige Entwicklung beeinflußt haben, wissen wir so gut wie nichts. Nähere Aufschlüsse hierzu sind allenfalls von einer genauen Auswertung der von ihm selbst angegebenen Literatur zu erhoffen.

Auf die vielleicht interessanteste Frage im Zusammenhang unseres Themas kann aus sachlichen und methodischen Gründen überhaupt keine klare Antwort erfolgen. Gemeint ist die stilistische Beziehung zwischen Lohenstein und Tacitus. Die petrarkistischen, marinistischen und taciteischen Stilelemente, die sich – um nur die wichtigsten zu nennen – bei dem Schlesier mischen, müßten gegeneinander isoliert werden. Außerdem erscheint es sinnvoller, den Mischungsprozeß über einen längeren Zeitraum und unter Berücksichtigung weiterer Dichter zu verfolgen, um zu stilgeschichtlich brauchbaren Resultaten zu kommen. All das ist hier nicht möglich. Die pointierte und ans Dunkel grenzende Knappheit, die der Taciteischen und der Lohensteinschen Darstellung gemeinsam ist, genügt allein nicht als Basis eines genaueren Stilvergleichs. Die Art, wie Lohenstein die Taciteischen Texte umsetzt, läßt jedenfalls eher Unterschiede als Gemeinsamkeiten erkennen. [41]

Das Schwergewicht der folgenden Untersuchungen liegt auf den römischen Trauerspielen. Der *Arminius*-Roman wird nur verhältnismäßig knapp behandelt, teils aus Zeitmangel, teils weil sein Umfang und die ungünstigere Textlage die Kontrollierbarkeit der hier vorgetragenen Ergebnisse erschweren.

Jede Quellenuntersuchung zu Lohenstein ist weitgehend von den Anmerkungen abhängig, die er seinen Trauerspielen beigegeben hat. Es erscheint angebracht, die erste größere Quellenstudie mit einem Kapitel über die Eigenart und die Ergiebigkeit dieses wichtigen Instrumentariums zu eröffnen.

Zuvor noch einige technische Hinweise. Bei Stellenangaben werden Lohensteins Dramen folgendermaßen abgekürzt: A = *Agrippina*, E = *Epicharis*, IB = *Ibrahim Bassa*, IS = *Ibrahim Sultan*, S = *Sophonisbe*. C¹ und C² bedeuten die beiden Fassungen der *Cleopatra*. Zur besseren Orientierung werden in der Regel auch die Szenenzahlen vermerkt, und zwar in Form kleiner Buchstaben. A I b 226 bedeutet etwa *Agrippina*, erste Abhandlung, zweite Szene, Vers 226. Als Textgrundlage dient die von Klaus Günther Just besorgte Ausgabe der türkischen (abgekürzt: TT), römischen (RT) und afrikanischen Trauerspiele (AT). Die maßgebende *Arminius*-Ausgabe ist der zweiteilige Erstdruck von 1689–90 (Arm. I und II).

Tacitus wird nach der von Justus Lipsius besorgten Amsterdamer Ausgabe von 1600 zitiert, auf deren Kommentar Lohenstein sich, wie gesagt, mehrfach bezieht. Er selbst muß noch eine weitere Tacitus-Ausgabe besessen haben, da er die 1638 von Matthias Bernegger eingeführte Kapitel- und – nur zur *Agrippina* – auch die Paragraphenzählung verwendet. Orthographisch weichen die Tacitus-Zitate in Lohensteins Anmerkungen sowohl von Lipsius' wie von Berneggers Textgestaltung ab. Die Numerierung der Tacitus-Stellen erfolgt entsprechend der Tacitus-Ausgabe von Erich Koestermann, die 1960–64 erschien. In der Paragraphenzählung stimmt sie mit Bernegger und damit auch mit Lohensteins Angaben nicht überein.

Die Tragödie *La Mort de Seneque* (abgekürzt: MdS) von Tristan L'Hermite wird nach der Ausgabe von Jacques Madeleine aus dem Jahre 1919 zitiert, in der die Verse fortlaufend, also über die Aktgrenzen hinweg, numeriert sind.

Für die Werke antiker Autoren gelten die üblichen Abkürzungen.

Die in den zitierten Texten vorkommenden Abkürzungen (z. B. regelmäßig »&« für »et«) sind aufgelöst, die üblicherweise zusammengeschriebenen Umlaute ae und oe getrennt wiedergegeben, mit Ausnahme des noch heute gebräuchlichen französischen œ (z. B. cœur). Hervorhebungen innerhalb der zitierten Passagen durch abweichendes Schriftbild oder – im *Arminius* – durch Fettdruck sind kursiv gesetzt.

Für Forschungsbeiträge, die im Literaturverzeichnis am Ende dieser Arbeit aufgeführt werden, steht bei Stellennachweisen nur der Name des Verfassers. Gegebenenfalls ist der Titel in Kurzfassung beigefügt.

Zum besseren Verständnis des Folgenden sei die Mitbenutzung zweier Werke empfohlen: 1. der von Klaus Günther Just besorgten Ausgabe von Lohensteins *Römischen Trauerspielen* (Stuttgart 1955), 2. der *Annalen* des Tacitus. Letztere sind auch in deutschen Übersetzungen greifbar (z. B. in der Reihe »Kröners Taschenausgaben«).

# ERSTES KAPITEL

## DIE ANMERKUNGEN ZU DEN TRAUERSPIELEN

### 1. DIE MEISTGENANNTEN QUELLEN

Die rund 300 Autoren, auf die sich Lohenstein in seinen Anmerkungen bezieht und die Klaus Günther Just in seinem Register [1] erfaßt, ordnen sich, nach der Zitathäufigkeit gemessen, zu einer aufschlußreichen Hierarchie. Zwei Gruppen ragen heraus: an erster Stelle die römischen Prosaschriftsteller der silbernen Latinität, also die Nachaugusteer vor allem des ersten Jahrhunderts nach Christus mit Tacitus an der Spitze, denen gegenüber die eigentlichen Klassiker und die Zeitgenossen des Augustus, wie Cicero (13mal erwähnt) und Livius (28 x), deutlich zurücktreten; an zweiter Stelle zeitgenössische Schriftsteller des 17. Jahrhunderts.

Von den Zeitgenossen Kircher (85 x), Bochart (60 x) und Selden (51 x) abgesehen, die Lohenstein für die Zweitfassung der *Cleopatra* von 1680 und auch zur *Sophonisbe* wohl erst für die Schlußfassung des gleichen Jahres heranzog – von hier aus erscheint eine ungefähre Rekonstruktion der nicht erhaltenen Erstfassung der *Sophonisbe* von 1666 möglich [2] –, abgesehen auch von Bisaccioni (71 x) und Ricaut (50 x), den Hauptquellen des *Ibrahim Sultan*, zitiert Lohenstein in dieser Häufigkeit nur antike Autoren bzw. ihre Exzerptoren, und zwar in aufsteigender Folge Florus (51 x), Cassius Dion (52 x), dessen Exzerptor Xiphilinus (54 x), den älteren Plinius (56 x), Seneca (59 x), Sueton (86 x), Plutarch (90 x) und Tacitus (198 x). [3]

Tacitus führt die Liste der Vielzitierten also mit weitem Abstand an, hauptsächlich weil er die wichtigste historische Quelle darstellt. Darum nämlich zieht Lohenstein ihn vorwiegend zu den römischen Trauerspielen heran, darum verweist er vor allem auf die *Annalen*. Auch die meisten anderen der genannten antiken Autoren sind Geschichtsschreiber, auch die Griechen unter ihnen werden vornehmlich zur römischen Geschichte befragt. Plutarch, den Zeitgenossen des Tacitus und wichtigsten dieser Griechen, dessen Antonius-Biographie als Hauptquelle der *Cleopatra* diente, benutzte Lohenstein überdies zunächst in lateinischer Übersetzung. [4] Wie bei den antiken Schriftstellern im allgemeinen, so sind bei den Historikern im besonderen die Nachaugusteer bevorzugt. Livius, sonst Hauptquelle für die römische Geschichte, wird, wie gesagt, nur 28mal genannt, Sallust ist nur 10mal, Polybios nur 13mal erwähnt.

Die Vorliebe für die nachaugusteische Literatur erklärt sich großenteils dadurch, daß die darin behandelte Kaiserzeit den barocken Dichter stofflich mehr reizte als die republikanische Ära, die weit weniger aufregend erscheint. Dazu kommt das wahlverwandtschaftliche Bewußtsein, das Lohenstein wie ja überhaupt die Autoren der Barockzeit mit der silbernen Latinität auch stilistisch verband. Auf den beide Epochen verbindenden Manierismus hat Ernst Robert Curtius in seinem Buch über *Europäische Literatur und lateinisches Mittelalter* nachdrücklich hingewiesen. [5]

Die antiken Autoren geben vor allem in den Anmerkungen zur Erstfassung der *Cleopatra* von 1661 und in den römischen Trauerspielen von 1665 den Ton an. In den späteren Stücken, also im *Ibrahim Sultan* von 1673 und in den 1680 erschienenen Fassungen der *Cleopatra* und der *Sophonisbe*, treten die zeitgenössischen Gelehrten stärker hervor. Hierzu paßt die Entwicklung der Anmerkungen vom vorwiegend historisch-politischen Apparat der frühen zum exotischen Raritätenkabinett der späteren Stücke bzw. Fassungen. Damit ist die Tendenz zur Ausweitung verbunden. [6] Der Verschiebung vom politisch Wichtigen zum kulturell Interessanten, von der kurzen Einzelanmerkung zum langen enzyklopädischen Exkurs entspricht die Entwicklung des Trauerspiels selbst vom politisch engagierten, historisch strengeren Handlungsdrama zum exotisch-phantastischen Schaustück, eine Verschiebung, die sich als Tendenz im übrigen schon in den frühen Stücken, etwa am Schluß der *Agrippina,* ankündigt. Selbst wenn Lohenstein die zweite *Cleopatra*-Fassung neben religiös-kultischen Details auch mit einer Fülle neuen historischen Materials angereichert hat – viele Hinweise auf Plutarch und fast alle auf Dion [7] fehlten 1661 noch –, wird dadurch nicht die Überwucherung des historischen Kerns verhindert. Keine der neuen historischen Reminiszenzen wird für die Handlung bedeutsam oder gar selber in Handlung umgesetzt, sie alle helfen nur die Kulisse verstärken.

Die Anmerkungen spiegeln die künstlerische und geistige Entwicklung Lohensteins, über die in der bisherigen Forschung wenig gesagt wird [8], deutlicher als die Stücke selbst. Zur Zweitfassung der *Cleopatra* kommt mehr Anmerkungs- als Dramentext hinzu. [9]

## 2. GRUPPIERUNG DER ANMERKUNGEN

Die Tacitus betreffenden Anmerkungen zur Erstfassung der *Cleopatra* und zu den römischen Trauerspielen – das sind über 90 % aller Anmerkungen zu diesem Autor – heben sich in charakteristischer Weise von dem Gesamtbild ab. Das wird deutlich, wenn man alle Anmerkungen nach Inhalt und Textbezug genauer differenziert. Folgende Gruppen lassen sich unterscheiden:
1. Handlungsbezogene Schlüsselanmerkungen, mit denen Lohenstein die Gestaltung ganzer Szenen oder doch größerer Textpartien nach dem Muster seiner Quelle andeutet. Anmerkungen dieser Art finden sich hauptsächlich zu den römischen Trauerspielen. Sie betreffen hier ausschließlich Tacitus [10], wenn man von den übersinnlichen Ereignissen nach Agrippinas Tod, zu denen Sueton Pate stand, und von einigen Anmerkungen zu Xiphilinus absieht. [11] Die Anmerkung zu Vers IV 81 der *Agrippina* erschließt sogar die ganze vierte Abhandlung. Seltener sind solche Anmerkungen zu Plutarchs Antonius-Biographie und zu Xiphilinus als den Hauptquellen der *Cleopatra* [12], noch seltener die zu Appian

[13] und Livius [14] als den historischen Quellen der *Sophonisbe*. Auch die Anmerkungen dieser Art zu Bisaccioni, der Quelle des *Ibrahim Sultan,* sind nicht sonderlich zahlreich. [15] In den römischen Trauerspielen werden die geschichtlichen Ereignisse ausgiebiger und zugleich wahrheitsgetreuer inszeniert. Diese beiden Dramen erscheinen deshalb historisch strenger als die anderen Stücke, in denen die Zusammenhänge weniger auf der Bühne dargestellt als berichtet werden. Das gilt vor allem für die *Sophonisbe* und den *Ibrahim Sultan* als die beiden letzten Trauerspiele.

2. Entfernt handlungsbezogene Anmerkungen zu vergangenen Taten besonders der Herrscherfiguren oder auch ihrer Vorgänger, die im Dramentext im Zuge der Exposition nur kurz erwähnt sind, seltener auch zu kurz berichteten Zwischenereignissen oder – besonders gegen Schluß – zu befohlenen Maßnahmen, die im Drama selbst nicht mehr verwirklicht werden. Auf Tacitus beziehen sich eine Reihe derartiger Anmerkungen zu den römischen Trauerspielen [16] sowie einige zur *Cleopatra,* welche die Gestalt des Augustus betreffen. [17] Sehr viel stärker sind in dieser Rubrik aber die anderen Historiker vertreten, besonders Sueton zu *Cleopatra, Agrippina* und *Epicharis* und Bisaccioni zum *Ibrahim Sultan.* Hierher gehören auch manche Anmerkungen zu Plutarch und die zu Cassius Dion, die Lohenstein im Zuge einer breiteren Exposition erst der zweiten Fassung der *Cleopatra* beigibt und denen weitgehend auch neue Textpassagen entsprechen. Auch die kolorierenden historischen Reminiszenzen der anderen Stükke wirken aufgesetzt und werden jedenfalls für die Motivation der eigentlichen Handlung kaum verwendet. Während die unter Nr. 1 aufgeführten Anmerkungen im wesentlichen auf Quellen verweisen und so als historischer Wahrheitsbeleg dienen, beziehen sich die der jetzigen Gruppe auf jene Textstellen, die nach Lohensteins Verbot der langen Erzählungen im Drama [18] nur kurz sein dürfen und daher verdeutlicht werden müssen.

3. Politisch-moralische Anmerkungen, besonders in Form von Sentenzen und Exempeln. Hierher gehören die meisten Tacitus-Anmerkungen zur *Cleopatra* [19], und zwar im wesentlichen schon zur ersten Fassung, sowie ein Großteil derer zur *Epicharis.* [20] Wenn Lohenstein die *Historien* des Tacitus heranzieht, dann hauptsächlich zu diesem Bereich. Zur *Agrippina* gibt es nur wenige Tacitus-Anmerkungen dieser Art [21], zur *Sophonisbe* nur eine. [22] Auch die einzige Tacitus-Anmerkung zum *Ibrahim Sultan* [23] gehört in diesen Rahmen. Andere Autoren werden in solchen Anmerkungen nur selten zitiert, und dann sind es – jedenfalls zu politischen Fragen – eher zeitgenössische Gelehrte als antike Klassiker. [24] Das politische Engagement der ersten *Cleopatra*-Fassung und der *Epicharis,* von dem später noch genauer zu sprechen sein wird, deutet sich also schon von den Anmerkungen her an.

4. Anmerkungen zu fremden Sitten und Gebräuchen und anderen Raritäten, die teils im Drama selbst zur Sprache kommen, teils als analoge Präzedenzfälle die Gelehrsamkeit des Dichters bekunden. All diese Anmerkungen dienen weder dem Wahrheitsbeleg noch, wie die der Gruppe 2, einer notwendigen Verdeutlichung, sondern vor allem der enzyklopädischen Ergänzung. In diesem Zusammenhang

wird Tacitus seltener zitiert. Immerhin gehören hierher einige Anmerkungen zur *Cleopatra* [25] und *Sophonisbe* [26] und zwei zur *Agrippina*. [27] Im übrigen ist diese Rubrik die Domäne vor allem einiger zeitgenössischer Autoren. Kircher, Bochart und Selden garantieren die atmosphärischen Erweiterungen der zweiten *Cleopatra*-Fassung, Ricaut das türkische Zeremoniell im *Ibrahim Sultan*.

5. An letzter Stelle sei die kleine Gruppe der »deutschen« Anmerkungen genannt, die fast nur durch Tacitus repräsentiert wird und im Hinblick auf den Arminius-Roman interessant erscheint. [28]

Die erste und dritte Gruppe der Anmerkungen sind für das Verständnis von Lohensteins Trauerspielen am wichtigsten. Gerade sie lassen auch die Bedeutung des Tacitus erkennen, während dieser in den Gruppen zwei und vier eher zurücktritt. Der ersten und danach der dritten Gruppe wird bei der Besprechung der Trauerspiele unsere alleinige Aufmerksamkeit gelten.


### 3. ZWEI EINSCHRÄNKUNGEN ZUM KOMPARATISTISCHEN WERT DER ANMERKUNGEN

Lohensteins Anmerkungen sind als Zeugnis seines Denkens und als Instrument der Quellenforschung gleichermaßen bedeutsam und dennoch nur in begrenztem Sinne repräsentativ. Die Meinung von Klaus Günther Just, sein Register spiegele »Lohensteins geistiges Weltbild« bzw. im großen ganzen die Privatbibliothek des Dichters [29], ist in zweierlei Hinsicht einzuschränken.

Einerseits gaukeln Lohensteins Literaturangaben dem Leser ein größeres Bücherwissen vor, als der Dichter tatsächlich besaß. Denn eine beträchtliche Anzahl der rund 300 Autoren, nach vorsichtiger Schätzung etwa die Hälfte, zitiert er aus zweiter Hand. Dazu gehören vor allem diejenigen, die nach der Antike und vor dem 17. Jahrhundert lebten, aber auch einige antike Schriftsteller und Dichter. [30]

Auf der anderen Seite – und das ist bedeutsamer – gibt Lohenstein die belletristische Literatur seiner Zeit, die er ebenfalls gekannt und, wie die französischen Quellen der *Epicharis* zeigen, auch benutzt hat, fast gar nicht an. Er verweist grundsätzlich nur auf Sachquellen, nicht auf literarisch-ästhetische Anregungen. Die einzige Ausnahme von dieser Regel, der Hinweis nämlich, daß zum Reyen der ersten Abhandlung der *Cleopatra* »der unvergleichliche *Barclajus*« mit einer Stelle seines Romans *Argenis* als Vorbild gedient habe [31], ist in der zweiten Fassung 1680 bezeichnenderweise getilgt. Auch das nur attributive Lob, mit dem der »fürtreffliche« [32] und »Sinn-reiche« [33] Marino anfangs bedacht wurde, entfällt später, ähnlich wie Lohenstein ja nun auch einfach von Tacitus statt von »dem fürtreflichen Geschicht-Schreiber« spricht. [34] Von John Barclay abgesehen, zieht Lohenstein auch die Dichter nur als Materialquelle heran. Nur deshalb sind sie nicht so häufig zitiert wie die Prosaschriftsteller, nur deshalb auch sind etliche zeitgenössische Gelehrte, aber kaum ein lebender Dichterkollege genannt. Außer den periphrastisch verschlüsselten Guarini-Übersetzern Hoffmannswaldau und Abschatz, die beide mit Lohenstein befreundet waren [35], nennt er nur den Engländer John Milton, aber

11

diesen bezeichnenderweise nicht als Poeten, sondern aufgrund seiner politischen Thesen in der Schrift *Pro populo Anglicano defensio,* die in der Szene I c der *Epicharis* aufgenommen werden.

So wertvoll die Anmerkungen als Schlüssel zur Stoff- und Motivgeschichte sind, so wertlos erscheinen sie für form- und stilgeschichtliche Untersuchungen. Einflüsse im letzteren Sinne lassen sich allenfalls indirekt erschließen, etwa dadurch, daß Senecas Dramen, auch für Lohenstein noch entscheidendes Vorbild, als Stoffquelle mehrfach genannt sind. Wenn in den Anmerkungen Tacitus fast viermal so oft wie Seneca erwähnt wird, so läßt das also nicht auf einen entsprechend geringeren Einfluß des Philosophen und Tragikers schließen. Die eigentliche, nämlich die dramaturgische Bedeutung Senecas kommt in den Anmerkungen gerade nicht zum Ausdruck. Daß etwa die Zauberszene in der fünften Abhandlung der *Agrippina* mit der Anrufung der Mondgöttin und dem metrischen Wechsel bei Beginn der eigentlichen Beschwörung nach dem Modell der Hexenküchenszene in Senecas *Medea* angelegt ist, sagt Lohenstein nicht.

In eben dem Maße, in dem das Instrumentarium der Anmerkungen einseitig ist, werden die dadurch gewonnenen Ergebnisse anfechtbar sein. Das gilt auch für die Beziehung zu Tacitus. Da Lohenstein nirgends sagt, wieweit und ob überhaupt Tacitus Sprachstil und szenisches Arrangement seiner Dramen beeinflußt, sind Stil- und Strukturvergleich mit erhöhten Schwierigkeiten verbunden und nur in den Grenzen und auf dem Boden eines genauen Stoffvergleichs sinnvoll. Hierdurch erklärt sich auch die in der Einleitung dieses Buches geübte Zurückhaltung in bezug auf einen möglichen Stilvergleich. Besser läßt sich die geistige Anregung, die von dem politischen Kritiker Tacitus ausgeht, bestimmen. Der Dichter der *Cleopatra* und *Epicharis* gibt nicht nur seine historischen Quellen, sondern ja auch die Herkunft mancher Sentenzen und Exempel an. Auch sie zählen zum barocken Wissensstoff. Sie werden weniger aufgrund ihrer geschliffenen Form als wegen ihres Gehalts und der dahinterstehenden klassischen Autorität zitiert.

### 4. Die Begründung der Anmerkungen bei Gryphius und Lohenstein

So bedauerlich die rein stoffliche Orientierung der Anmerkungen für den Komparatisten sein mag, so wenig Grund hat er, diese Einseitigkeit dem Dichter zum Vorwurf zu machen. [36] Sie ist durch den Zweck bedingt, den Lohenstein wie vor ihm schon Gryphius im Auge hatte. Gryphius schrieb seine – übrigens viel weniger zahlreichen – Anmerkungen hauptsächlich als »Erklärung etlicher dunckelen örtter«. So titulierte er die Anmerkungen zu seinem Erstlingsdrama *Leo Armenius.* [37] Sie sollen also die Rätsel lösen, die der Dramentext dem Leser aufgibt. Diese Begründung kehrt in den Anmerkungen zum *Papinianus* und zur zweiten Fassung des *Carolus Stuardus* wieder, zum *Papinianus* allerdings in der versteckten Form einer konzessiven Polemik gegen jene, die den Dichtern die Möglichkeit streitig machen wollen, im Sinne Harsdörffers »Rätsler oder Rätseldichter« [38] zu sein. In eben dieser konzessiv-polemischen Form und damit deutlich an Gryphius anschließend, rechtfertigt auch Lohenstein die Anmerkungen zur Erstfassung seiner *Cleopatra*:

Denn obzwar diese nicht etwan einige heilige Heimligkeiten eröffnen/ so entwerfen sie doch meistentheils dis etwas deutlicher/ was hin und wider kurtz in denen Geschichten berühret/ oder verweisen ja den Leser zu ferner Nachricht: In dem sich doch nicht allezeit thun läst/ denen Wechsel-Reden lange Erzehlungen weitläuftiger Geschichte einzuverleiben; insonderheit/ da wir Deutschen ohne dis wegen unserer zugemässenen weitläuftigkeit denen stachlichten Außländern ein Dorn in Augen zu sein pflegen. [39]

Von dem gattungstheoretisch bedeutsamen Verdikt abgesehen, das Lohenstein, ähnlich wie ein Jahr vorher Corneille in seinem *Discours des trois unités* [40], über lange Erzählungen im Drama verhängt und durch das er die Notwendigkeit der Anmerkungen noch unterstreicht, bleibt er durchaus der Intention des Gryphius treu. Auch er will hauptsächlich die im Drama nur anklingenden Sachverhalte verdeutlichen. So gesehen, sind die Anmerkungen eine durchaus sinnvolle, wenn nicht gar notwendige Ergänzung zur Dichtung, jedenfalls mehr als ein bloß kurioses Denkmal barocker Dichtergelehrsamkeit, als das man sie oft verständnislos bekrittelt oder auch bestaunt.

Neben der Absicht zu verdeutlichen spielt ein zweiter Beweggrund mit, der die stoffliche Ausrichtung noch stärker ins Bewußtsein rückt. Gryphius formuliert ihn zur Zweitfassung seines *Carolus Stuardus* von 1663, er gilt aber wohl auch für Lohenstein. Die Anmerkungen sind geschrieben, »theils umb etliche dunckele Oerter zu erklären/ theils umb dar zu thun/ daß ich ohne erhebliche Vrsache und genugsame Nachrichten eines und andere nicht gesetzet.« [41] Zu der Rücksicht auf den Leser, die sich in den Erläuterungen manifestiert, tritt also die eigene Rechtfertigung, insbesondere durch den Nachweis der historischen Wahrheit. Ihm dienen die ergänzenden Quellenangaben.

# ZWEITES KAPITEL

## »AGRIPPINA«

### 1. Die Hinweise auf Nero und Tacitus im Text bzw. in den Anmerkungen von Gryphius' »Papinianus«

Zur dritten Abhandlung des *Papinianus,* seines letzten, 1659 erschienenen Trauerspiels, bemerkt Andreas Gryphius:

Wir führen allhir den Zusehern zu Gemüt/ daß schreckliche Laster alsdenn erst recht erwogen werden/ wenn sie begangen. *A Caesare,* (so redet der Welt-weise Geschicht-Schreiber *Annal. XIV.* von *Nerone* nach verübetem Mutter-Mord.) *perfecto demum scelere magnitudo ejus intellecta est.* So weiß man auch von *Caracalla* daß er disen Todschlag seines Brudern offt beklaget. [1]

Auf die Regierungszeit Neros, vor allem auf seinen Brudermord an Britannicus und seinen Muttermord an Agrippina, weist Gryphius in Text [2] und Anmerkungen [3] seines Stücks und meistens mit Bezug auf Tacitus [4] so häufig hin, daß man sich fragen darf, warum er nicht statt des *Papinianus* ein Nero-Drama geschrieben hat. Kaiser Bassianus Caracalla muß in sich »den andern *Nero*« [5] sehen, seine Stiefmutter Julia wird mit Agrippina [6], Papinian mit dem »berühmeten Weisen« [7] verglichen, womit Seneca gemeint ist.

Tatsächlich ließe sich Bassian unschwer durch Nero, die intrigierende Julia durch eine noch nicht dem Tode geweihte Agrippina ersetzen. Wir hätten dann die Konstellation des *Britannicus* von Racine. Die Versuchung, ein Nero-Drama in der Art des *Papinianus* zu verfassen, muß jedoch an der zwielichtigen Rolle scheitern, die »der grosse *Seneca*« [8] dabei spielt.

Bassians Gesandter Cleander sucht den gerechten Papinian zur Beschönigung von Bassians Brudermord mit dem Argument zu bewegen, daß Seneca Neros Muttermord gerechtfertigt habe, und Papinian weist diese Versuchung mit dem Bedauern zurück: »Wie hat der grosse Mann so schlecht sich vorgesehen?« [9]

Paßt schon der in das politische Intrigenspiel nur beiläufig verstrickte Seneca nicht zum Gryphianischen Klischee des reinen und passiven Helden, so ist erst recht die von ihrem Sohn ermordete Agrippina als leidende Heldin bei Gryphius undenkbar. Die Querverbindung zwischen Caracallas Brudermord und Neros Muttermord hat Gryphius denn auch über die oben zitierte Anmerkung hinaus nicht weitergeführt.

Für Lohenstein hingegen, der – im Gegensatz zu seinem Vorgänger und sogar die Aristotelische Forderung nach gemischten Charakteren noch übertreffend – gerade die zwielichtigen Gestalten liebt und die heroische Katastrophe von Schuldigen dem Untergang Unschuldiger vorzieht, mußte sich der von Gryphius nur als Präzedenzfall herangezogene Stoff geradezu anbieten. Vielleicht haben die Hinweise des Gryphius ihn angeregt. Gekannt hat er den *Papinianus* gewiß, wurde das

Stück doch während seiner Breslauer Zeit dort aufgeführt. Aufschlußreich ist in diesem Zusammenhang auch eine Stelle aus seinem 1664 verfaßten Gedicht über den Tod des Andreas Gryphius:

> Wer auf sein Urtheil merckt der Klugheit Saltz und Zeichen /
> Erkennt des Tacitus besondre Spure schon. [10]

## 2. DIE SCHULDFRAGE

So reizvoll die Darstellung ambivalenter Charaktere erscheint und so sehr ihre Aktionen die Bühne beleben, so schwer ist allerdings ihr Tod zu begründen. Beging Nero mit der Ermordung der Mutter sein ruchlosestes Verbrechen, oder wurde er unfreiwillig zum Werkzeug einer höheren Gerechtigkeit? Das ist hier die Frage. Trifft also den Sohn oder die Mutter die größere Schuld?

Tacitus und auch Sueton [11] entrüsten sich hauptsächlich über Neros Verbrechen. Sie bringen Agrippinas Tod in keinen engeren kausalen oder moralischen Zusammenhang mit ihren früheren Untaten. So erscheint die entmachtete Kaiserin am Ende als ohnmächtiges und fast tragisch-heroisches Opfer ihres Sohnes. Ihr Tod ist seine Tat. Zwar stehen ihm Helfershelfer zur Seite, aber er selbst hat daran den größten Anteil. Agrippina spielt in der eigentlichen Mordgeschichte [12] eine rein passive Rolle. Sie ist den Intrigen ihres Sohnes widerstandslos ausgeliefert. Obwohl gerade Tacitus sie vorher nicht geschont hat, scheint ihr heldenmütiges Ende ihn mit ihrem frevlerischen Leben in etwa zu versöhnen. Von ihrer berüchtigten Vergangenheit abgesehen, entspricht diese Konstellation des brutalen Herrschers auf der einen und seines wehrlosen, den Tod geradezu standhaft erleidenden Opfers auf der anderen Seite durchaus dem Typus des im 17. Jahrhundert beliebten und von Gryphius gepflegten Tyrannen- und Märtyrerdramas, in dessen Mittelpunkt der passive Held als Ideal neustoischen Denkens steht.

Lohenstein arrangiert anders als Tacitus. Einerseits prangert er, und zwar in der zweiten Hälfte seines Stücks, Neros Schuld noch stärker an als der römische Historiker und liefert das Gewissen des Kaisers schließlich sogar der Rache der Furien aus. Andererseits aber macht er in merkwürdigem Gegensatz hierzu vorher Agrippina selbst für ihren Tod verantwortlich, so daß Nero indirekt entlastet erscheint. Dadurch wirkt die Strafe, die ihn am Ende trifft, noch härter. Vor ihrem Tod sieht Agrippina in V a die Opfer ihrer früheren Verbrechen bildhaft vor sich und bekennt sich schuldig. [13] Dieses Geständnis vor dem eigenen Gewissen oder einer höheren Gerechtigkeit hat jedoch auf den Gang der Handlung keinen Einfluß. Wichtiger ist, daß Agrippina, ihrerseits wieder durch »Poppeens Brunst« [14] veranlaßt, mit ihrer blutschänderischen Buhlerei um Nero in der dritten Abhandlung die Katastrophe selbst auslöst.

Wenn Nero in der *Agrippina* »noch nicht so abgebrüht und wurmstichig wie in der *Epicharis*« [15] wirkt, dann will Lohenstein möglicherweise auch an das voraufgehende erste Quinquennium seiner Herrschaft erinnern, das Kaiser Trajan als eine der besten Zeiten des Kaiserreichs bezeichnet hat. [16] Vielleicht möchte er auch, ähnlich

15

wie einige Jahre später Racine im *Britannicus,* »un monstre naissant« darstellen. [17] Hauptsächlich aber muß Neros verbrecherisches Wesen deshalb zurücktreten, weil zunächst Agrippinas eigene Schuld an ihrem Tod herausgestellt werden soll.

Die Art, in der das geschieht, erinnert geradezu an die Lobschrift des Hieronymus Cardanus auf Nero, die Lohenstein in der Anmerkung zu Vers V 111 der *Epicharis* zitatweise erwähnt. [18] Dieses Enkomion entlastet den Kaiser völlig und begründet den Muttermord noch deutlicher als das Drama durch Agrippinas blutschänderisches Tun. [19] Aber auch bei Lohenstein ist der Zusammenhang nicht zu übersehen.

Nach Tacitus ging das skandalöse Geschehen dem Mordplan um etliche Zeit voraus [20], ein verzweifelter Versuch der Kaiserin, das endgültige Schwinden ihres Einflusses aufzuhalten, aber eigentlich kein Grund für Nero, sie umzubringen. Lohenstein rückt Inzest und Mordplan noch enger zusammen, als die dramaturgische Notwendigkeit zeitlicher Raffung es erfordert hätte. Statt der lockeren Fügung des Tacitus schafft er ein unmittelbares zeitliches und damit zugleich kausales Nacheinander. Der Todesbeschluß wird aus dem Inzest abgeleitet, allerdings weniger im moralischen Sinne, wie bei Cardanus, als durch machtpolitische Erwägungen. Durch das Machtstreben, das Nero hinter den erotischen Machenschaften seiner Mutter erkennen muß, fühlt er sich auch weiterhin bedroht. Die Mitte der dritten Abhandlung, in der sich dieser Übergang vollzieht, ist der Wendepunkt des ganzen Stücks, gleichermaßen scharfe Zäsur wie enge Klammer zwischen den erotischen Intrigen der ersten und dem Mordgeschehen der zweiten Hälfte.

### 3. Die Disposition des Stoffes bei Tacitus und Lohenstein

Wenn Lohenstein der Vorgeschichte mehr Gewicht beimißt als Tacitus und die eigentliche Mordgeschichte erst nach der Peripetie inszeniert, so hängt das sicherlich damit zusammen, daß er Agrippina ihren Untergang selbst verschulden läßt. Im übrigen spielt, von der Schuldfrage ganz abgesehen, Agrippina schon bei Tacitus in der Vorgeschichte eine wesentlich bedeutendere Rolle und konnte hier einfach besser ins Spiel kommen als später, wo sie Neros Anschlägen wehrlos ausgeliefert ist. Lohenstein macht sie, über Tacitus noch hinausgehend, in der ersten Hälfte seines Dramas zur beherrschenden Figur, während sie in der zweiten Hälfte auch bei ihm hinter Nero zurücktritt. Etwa zwei Drittel ihres Pensums spricht sie in der ersten Hälfte, während Nero in der zweiten stärker zur Geltung kommt. [21]

Bevor wir uns der Vorgeschichte des Muttermordes im einzelnen zuwenden, erscheint ein genauerer synoptischer Gesamtüberblick angebracht.

Tacitus behandelt Agrippinas Ende zu Beginn des 14. *Annalen*-Buches, und zwar in den Kapiteln 1 bis 13. Die eigentliche Mordgeschichte schildert er in den Kapiteln 3 bis 8, angefangen von dem Plan des Anicetus, Agrippina mittels eines auseinanderbrechenden Schiffes umzubringen, über Bewerkstelligung und Mißlingen dieses Plans anläßlich des Minervafestes der Quinquatrus [22] in Baiae bis zur Ermordung der Kaiserin in ihrem Bett noch in der gleichen Nacht. Diese Ereignisse gibt Lohenstein in der zweiten Hälfte seines Dramas, genau gesagt, von III d bis V b, eher gerafft wieder. Noch knapper faßt er die Angaben über Neros Verhalten und Maßnahmen nach dem Tod der Mutter, die Tacitus in den Kapiteln 9 bis 12 macht, in nur einer Szene – V c – zusammen. Um so breiter inszeniert er die in den Kapiteln 1 und 2 skizzierte engere Vorgeschichte des Mordes, und zwar Poppäas Intrige gegen Agrippina (Kap. 1) in II a, Agrippinas Blutschande mit Nero (Kap. 2) in III a bis c.

Poppäas Rolle in Kapitel 1 ist durch ann. 13,45 f. vorbereitet, Agrippinas Untergang kündigt sich bereits in ann. 13,18–22 an. Diese ein bzw. vier Jahre früher datierten Geschehnisse, die von dem Mordbericht nur durch das annalistische Darstellungsprinzip des Tacitus getrennt sind – Xiphilinus berichtet sie unmittelbar vorher [23] –, hat Lohenstein in den ersten beiden Abhandlungen dramatisiert. Unter dem Diktat der 24-Stunden-Einheit läßt er sie dem Tod Agrippinas nur um wenige Stunden vorausgehen. Ann. 13,45 f. ist, zum Teil mit ann. 14,1 kontaminiert, in I a und II verarbeitet, ann. 13,18–22 in I b bis e.

Das folgende Schema mag die Übersicht erleichtern. Es zeigt vor allem, daß Lohenstein die Kapitel des 14. *Annalen*-Buches im wesentlichen in der Taciteischen Reihenfolge in Szene setzt.

| *Quelle* | | *Agrippina* |
|---|---|---|
| ann. 13,45 f. | Othos Frau Poppäa wird Neros Geliebte. | I a |
| ann. 13,18–22 | Agrippina, des geplanten Umsturzes bezichtigt, rechtfertigt sich. | I b–e |
| ann. 13,46,2 u. ann. 14,1 | Poppäa intrigiert gegen Agrippina. | II a |
| ann. 13,46,3 | Otho wird nach Portugal versetzt. | II b+e |
| – | Agrippina und Octavia hetzen Seneca, Burrhus und Otho vergeblich gegen Poppäa und Nero auf. | II c–d |
| ann. 14,2 | Agrippina und Nero werden von Seneca und Acte an der Blutschande gehindert. | III a–c |
| ann. 14,3–4 | Nero beschließt Agrippinas Tod; Anicetus schlägt einen künstlichen Schiffbruch vor; Nero lockt Agrippina auf das Schiff. | III d–e |
| ann. 14,5 | Agrippina erleidet Schiffbruch, rettet sich aber an Land. | III Reyen |
| ann. 14,6,1+3 | Agrippina denkt in ihrem Landhaus nach und ruht sich aus. | – |
| ann. 14,6,2 | Sie schickt einen Boten zu Nero. | Vgl. IV d |
| – | Des Britannicus Geist erscheint dem Nero. | IV a |
| ann. 14,7 | Nero erschrickt über Agrippinas Rettung und veranlaßt den zweiten Anschlag auf sie; ihr Bote Agerinus wird fälschlich eines Attentats auf Nero beschuldigt. | IV b–d |
| ann. 14,8 | Agrippina gerät in Angst, wird von ihrer Magd verlassen und von Anicetus, Herculeus und Oloaritus ermordet. | V a–b |
| ann. 14,9–12; vgl. Sueton (Nero 34) u. Xiphilinus (61,14) | Nero schaut sich die Leiche seiner Mutter an; er trifft Maßnahmen, die das Verbrechen vertuschen sollen. | V c |

| – | Poppäa veranlaßt Nero zu dem Entschluß, seine Frau Octavia zu verstoßen. | V d |
| ann. 14,9,2 | Der treue Mnester ersticht sich an Agrippinas Scheiterhaufen. | V f |
| Sueton (Nero 34,4) | Nero wird von Agrippinas Geist erschreckt, versucht ihn durch Zauberei zu beschwören und zu versöhnen und wird von den Furien gequält. | V e+g+Reyen |

Nach der Vorgeschichte der ersten Hälfte, in der Lohenstein das Taciteische Material locker arrangiert und, von ann. 13,18–22 abgesehen, aufschwellt, und nach der strenger historischen, eher verknappt inszenierten Mordgeschichte folgen also noch einige übersinnlich-magische Schlußszenen, in denen die Rache der toten Agrippina und der Furien an Nero gezeigt wird. Das historische Trauerspiel mündet damit in eine trotz der Sueton-Notiz im wesentlichen ahistorische Sphäre. Diese Aufgliederung erinnert an Gryphius' *Catharina von Georgien*. [23 a]

Nach diesem summarischen Überblick darf die Einzelanalyse beginnen. Sie wird dem Verlauf des Stückes folgen, allerdings nur in großen Zügen. Wichtiger als ein von Szene zu Szene fortschreitender Kommentar erscheint die Herausarbeitung der treibenden Kräfte.


## 4. Der erotische Machtkampf zwischen Poppäa und Agrippina in der ersten Hälfte des Dramas

»Poppeens Brunst« und der daraus resultierende Inzestversuch Agrippinas, der dann zu ihrem Tod führt, sind die beiden Brennpunkte der ersten Dramenhälfte. Lohenstein entwickelt die latente Antithetik der beiden ersten Kapitel des 14. *Annalen*-Buches in den erotischen Gipfelszenen II a und III b und darüberhinaus zur klaren Rivalität der beiden um Neros Gunst buhlenden Frauen.

Nach ann. 14,1 hat Poppäa den Kaiser als Muttersöhnchen verspottet. Dadurch erklärt Tacitus das weitere Absinken von Agrippinas ohnehin kaum noch vorhandenem Einfluß sowie ihren skandalösen Versuch, dem entgegenzuwirken. Keineswegs schreibt er der Poppäa die Schuld an Neros Muttermord zu, jedenfalls nicht ausdrücklich, mag sie sonst noch so skrupellos erscheinen. Lohenstein dagegen macht sie unter Berufung auf Xiphilinus [24] eindeutig für Agrippinas Tod mitverantwortlich. Am Ende von II a erklärt sich Nero aufgrund ihrer Vorwürfe bereit, die Mutter zu »vertilgen«. [25]

Wie Lohenstein Poppäas Intrige und ihre Schuld an Agrippinas Tod verstärkt oder zumindest verdeutlicht, so knüpft er auch das Band zwischen dieser Intrige und Agrippinas Inzest enger als Tacitus. Dazu dienen vor allem die Zwischenszenen II c und d, die beiden einzigen erfundenen Szenen der ersten drei Abhandlungen. Agrippina versucht hier, zunächst durch Burrhus und Seneca, dann mit Hilfe von Poppäas Ehemann Otho die Liebe zwischen ihrer Rivalin und Nero zu unterbinden. Dabei wird die vorangegangene Poppäaszene besprochen. [26] Erst als diese berechtigten oder doch verständlichen Versuche, die sie gemeinsam mit

18

Neros integrer Frau Octavia unternimmt, fehlschlagen, entschließt sie sich, den »Magnet der Laster« [27] zu ergreifen. Es ist von vornherein klar, daß nicht erotische, sondern politische Gründe ihr blutschänderisches Tun bestimmen. [28]

Bemerkenswert sind die Szenen II c und d auch noch aus einem anderen Grund. Lohenstein macht hier seine Titelheldin zur unfreiwilligen Prophetin der späteren Katastrophe. Mit tragischem Doppelsinn läßt er sie ihren Inzest mit Nero [29], den Schiffbruch [30] und ihren eigenen Tod [31] andeuten. Besonders das Beispiel von der Gattenmörderin Clytemnestre, die ja von ihrem Sohn Orest getötet wurde, trifft mehr sie selbst als Otho. [32] Auch ihre Todesdrohungen gegen Burrhus und Seneca [33] sind getarnte Prophezeiungen.

Nicht nur die beiden Brennpunktszenen II a und III b, die ganze erste Dramenhälfte steht im Zeichen des Machtkampfs von Poppäa und Agrippina, ein nahezu selbständiges Vorspiel, dessen Einzelheiten später keine Bedeutung mehr haben. Die relative Eigenständigkeit der Poppäahandlung wird weniger an Poppäa selbst als an den beiden Figuren deutlich, mit denen Lohenstein unter Rückgriff auf das 13. *Annalen*-Buch dieses Vorspiel noch anreichert und die beide nur in den ersten zwei Abhandlungen auftreten: Poppäas Mann Otho und Neros Frau Octavia. Während Tacitus offenläßt, ob Otho aus leichtsinniger Verliebtheit oder aus Berechnung dem Kaiser seine Frau anpries, tut er es bei Lohenstein deutlich aus Berechnung. Sowohl die Deutung des Paris [34] als auch die seltsame Apologie eines Hahnreis, zu der Otho selbst sich versteigt [35], lassen das nachträglich erkennen. Otho steht seiner Frau bei ihrem fragwürdigen Aufstieg also bewußt zur Seite. Auf der anderen Seite ist Octavia mit Agrippina im Bunde. Den von Tacitus ann. 13,18,2 nur beiläufig erwähnten Kontakt der beiden Leidensgefährtinnen stellt Lohenstein in einer eigenen Szene dar (I c) und verdichtet ihn in der zweiten Abhandlung zur Aktionsgemeinschaft gegen Poppäa und Nero.

Den Gegensatz zwischen Poppäa und Agrippina erhebt Lohenstein so sehr zum Handlungs- und Strukturprinzip besonders der ersten Dramenhälfte, daß Poppäa nach Agrippina und Nero als dritte Hauptfigur erscheint, obwohl sie nur zweimal – vor Agrippinas Tod sogar nur einmal – auftritt und selbst weniger sagt als ihr Mann Otho über sie. [36] Poppäa- und Agrippina-Handlung wechseln miteinander ab. Dem Lob Othos auf Poppäa folgt in der ersten Abhandlung die Rechtfertigung Agrippinas gegen den Vorwurf, sie habe einen Putsch geplant. Aus diesem vorerst nur darstellerischen Kontrast wird in der zweiten Abhandlung wirkliche Gegnerschaft. Poppäas Buhlerei um Nero veranlaßt Agrippina zu ihrem Inzestversuch. Der Gegensatz der beiden Frauen, der das Geschehen bis zur Peripetie in erster Linie prägt, spielt in der eigentlichen Mordgeschichte dann keine Rolle mehr, erwacht aber nach Agrippinas Tod von neuem. Als Poppäa in ihrer zweiten und letzten Szene (V d) Nero das Versprechen abgelockt hat, er werde auch Octavia beseitigen, interveniert Agrippinas Geist, auch hier erst, nachdem er, wie früher die Lebende, von Poppäa auf den Plan gerufen wurde.

Wie Lohenstein den Gegensatz der beiden Frauen durch die Begleitszenen II c und d und durch die Chargenfiguren Otho und Octavia breiter ins Spiel bringt, so entfaltet er ihn erst recht durch die inneren Querbezüge der beiden Kernszenen II a und III b. Beide Auftritte beruhen auf Tacitus, aber nirgends entfernt sich Lohenstein von dessen Konzeption so wie hier. Die Taciteischen Elemente gehen in fast völlig neuen Szenen auf.

II a fällt zunächst dadurch auf, daß Lohenstein hier – das einzige Mal in der *Agrippina* – zwei getrennte Kapitel seiner Quelle kontaminiert. [37] In ann. 13,46 schildert Tacitus Poppäas Aufstieg zur kaiserlichen Favoritin, in ann. 14,1 ihren Spott über Neros Unselbständigkeit gegenüber Agrippina. Der Zusammenhang ist allerdings schon bei Tacitus nicht zu übersehen. Den Faden der Poppäa-Handlung, den Tacitus mit ann. 13,46 fallen läßt, nimmt er mit ann. 14,1 wieder auf. Zwischendurch [38] berichtet er keine familien-, sondern innen- und außenpolitische Ereignisse. In beiden Kapiteln ist vom Verhalten und vor allem von den Worten Poppäas gegenüber Nero die Rede. In ann. 13,46 will sie ihn zuerst »per blandimenta et artes«, dann durch »superbia«, in ann. 14,1 möchte sie ihn ähnlich »lacrymis et arte adulterae« zur Heirat bewegen. Hier wie dort zitiert Tacitus ihre Worte ausführlich in indirekter Rede, während er Nero beide Male nur als Zuhörer nennt.

Anderseits treten aber auch die Unterschiede der beiden Kapitel hervor. In ann. 13,46 schildert Tacitus das Verhältnis Poppäas zu Nero in seinen Anfängen im Jahre 58 vor Poppäas Trennung von Otho; in ann. 14,1 berichtet er ihre Initiative zur Ermordung Agrippinas im Jahre danach. Gibt sich Poppäa dort noch spröde und geradezu moralisch entrüstet über Neros Affäre mit der Sklavin Acte, so tritt hier an die Stelle der abweisenden eine offensive Haltung, an die Stelle ernsthafter oder doch scheinbar ernsthafter Argumentation ironischer Spott, ein Zeichen dafür, wie sicher Poppäa sich ihrer Macht über Nero inzwischen sein darf, und nebenbei auch ein Beweis für die geschickte psychologische Gestaltung des Tacitus. Aber nicht nur Ton und Haltung der beiden Reden, auch die Argumente selbst unterscheiden sich, bedingt durch die verschiedene Situation bzw., von Tacitus aus gesehen, durch den andersartigen Berichtszusammenhang. Dieser tut sich am deutlichsten zu Anfang und Ende der beiden Kapitel kund. In ann. 13,46 erfahren wir im ersten Drittel, wie Otho seine Frau dem Kaiser anpreist, im letzten Drittel, wie er nach Portugal versetzt wird. Demgemäß nimmt Poppäas Rede, in der Mitte des Kapitels zitiert, vorrangig auf Otho bezug. Entsprechendes gilt für ann. 14,1. Hier spricht Tacitus zu Beginn und am Ende von der bevorstehenden Ermordung Agrippinas, und so beziehen sich Poppäas Worte hier hauptsächlich auf sie.

Die beiden Reden gibt Lohenstein kurz hintereinander in den beiden letzten Äußerungen Poppäas jeweils en bloc wieder. Die zeitliche Raffung führt zu einer chronologischen Umstellung: Othos Versetzung nach Portugal, nach Tacitus das Ergebnis der ersten Rede, erfolgt erst nach der zweiten Rede, nämlich in II e. Demgemäß droht Poppäa nicht, wie bei Tacitus, möglicherweise zu Otho zurückzukehren [39], sondern bei Otho zu bleiben. [40] Nicht berücksichtigt ist die veränderte Ereignisfolge dagegen in Vers 145, der deshalb inkonsequent und unverständlich erscheint. »Entfernt von Rom« wird Otho ja erst später.

Die Reihenfolge der Argumente behält Lohenstein in keiner der beiden Reden ganz bei. Daß Nero sich mit der »Magd« Acte eingelassen hat, erwähnt Poppäa nicht, wie bei Tacitus, nur am Ende, sondern zusätzlich auch noch am Anfang ihrer ersten Rede. Das Otho- wird dem Acte-Argument dadurch untergeordnet und gewissermaßen einverleibt. In der zweiten Rede schaltet Lohenstein zwischen die aufreizenden Fragen der ersten und die Drohungen der zweiten Hälfte die Klage, deren Inhalt Tacitus der eigentlichen Rede vorangeschickt hat. [41] Im übrigen allerdings ist es erstaunlich, wie genau Lohenstein die Argumente im einzelnen und teilweise sogar ihren Wortlaut von Tacitus übernimmt. Vgl. S. 189.

Bedeutsamer als die Veränderungen im Zusammenhang der beiden Reden erscheint die neue Gesamtkonzeption der Szene, die sich an den knappen Hinweisen des Tacitus vor Beginn der ersten Rede entzündet hat. Die erotische Szenerie, die Tacitus kurz und nur als Vorspann zu der dann folgenden Rede skizziert, entfaltet Lohenstein in aller Breite. Die ganze erste Hälfte von II a ist davon beherrscht. Poppäas Reden gelangen erst in der zweiten Hälfte zum Vortrag. Vorher werden ihre Reize, die Otho schon in I a gepriesen hat, zur Schau gestellt. Mit der Aufwertung des erotischen Szenars hängt eine noch wesentlichere, ja die entscheidende Änderung zusammen: Die Initiative geht nicht mehr, wie bei Tacitus, von Poppäa aus, sondern von Nero. Aus dem buhlerischen Intrigenspiel des Weibes macht Lohenstein einen Verführungsversuch des Mannes, wahrscheinlich als Kontrast zu der späteren Inzestszene, in der Agrippina ihren Sohn zu umgarnen versucht. So vermeidet der Dichter eine doppelte Inszenierung weiblicher Verführungskunst und bringt auch den Mann als den im Spiel der Geschlechter zumeist aktiveren Partner zur Geltung.

Bei Tacitus ist die heftige Liebe des Kaisers [42] nur ein Zwischenglied in Poppäas Intrige, durch ihre »blandimenta et artes« angefacht, um Nero den in ihrer anschließenden Rede versteckten Forderungen gefügig zu machen. Anders bei Lohenstein. Nicht als ob dieser die monodramatische, ganz auf Poppäa zugeschnittene Darstellung des Historikers um die ausgesparten, aber vermutlich doch gesprochenen Worte Neros ergänzt hätte, lediglich dem Gesetz des im Drama erforderlichen Dialogs gehorchend. Die Rolle Neros ist nicht aufgefüllt, sondern wirklich zum führenden Part erhoben. Er, der bei Tacitus stumm erscheint, sagt jetzt viel mehr als Poppäa. [43] Er ist es nun, der ihr, bevor sie ein Wort gesagt hat, einen eindeutigen Antrag macht [44], nachdem er sie zuvor in petrarkistischer Manier als die Sonne gepriesen hat, die ihn versengt habe. Die »blandimenta et artes«, die Tacitus zufolge am Anfang der Begegnung standen, zeigt Poppäa auch bei Lohenstein, indem sie auf ihre »nackte Brust« [45] weist. Aber das geschieht erst nach Neros Antrag, und im übrigen läßt seine nun zum Ausbruch kommende Leidenschaft seine Worte nicht versiegen, sie gibt ihnen nur neue Nahrung. Von zudringlicher Sinnengier [46] erheben sie sich über die Versicherung wahrer Herzensliebe [47] bis hin zu religiöser Metaphorik [48], ohne daß sich allerdings mit der Steigerung der Argumente und des Pathos die Eindeutigkeit des Zieles ändert.

Nicht der Hafen der Ehe als Dauerzustand, wie ihn Poppäa anstrebt, sondern der einmalige und – das erhöht den Reiz – erstmalige sexuelle Akt der beiden Liebenden ist Neros erklärtes Ziel. Daraus ergibt sich die Spannung dieser Szene und zu einem nicht geringen, wenn nicht sogar wesentlichen Teil die des ganzen Dramas.

Denn die erotische Hochspannung entlädt sich nicht, sondern bleibt bis zum Schluß des Dramas bestehen. Poppäa verweigert die Hingabe und stellt Bedingungen. Die Versprechungen, die Nero daraufhin am Ende der Szene macht, und die Taten, die später daraus folgen – Othos Entfernung und die Ermordung Agrippinas – erscheinen so in gewissem Sinne als Mittel, die Befriedigung bei Poppäa doch noch zu finden, eine radikale, aber doch bedenkenswerte Konsequenz. Auch der schließliche Plan des Kaisers, auch noch seine Frau Octavia zu beseitigen, erklärt sich so. Denn bei ihrem neuerlichen Auftritt in der fünften Abhandlung macht Popäa die Beseitigung der Rivalin zur Bedingung des Glücks, das Nero in ihren Armen finden soll. Die sexuelle Spannung zwischen Nero und Poppäa kommt im Verlauf des Dramas ebensowenig zur Entladung wie die zwischen Nero und Agrippina. Augenblicke reinsten Liebesglücks bleiben überhaupt allen Personen in Lohensteins Trauerspielen versagt. Sultan Ibrahim ist der einzige, der sich eine Frau gefügig zu machen versteht, aber bezeichnenderweise nur mit Gewalt. Die von ihm vergewaltigte Ambre gibt sich den Tod.

Die hochgetriebene Erotik von IIa zeigt sich in der Umdeutung Poppäas zur Demivierge noch deutlicher als bei der im Grunde einfachen Gestalt Neros. Auch das Bild dieser Intrigantin ist vom Modell des Verführungsversuchs überformt, wie wir ihn etwa in der *Catharina von Georgien* des Andreas Gryphius am Ende der ersten Abhandlung finden. Die keusche Catharina weist dort den zudringlichen Perserkönig Chach Abas zurück. Tacitus bietet keinen Anhaltspunkt dafür, daß Poppäa die Hingabe an Nero verweigert hätte. Ihre Äußerung, sie könne nicht länger als ein oder zwei Nächte von Otho wegbleiben [49], setzt vielmehr voraus, daß sie wenigstens eine mit Nero zugebracht hat. Auch bei Lohenstein bemerkt sie, daß »Otho mich nicht mehr wird zwey drey Nächte laßen« [50], zugleich aber gibt sie sich spröde und begegnet seinem Drängen mit »grimmer Sparsamkeit«. [51] Den Taciteischen Hinweis auf die möglicherweise begrenzte Anzahl der Liebesszenen behält Lohenstein also einerseits bei, anderseits setzt er ihn in die tatsächlich begrenzte Intensität einer Liebesszene um. Den Widerspruch zwischen der bereits mit Nero verbrachten Zeit und Poppäas Zieren überspielt er durch die spitzfindige Unterscheidung von zärtlichem Vorspiel und endgültiger Erfüllung. Zwar hat Nero schon »längst von ihr der Libe Blüth empfangen« [52], aber diesem seinem Argument weiß sie entgegenzuhalten:

> Das Küssen auff den Mund/ das Spielen auff den Wangen
> Die Kurtzweil auff der Brust sind Blumen/ die ein Weib
> Noch brechen lassen kan. Alleine Schooß und Leib
> Sol frembder Sichel nicht die Saat und Erndte gönnen. [53]

Den Verführungsabsichten Neros steht Poppäa geradezu standhaft gegenüber. Die Versuchung der tugendhaften Frau durch den zudringlichen Liebhaber bleibt jedenfalls als szenisches Modell deutlich erkennbar. Allerdings ist die constantia, das in der *Epicharis* noch einmal ernsthaft beschworene Hauptideal des barocken Neustoizismus [54], hier nur mehr Fassade. Zwar gibt sich Popäa moralisch und schiebt »Tugend und Vernunfft« als Maßstab ihres Verhaltens vor [55], ihre Zurückhaltung wurzelt jedoch, wie Paris später richtig herausstellt [56], in kühler Berechnung.

Mit der eindeutigen Absicht, Poppäa hier und jetzt zum Beischlaf zu bewegen – das Bett dazu steht bereit [57] – beherrscht Nero zumindest die erste Hälfte der Szene. Gegen Ende allerdings, als sein Streben immer deutlicher an der »Standhaftigkeit« der Poppäa abprallt, genauer gesagt: mit ihren beiden Reden, nähert sich die Szene dann doch der Taciteischen Konzeption. In der ersten Rede noch abwehrend, aber doch schon mehr sagend als in ihren vier vorangehenden Äußerungen zusammen, geht Poppäa mit den aufreizenden Fragen der zweiten Rede endgültig zum Angriff über. Im Spiel der Kräfte muß Neros Leidenschaft schließlich vor ihrem berechnenden Kalkül kapitulieren. Ihre über die Szene hinausweisenden Heiratsabsichten sind am Ende stärker als sein eiliges Begehren.

Neros leidenschaftliche und Poppäas nüchterne Argumente treiben sich wechselseitig empor. Die Klimax in seinen Äußerungen wurde schon erwähnt. Er steigert seine Mittel in dem Maße, in dem die sofortige Erfüllung seines Wunsches vergeblich erscheint. Aber auch Poppäas Äußerungen lassen den Anstieg erkennen. Auf seine Versicherung wahrer Herzensliebe antwortet sie mit ihrer ersten, auf seine Apotheose des Bettes mit ihrer zweiten Rede. Diese, wenn auch der ersten umfanggleich, übertrifft sie dennoch wie schon bei Tacitus. Die aggressive statt der vorher abwehrenden Haltung Poppäas, den spöttisch fragenden statt des vorher nur ernsthaft behauptenden Tons, die Klage gegen die Kaiserinmutter Agrippina statt vorher nur gegen die Sklavin Acte: all das brauchte Lohenstein nur zu übernehmen.

Bei Tacitus Stationen eines langfristigen Prozesses, erscheinen die beiden Reden bei Lohenstein jedoch als Stufen der szenischen Klimax. Poppäas Karriere vor Nero, die sich Tacitus zufolge über Jahre hinzog und erst nach Agrippinas Tod zur Ehe führte, drängt der Dichter von den Anfängen bis hin zum Eheversprechen, von dem der Historiker erst in ann. 14,59 berichtet, in dieser einen Szene zusammen. Der zweite Auftritt Poppäas in der fünften Abhandlung bringt demgegenüber nichts Neues. Neu ist dort, wie schon gesagt, nur ihre Forderung, nun auch noch Octavia zu beseitigen. An ihrer Beziehung zu Nero ändert sich dagegen nichts.

Das Wechselspiel von Neros Leidenschaft und Poppäas schlauer Zurückhaltung verfehlte nicht seine Wirkung auf die Zeitgenossen. Aus der Werbungsrede, mit der Nero die Szene eröffnet, formte Heinrich Anshelm von Zi(e)gler und Kliphausen (1663–97) in seinem 1689 erschienenen, noch von Goethe gelesenen Erfolgsroman *Die Asiatische Banise* das Liebesgeständnis seines Helden Balacin vor der Kaisertochter Banise. [58] Neros petrarkistische Werbung ist also auch im Munde eines guten Fürsten verwertbar. Dieses Plagiat hat schon Paul Stachel bemerkt. [59] Wolfgang Pfeiffer-Belli rückte es in den Zusammenhang weiterer, allerdings weniger auffälliger, meist auf eine Formulierung beschränkter Entlehnungen auch aus Lohensteins Lyrik und zeigte so, daß dieser überhaupt »bei den zärtlich-amoureusen Ergüssen von Zieglers hinterindischen Helden Pate gestanden hat.« [60] Daß Zigler allerdings nicht nur Neros einleitende Rede für Balacins Liebeserklärung verwendet, sondern daß ihm zusätzlich und vor allem die ganze Szene II a als Modell für die von Balacin belauschte Liebeswerbung des Tyrannen Chaumigrem um Banise ziemlich genau in der Mitte des Romans diente, ist der Forschung bisher entgangen. Die keusche Banise hält hier den häßlichen Bösewicht mit ähnlichem Erfolg und zum Teil gleichen Worten in Schach wie Poppäa den Kaiser Nero. [61] Die beiden für das Schicksal der drei Hauptpersonen wichtigsten Stellen seines Werks gestaltete Zigler also nach einer einzigen Lohenstein-Szene, die ihm offenbar besonders gelungen erschien. Ähnlich stark wie sie wurde von Zigler allenfalls noch die kurze Passage über die Macht der Liebe aus Lohensteins *Cleopatra* ausgeschöpft, eine Entlehnung, die bisher ebenfalls nicht bekannt war. [62] Zu dem an Lohensteins *Arminius* erinnernden Aufbau der *Banise* vgl. S. 159.

Wie in II a, so steht auch in der noch wichtigeren Szene III b ein Bett als Ziel der Handlung auf der Bühne, wenn nicht »des Käysers geheimes Zimmer« in II a und »des Käysers Schlaff-Gemach« in III b sogar identisch sind. [63] In dieser zweiten Verführungsszene ist allerdings, wie gesagt, das Verhältnis der Geschlechter umgekehrt. In II a deutet Nero [64], in III b Agrippina auf das Bett. [65] Ging dort die Initiative von dem Kaiser aus und schützte Poppäa »Tugend und Vernunfft« [66] vor, so betätigt sich jetzt Agrippina als Versucherin, und »Vernunft und Tugend« [67] stehen auf Neros Seite. In einem Punkt jedoch ändert sich das Verhältnis der Geschlechter nicht. Beide Male handelt Nero aus Leidenschaft. Beide Frauen dagegen intrigieren aus kalter Berechnung, Poppäa, um die Ehe mit Nero zu erzwingen, Agrippina, »umb dardurch ihn von der *Sabina Poppaea* abwendig zu machen«. [68] Während Poppäa mit ihrer Heiratsabsicht gegen Schluß ihres Auftritts ein deutliches Gegengewicht schuf, wird Nero jetzt von der Aktivität Agrippinas fast erdrückt. Sie sagt fast viermal so viel wie er. [69] Dem entspricht der unterschiedliche Ausgang. Neros Verführungsversuch scheiterte an der Unerbittlichkeit Poppäas, Agrippinas Versuch gelingt, was Nero betrifft – er erliegt ihren Reizen –, und wird schließlich nur durch Störung von außen vereitelt. Das Ergebnis der widernatürlichen übertrifft das der, wenn man so sagen darf, natürlichen Erotik. Poppäa bot Nero Mund und Brust, Agrippina bietet ihm auch ihren Schoß. Der erotische Dreischritt wird am Ende von III b, wie Neros Worte ab Vers 257 zeigen, in Szene gesetzt und erst in seiner letzten Phase abrupt und mitten im Vers unterbrochen. Den schon in der Poppäaszene spürbaren Exhibitionismus treibt Lohenstein in der Inzestszene bis zum Siedepunkt.

Die einseitige Aktivität der Agrippina fällt um so mehr ins Gewicht, als sie historisch nicht eindeutig gesichert erscheint. Tacitus bezieht sich auf mehrere Quellen, nicht weil er angesichts des heiklen Themas die Gewährsmänner vorschieben möchte, sondern weil diese voneinander abweichen. Damit folgt der Historiker auch hier der in ann. 13,20,2 aufgestellten Maxime seiner Quellenkritik, bei nicht einhelliger Tradition die Namen der Zuträger mit anzugeben. An den inzestuösen Beziehungen selbst bleibt kaum ein Zweifel. Aber Fabius Rusticus weist Nero die Schuld zu, während Cluvius, dessen Bericht Tacitus zu Anfang ausführlicher wiedergibt, sowie die übrigen Quellen und schließlich die mündliche Überlieferung Agrippina verantwortlich machen. Dieser auch von Tacitus selbst für wahrscheinlicher gehaltenen Version schließt sich Lohenstein an. Der in der Vorlage durch den Hinweis auf Fabius Rusticus und überhaupt durch die Nennung der Quellen gegebene kritische Vorbehalt entfällt jedoch und erscheint nicht einmal, wie sonst gelegentlich [70], in einer Anmerkung. Lohenstein entscheidet sich in diesem Punkt eindeutig für die Schuld der Agrippina. Nur die Frage des Burrhus, ob »Agrippinen wol die Unthat zuzutraun« sei [71], und die bejahende und das Ja begründende Antwort der Acte erinnern noch an die abwägende Quellenkritik des Tacitus.

Die von Tacitus ann. 14,2 referierte Schilderung des Cluvius bietet sich wegen ihrer szenischen Elemente zur Bühnenwiedergabe an. Lohenstein greift sie voll auf, arrangiert allerdings in durchaus eigener Weise. Tacitus meldet mit Cluvius zuerst, wie Agrippina sich zur Mittagszeit an den betrunkenen Nero heranmachte, danach, wie die Außenstehenden um Seneca reagierten. Diese zum Teil gleichzeitigen Situationen als solche bewußt zu machen und schließlich zusammenzuführen, ist nicht ganz einfach. Es wäre möglich, der Taciteischen Darstellungsfolge entsprechend zunächst die Verführungsszene zu bieten, sie dann durch Actes Eintreten zu unterbrechen und die dafür fehlende Motivation später nachzutragen. Lohenstein hilft sich besser. Sein Arrangement erinnert ein wenig an die Technik einer allerdings viel schnelleren und öfteren Verzahnung zweier Handlungsbereiche, wie wir sie gelegentlich in moderneren Stücken finden, etwa in Hauptmanns *Vor Sonnenaufgang* oder in Dürrenmatts *Besuch der alten Dame*. Lohenstein gibt die Verführung Neros durch Agrippina jedenfalls nicht kontinuierlich, sondern in zwei Phasen wieder, ebenso, damit verflochten, das Eingreifen der Außenstehenden. So ergeben sich vier Phasen. Der ersten Inzestphase folgt die Beratung der Außenstehenden, der zweiten die Unterbrechung durch Acte. Die Spielzeit dieser vier Phasen deckt sich nicht mit der objektiven Zeit. Zwar geht die erste ebenso deutlich voraus wie die letzte den Abschluß bildet, aber die zweite und dritte sind eher simultan zu denken, will man nicht zwischen den beiden Inzestphasen eine weitere, nicht dargestellte Leerphase und ähnlich zwischen Beratung und Eingreifen ein ebenso unverständliches Zögern ansetzen. Tatsächlich dauern Beratung und zweite Inzestphase etwa gleich lange. [72] Das Ende der in III b gezeigten Blutschande ist vom Umfang der vorher dargestellten, simultan zu denkenden Beratung her geradezu vorauszuberechnen. Die Entsprechung geht so weit, daß der Übergang vom bloßen Gespräch zum Handeln in III a und III b ungefähr nach der gleichen Zeit erfolgt. [73] Indem Lohenstein die beiden rivalisierenden Handlungsstränge in je zwei Phasen gliedert und miteinander verzahnt, treibt er die erotische Klimax der zweiten Inzestphase mit der Erwartung des Nichtgelingens zum dramatischen Wettlauf. Besser konnte er Actes Eingreifen und damit die Peripetie des Stückes kaum vorbereiten.

Meistert er mit dieser Anordnung das dramaturgische Problem zweier simultaner, sich aufeinander zu bewegender Handlungen, so berücksichtigt er mit einem weiteren, das Arrangement vollendenden Kunstgriff zugleich ein moralisches Erfordernis: Von den vier besprochenen Phasen sehen wir auf der Bühne nur die letzten drei. Die Szene III a entspricht also bereits der zweiten Phase. Das inzestuöse Vorspiel wird nicht gezeigt, sondern nur mitgeteilt, und zwar in Form von Actes Bericht, der die dritte Abhandlung eröffnet. So ergibt sich folgender »Innhalt« für die erste Hälfte dieser Abhandlung:

Als *Burrhus* und *Seneca* vernehmen von des Käysers Freygelassenen *Acte:* Daß *Agrippine* den *Nero* zu Unkeuschheit anreitze; heißen sie sie ins Zimmer dringen/ und ihm: Daß die

25

Käyserliche Leibwache wegen vermutheter Ubelthat/ übel zu frieden sey/ vorhalten. [a] *Agrippina* reitzet den Käyser mit hitzigem Eyfer zur Bluttschande an/ umb dardurch ihn von der *Sabina Poppaea* abwendig zu machen. [b] Sie aber wird von der eindringenden *Acte* gestöret. [c] [74]

Durch die Aussparung der ersten Inzestphase bzw. durch deren Zurücknahme in die Berichtsform gelingt es Lohenstein, die natürliche Folge von Ursache und Wirkung szenisch umzukehren und die Reaktion, Actes Gespräch mit Burrhus und Seneca, ihrem Anlaß, dem Inzest, vorwegzunehmen. Einerseits wird dadurch die Inzestszene als etwas Besonderes vorher angekündigt, ähnlich wie Poppäas Auftritt in II a durch das Eingangsgespräch zwischen Otho und Nero in I a vorbereitet war, und so die Neugier des Zuschauers geweckt. Anderseits läßt Lohenstein Agrippinas Verhalten mit seltener Eindringlichkeit durch Acte, Burrhus und Seneca verurteilen, bevor er es dem Zuschauer vor Augen führt. In dem kommentierenden Gespräch, das sich an den Bericht Actes anschließt, ist nicht nur Agrippinas »Ehrgeitz« [75], »Ehrsucht« [76] oder »Regiersucht« [77] als verwerflicher Beweggrund ihrer nur gespielten erotischen Leidenschaft immer wieder genannt, es wird auch nicht verschwiegen, daß ihre »Unzucht« [78] »wider die Natur« [79] sei. Die Begegnung Poppäas mit Nero in II a hatte durch Othos Lobrede auf sie in I a ein ganz anderes, geradezu gegenteiliges Präludium. Schließlich finden sich in dem Gespräch von III a die meisten und wichtigsten Urteile dieses Dramas über die Erotik überhaupt und ihre Gefahren. [80] Durch diese Vorwegzensur versucht Lohenstein offensichtlich, der moralischen Kritik, die sich dann ja doch gerade an dieser Szene entzündet hat [81], den Wind aus den Segeln zu nehmen.

Alle Angaben des Tacitus bzw. Cluvius zu dem schockierenden Ereignis sind, obwohl sie wegen ihrer szenischen Elemente geradezu nach der Bühne schreien, der ersten Inzestphase zugewiesen und damit in doppelter Weise degradiert: Sie erscheinen nur in Berichtsform und nur als »der Unzucht Vorschmack«. [82] Lohenstein erreicht die zwei Phasen seiner Inzesthandlung also nicht durch eine Teilung des von Tacitus skizzierten Geschehens, sondern indem er eine zweite, von ihm neu geschaffene Phase – eben die Szene III b – hinzufügt, mit der er die Taciteische Quelle ganz hinter sich läßt. Die uns als besonders situationsträchtig erscheinenden Angaben des Historikers, besonders Neros Trunkenheit, sind zwar nicht völlig übergangen, sondern immerhin in III a berichtet, gelangen aber nicht zu bühnenwirksamer Darstellung. Neros Worte in III b lassen jedenfalls keinen »temulentus« erkennen. Statt der prallen und fast schon derb-realistischen Szenerie, wie sie Tacitus andeutet, liefert Lohenstein hier einen hochgeistigen, vom Hin und Her der Argumente getragenen Disput zwischen der Versucherin Agrippina und dem zunächst widerstrebenden Nero. Die Mutter sucht den Sohn weniger zu verführen als zu überzeugen. Erst gegen Ende in einigen beiseite gesprochenen Zwischenversen [83] sagt sich Agrippina: »Wo Worte Kraft-loß sind/ da fruchten Wercke doch« [84], und handelt dann entsprechend. Im Mittelpunkt der Szene jedoch steht das Wortgefecht. Lohenstein überhöht die Taciteische Realistik also durch subtile Rhetorik. Die erotische Spannung kommt weniger durch die Schau als durch das Wort zustande. Das krasse Sujet bestimmt eindeutig das Gespräch, wirklich drastisch erscheint die Szene aber nicht. Lohenstein gestaltet die Sexualität überhaupt und besonders ihre Perversion nicht derbsinnlich, sondern disputatorisch vergeistigt.

Die erotischen Energien dieses Dramas, in der Eingangsszene durch Othos Lobrede auf Poppäa angefacht, haben in II a mit Poppäas Auftritt ihren ersten und mit der Blutschande in III b ihren endgültigen Höhepunkt erreicht. Unmittelbar danach folgt der Wendepunkt. Kurz nach Acte, die den Inzest unterbricht, erscheint – ebenfalls noch in III c – Anicetus auf der Bühne. Sein in der Szene danach entwickelter Mordplan läßt das Erotische zurücktreten. Es wird bei Neros Abschied von Agrippina in III e sowie später beim Anblick der toten Mutter in V c und mit Poppäas zweitem Auftritt in V d nur noch flüchtig memoriert. Die ehrliche, wenn auch moralisch fragwürdige Leidenschaft, die Nero bisher zeigte und die ihn, gemessen an den Intrigen der Frauen, nahezu sympathisch erscheinen ließ, macht nunmehr auch bei ihm unter dem Einfluß seiner Ratgeber politischem Kalkül Platz. Mit dem Argument, in den Grotten und Bädern von Baiae sei es möglich, »uns heimlich zu vergehn« [85] und ungestört »der Wollust zu bedienen« [86], lockt er Agrippina in III e auf das von Anicetus erfundene Unglücksschiff.

### 5. Paris und die Gefährlichkeit Agrippinas

Wie zwischen Poppäaszene und Inzest, so schließt Lohenstein auch die Kausalkette zwischen Inzest und Tod Agrippinas enger als Tacitus. Das wurde schon kurz angedeutet. In der Zeit zwischen Agrippinas Entschluß, den »Magnet der Laster« [87] zu ergreifen, und der Ausführung dieses Plans verkündet die Vestalin Rubria im Reyen der zweiten Abhandlung:

> Gläubt: Daß so bald der Mensch mit Lastern sich vergreifft/
> Die Rache Jupiters auch schon die Keile schleifft.
> Mein gantz verzückter Geist wird inn'/
> Und siht: Wie auf die geile Brust
> Der Mutter auch ein Sohn den stumpffen Dolch muß wetzen.
> Poppee büßt auch Schuld und Lust
> Und Nero muß die Faust im eignen Blutte netzen. [88]

Lohenstein verknüpft Blutschande und Ermordung Agrippinas aber nicht nur moralisch und im Bereich der Reyen, sondern auch im Stück selbst und nach den Gesetzen diesseitiger Kausalität. Daß er Inzestgeschehen und Mordbeschluß, die nach Tacitus längere Zeit auseinanderlagen, in der dritten Abhandlung unmittelbar aufeinander folgen läßt, wurde schon gesagt. Interessanter als die Abfolge selbst ist die Art der Verknüpfung. Auch hier heißt es, und zwar aus dem Munde des Anicetus, Agrippina habe »den Halß verwirgt nur durch die bösen Lüste.« [89] Doch die eigentliche Kopula und damit die Peripetie des ganzen Stücks erzwingt Lohenstein auf andere Weise, vielleicht weil Nero sich schlecht zum moralischen Richter über seine Mutter aufwerfen kann. Kurz nach der Unterbrechung des Inzests vollzieht sich der Glückswechsel auch auf der geistigen Ebene der Argumentation. Die Worte von Neros Ratgeber Paris zu Beginn von III d lassen den Übergang geradezu ruckartig erscheinen:

> Der Käyser kan uns nicht Gewissenhaft umb-stehn:
> Daß ihr hat Unzucht solln zu Ehren-flügeln dienen.
> Mein Fürst! Es ist gethan; im Fall er Agrippinen
> Drey Tage leben läßt/ [. . .]
> 　　　　　　Sie libet Kron und Reich/
> Nicht aber/ Käyser/ dich. Ihr Liebreitz ist nur Rache.
> Sie sucht nur: Daß sie dich der Welt gehässig mache/
> Und daß aus deinem Sarch ihr Lorbern mögen blühn/
> Weil ihr dein Ruhm Verlust/ dein Unfall bringt Gewien. [90]

Paris wertet den Inzestversuch Agrippinas als politisches Manöver und hält deshalb ihren Tod für notwendig. Seine Erkenntnis, »Daß ihr hat Unzucht solln zu Ehren-flügeln dienen«, findet sich auch bei Tacitus, der in ann. 14,2,1 ihr Tun »ardore retinendae [. . .] potentiae« motiviert. Keineswegs jedoch leitet Tacitus daraus die Notwendigkeit ihres Todes ab. Zwar bringt auch er die Blutschande, schon durch den Bericht an dieser Stelle, in einen gewissen Zusammenhang mit der späteren Ermordung. Aber abgesehen davon, daß er die Initiative der Mutter bei diesem Geschehen nur als wahrscheinlich, nicht als unbedingt sicher hinstellt, sieht er in ihrer körperlichen Preisgabe nur ihren letzten Versuch, mit Nero an der Macht zu bleiben und sich seine Gunst zu erhalten, die sie durch Poppäas Intrigen zu verlieren drohte. Diesem letzten Einsatz einer Verzweifelten gibt Lohenstein mit den Worten des Paris und mit Neros daran anknüpfender Feststellung,

> Daß unter einem Scheine
> Des Libens/ Agrippin uns nur zu stürtzen meine/ [91]

den Anstrich einer gegen den Kaiser gerichteten Revolte und schließt so gewaltsam die bei Tacitus offene Kausalkette zwischen Inzest und Tod der Agrippina. Gewaltsam erscheint diese Verbindung deshalb, weil Lohenstein die Notwendigkeit des Todes nicht durch ein tatsächliches Vergehen, sondern durch ein Motiv begründen läßt, nämlich durch Agrippinas Machtgier, die erst zur Tat führen könnte und nur nach der Einsicht des Paris innerhalb von drei Tagen gewiß dazu führen wird. Nero beschließt das Ende seiner Mutter also nicht wegen der von ihr eingeleiteten Blutschande, sondern wegen ihres darin zum Ausdruck kommenden Machtstrebens.

Von der Willkür der Drei-Tage-Frist, die aber eher den Dichter trifft, einmal abgesehen, haben wir eigentlich keinen Anlaß, an der Wahrheit von Paris' düsterer Prognose zu zweifeln. Man könnte ihn zwar für einen Scharfmacher oder Schwarzseher halten, aber ein Beweggrund für die mögliche Unwahrheit seiner warnenden Analyse wird in dem ganzen Drama nicht angegeben. Zwar erfahren wir auch nicht, woher er sein Wissen bezieht, aber als kluger Interpret hat er sich schon vorher ausgewiesen, als er, ebenfalls ohne Angabe irgendwelcher Wissensquellen, die wahren Beweggründe von Poppäas [92] und Othos Verhalten [93] erkannte. Seine Inzestdeutung stimmt mit Agrippinas eigener [94] wie ja auch mit der Taciteischen Motivation wenigstens insoweit überein, daß nicht erotische, sondern politische Gründe den Frevel veranlaßt haben. Im übrigen macht Lohenstein die Kaiserin-

28

mutter nicht nur und nicht erst in den Worten des Paris gefährlicher als Tacitus. Auch die erfundenen Szenen IIc und d, von denen in anderem Zusammenhang schon früher die Rede war, haben hauptsächlich den Zweck, diese Gefährlichkeit herauszustellen. Agrippina und Octavia rufen Seneca und Burrhus und danach Otho nicht nur gegen »Poppeens Brunst« zu Hilfe, sondern hetzen sie damit, wie es im »Innhalt« gleich zweimal heißt, auch »wider den Käyser« auf. [95] Die Warnung des Paris vor Agrippinas drohender Rache will also trotz der schwachen Motivation nicht als übertreibende Darstellung eines bösen Ratgebers erscheinen, der den Kaiser zum Muttermord verführt, sondern eher als objektive Diagnose einer Entwicklung, die an diesem Punkt kaum mehr aufzuhalten ist.

Paris ist der Herold der von Agrippina drohenden Gefahr, nicht nur in IIId, sondern auch in Ib und IVb, wo die Kaiserin ebenfalls gefährlicher erscheint als in den entsprechenden Tacituskapiteln. Paris ist zugleich die gegenüber Tacitus am stärksten veränderte Gestalt des Stücks und verdient schon deshalb einige Aufmerksamkeit. Die Verstärkung von Agrippinas Gefährlichkeit und die Aufwertung des Paris zur wichtigsten Nebenfigur hängen eng miteinander zusammen.

Tacitus erwähnt Paris gar nicht im Zusammenhang von Agrippinas Tod, sondern nur in jenen Kapiteln des 13. *Annalen*-Buches, die den Szenen Ib bis e zugrunde liegen. Nach seinen Angaben war er ein Freigelassener von Neros Tante Domitia, Schauspieler von Beruf, der die verleumderischen Verdächtigungen Domitias gegen die ihr verhaßte Agrippina bei Nero vorbrachte, nach Agrippinas Rechtfertigung allerdings der Strafe entging, weil er für den Kaiser so wertvoll war [96], daß ihn dieser später der Tante abspenstig machte. [97] Auch bei Lohenstein trägt Paris die erste Anklage gegen Agrippina vor, und zwar in Ib, aber er ist nicht Schauspieler oder irgendein Denunziant – auch ein entsprechender Hinweis in Agrippinas Rechtfertigungsrede ann. 13,21,3 entfällt bei Lohenstein [98] –, sondern von vornherein Neros Vertrauter, der die ihm zugetragenen Verdächtigungen offensichtlich für berechtigt hält und blaß und vor Angst bebend [99] den Kaiser davon unterrichtet. Der Schauspieler und Intrigant ist, wie gleich dieser sein erster Auftritt erkennen läßt, zu Neros wichtigstem Ratgeber avanciert. Später durchschaut er, wie schon gesagt, die Verstellung der um Neros Gunst buhlenden Frauen und wird in beiden Fällen zum Motor der notwendigen Maßnahmen. Er veranlaßt auch die Versetzung Othos nach Portugal. [100] Aber auch seine ursprüngliche Botenrolle ist erweitert. Außer seiner Nachricht in Ib, daß Agrippina einen Putsch plane, überbringt er in IVb die Meldung von dem gescheiterten Schiffbruchsattentat auf sie.

Doch schauen wir uns zunächst Ib an, da der hier mögliche Vergleich mit Tacitus die neue Rolle des Paris und deren Zusammenhang mit der größeren Gefährlichkeit Agrippinas am deutlichsten hervortreten läßt.

Nero ist noch im Gespräch mit Otho, der ihm die Schönheit seiner Frau Poppäa angepriesen hat.

Hierüber kommt des Käysers geheimster Freygelassener *Paris* ins Gemach/ und berichtet: Daß Agrippine des *Nero* Mutter sich mit dem *Rubellius Plautus,* welchen sie zu heyrathen gedächte/ wider den Käyser verbunden habe/ auch ihm nach Zepter und Leben stünde. *Nero* fertigt den *Burrhus* und *Seneca* an Agrippinen ab/ mit Befehl/ sie/ da sie schuldig/ hinzurichten. [101]

Das Wort »da« hat die Bedeutung des heutigen »falls«.

Durch den Auftritt zunächst von Paris, dann von Seneca mit Vers 218 und schließlich von Burrhus mit Vers 261 gliedert sich das Geschehen, von den quellenbezogenen Anmerkungen zu den Versen 157, 229 und 246 unterstrichen, in drei Teilszenen, die Lohenstein, wie das Umfangsverhältnis von etwa 3:2:1 zeigt, mit abnehmender Intensität dramatisiert. Schon dadurch wird deutlich, daß Paris hier die beherrschende Figur ist. Wichtiger als die Länge ist jedoch der Inhalt seiner Meldung.

Tacitus berichtet die Geschichte von Silanas Intrige gegen Agrippina, indem er dem natürlichen Ablauf der Ereignisse folgt: vom Motiv der Rache über die Instruktion der falschen Zeugen bis zu dem Weg, auf dem die Anzeige schließlich zu Nero gelangt. Daß es sich um eine unglaubwürdige Denunziation handelt, ist von vornherein klar. Was Tacitus als Autor selber sagt, legt Lohenstein seiner Figur Paris in den Mund, ohne den verleumderischen Charakter zum Ausdruck zu bringen. Der Taciteische Bericht klingt für Agrippina günstig; was Paris sagt, dient der Anklage gegen sie. Lohenstein inszeniert die Agrippina freundliche Darstellung des Tacitus also von der Gegenpartei her. Von einer Intrige gegen die Kaiserin oder gar von Rache als deren Motiv ist in den Worten des Paris dementsprechend nichts zu spüren. Während nach Tacitus Silana ihre Klienten Iturius und Calvisius zu falschen Zeugen dingte, hat sich nach Aussage des Paris umgekehrt Agrippina bemüht, diese beiden Männer »in Meyneid einzuflechten«. [102] Persönliche Feindschaft als Motiv der Anzeige wird erst später von Seneca vermutet, von Silanas Rache oder gar deren Hintergründen ist im Drama überhaupt nicht die Rede, sondern nur in einer Anmerkung. [103] Selbst Agrippina spricht in ihrer späteren Verteidigung in I d nicht davon, vielleicht weil sie sonst auch ihre eigenen Winkelzüge gegen Silana als Grund dieser Rache nennen müßte.

Statt mit dem Beweggrund der Intriganten beginnt Paris seinen Bericht mit dem Motiv der angeblich machthungrigen Agrippina [104], von dem bei Tacitus an der entsprechenden Stelle nichts steht. Lohenstein zieht deshalb frühere Tacitusstellen heran, die er zu den Versen 181 und 182 anmerkt. Dann folgen, jetzt in Anlehnung an ann. 13,19,3, der Inhalt der Anklage (185–196) und die Angabe von Zeugen (198–208). Während jedoch Tacitus vor allem den Weg der Intrige über die beteiligten Personen verfolgt und die Bezichtigung gegen Agrippina nur knapp als Instruktion an die falschen Zeugen zitiert, spinnt Lohenstein die Anklage breiter aus und bringt sie so mit der Zeugenangabe ins Gleichgewicht. Dabei erzählt Paris weniger von der Art der Verschwörung als davon, daß die beiden Putschisten sich verraten hätten. Die ebenso ruhmredigen wie unvorsichtigen Äußerungen zunächst des angeblich von Agrippina aufgehetzten Rubellius Plautus (186–191), dann der Agrippina selbst (195–196), von denen Paris weiß, fügt Lohenstein hinzu, vielleicht als Ersatz für die Ellipse von Agrippinas Ruhmredigkeit in ann. 14,2,1. Umgekehrt nimmt Lohenstein den intrigierenden und als Glieder einer Denunzierungskette nacheinander agierenden Personen ihre fragwürdige Aktivität und nennt sie nur als nebeneinanderstehende Zeugen, deren Liste er hier noch um die erst in I d genannten Atimetus und Domitia kürzt. Wo Tacitus den Verlauf der Intrige und den Kreis der Intriganten beleuchtet, rückt Lohenstein also die Anklage und die beiden Verschwörer stärker ins Rampenlicht. Das Interesse hat sich von den Angreifern auf die Angegriffenen, vom Anfang auf das Ende des Prozesses verlagert.

Damit hängt zusammen, daß Lohenstein rückwärts inszeniert. Wie er mit dem Auftritt des Paris zunächst dem 20. Kapitel des 13. *Annalen*-Buches folgt und dann erst zu Kapitel 19 zurückblendet, so sind auch die Angaben aus Kapitel 19 selbst rückwärts entwickelt: Silane wird erst am Schluß genannt [105], jetzt nicht mehr als rachsüchtige Initiatorin – die bleibt sie nur nach Agrippinas Meinung [106] –, sondern als glaubwürdigste Kronzeugin. Iturius und Calvisius, Tacitus zufolge von Silana als falsche Zeugen gedungen, werden bei Lohenstein vor ihr als erste Zeugen erwähnt, selbst sie in umgekehrter Reihenfolge. [107] Die Zeugenfolge »Calvisius/ Itur/ Silane« behält Paris auch bei, als er seine Angaben für den neu hinzukommenden Seneca noch einmal kurz wiederholt. [108] Die Bezichtigung gegen Agrippina, die Tacitus als Anweisung an Iturius und Calvisius erst gegen Ende von ann. 13,19 zitiert, bringt Lohenstein zuerst.

Daß Lohenstein die Taciteische, für Agrippina günstige Darstellung im Munde des Paris in Tendenz und Reihenfolge umkehrt, ist an sich nichts Außergewöhnliches. Solche perspektivisch bedingten Umfunktionierungen finden sich auch sonst. Man denke nur an die kritische Charakteristik der Poppäa von ann. 13,45, die in I a im Munde Othos zum reinen Lob gerät. Entscheidender ist, daß keine unbedingt glaubwürdige Gegendarstellung folgt, so daß der Putschverdacht an Agrippina haften bleibt. Senecas kurzer Einwand, die Zeugen seien mit ihr verfeindet, kann nicht als Dementi gelten, und auch »der Agrippinen stattliche Schutzrede« [109] in I d wirkt, weil von der Beschuldigten selbst vorgetragen, nicht objektiv. Jedenfalls fehlt es auch nach ihrer Rechtfertigung dem Kaiser nicht an »Argwohns-Gründen« [110], während bei Tacitus auch für ihn der Verdacht ausgeräumt erscheint. Am ehesten verdienen noch die Worte der todesbereiten Agrippina über Neros Ratgeber in V a Glauben:

> Die haben/ die durch mich so hoch ans Brett sind kommen/
> Ihn selbst verzaubernde mit Wahnwitz eingenommen:
> Daß meiner Pfeiler Grauß das Füßwerck müsse seyn/
> Zu seinen Ehren-Säuln: es könte nur allein
> Ins Demant-Buch der Zeit mein Blutt sein Lob einpregen:
> Mein Leben sey sein Tod/ mein Untergang sein Segen. [111]

Aber abgesehen davon, daß die von Agrippina vermutete sich nicht mit der tatsächlichen Argumentation ihrer Gegenspieler deckt und daß ihre Worte sich mehr auf Burrhus und Seneca als auf Paris beziehen, wird auch hier der Putschverdacht nicht ausdrücklich widerrufen.

Anstelle der ohnmächtig zugrunde gehenden historischen Agrippina läßt Lohenstein in seinem Drama alles in allem das Bild einer zwar nicht machtvollen, aber politisch durchaus gefährlichen Frau erstehen.

Immer dann, wenn Agrippina für Nero gefährlich erscheint, ist es Paris, der

31

diese Gefahr ankündigt und Nero Angst einjagt, nicht nur in I b, nicht nur im Zuge der gewaltsamen Peripetie von III d, sondern auch später noch einmal in IV b, als der erste Mordanschlag gescheitert ist. Auch hier verstärkt Lohenstein die Gefahr. Aus dem Auflauf nach Agrippinas Schiffbruch, von dem Tacitus ann. 14,8,1 berichtet, macht er im Munde des Paris einen Aufruhr zugunsten der Kaiserin, der Nero in Angst versetzt. [112] Nehmen die Leute am Strand bei Tacitus nur an der Rettung der Schiffbrüchigen Anteil, so wird bei Lohenstein »die gantze Gegend« [113] zu einem revolutionären Gefahrenherd, und so befiehlt Nero schließlich, Paris solle »die tolle Schaar« zerstreuen lassen. [114] Auch nach Tacitus reagierte Nero auf die Nachricht von der Rettung seiner Mutter überaus ängstlich, jedoch ohne daß Paris die Meldung verschärfen mußte.

Immer dann, wenn von Rebellion die Rede ist, hat Agrippina etwas damit zu tun. Selbst der Gongschlag der Peripetie, die von Acte angekündigte und von Anicetus gemeldete Rebellion des Heeres gegen die Blutschande [115] – nach Tacitus sollte Acte dem Kaiser nur die Möglichkeit eines soldatischen Protestes vor Augen halten –, betont im Grunde Agrippinas Gefährlichkeit. Diese von den Soldaten ausgehende und die nach den anschließenden Worten des Paris in III d von Agrippina selbst drohende Gefahr gelangen zu so synchroner Wirkung, daß die Kaiserinmutter mit dem ja eigentlich auch gegen sie gerichteten Aufruhr geradezu im Bunde zu stehen scheint. Im übrigen übertönt die Meldung vom Aufruhr des Heeres die mangelhafte Präzision und Motivation der von Paris prophezeiten Rache Agrippinas.

Paris ist nicht nur Bote der von Agrippina drohenden Gefahr, sondern, wie gesagt, auch Neros wichtigster Ratgeber. Als solcher empfiehlt er schon in der ersten [116] und dann im Zuge der Peripetie noch einmal in der dritten Abhandlung zur Umgehung der Gefahr den Tod der Kaiserinmutter. Daß Nero in der ersten Hälfte des Dramas weniger entschlossen und damit weniger tyrannisch als bei Tacitus wirkt, hängt nicht zuletzt hiermit zusammen. Das zeigt sich vor allem in I b. Zwar erwähnt auch Tacitus dreimal Neros Erschrecken und seine Furcht [117], doch ist Nero hier als »trepidus« zugleich »interficiendae matris auidus«, die Furcht steigert also seine Aktivität oder löst sie gar erst aus. Demgegenüber erwächst der Plan, die Mutter umzubringen, bei Lohenstein nicht oder doch nicht unmittelbar aus Neros Angst, sondern aus dem Rat des Paris [118], dem Nero überdies zunächst zögernd gegenübersteht [119], mag dieses Zögern auch nicht moralisch, sondern politisch bedingt sein. Auch den endgültigen Mordentschluß in III d führt, wie gesagt, Paris herbei. Damit soll Nero wohl weniger entschuldigt als zum Werkzeug seiner Höflinge degradiert werden. Er wirkt ähnlich schwach wie der schwankende Caracalla in Gryphius' *Papinianus*. Im übrigen entspricht diese Minderung seiner Aktivität der Verstärkung von Agrippinas Gefährlichkeit.

So gefährlich Agrippina wirkt, so wenig ist die von ihr ausgehende Bedrohung konkret faßbar. Eine Verschwörung unter ihrer Leitung wird mehr befürchtet als vorausgesetzt. Jedenfalls erfahren wir von Paris keine genaueren Einzelheiten, nach denen sich die Größe der Gefahr objektiv abschätzen ließe. Auch wo Agrippina selbst »wider den Käyser« agiert, nämlich in II c und d, erscheint die Absicht gefährlicher als das Ergebnis, und selbst sie tut sich mit merkwürdiger Zurückhaltung kund. Am klarsten klingt in II c noch Senecas abschließende und ablehnende Antwort: »Ich mercks/ wohin sie lockt. Nicht hoffe: Daß mans thut.« [120] Otho gegenüber in II d wird Agrippina zwar deutlicher, aber sie empfiehlt ihm die Rache an Nero doch in exemplarisch verschlüsselter Form. [121] So gewinnt man den Eindruck, daß sie gefährlicher erscheint als sie tatsächlich ist.

Das Zwielicht der Ungewißheit, in das Paris als Bote der Gefahr, Agrippina selbst und schließlich das ganze Stück damit geraten, erklärt sich aus dem Zusammenwirken einander widersprechender Intentionen, genauer gesagt, durch den Widerstreit von dramaturgischer Neuplanung und traditionellem moralischen Konzept. Einerseits möchte Lohenstein offensichtlich durch die Gefährlichkeit der Kaiserin das historische und dramaturgisch störende Mißverhältnis zwischen dem übermächtigen Tyrannen und seinem ohnmächtigen Opfer ausgleichen und zugleich ein plausibles Motiv für Neros Tat finden, das bei Tacitus fehlt. Anderseits darf dieses Motiv, so zwingend es Paris in III d auch darstellen mag, nicht als moralisches Alibi dienen, denn das vertrüge sich nicht mit der späteren Rache an Nero. Weder wird dieser durch die Gefährlichkeit seiner Mutter *ent*lastet noch diese selbst dadurch *be*lastet. In ihrem Sündenregister in V a erwähnt sie zwar die »unkeusche Lust« [122] gegenüber ihrem Sohn, sagt aber kein Wort von den ihr in I b vorgeworfenen verschwörerischen Umtrieben. Neben der moralischen Konstellation verbot auch der Respekt vor der geschichtlichen Wahrheit eine allzu tatsächliche Gefährlichkeit der Kaiserin. Lohenstein wagt es denn doch nicht, die Historie eindeutig auf den Kopf zu stellen. Die von Paris in I b gemeldeten Putschpläne werden zwar nicht dementiert, aber ebensowenig von anderer Seite bestätigt.

Der Dichter benutzt die janusgesichtige und damit doch wieder schauspielerhafte Figur des Paris also, um Agrippinas historisch ohnmächtige Rolle mit jener Aura von Gefährlichkeit zu umgeben, die die dramatisch unwirksame einseitige Abhängigkeit von ihrem Sohn in eine gegenseitige Bedrohung verwandelt, aber Nero doch nicht das Recht gibt, die Mutter zu beseitigen.


## 6. DIE VERÄNDERUNGEN IN DER MITTE DER DRITTEN ABHANDLUNG

Nach der schnellen Peripetie, die durch die Inzestunterbrechung in III b/c 264 sogar punktuell fixierbar ist und kurz danach durch die Worte des Paris zu Beginn von III d beglaubigt wird, gewinnt das Stück einen völlig anderen Charakter. Während die früheren auf Agrippinas Tod zielenden Vorschläge des Paris [123] und der Poppäa [124] durch Gegenaktionen der Kaiserinmutter zunichte wurden, folgen dem neuen Rat des Paris gleich der endgültige Mordentschluß Neros sowie Planung und Inszenierung des Schiffsattentats.

Auch bei Tacitus unterscheidet sich das Vorspiel der ersten beiden Kapitel des 14. *Annalen*-Buches von der eigentlichen, mit Kapitel 3 einsetzenden Mordgeschichte, nicht zuletzt durch den zeitlichen Abstand, den das »postremò« in diesem Kapitel ausdrückt. Lohenstein gibt, dem Gesetz von der Einheit der Zeit gehorchend, diesen Abstand auf, zieht die Zäsur aber dennoch tiefer als Tacitus, nicht nur dadurch, daß er sie ziemlich genau in die Mitte seines Trauerspiels verlegt. Das erotische Drama wandelt sich hier abrupt zum Kriminalstück. Haben bisher Poppäa und Agrippina mit ihren Reizen und ihrer Verstellungskunst um Neros Gunst gewetteifert, so wird jetzt umgekehrt Nero aktiv und trachtet seiner Mutter nach dem Leben. Die Sympathie des Zuschauers, die bislang, soweit überhaupt vorhanden, eher ihm gehören durfte, wendet sich von nun an seiner Mutter zu.

Indem Paris dem Kaiser eine Frist von drei Tagen setzt, wird die Aufmerksamkeit des Zuschauers zeitlich fixiert und tritt damit in ein neues Stadium. Lohenstein verwendet hier eines der einfachsten, ältesten und meistgebrauchten Mittel dramatischer Spannungsführung.

Abgesehen von der Fristsetzung dokumentiert sich die neue Phase des Stücks in der Figur des in III c erstmals auftretenden Anicetus, dessen Rolle Lohenstein ähnlich erweitert wie die des Paris. Nicht zufällig sind die beiden im Personenregister zusammen als »des Käysers Getreue« bezeichnet. [125] Wie Paris in der ersten Hälfte des Dramas als intellektueller Drahtzieher für die Motivation, so sorgt Anicetus nun in der zweiten als Mann der Praxis für die Durchführung des Muttermordes. Er macht nicht nur wie bei Tacitus den technischen Vorschlag, Agrippina durch einen künstlichen Schiffbruch zu beseitigen, er schlägt – anders als bei Tacitus – auch Zeit und Ort der Tat vor. [126] Er übernimmt es nicht nur wie bei Tacitus, nach dem Fehlschlag des Schiffsattentats die Gerettete in ihrem Bett zu ermorden [127], Lohenstein läßt ihn auch den Vorwand erfinden, Agrippinas Bote habe einen Anschlag auf Nero geplant. [128] Diabolisches Spiegelbild des listenreichen Odysseus, erfindet Anicetus somit alle »Mittel« [129], die zum Tode Agrippinas führen. Seine Rolle ist im wesentlichen auf die des erfinderischen Schergen und schließlichen Henkers beschränkt. Die individuelleren Angaben des Tacitus, daß Anicetus »libertus, classis apud Misenum praefectus, et pueritiae Neronis educator, ac mutuis odiis Agrippinae inuisus« [130] war, läßt Lohenstein weg oder gibt sie nur verstümmelt wieder. Daß er Präfekt der in Misenum nahe Baiae stationierten kaiserlichen Militärflotte war, scheint zwar in III d 350 vorausgesetzt zu sein, wird aber nicht eigens erwähnt. Vers 351 erinnert nur sehr vage und mißverständlich an den »pueritiae Neronis educator«. Jedenfalls bezieht sich »von Kind-auf« mehr auf des Anicetus eigene als auf Neros Kindheit.

Die Andersartigkeit der zweiten Dramenhälfte unterstreicht Lohenstein auch, obgleich eher unfreiwillig, durch einen Ortswechsel. Bisher spielte das Stück in Rom. Meistens war Rom zwar als geistiger Begriff zu verstehen, hin und wieder aber auch im topographischen Sinne gemeint. [131] Das Geschehen wechselte innerhalb der Stadtgrenze zwischen Neros Palast und Agrippinas einsamem Haus. Auch in der dritten Abhandlung ist bis zur Mitte nichts Gegenteiliges behauptet. Aber nach der Peripetie wird allmählich deutlich, daß die Ereignisse nun den historischen Quellen entsprechend in der Gegend von Baiae am Nordufer des Golfs von Neapel zu denken sind, also über 200 Kilometer von Rom entfernt in Italiens schönster und neben Rom zugleich geschichtsträchtigster Landschaft, in der die reichen Römer heute ebenso ihre Ferien verbringen wie ihre antiken Vorfahren. Als Nero das Schiffsattentat beschlossen und Agrippina auf das Unglücksschiff eingeladen hat, »begibt er sich nach *Bajae*« [132], aber nicht von Rom, sondern schon von dem Baiae benachbarten antiken Puteoli aus, das heute Pozzuoli heißt.

Angesichts der Begrenzung des Stücks auf einen Tag und im Rahmen antiker Verkehrsverhältnisse erscheint der Ortswechsel von Rom in die Gegend von Baiae als arger Verstoß gegen die Wahrscheinlichkeit. Da Lohenstein nie in Italien war, mag Unkenntnis der wirklichen Entfernung zu diesem Fehler beigetragen haben. Der eigentliche Grund ist jedoch in der doppelten Verpflichtung zur Einheit der Zeit und zur Quellentreue zu sehen. Die etwas unschlüssige Ortsangabe »Hier zu Pozzol/ und Rom« in III e 407 läßt vermuten, daß der Dichter das Dilemma gespürt hat und den Verstoß als unvermeidlich zu überspielen sucht. Er rückt also die Ereignisse zeitlich zusammen, ohne auch auf die örtliche Distanz konsequent zu verzichten. Das Gesetz der Zeiteinheit ist ihm wichtiger als das der Ortseinheit. Ersteres bricht die Verpflichtung zur historischen Wahrheit, letzteres nicht.

Wie die Szene III e, in der Nero sich heuchlerisch von seiner Mutter verabschiedet, so ist wohl auch die voraufgehende Szene, in der Anicetus sein Schiff »bey der Hand/ nechst am Gestade ligen« [133] hat, und damit rückwirkend die ganze dritte Abhandlung in Pozzol zu denken. Immerhin bleibt festzuhalten, daß der Ortswechsel erst nach der Peripetie bewußt wird. Die vierte Abhandlung spielt dann in dem westlich benachbarten »Baje«, das in diesem Stück weniger topographisch denn als Ort der Lust bedeutsam erscheint [134], und zwar in der »Gegend« [135] des Schiffbruchs, die fünfte schließlich auf Agrippinas »Vorwerck« »An der Lucriner See« [136] bei Baiae, wohin sich die Gerettete nach dem Unglück begeben hat. Rom wird in der zweiten Hälfte des Dramas nur noch als ferne Stadt erwähnt. [137]

Die Andersartigkeit der zweiten Hälfte erweist sich schließlich in der neuen Quellenbehandlung. Während Lohenstein in der ersten das historische Material aufschwellt, stellt er es, wie schon angedeutet, in der zweiten knapper dar. Aber nicht nur das. Er arbeitet ihm geradezu entgegen, und zwar nicht dadurch, daß er es, wie in der ersten Hälfte durch die Verstärkung von Agrippinas Gefährlichkeit, lediglich umdeutet. Er hebt es geradezu auf. Er spielt die geschichtlichen Tatsachen in eine magisch-psychische Ebene hinüber und läßt sie am Ende ganz darin aufgehen. Das historische Mißverhältnis zwischen Neros Macht und Agrippinas Ohnmacht, das er in der ersten Hälfte durch eine Verstärkung von Agrippinas Gefährlichkeit überspielt hat, korrigiert er nun durch eine höhere Gerechtigkeit. Neros Übermacht kompensiert er durch Agrippinas nicht nur moralische, sondern im Bereich des Übersinnlichen auch spürbar vorhandenes Übergewicht, das ihre von Paris beschworene Gefährlichkeit übertönt und ablöst. Der nicht moralische oder jedenfalls für Agrippina nicht belastende Charakter dieser Gefährlichkeit wird durch die Funktionsähnlichkeit mit den »guten« Kräften der zweiten Hälfte nachträglich noch einmal unterstrichen. Lohenstein besorgt den Ausgleich zwischen der Macht des Kaisers und der Ohnmacht seiner Mutter nicht erst nach deren Tod durch das mit V e einsetzende okkulte Nachspiel einer transzendenten Rache, sondern von vornherein mit der Vorbereitung oder doch spätestens mit der Inszenierung des Schiffsattentats. Den ahistorischen Gegenimpulsen der zweiten Dramenhälfte im einzelnen nachzugehen, ist die Aufgabe der noch ausstehenden Erläuterungen zur *Agrippina*.

## 7. Die naturmagische Überhöhung von Agrippinas Rettung nach dem Schiffbruch

Ein erstes, wenn auch recht schwaches Indiz ist die Veränderung von Agrippinas Schiffsroute. Wie gesagt, folgt Lohenstein seiner Quelle insofern, als er das Geschehen mit den Schiffbruchsvorbereitungen von Rom in die Gegend von Baiae überwechseln läßt. Im einzelnen allerdings hält er sich nicht an die Taciteischen Angaben über den örtlichen Verlauf der Mordgeschichte.

Nach Tacitus ann. 14,4 folgte Agrippina einer Einladung Neros und ließ sich von ihrer Villa in Bauli, dem heutigen Bacoli, in das nordwestlich davon gelegene Baiae tragen, das heute Baia heißt. Zur Rückfahrt bestieg sie das Attentatsschiff, das nicht lange nach seiner Abfahrt auseinanderbrach, wie Tacitus in Kapitel 5 berichtet. Agrippina rettete sich ans Ufer, gelangte zum Lucriner See, der nördlich von Baiae, also in Richtung Puteoli, als Binnensee dem Meer vorgelagert war und heute nach Verschwinden des 1,6 km langen Trenndamms zum Meer zählt, und von da aus begab sie sich in ihre Villa. Zur näheren Orientierung diene die Karte zu S. 234. Sie ist aus einem Buch kopiert, das – nur in einer anderen, mir nicht zugänglichen Auflage – auch Lohenstein benutzte und über das gleich noch Genaueres zu sagen sein wird.

Bei Lohenstein will Agrippina nicht von Baiae südöstlich nach Bauli, sondern von Puteoli westwärts nach Baiae segeln. Die beiden Orte sind etwa fünf Kilometer voneinander entfernt. [138] »Hier zu Pozzol« [139] lädt Nero sie zu der Unglücksfahrt ein. Sie fährt also auf »Baje« [140] zu, das sie nach Tacitus in anderer Richtung verließ. Trotz der geänderten Reisestrecke bricht das Schiff bei Lohenstein an historischer Stelle auseinander, nämlich in der Nähe von Baiae. Den Reyen der dritten Abhandlung, in dem er den Schiffbruch darstellt, lokalisiert Lohenstein »in Bajens Lust-Gefilde«. [141] Nur segelt das Schiff, das sich Tacitus zufolge *noch* in der Nähe von Baiae befand [142], bei Lohenstein *schon* nahe vor Baiae, wie aus dem späteren Botenbericht des Agerinus deutlich wird. [143] Es hat also statt eines Minimums ein Maximum der vorgesehenen Strecke zurückgelegt. Agrippinas »Vorwerck«, in das sich die Schiffbrüchige rettet, denkt sich Lohenstein nicht in Bauli, sondern am Lucriner See, der nach Tacitus der Geretteten nur als Zwischenstation diente.

Die Veränderung der Reisestrecke ist wohl nicht durch mangelnde Ortskenntnis des Dichters bedingt. Zwar war er, wie gesagt, nie in Italien und mag die Entfernung zwischen Rom und Puteoli unterschätzt haben, aber über die Gegend von Puteoli war er durchaus im Bilde, und zwar durch ein Buch des Neapolitaners Scipione Mazzella, das er in drei Anmerkungen zur *Agrippina* erwähnt. [144] Das 1593 erschienene kleine Werk, das Lohenstein vermutlich in einer späteren, geringfügig erweiterten Auflage benutzte [145], informiert dem Titel zufolge über die örtlichen und antiken Besonderheiten der Stadt Pozzuolo und ihrer entzückenden Umgebung mit einer Beschreibung aller beachtens- und erwähnenswerten Stellen sowie Cumas, Baias, Misenos und der anderen Nachbarorte. [146] Aus eben diesem Buch, genauer gesagt, aus der Auflage von 1596, stammt auch die oben erwähnte Karte.

Daß Lohenstein die von Tacitus berichtete Hin- und Rückreise der Agrippina durch eine einfache Fahrt ersetzt und daß er Baiae, das Ziel der Taciteischen Hinreise, als Ort der Lust zum Köder der Unglücksfahrt macht, ist verständlich. Warum er Bauli durch Puteoli ersetzt, wird jedoch nicht ohne weiteres ersichtlich. Vielleicht hat ihn die größere Bedeutung dieser Stadt dazu veranlaßt, zumal er sie durch Mazzella genauer kannte. Wichtig erscheint auch, daß Kaiser Caligula, wie Lohenstein zu Vers III 380 aus Sueton anmerkt, die zwei markanten Orte Puteoli und Baiae einst durch eine spektakuläre Schiffsbrücke verbunden hatte. Auf diese Brücke und die von Lohenstein zitierte Sueton-Stelle macht auch Mazzella in seinem Kapitel über den Hafen von Pozzuolo aufmerksam. [147] Den eigentlichen Grund dafür, daß Agrippina von Puteoli nach Baiae reist, verrät aber wohl die Anmerkung zu dem Reyen-Vers III 497, in der Lohenstein die von Plinius erzählte und von Solinus weitergegebene Geschichte eines Delphins zitiert, der zur Regierungszeit des Augustus angeblich von einem Jungen angelockt, in den Lucriner See gebracht und so gezähmt wurde, daß er den Jungen auf seinem Rücken von Baiae bis nach Puteoli trug. Auch diese fabelhafte Geschichte fand Lohenstein in dem Buch von Mazzella, das er in der genannten Anmerkung in anderem Zusammenhang auch erwähnt, nämlich im Hinblick auf ein von Pausanias stammendes »gleichmäßiges Exempel von einem Delfin bey der Stadt Proselene in Ionien«. Das Kapitel, auf das sich Lohenstein bezieht, handelt vom Lucriner See. Zwei Seiten vor dem griechischen Exempel und im gleichen Kapitel bringt Mazzella die eigentliche *Historia di vn Delfino* im lateinischen Text des Plinius mit italienischer Übersetzung und dann auch den Hinweis auf Solinus. [148] Neben Plinius, Solinus und Pausanias sind in diesem Kapitel auch Ovid und Gellius genannt, die beiden restlichen Autoren, auf die sich Lohenstein in seiner Anmerkung bezieht.

Die Delphingeschichte merkt Lohenstein zu jenen Versen des Reyens der dritten Abhandlung an, mit denen die Nereustöchter zur Rettung Agrippinas aufrufen:

> Eilt! eilt! eilt! eilt! ihr schupfichten Delfinen/
> Reicht euren holden Rücken dar
> Den Schwimmenden/ errettet Agrippinen
> Aus der verräthrischen Gefahr. [149]

Hier wird gewissermaßen der Delphin des Knaben beschworen und ins Leben zurückgerufen.

Daß Lohenstein seine Agrippina die sagenumwobene Strecke von Puteoli nach Baiae benutzen läßt, ist keine abseitige Rarität, sondern erscheint als erstes Indiz für die naturmagische Überhöhung ihrer Rettung, die dann durch weitere Symptome unterstrichen wird. Die Meerjungfrauen oder »See-Göttinnen«, wie Lohenstein sie nennt, begnügen sich nicht mit der Anrufung von Delphinen, sie rufen noch weitere Naturelemente zu Hilfe:

> Bringt Schwestern/bringt ein Muschel-schiff der Schnecken/
> Daß diese Venus fährt an Port:
> Hört/ Fisch'/ itzt auf vom Mooß und Felsen-lecken/
> Helfft der elenden Mutter fort. [150]

Und die Bergnymphen rufen den sanften Westwind an, er möge Agrippina schützen, sowie die »braune Nacht«, deren Sterne »zu Freuden-feuern dienen« sollen. [151] Naturkräfte übernehmen also die Funktion der Boote (lembuncula), die nach Tacitus ann. 14,5,3 die Rettung der Kaiserin ermöglichten. Die Meernymphen, die erschienen waren, um »der grossen Agrippinen« [152] Perlen und Muscheln zu streuen [153], und zusammen mit den Bergnymphen ihren Schiffbruch zunächst beobachtet und kommentiert haben [154,] inszenieren auch ihre Rettung. Sie scheinen mit dieser andernorts der »Zauberey« verdächtigten Frau [155] geradezu im Bunde zu stehen. Nicht der Schiffbruch Agrippinas, sondern ihre Rettung ist die »That« [156], deren Gedächtnis bleiben wird. Sie und nicht der Schiffbruch ist auch das eigentliche Thema dieses Reyens. Das Attentat bietet nur den Anlaß.

Gegenüber dem *Annalen*-Kapitel 14,5, auf das er zu Vers 469 ff. ausdrücklich hinweist, vertauscht Lohenstein damit deutlich die Akzente. Während Tacitus gewissermaßen mit auf dem Schiff ist und sowohl die Situation vor dem Attentat als auch die Verwirrung beim Schiffbruch selbst sehr lebendig einfängt, scheint in der Perspektive der Bergnymphen bei Lohenstein das Geschehen aus größerer Entfernung und jedenfalls von außen her betrachtet. Es wird äußerst knapp in nur fünf Versen und mit dem viermaligen anaphorischen »itzt« Schlag auf Schlag wiedergegeben. [157] Das szenisch-dekorative Beiwerk fehlt, die Schilderung der Vorlage ist auf die Resultate verkürzt. Zwar beschäftigen sich auch die beiden folgenden Strophen mit dem Schiffbruch, doch nur kommentierend, indem sie seine Ungeheuerlichkeit betonen. Weitere Fakten werden nicht ergänzt. Informiert wird der Zuschauer erst wieder über die Rettung. Während Lohenstein die breite Taciteische Darstellung des Schiffbruchs gekürzt hat, gibt er nun umgekehrt die Rettung Agrippinas, die Tacitus lakonisch nur im letzten Satz seines Kapitels erwähnt, breit entfaltet wieder. An die Stelle des knappen indikativischen Berichts treten mit idyllischer Breite die oben zitierten imperativischen Apostrophen.

Der naturmagischen Anhebung des Geschehens entspricht seine Darstellung in einem Reyen. Lohensteins Reyen erheben sich in allegorischer Form über die profane Wirklichkeit der Abhandlungen und sind daher für den Gehalt seiner Stücke besonders bedeutsam. [158] Der dritte *Agrippina*-Reyen ist neben dem ersten der *Epicharis* der einzige Reyen mit historischem Stoff und überhaupt der einzige seiner Trauerspiele, in dem die eigentliche Handlung des Stücks fortschreitet oder doch als fortschreitend erlebt wird. Letzteres erreicht der Dichter durch das

Zusammenwirken von Bühnenbild und deiktischen Worten der Nymphen. Das Bühnenbild gibt er selbst an: »Der Schauplatz stellet für auf der stillen See unter dem gestirnten Himmel den Schiffbruch der Agrippinen.« [159] Angaben zum »Schauplatz« betreffen sonst bei Lohenstein immer das feste Bühnenbild, und so verlangt wohl auch diese Regieanweisung die Darstellung des Schiffbruchs nicht als aufwendigen Vorgang unter Einsatz der ganzen Bühnenmaschinerie, sondern als Bild, das, wie Albrecht Schöne sagt, vermutlich auf Leinwand gemalt und in einen Holzrahmen gespannt, während des Reyens auf der Hinterbühne zu sehen war, »eine pictura, die der Chor der Berg- und Meer-Göttinnen durch lebhafte Beschreibung des Vorgangs, durch erregte Anteilnahme am Geschehen gleichsam in Handlung umsetzt.« [160]

Man könnte nun meinen, die Schiffskatastrophe sei nur deshalb im Reyen wiedergegeben, weil sie anders nicht darstellbar wäre. Mit der Reyen-Form folge Lohenstein nicht einer naturmagischen Absicht, vielmehr sei umgekehrt der Zauber eine Folge der Reyen-Form. Diese Einwände überzeugen jedoch nicht. Die Darstellung des Schiffbruchs hätte Lohenstein auf den Botenbericht beschränken können, der in der vierten Abhandlung ja sowieso noch folgt, und der naturmagische Charakter bleibt, mag er vielleicht durch den Reyen angeregt sein, doch nicht an die Reyen-Form gebunden. Auch Agrippinas Bote Agerinus gibt in IV d das, was Tacitus in allen szenischen Einzelheiten realistisch durchleuchtet, naturmagisch verschleiert wieder, obwohl er doch – eine Neuerung gegenüber Tacitus – aufgrund des »wir« in IV 238 wirklich dabei gewesen ist. Die Szenerie auf dem Schiff erläutert er ebensowenig wie die Bergnymphen im Reyen, die von Tacitus skizzierte Naturkulisse dagegen ist in seinem Bericht allegorisch ausstaffiert. [161] Agrippinas Rettung erfolgte auch nach seinen Worten nicht durch Boote, sondern

Die Hoffnung ist ihr Schiff/ der Götter Gunst ihr Wind/
Durch welcher Hülffe sie biß an den Strand entrinnt. [162]

Auch die Schwerpunktverschiebung vom Schiffbruch auf die wunderbare Rettung Agrippinas wird durch diesen Botenbericht bestätigt, allerdings weniger durch seinen Wortlaut als durch seine späte Plazierung. Der von Tacitus erst später in ann. 14,8,1 gemeldete Volksauflauf während und nach Agrippinas Rettung ist Lohenstein wichtiger. Er zieht ihn vor und läßt Paris schon in IV b darüber berichten. Paris sagt als einziger, daß Menschen an der Rettung beteiligt waren. Aber auch seine Worte widersprechen nicht dem Wirken der Naturkräfte. Nicht Bootsleute, sondern nur diejenigen, die ins Meer wateten, haben Agrippina die Hand gereicht. [163] Im übrigen überzieht auch sein eher realistischer Bericht das Geschehen ins Magisch-Kultische:

Nun Agrippinen itzt geholffen ist ans Land/
Erklingt Gebirg und Luft von hellen Lust-gethönen/
Man siht die Hügel sich mit Freuden-feuern krönen.
Den Tempeln rennet zu des Pöfels gröster Theil/
Und sagt den Göttern Danck für Agrippinens Heil. [164]

Tacitus schreibt nur, als die am Strand zusammengekommenen Leute von ihrer Rettung erfahren hätten, hätten sie sich aufgemacht, um sie zu beglückwünschen (vt ad gratandum). Ob Lohenstein das Verbum »gratari«, das nicht nur »Glück wünschen«, sondern auch »einer Gottheit danken« bedeuten kann, bewußt umgedeutet oder bloß mißverstanden hat, läßt sich nicht sagen. Aber auch das Mißverständnis erschiene durch die von Tacitus abweichende Gesamtintention begünstigt.

## 8. Neros Angst nach dem gescheiterten Schiffsattentat

Die Schwerpunktverschiebung vom Schiffbruch auf die Rettung Agrippinas täuscht nicht darüber hinweg, daß dieser ganze Anschlag einschließlich der Rettung verhältnismäßig knapp dargestellt ist. Das gilt nicht nur für das zentrale Kapitel 5 des 14. *Annalen*-Buches, sondern auch für die beiden vorausgehenden und das folgende Kapitel. Für die Kapitel 3 und 4 braucht Lohenstein nur die Szenen III d und e. Er streicht die Ereignisse hier nicht nur zeitlich und örtlich, sondern auch szenisch zusammen, vor allem in III e. Neros briefliche Einladung an Agrippina, ihre Zweifel vor der Reise von Bauli nach Baiae und das Abschiednehmen nach einem ausgedehnten Gastmahl in Baiae arbeitet er verändert in die von ihm neu geschaffene Intimszene ein. Während nach Tacitus der Kaiser die Mutter durch gezielte Gerüchte in Sorglosigkeit wiegte, lockt er sie bei Lohenstein selbst, und zwar mit der von Tacitus nicht erwähnten Aussicht, den unterbrochenen Inzest in Baiae ungestört vollenden zu können.

Während Lohenstein die Kapitel 3 bis 5 mit den Szenen III d und e und dem anschließenden Reyen nur knapp wiedergibt und Kapitel 6, das von Agrippinas ängstlicher Reaktion nach ihrer Ankunft in ihrem Landhaus handelt, sogar überhaupt nicht inszeniert, schafft er aus Kapitel 7 die ganze vierte Abhandlung. Im Mittelpunkt dieses Kapitels und noch mehr der Lohensteinschen Abhandlung steht Neros Angst nach dem gescheiterten Schiffsattentat.

Nach Tacitus war er »pauore exanimis«, also vor Angst außer sich, als er von dem Mißlingen des Anschlags erfuhr. Wohl um diese Angst verstärkt in Szene zu setzen, nahm Lohenstein die bisher besprochenen Änderungen nach der Peripetie des Stückes vor. Darum die verhältnismäßig knappe Wiedergabe der Attentatskapitel, darum die Vernachlässigung der Schiffsereignisse zugunsten von Agrippinas Rettung, darum deren Steigerung ins Wunderbare und damit besonders Gefährliche, darum letzten Endes wohl auch die Verlegung der Unglücksfahrt auf die sagenumwobene Strecke zwischen Puteoli und Baiae. Das Magisch-Okkulte dient also als Affektbasis.

Diese Feststellung gilt vor allem auch für die Geisterszene IV a, die Neros Angst dann unmittelbar auslöst.

In I b hat Lohenstein den Eindruck der Gefahr zwar verstärkt, die von Tacitus ann. 13,20 berichtete Angst Neros aber noch gedrosselt bzw. ersetzt, indem er die »maestitia« des Unglücksboten Paris zur Angst steigerte und diese nur zum Teil auf Nero übergreifen ließ. Es war weniger Angst als Zorn über den Putschplan der Mutter, was den Kaiser erregte. Auch die Gefahrenmeldungen von Acte und Anicetus in III c und die warnenden Worte des Paris in III d haben Nero noch nicht sonderlich beunruhigt. Erst nach dem Scheitern des Schiffsattentats erschrickt er, nun allerdings um so heftiger. Um ihn zittern zu machen, genügt nicht wie bei Tacitus die bloße Nachricht vom Mißlingen des Anschlags, auch die verstärkte Gefahrenmeldung reicht nun nicht mehr aus. Den drei an Tacitus anknüpfenden Szenen IV b bis d schaltet Lohenstein vielmehr die erwähnte Geisterszene als auslösendes Moment vor. »Des *Britannicus* Geist« [165] gibt dem schlafenden Nero Agrippinas Rettung und die ihm drohende Gefahr zu erkennen, noch bevor Paris, Anicetus und schließlich Agerinus die näheren Einzelheiten mitteilen. Die Gefahr, bei Tacitus eher eine Ausgeburt von Neros erhitzter Phantasie, wird dadurch objektiviert und auf höherer Ebene besiegelt. Während Nero nach Tacitus ann. 14,7,1 auf Nachrichten vom Gelingen des Anschlags wartete, ist er durch seinen Traum bei Lohenstein von vornherein erschreckt und erwartet »nichts Gutts«. [166] Sein »Erschrecknüs« [167], im folgenden immer wieder erkennbar [168], beherrscht die ganze vierte Abhandlung, besonders aber IV b.

Diese Szene kulminiert in der nach Tacitus ann. 14,7,2 gestalteten Angstrede der Verse 105 bis 119, mit der Nero auf die durch Anicetus in Kurzform vorweggenommene Botschaft Agrippinas reagiert. Seine Worte schließen eng an seine von Tacitus zitierten Äußerungen an, weichen aber zugleich im Zuge der von Lohenstein erstrebten Wirkungssteigerung in charakteristischer Weise von ihnen ab. Nach Tacitus beteuerte Nero jeden Augenblick, Agrippina sei auf dem Wege zur Rache, gleichgültig ob sie nun die Sklaven bewaffnen, die Soldaten aufhetzen oder sich an Senat und Volk mit einer Klage wegen des Schiffbruchs wenden werde. Was Tacitus disjunktiv auseinanderhält, häuft Lohenstein additiv und, wie das »Ja« in Vers 112 zeigt, sogar steigernd aufeinander. Agrippina werde nicht das eine oder das andere, sondern alles zugleich tun, fürchtet Nero jetzt.

Nach dem Aristotelischen Paradigma des Tyrannen hatte sich die Vorstellung von der Furcht als festem Attribut des bösen Herrschers eingebürgert. [169] Im Drama garantiert die Furcht als Pendant tyrannischer Macht das Gleichgewicht der Kräfte, so auch bei Lohenstein. Als einer der vier stoischen Grundaffekte [170] spielt sie überhaupt in der Psychologie des 17. Jahrhunderts eine besondere Rolle. Als Grundgefühl der zweiten Dramenhälfte übertrumpft die Furcht oder Angst – die moderne Unterscheidung dieser beiden Begriffe erscheint für die Barockzeit kaum angebracht – schließlich sogar die in der ersten Hälfte regierende »Wollust«. Durch magisch-okkulte Elemente geschürt und durch Gefahrenmeldungen vorbereitet und unterstrichen, steigert sich Neros Angst bis hin zum Furioso des Schlußreyens, in dem sein Gewissen den Rachegeistern zur Bestrafung ausgeliefert wird. Diese seine neuen Ängste nach dem Tod der Mutter werden wiederum durch eine Geisterszene ausgelöst, in der die Ermordete selbst dem Sohn ins Gewissen redet. Die Besprechung des damit einsetzenden übersinnlichen Nachspiels sei jedoch zunächst zurückgestellt.

Neros Angst nach dem gescheiterten Schiffbruch hat noch nichts mit moralischen Skrupeln zu tun, und so beschleunigt sie nur wie bei Tacitus den zweiten und endgültigen Anschlag auf Agrippina. An der Beratung hierzu in IV c sind der Quelle entsprechend auch Burrhus und Seneca beteiligt. Senecas auch von Tacitus berichteter Rat, die Kaiserin zu töten [171], ließe sich angesichts der bedrohlichen Lage durch die im 17. Jahrhundert maßgebende Auffassung von der Staatsräson notfalls rechtfertigen. Im übrigen entlastet Lohenstein die beiden Minister dadurch, daß sie von dem Schiffsattentat erst jetzt durch Nero erfahren. [172] Tacitus läßt ungewiß, ob sie vorher davon wußten. Bei Lohenstein geben ihre ahnungslosen und vorzugsweise fragenden Äußerungen zu erkennen, daß sie erst mit dem Fehlschlag auch von dem Anschlag selbst hören. Zwar zeigen sie sich nicht erstaunt, aber das liegt wohl daran, daß affektbestimmte Reaktionen in Lohensteins Dramen vornehmlich den Hauptpersonen vorbehalten bleiben. Möglicherweise übergeht Lohenstein das lange Schweigen, mit dem die beiden auf Neros Informationen reagierten, aus dem gleichen Grund. Daß der Verfasser eines rhetorischen Dramas dem Phänomen des Schweigens allemal etwas hilflos gegenübersteht [173], genügt jedenfalls nicht zur Erklärung. Lohenstein spart das Schweigen und das sich darin ausdrückende Zögern nämlich nicht nur aus, er verkehrt es geradezu ins Gegenteil. Seneca fordert gleich, nachdem Nero ihn und Burrhus informiert hat, »geschwinden Widerstand«. [174]

Gegen Neros neue Aktivität schafft Lohenstein noch in der vierten Abhandlung ein moralisches Gegengewicht, indem er die von Tacitus ann. 14,7,6 gemeldete Verhaftung des Agrippina-Boten Agerinus in IV d zu Folter und Hinrichtung steigert. Durch den Plan des Anicetus am Ende von IV c ist der Bote von vornherein als Opfer angekündigt. Die Verhaftung selbst wird damit unwichtig. Die Spannung des Zuschauers richtet sich auf das Verhalten des Boten. Wird er sich dazu hergeben, aus Angst vor der ihm drohenden »Pein« [175] Agrippina zu bezichtigen, sie habe ihn zur Ermordung Neros gedungen, oder wird er standhaft und seiner Herrin treu bleiben und die Folterqualen [176] aushalten? Nun, der Bote bewährt sich und verschafft damit auch, ähnlich wie später in V f Mnester, seiner Herrin moralischen Kredit. Der Gegensatz ist deutlich: Während Nero vor Angst verging und nur durch seine Ratgeber davon abzulenken war, läßt sich Agrippinas Bote trotz Folter und Tod nicht bange machen.


### 9. Agrippinas Angst und schliessliche Todesbereitschaft in V a

Dennoch ist die Angst kein Monopol des Tyrannen. Sie ergreift die Titelheldin nicht weniger als ihren Sohn. Im Gegensatz zu Nero aber und zugleich im Unterschied zu der Taciteischen Agrippina überwindet diese ihre Angst und findet sich noch vor dem Eindringen der Häscher heroisch mit ihrem Tode ab. Die innere Vorwegnahme des Todes in V a erscheint wichtiger als die anschließende Ermordung. Die Szene verdient deshalb eine genauere Interpretation.

Tacitus ann. 14,8,2–5 stellt das Mordgeschehen in seinen atmosphärischen und dialogischen Einzelheiten ähnlich lebendig dar wie drei Kapitel zuvor den Schiffbruch. Zunächst berichtet er, wie Anicetus das Haus durch eine Wache abriegelt, die Haustür aufbricht und bis an die Tür des Schlafzimmers vordringt. Dann hält er den Atem des Geschehens an und beschreibt die unheilschwangere Stimmung in dem Zimmer, in dem Agrippina sich mit einer Magd aufhält. In bezug auf Agrippinas Gefühle und Gedanken blendet er dabei sogar zurück: Ihre Angst ist immer größer geworden, ihre Gedanken gelten dem vorher erwähnten Lärm von draußen. Danach greift Tacitus den Faden der Handlung wieder auf. Als die Magd gegangen ist, betreten Anicetus und seine Leute das Gemach und bringen Agrippina ohne Rücksicht auf ihre rhetorische Gegenwehr um.

Ein makabres Stimmungsbild also zwischen zwei Phasen der Gewaltaktion. Von den drei darstellerischen Etappen gestaltet Lohenstein die beiden ersten in V a, die letzte in der Mordszene V b. In der Erkenntnis, daß die beiden ersten Etappen mit dem Eindringen der Häscher bis zur Schlafzimmertür und mit der Situation im Schlafgemach gleichzeitige Geschehnisse darstellen, ja daß Agrippinas Angst begonnen hat, längst ehe Anicetus in das Haus einbrach, inszeniert der Dichter nicht nach der Taciteischen Darstellungsfolge, sondern nach der Ereignisfolge. Die Szene V a spielt in »der Agrippinen Schlaff-Gemach« [177], und erst gegen Ende hört Agrippina, was Tacitus vorweg berichtet, »das Vorgemach durchbrechen«. [178] Die bei Tacitus zuerst berichtete Ankunft der Häscher wird also nicht auf der Bühne gezeigt, sondern spielt sich hinter den Kulissen ab und wird nur in reduzierter Form wahrnehmbar: akustisch und in Agrippinas Kommentar.

Um so ausführlicher gestaltet Lohenstein die Situation im Schlafgemach oder, besser gesagt, die Gefühle und Gedanken Agrippinas.

Die von dem Schiffbruche mit einer Wunden entkommene *Agrippine* beklagt die arglistige Nachstellung ihres Sohnes/ erweget ihre begangene Missethaten und weissagt ihr selbst ihren nahen Untergang/

so skizziert er die Szene kurz im »Innhalt«. [179] Die Bemerkung des Tacitus, das Gemach sei nur mäßig erleuchtet gewesen, ist nicht nachweisbar übernommen, wenn auch »die Schatten [. . .] erschrecklicher Gestalten« [180] eine spärliche Beleuchtung nahelegen. Jedenfalls verlagert Lohenstein die Aufmersamkeit vom realistischen Beiwerk ganz auf das seelische Geschehen. Das alles beherrschende Thema ist Agrippinas »Todes-Angst«. [181] Die »ancilla«, von der Tacitus nur meldet, daß auch sie schließlich die Todgeweihte verlassen habe, macht der Dichter als »*Sosia der Agrippi*nen Bediente« [182] zur Kontrastfigur. Den griechischen Sklavennamen Sosia kannte er wohl aus den lateinischen Komödien von Plautus und Terenz, wo ihn verschlagene männliche Sklaven tragen. Sosias Einwände sind als Trost gedacht, dienen allerdings nur dazu, daß Agrippina, deren eigenes Gewissen ihr allen Trost versagt [183], ihrerseits ebenfalls widerspricht und daß sich ihre Angst so nur immer neu entzündet.

Die Angst kulminiert in den Versen 42 bis 64 in der Vision der von Agrippina ermordeten Personen. »Diß stumme Marmel« [184], auf das die Kaiserin weist, – eine makabre Parodie der Reliefbänder, in denen römische Kaiser ihre Ruhmestaten verewigten und deren bekanntestes Beispiel die Trajansäule in Rom ist – veranlaßt die Schauende, sich schuldig zu bekennen. [185] Hier glaubt sie ihre Verbrechen »angemahlt«. [186] Wenn Sosia diese Bilder nicht als »Wahn«, »tumme Träum« und Ergebnis »falscher Bländung« abtäte [187], könnte man aufgrund ihrer deiktischen Eindringlichkeit meinen, sie seien auch für den Zuschauer sichtbar. Dann würde es sich um eine jener »stillen Vorstellungen« handeln, wie sie nach

43

dem Vorbild der niederländischen »Vertooning« und der »scena muta« des Jesuitendramas in Deutschland vor allem Johann Christian Hallmann mit seinen Dramen aus den Jahren 1669 bis 1673 zur Anwendung brachte, die aber auch schon Gryphius kannte. [188] So aber stehen Agrippina offensichtlich rein halluzinatorische Wahnbilder vor Augen, welche für die Zuschauer unsichtbar bleiben. Auch der konkrete Bezug auf die Vergangenheit der Schauenden unterscheidet ihre Gesichte von den stillen Vorstellungen, da diese meistens eine Vorausschau künftiger Ereignisse oder aber entlegene Präzedenzfälle bieten.

Aber auch die fiktive Revue drohender Schatten ist keine Neuerung Lohensteins. Ähnliches hatte der Franzose Gabriel Gilbert in der Schlußszene seiner 1660 in Paris gedruckten Tragödie *Arie et Petus, ou les amours de Neron* versucht, einem Stück, an das die *Agrippina* auch sonst gelegentlich erinnert. [189] Nachdem Neron die beiden Titelgestalten und seine Frau Popée in den Tod getrieben hat, überkommt ihn am Ende Verzweiflung, und er sieht die Schatten seiner Opfer, darunter auch Agrippina, die ihn zerknirscht machen und zu guten Vorsätzen veranlassen, während der mit anwesende Seneque diese Phantasiegebilde ebensowenig wahrnimmt wie Lohensteins Sosia die ihrer Herrin. Möglicherweise regte Gilberts Schlußszene sowohl die Wahnvorstellungen Agrippinas als auch die Darstellung von Neros Gewissensangst am Ende von Lohensteins Stück an. Eine halluzinatorische Passage anderer Art hatte Lohenstein selbst schon 1661 in der *Cleopatra* gestaltet. Antonius bildet sich vor seinem Selbstmord die Erscheinung der von ihm für tot gehaltenen, in Wirklichkeit aber andernorts noch lebenden Cleopatra ein. [190]

Im Gegensatz zu der bei Lohenstein sonst vorherrschenden Klimax zum Szenenende hin, wie wir sie etwa in IVb bei der Darstellung von Neros furchtsamer Rede finden, erreicht Agrippinas Angst mit den Wahnbildern bereits in der Mitte von Va ihren Höhepunkt. Zum Ende hin faßt sich die Kaiserin wieder. Schon ihre Mutmaßungen über Nero und seine Ratgeber (73–89) und über das Ausbleiben des Anicetus (90–92) klingen nüchterner. Hat sie vorher ihre Angst mit allen Zeichen innerer Erregung kundgetan [191], so spricht sie jetzt objektiv von der drohenden Gefahr. [192] Ihre »Todesfurcht« erwähnt sie am Ende nur wieder, um sich davon freizumachen (99–101). Ihren Sieg über »Angst« und »Sterbens-Furcht« besiegelt sie mit Sentenzen (102–104). Unmittelbar danach hört man die Häscher.

Anders als bei Tacitus nimmt Agrippina also vor dem Eindringen der Mörder ihrem Tod den Stachel. Der Historiker weiß zu berichten, viele Jahre vor ihrem Ende habe sie sich einmal damit abgefunden. Auf die Weissagung der Chaldäer, Nero werde zur Herrschaft gelangen, aber die Mutter töten, habe sie geantwortet: Er mag mich töten, wenn er nur regiert. Dies teilt Tacitus ann. 14,9,3 im Plusquamperfekt nach ihrem Tod mit. Lohenstein legt die Erinnerung an den Spruch der Chaldäer der Kaiserin in den Mund (96–99) und überträgt ihre damalige Einstellung zu dem noch fernen Tod auf die Sterbesituation selbst. Aus der damals zweckgebundenen und eher gleichgültigen wird so eine heroische Haltung.

Am Ende der Szene, als die Häscher schon im Vorgemach zu hören sind und unmittelbar bevor Sosia die Herrin verläßt, beklagt diese sich, ähnlich wie vorher schon einmal in Ic, über ihre Einsamkeit und wendet sich dann an die Zuschauer:

Lernt nun: Wie schwanckend sitzen
Die/ derer Armen sich auf frembden Achseln stützen. [193]

Diese Erkenntnis entspricht dem von Tacitus ann. 13,19,1 übernommenen Motto, das Lohenstein seinem Stück voranstellt: »Nihil rerum mortalium tam instabile ac fluxum est, quam fama potentiae non sua vi nixae.« [194] Das Motto klingt auch an anderen Stellen an [195], doch so wortgetreu wie hier ist es nirgends übernommen. Das Opfer selbst wird noch vor Beginn des eigentlichen Anschlags zum Sprachrohr der aus seinem Schicksal gezogenen Lehre. Anicetus braucht die taktische Weisheit des Mottos nach dem Tod der Kaiserin nur noch zur moralischen Verurteilung zu schärfen. [196]

So kann Agrippina, den heroischen Selbstmörderinnen von Lohensteins anderen Stücken durchaus geistesverwandt, den Häschern von vornherein mit jenem Stolz entgegentreten, den bei Tacitus erst ihre letzten Worte – »Ventrem feri« – ausdrükken. Im übrigen wird durch die innere Vorwegnahme des Todes die Spannung des Zuschauers vom Resultat der bevorstehenden Mordszene abgezogen und richtet sich mehr auf deren rhetorische Ausgestaltung.

### 10. Das magisch-psychische Nachspiel

Das historische Trauerspiel gerät am Ende zum okkulten Rachedrama. Nach dem Tod der Titelheldin bringt Lohenstein zunächst in V c den historischen Reststoff von ann. 14,9–12 ein, den er weniger aktualisiert als imperativisch vorwegnimmt. Diese Technik wendet er in seinen anderen Dramen erst in der Schlußszene an, nur im *Ibrahim Sultan*, dessen geisterhaftes Ende noch am ehesten an die *Agrippina* erinnert, schon in der vorletzten Szene. Nach der schnellen Verarbeitung des Taciteischen Überhangs folgt eine Szene, die die Kopflastigkeit des Stücks in bezug auf die Poppäahandlung der ersten Hälfte mildert. Poppäa erhält hier Gelegenheit zu ihrem zweiten und letzten Auftritt. Aber V d ist nicht viel mehr als eine knappere Neuauflage von II a. Poppäa, die zu dem Muttermord getrieben hat, schlägt vor, Nero solle nun auch seine Frau Octavia beseitigen. Nach seinen Einwänden empfiehlt sie als »lindern Weg« [197] die Scheidung. Neros schließliche Absicht, Octavia zu entfernen oder gar sterben zu lassen [198], ein Vorgriff auf ihre von Tacitus (ann. 14,59–64) und von Sueton (Nero 35) berichtete Verstoßung und Ermordung im Jahre 62, wird aber durch das Erscheinen von Agrippinas Geist in V e vereitelt.

Mit dieser Szene beginnt das magisch-psychische Nachspiel, welches die ganze zweite Hälfte der fünften Abhandlung beherrscht, ein weniger an Tacitus [199] als an Xiphilinus [200] und besonders an Sueton (Nero 34,4) [201] anschließendes, im wesentlichen ahistorisches und jedenfalls die greifbare Realität übersteigendes Geister- und Seelendrama, in dem Nero von Agrippinas Geist, seinem eigenen Gewissen und – im Schlußreyen – von den Furien gequält wird. Die Wandlung ins Psychische ist durch Neros Angstausbruch in der vierten Abhandlung vorbereitet, die ins Okkulte durch Agrippinas halb unfreiwillige, halb drohende Prophezeiungen in II c und d [202], durch den Verdacht, daß »ihre Würckungen mehr als Natürlich seyn« [203], durch die naturmagische Überhöhung ihrer Rettung vom Schiffbruch im Reyen der dritten Abhandlung und durch die Erscheinung von des Britannicus Geist in IV a. Zur eigentlichen Emanzipation des Übersinnlichen kommt es jedoch erst jetzt. Der Geist des Britannicus war dem schlafenden Nero erschienen; der Geist der Mutter erscheint zwar auch zur Nachtzeit, überrascht aber den wachen, monologisch räsonnierenden Kaiser.

Statt der Todesangst, von der Tacitus ann. 14,10,1 kurz berichtet, empfindet Nero bei Sueton und Lohenstein nach dem Tod Agrippinas fürchterliche Gewissensqual. Von seinem gewaltsamen Ende neun Jahre später abgesehen, das die Vestalin Rubria schon im Reyen der zweiten Abhandlung prophezeit hat [204], diktiert Lohenstein dem Muttermörder damit eine unmittelbar wirksame Strafe zu. Die beiden Hauptakteure des historischen Trauerspiels waren Agrippina und Nero, die des magisch-psychischen Nachspiels sind ihr Geist und sein Gewissen. »Der Hund in deinem Hertzen«, wie der Geist das Gewissen nennt [205], meldet sich, die »Gewissens-Pein« [206] wird den Kaiser zugrunde richten.

Agrippinas Geist erscheint als Richter, Nero ist der Angeklagte. Sie fällt über ihn den »Blutt-Spruch«. [207] Ihr Freigelassener Mnester, der sich in V f am Scheiterhaufen seiner Herrin ersticht, meint vor seinem Freitod, »Es hege noch ihr Geist in dieser Welt Gericht« [208], und erläutert das: »Die Mord-schaar ist ihr Volck/ der Richtplatz ists Gewissen.« [209] Im Schlußreyen, der sich wie kein anderer nahtlos an die Abhandlung fügt, wird die Wandlung zum Gewissensdrama schließlich auch sichtbar. Hier »wird von den *Furi*en die Marter eines bösens Gewissens für Augen gestellet.« [210]

Der Auftritt Mnesters in V f beruht, was seinen Tod am Scheiterhaufen Agrippinas betrifft, auf Tacitus ann. 14,9,2. Aber nicht die Historizität dieses Ereignisses hat Lohenstein veranlaßt, es von der Pauschalverarbeitung der restlichen Tacituskapitel in V c auszunehmen und aufzusparen, sondern die neue Funktion, die er Mnester zudenkt. Sein erster und zugleich letzter Auftritt ist dem okkulten Nachspiel absichtsvoll eingefügt und insbesondere der anschließenden Zauberszene zugeordnet, wie schon die »wüste Einöde« [211] als gemeinsamer Schauplatz zeigt. Mnester ersticht sich, um seiner Herrin das schuldige Blutopfer zukommen zu lassen, das ihr sonst, wie er annehmen muß, versagt bliebe. [212] Daß Nero bereits unterwegs ist, um die Tote durch Opfer zu versöhnen, kann er nicht wissen. So gesehen, stirbt er umsonst. Dem Zauberer Zoroaster [213], der dann mit Nero auftritt, ist seine Leiche allerdings sehr willkommen. Er braucht ein »bluttig Menschen-Hertz« [214], um den Geist Agrippinas herbeirufen zu können. So dringt sein Messer in das Herz des toten Mnester [215], ein ebenso grausamer wie symbolstarker Vorgang, wie ihn die Barockdichter mehrfach gestaltet haben. [216] Im übrigen dient Mnester als irdischer Anwalt der toten Kaiserin, da er vor seinem Tod gegen Paris und Anicetus ihre »Unschuld« [217] und »Tugend« [218] verteidigt.

Die Zauberszene V g fällt durch die breite Entfaltung magischer Utensilien und durch die vielen Anmerkungen, denen an Zahl und Umfang nur die zu der Szene I d des *Ibrahim Sultan* in etwa gleichkommen, noch mehr aus dem Rahmen des historischen Trauerspiels als die Geisterszenen. Trotz des Eindrucks, daß die Magie hier zum Selbstzweck wird, hat aber auch diese Szene im Gesamtzusammenhang des Stücks ihren Sinn. Gerade sie ermöglicht den fast nahtlosen Übergang in das reine Gewissensdrama des Schlußreyens.

Sicherlich zollt Lohenstein mit den Geister- und Zauberszenen auch dem Zeitgeschmack seinen Tribut. Im Zeitalter der Alchimie und der erst allmählich abflauenden Hexenprozesse waren übersinnliche Kräfte auch auf der Bühne allgemein beliebt. Man denke nur an Shakespeare. Im übrigen konnte man sich auch in diesem Punkt auf die Antike berufen. Daß die Zoroaster-Szene nach dem Modell der Hexenküchenszene aus Senecas *Medea* geformt erscheint, wurde schon früher gesagt. [219] Beschwörungsszenen bietet Lohenstein selbst außer in der *Agrippina* noch in der *Sophonisbe*, Geisterszenen in allen seinen Stücken außer der *Epicharis*. Während jedoch in den anderen Dramen das Wirken übernatürlicher Elemente eher auf dekorative Zwischenszenen beschränkt bleibt, wird in der *Agrippina* das Überwirkliche als Medium der Rache zum moralischen Instrument und als Endstation des Dramas zu einem auch schon vorher bestimmenden Strukturmoment.

Mit der Steigerung ins Metaphysische verbindet sich die ins Exemplarisch-Typische. Im Schlußreyen der *Agrippina* gesellen sich zu Nero die Geister des Orestes und des Alkmaeon, die ebenfalls ihre Mütter umgebracht haben. Wie aus Agrippinas Tod in V a und b, so wird mit den beiden letzten Versen des Dramas auch aus Neros Gewissensqual eine Lehre gezogen. Die Geister und Furien vereinen sich zu dem Schlußsatz:

> Lernt Sterblichen: Daß ein verlätzt Gewissen
> So wird gekwält/ gehenckert und zerrissen.

## 11. Kritische Nachbemerkungen

Im Gegensatz zu Tacitus hat Lohenstein seine Titelheldin für ihren Tod zunächst selbst verantwortlich gemacht. Das magisch-psychische Nachspiel führt dem Zuschauer dagegen die Schuld und die Bestrafung Neros vor Augen, und zwar nicht nur eindringlicher als Tacitus, sondern auch als die hier maßgebende knappe Sueton-Notiz. Die gegensätzliche Verstärkung sowohl von Agrippinas als auch von Neros Schuld gefährdet die Einheit des Stücks, ein Eindruck, der durch die zwiespältige – weil faktisch und moralisch unklare – politische Gefährlichkeit der Kaiserin noch unterstrichen wird. Ihr »wider die Natur« [220] gerichteter Inzestversuch verträgt sich wenig mit der »Unschuld« oder gar »Tugend« [221], welche ihr die Meernymphen bzw. der treue Mnester später nachsagen müssen, um ihre Rolle als Rächerin vorzubereiten.

Vielleicht hat den Dichter die moralische Identität von Agrippinas zugleich gerechtem und ungerechtem Tod ähnlich gereizt wie die Ambivalenz seiner Frauenfiguren. Einer solch engen Verstrickung von Agrippinas Sühne und Neros Schuld war das damalige moralische Begriffssystem aber nicht gewachsen. Das zeigt sich gegen Ende des Trauerspiels. Zwar wird Neros Gewissen im Schlußreyen wegen des Muttermordes gequält, aber Agrippina selbst darf ihre posthume Aktivität nicht mit ihrem gewaltsamen Ende begründen, das ja für sie eine gerechte Strafe bedeutet. Daß Nero sie umbringen ließ, sagt sie, hätte sie ihm noch vergessen können.

> Weil aber du mir Ehr und Ruhm greifst an/
> Sol Lethe selbst mein Bluttmahl nicht abwaschen.
> Du Mörder/ schwärtzst mit diesem Laster mich/
> Ich hette Meuchel-Mord gestiftet selbst auf dich! [222]

Nur weil ihr »gutter Ruhm« [223] gefährdet ist, findet sie im Grab keine Ruhe. Die von Anicetus in IV c ausgedachte Verleumdung muß schwerer wiegen als der Mord, die Vernichtung des guten Rufes schwerer als die des Lebens, damit sich für die Bestrafung Neros ein neuer Ansatzpunkt ergibt und die Rache an ihm von dem moralisch gerechtfertigten Tod Agrippinas unabhängig wird.

Mit dieser gedanklichen Notbrücke überspielt Lohenstein ein Mißverhältnis, das in ähnlicher Weise auch seine anderen Stücke bestimmt: Die von ihm gestalteten Stoffe – das gilt neben der *Agrippina* besonders auch für *Cleopatra* und *Sophonisbe* – sprengen den konventionellen Dualismus der von Christentum und Stoa gepredigten Moral und bleiben doch gleichzeitig darin befangen. Die Diskrepanz zwischen den erotischen und politischen Energien, die letzten Endes moralisch nicht faßbar sind [224], und dem alten geistigen Bezugssystem, dessen sich auch Lohenstein noch bedient, ist das ästhetische Grundproblem seiner Trauerspiele. Es stellt sich am deutlichsten in der »Sophonisbe«, weil hier nicht nur in den Reyen moralisch räsoniert wird, sondern der stoisch weise Scipio auch den Abhandlungen den ethischen Imperativ unüberhörbar aufzwingt. Man mag die Unstimmigkeit zwischen dem psychologisch »modernen« Sujet und den alten Kategorien und Methoden seiner Darstellung dem Dichter zum Vorwurf machen. Sinnvoller erscheint es, darin ein Symptom für die durch seine Stücke repräsentierte Übergangssituation zu sehen. Die Säkularisierung der Affekte und insbesondere die Befreiung des Eros aus metaphysischen und moralischen Ketten, die wenige Jahrzehnte später Johann Christian Günther in seiner Lyrik vollzieht, kündigen sich bei Lohenstein in vorerst noch traditionellen Denk- und Darstellungsformen an.

# DRITTES KAPITEL

## DIE FRANZÖSICHEN QUELLEN DER »EPICHARIS«

### 1. Die Schwierigkeiten bei der Dramatisierung der Pisonischen Verschwörung

Das Trauerspiel *Epicharis* wird in der Regel für schlechter gehalten als *Agrippina*, so daß die Entwicklung vom vermutlich ersten zum zweiten der römischen Dramen [1] als künstlerischer Rückschritt erscheint. Erik Lunding versucht zwar, der Besonderheit der *Epicharis* als eines »Massenheldendramas« [2] gerecht zu werden, hält es aber für »keine überraschende Tatsache, daß die Literarhistoriker einmütig über dies Drama aburteilen, und daß die Literaturgeschichten deshalb nur Worte des Abscheus für ›Epicharis‹ übrig haben.« [3] Klaus Günther Just meint, daß die Tendenz, die Anlage und krasse Thematik der *Agrippina* noch zu überbieten, in der *Epicharis* nur zu »einer eigenartigen Aufschwellung und zugleich Erstarrung des dramatischen Gefüges« führe, schränkt dieses Urteil dann allerdings ein, da »der oft sententiös-pädagogische Charakter des Dialogs eindeutiger als bei *Agrippina* auf die Schulbühne weist.« [4] Auch der eher konservative Formtyp der *Epicharis* scheint auf ein Nachlassen der künstlerischen Energie zu deuten. Während in dem verwickelten Intrigenstück *Agrippina* ambivalent gezeichnete Gestalten mit allen Mitteln um die Macht kämpfen und der moralische Aspekt erst in dem ahistorischen Schluß stärker zur Geltung kommt, erinnert *Epicharis* mit der ebenso scharfen wie einfachen Feindschaft zwischen der als beispielhaft gepriesenen Titelfigur und dem nun eindeutig bösen Nero fast allzu deutlich an das traditionelle Klischee des Märtyrer- und Tyrannendramas.

Das scheinbare Dokument künstlerischen Rückschritts erweist sich bei genauerem Zusehen jedoch als das zwar nicht gelungenste, aber doch interessanteste Formexperiment mit der zugleich revolutionärsten Aussage, das die deutsche Barockdramatik hervorgebracht hat. Neuartigkeit der Form und voraufklärerischer Geist unterscheiden die *Epicharis* nicht nur von der *Agrippina*, sondern auch von allen anderen Stücken Lohensteins.

Der alten Form der Märtyrer- und Tyrannentragödie gibt Lohenstein mit der *Epicharis* einen völlig neuen Anstrich, indem er die Rolle des üblicherweise passiven Märtyrers mit der äußerst aktiven Epicharis geradezu ins Gegenteil verkehrt und damit das eigentlich Dramatische, dem im Gefolge des Neustoizismus in Deutschland das Odium des Bösen anhaftete, rehabilitiert. Während etwa noch Papinianus, der Held von Gryphius' gleichnamigem letzten Trauerspiel, in stoischer Gelassenheit verharrt, ohne auf die Angriffe seines tyrannischen Kaisers zu »re-agieren«, ist Epicharis der Motor der gegen Nero gerichteten Verschwörung. Dem Vorwurf der Schwarz-Weiß-Malerei, der sich sonst gegen Märtyrer- und Tyrannenstücke leicht erhebt, entzieht Lohenstein weitgehend den Boden, indem er zwischen der beispielhaft guten Epicharis und dem grausam verruchten Nero die des Beispiels bedürftigen anderen Verschwörer als gemischte Charaktere darstellt. Durch die große Zahl der von Tacitus namentlich genannten Verschwörer veranlaßt – es sind über 20 –, durchbricht er die bei Gryphius auf vier begrenzte und von ihm selbst bislang ebenfalls berücksichtigte Höchstzahl der gleichzeitig agierenden Schauspieler so konsequent, daß nun *durchschnittlich* sechs Sprecher pro Szene auftreten, eine Entwicklung, die auch die späteren Stücke *Sophonisbe* und *Ibrahim Sultan* sowie die zweite Fassung der *Cleopatra* beeinflußt. Die größere Personenzahl führt in der *Epicharis* zu stichomythischen Experimenten mit dem nun möglichen Massendialog. Mit der Freigelassenen Epicharis, der einzigen Nichtkönigin unter seinen weiblichen Titelfiguren, durchbricht Lohenstein zugleich die für die Renaissance- und Barocktragödie vorgeschriebene Ständeklausel, wie sie etwa Opitz in seinem *Buch von der Deutschen Poeterey* formuliert hat. [5] Durch den Mund dieser Frau stellt er die Möglichkeit einer Republik anstelle der Monarchie in Deutschland meines Wissens erstmals dichterisch zur Debatte. Das Fehlen von Geisterszenen, die sonst jedes Lohenstein-Stück zieren, und das Zurücktreten von Monologen [6] und Affektausbrüchen macht dieses Drama wie kein anderes des Dichters rational durchsichtig. Im Rahmen unseres Themas interessiert jedoch vor allem, daß Lohenstein das Taciteische Quellenmaterial wesentlich freier und großzügiger verarbeitet als in der *Agrippina*. Mißt man die beiden römischen Trauerspiele nicht für sich, sondern im Verhältnis zu der von Tacitus geleisteten Vorarbeit, so will die Dramatisierung des viel schwieriger zu verarbeitenden *Epicharis*-Stoffes der des *Agrippina*-Stoffes zumindest ebenbürtig erscheinen.

Während Tacitus das nach Personen, Schauplätzen, Handlungen und Motiven überschaubare Geschehen um Agrippinas Ermordung szenisch ausführlich und einigermaßen lückenlos nachzeichnet, so daß sich Lohenstein ohne größere Veränderung der Darstellungsfolge daran halten konnte, sind die Zusammenhänge der Pisonischen Verschwörung komplexer. Eine Vielzahl von Verschwörern ist beteiligt, deren Rollen und Motive Tacitus mehr andeutet als durchleuchtet. Angesichts des mehrsträngigen Geschehens konnte sich der Historiker nicht naiv erzählend der natürlichen Ereignisfolge überlassen. Da er sich über den Anteil der einzelnen Verschwörer nach seinen eigenen Angaben selbst nicht recht klar ist [7], konnte er anderseits ebensowenig die Verwicklungen in systematischer Form analysieren. So läuft sein Bericht über die Pisonische Verschwörung, den er in den Kapiteln 48 bis 74 des 15. *Annalen*-Buches liefert, schließlich auf jene Reihe großer Sterbeszenen hinaus, die, lebendig gestaltet, aber ohne innere Querverbindungen, als additiv aneinandergereihte Episoden den Löwenanteil des Ganzen ausmachen (59–70), darunter als längste die Passage von Senecas Tod (60–65). Entsprechend bringt auch der einführende Teil über die Vorbereitungen des Komplotts (48–50) zunächst nur, koordiniert durch die Frage nach den Beweggründen, eine Liste der Beteiligten, ehe er mit einem knappen Ergebnisprotokoll der ersten Beratungen abschließt. Szenisch geschlossenen, gut informierten und zugleich für die Verschwörungsgeschichte wesentlichen Bericht bieten nur die Kapitel über die Entdeckung des Putsches durch

Milichus, den Freigelassenen des leichtsinnigen Verschwörers Scevinus, und über die anschließenden Verhöre bei Nero (54–58). So wundert es nicht, wenn Lohenstein diesen verhältnismäßig kleinen dramatischen Kern der insgesamt 27 Kapitel in den Mittelpunkt seines Trauerspiels rückt und damit die zweite und dritte Abhandlung bestreitet. Von zentraler Bedeutung für die Verschwörung und ausführlich zugleich sind daneben nur noch die Kapitel über das etwas undurchsichtige Eingreifen einer »gewissen Epicharis« (Epicharis quaedam) und das Zustandekommen des endgültigen Attentatsplans nach ihrer Verhaftung (51–53), wenngleich diese Kapitel die szenische Anschaulichkeit der Scevinus-Denunziation nicht erreichen.

Die größte Schwierigkeit muß dem um historische Treue bemühten Dramatiker jedoch die Suche nach einer Titelfigur bereiten. Der kläglich versagende Piso, nach dem die Verschwörung ihren Namen hat, kommt als Held kaum infrage. Schon Tacitus ann. 15,49,1 sagt, daß nicht Piso die Verschwörung veranlaßt habe. Sein ergänzendes Eingeständnis, er wisse den eigentlichen Initiator nicht anzugeben, fordert die dichterische Phantasie geradezu heraus. Auf der anderen Seite haben die beiden interessantesten Gestalten, die Tacitus bietet, nämlich Seneca und Epicharis, mit der Verschwörung nur zum Teil etwas zu tun. Seneca kommt als geheimer Motor der Revolte noch weniger in Betracht als Epicharis. Er starb nicht, weil er mit den Putschisten kollaborierte, sondern Nero nahm die Verschwörung nur zum Anlaß, den seit längerer Zeit in Ungnade gefallenen Lehrer endgültig zu beseitigen. Vor allem aber widerspräche die aktive Rebellion ganz dem überlieferten Bild des stoischen Weisen. So bleibt eigentlich nur Epicharis. Gegen ihre Titelrolle sprechen indessen chronologische Gründe. Gewiß griff sie in die Speichen, als die Räder der Verschwörung stillstehen wollten, und sie gab auch als Gefangene ein vorbildliches Beispiel, als sie trotz grausamster Folter keinen ihrer Mitwisser verriet. Aber sie wurde verhaftet, ehe es – erst durch die Furcht, die Verhaftete könne plaudern – zum endgültigen Attentatsplan kam, und so war ihre Verbindung zu den anderen Verschwörern schon unterbrochen, noch bevor sich mit der Entdeckung jene Phase der Verschwörung abzeichnete, der Tacitus seine eigentliche Aufmerksamkeit gönnt. Und was ihren Tod betrifft, so starb Epicharis als erstes Opfer des Putsches für eine Titelfigur zu früh. Tacitus berichtet darüber schon in Kapitel 57, also im zehnten der insgesamt 27 Kapitel. Die Konspiration war zu diesem Zeitpunkt im Ansatz zwar schon aufgedeckt, aber noch keiner der Beteiligten abgeurteilt, die meisten, darunter auch Piso, waren noch nicht einmal unschädlich gemacht.

Zugunsten der Epicharis ändert Lohenstein die historische Ereignisfolge so einschneidend wie in keinem seiner anderen Stücke. Ihre Verhaftung und besonders ihr Tod sind beträchtlich verzögert. Der endgültige Attentatsplan wird in I d noch in ihrem Beisein verabschiedet, ja sie spielt, einzige Frau und geheime Führerin unter 21 Männern, bei der Beschlußfassung die entscheidende Rolle. Noch deutlicher spart Lohenstein ihren Tod auf. Während er die von Tacitus ann. 15,57,1 berichtete Folter in III f darstellt, zeigt er den tags darauf vollzogenen Selbstmord, den der Historiker gleich anschließend meldet, erst in der Schlußszene V d. Zwischen Folter und Tod der Epicharis schiebt er mit der vierten und fünften Abhandlung das Ende all jener Männer ein, die Tacitus zufolge erst nach ihr gestorben sind und die sie nun teilweise sogar in den Tod gehen sieht. Bei Tacitus das erste Opfer der Verschwörung, ist Epicharis bei Lohenstein die zwölfte und letzte Tote. Wie ihre Initiative das Drama eröffnet, so beendet ihr Tod es.

Um auf die Rolle Senecas, die für das neustoizistische 17. Jahrhundert besonders aktuell war, nicht verzichten zu müssen, wandelt Lohenstein die historische Ablehnung des Philosophen in eine, wie es im »Innhalt« heißt [8], «mittelmäßige Antwort« um, die statt einer klaren Entscheidung für oder gegen den Putsch kompromißlerisch die Mitte hält. Seneca erteilt den Verschwörern Natalis und Sulpitius Asper, die sich in I c um ihn bemühen, zwar eine Absage, läßt aber deutlich seine Sympathie erkennen. Mit seinem Rat, keine Zeit zu verlieren [9], motiviert Lohenstein die gebotene Eile neu, nachdem die Verhaftung der Epicharis als Beweggrund dafür nicht mehr infrage kommt.

Damit sind die wichtigsten Unterschiede zwischen der Taciteischen Ereignis- und Darstellungsfolge und Lohensteins Arrangement angedeutet. Weitere Veränderungen zeigt das folgende Schema. Statt der weitgehend kongruenten Abfolge des *Agrippina*-Stoffes bei Tacitus und Lohenstein, wie sie das Schema auf S. 17 f. erkennen ließ, bietet sich nun ein Bild tiefgreifender Umschichtungen.

| *ann. 15* | | *Epicharis* |
|---|---|---|
| Vgl. 51,1–2 | Epicharis erzählt ihre Lebensgeschichte und ihre Begegnung mit Proculus. | I a |
| 65; vgl. 48 | Einige Verschwörer um Flavius beschließen, Piso durch Seneca zu ersetzen. | I b |
| Vgl. 60,3 | Seneca erteilt Natalis eine Absage. | I c |
| 52–53; vgl. 49–50 | Sämtliche Verschwörer beschließen das Attentat gegen Nero. | I d |
| 47 | Düstere Vorzeichen werden berichtet. | I Reyen |
| Vgl. 51,3 | Proculus bemüht sich vergeblich um die Liebe der Epicharis und um Nachrichten von der Verschwörung. | II a |
| 54 | Scevinus macht sein Testament, sein Diener Milichus will ihn verraten. | II b–c |
| 51,4 | Proculus zeigt Epicharis bei Nero an; sie wird verhaftet. | II d |
| – | Epicharis mahnt Sulpitius Asper zur Eile. | II e |
| 55–56 | Milichus denunziert Scevinus bei Nero; Scevinus wird verhaftet und gesteht zusammen mit Natalis. | III a+c+e |
| – | Sulpitius Asper ermahnt die Verschwörer im Auftrag der Epicharis zur Eile. | III b |
| 59,1–3 | Piso wird vergeblich zum Handeln aufgerufen. | III d |
| 57,1 | Epicharis hält der Folter stand. | III f |
| 56,4+58,1 | Lucanus, Quinctianus und Senecio, von Scevinus angezeigt, geben weitere Verschwörer vor Nero an. | III g |
| – | Aus dem Kerker schreibt Epicharis Mahnbriefe an Piso und Seneca. | IV a |
| 58,3–4 | Nero geht gegen die gefangenen Verschwörer vor; Rufus hält Flavius von einem spontanen Attentat zurück. | IV b (bis 279) |
| 66–68 | Die Offiziere Rufus, Flavius und Sulpitius Asper werden überführt, der letztere enthauptet. | IV b (ab 279) |

| | | |
|---|---|---|
| 61,1–2 | Granius Sylvanus berichtet Nero über Seneca. Nero be-<br>fiehlt Senecas Tod. | IV c |
| 59,4–5 | Piso öffnet sich die Adern. | IV d |
| 60,1 | Lateranus wird zur Hinrichtung geschleift. | IV d |
| Vgl. 60,2–64,4 | Seneca öffnet sich auf Befehl Neros die Adern. | V a–b |
| 68+67,4 | Rufus und Flavius werden hingerichtet. | V c |
| 70 | Lucanus öffnet sich die Adern. | V d |
| | Quinctianus, Senecio und Scevinus werden enthauptet. | |
| 57,2 | Epicharis erwürgt sich. | V d |

## 2. Die Tragödie »La Mort de Seneque« von Tristan L'hermite als Vorlage von Lohensteins »Epicharis«

Die Verwandlung von Senecas Absage an die Verschwörer in eine stillschweigende Komplizenschaft mag durch das von Tacitus ann. 15,65 erwähnte Gerücht angeregt sein, die Ablösung Pisos durch Seneca sei nicht ohne dessen Wissen geplant worden. Dennoch erscheint sie angesichts der sonst von Lohenstein gewahrten historischen Treue zunächst ebenso verwunderlich wie die Verzögerung von Verhaftung und Tod der Epicharis. Die Verwunderung legt sich und der Eindruck der sehr freien Stoffbehandlung reduziert sich etwas, wenn man die beiden gleichen Veränderungen in einer zwei Jahrzehnte älteren französischen Bearbeitung des Stoffes entdeckt.

François Tristan L'Hermite (1601–55), ein Zeitgenosse Corneilles und »un précurseur de Racine«, wie ihn Bernardin im Titel seiner Monographie nennt [10], ließ 1645, in jener Zeit also, als die Begeisterung für römische Geschichtsdramen ihren Höhepunkt erreichte [11], sein Drama *La Mort de Seneque* drucken, eine fünfaktige Tragödie, in der Seneque nur in drei Szenen auftritt und in der es im übrigen um die Pisonische Verschwörung und dabei nicht zuletzt um Epicaris geht. Besonders ihre von der Schauspielerin Madeleine Béjart gespielte Rolle garantierte den Bühnenerfolg. Am 30. Juni 1643 hatte die 25-jährige rothaarige Schönheit [12] mit ihren Geschwistern Joseph und Geneviève, dem bei ihr wohnenden 21-jährigen Jean-Baptiste Poquelin, der wenige Monate später den Namen Molière annahm, und einigen anderen das Illustre Théatre in Paris gegründet, ein Termin, den die Comédie Française als Ausgangspunkt ihrer glänzenden Tradition betrachtet. 1644, also ein Jahr vor der Drucklegung, brachte das neue Ensemble mit der Tragödie von Tristan seine erste Uraufführung. [13] Es erscheint nicht ausgeschlossen, daß Gryphius, der sich damals gerade in Paris aufhielt, Lohenstein davon erzählt hat. Aus einer zeitgenössischen Quelle wissen wir, daß die Béjart als die beste Schauspielerin von allen galt und daß die Epicaris ihre Paraderolle war. [14] Nachdem die Tragödie von Tristan 1644/45 in Paris über die Bretter gegangen war, begab sich die Molière-Truppe damit auf Tournee in die Provinz. Nach *La Mariane*, Tristans erster und bedeutendster Tragödie, ist *La Mort de Seneque* sein zweitwichtigstes Drama. [15]

Daß Lohenstein sich nicht nur stofflich an Tristan anlehnt, daß dieser ihm von den französischen Dichtern der Zeit vielmehr auch geistig und stilistisch am ehesten entsprach, kann hier nicht untersucht werden. Tristan war stark von dem italienischen Dichter Marino beeinflußt und gilt neben Théophile de Viau als typischer Vertreter der galanten Poesie in Frankreich. Das sind Merkmale, die sein Werk ganz allgemein dem deutschen Marinisten und Erotiker Lohenstein empfehlen mußten. Mein Vergleich von Lohensteins Gedichten und Tristans Lyrik, die Adam »la plus considérable du règne de Louis XIII« nennt, ergab allerdings keine Berührungspunkte. [16]

Was die Tragödie über den Tod Senecas betrifft, so läßt Tristan nicht nur ebenso wie Lohenstein Epicharis an der endgültigen Attentatsplanung teilnehmen [17] und später als letzte sterben [18], nicht nur finden wir schon bei ihm die Absage Senecas an die Verschwörer in ein stillschweigendes Einverständnis verwandelt [19]; zu diesen möglicherweise noch durch Zufall erklärbaren Übereinstimmungen kommt eine Reihe konkreterer Entlehnungen, die den sicheren Beweis erbringen, daß Lohenstein das Drama gekannt und benutzt hat.

Weil das bislang nicht bekannt war, wurden die Abweichungen Lohensteins von Tacitus als charakteristische Zutaten des Dichters mißverstanden. Die bisherige Annahme, die Gestalt der Epicharis sei »beinahe eine Eigenschöpfung Lohensteins« [20], läßt sich nicht mehr vertreten. Darüberhinaus durchbricht der Nachweis des französischen Einflusses die vielfach in der Forschung verbreitete und etwa von Walter Rehm formulierte Meinung, das deutsche Trauerspiel von Gryphius und Lohenstein habe sich unabhängig von Frankreich entwickelt und wesenhafte Beziehungen seien nicht nachweisbar. [21] Wenigstens in bezug auf Lohenstein wird diese These nun hinfällig.

Vor dem genaueren Nachweis der Rezeption sei die Tragödie Tristans kurz vorgestellt, und zwar in Form der Inhaltsangaben, die der Dichter den Akten jeweils vorangestellt hat. Da die Numerierung der Inhaltsangaben mit der Szenenzählung im Stück nicht übereinstimmt, werden die wirklichen Szenenzahlen in Klammern beigefügt. Der besseren Unterscheidung wegen sind sie in Buchstaben übersetzt, zum Beispiel bedeutet b = SCENE II.

### ARGVMENT DV PREMIER ACTE. [22]

[a]   I. Neron se réjoüit de la mort d'Octauie, et Sabine s'efforce de ieter des ombrages dans son esprit pour donner le coup à Seneque,

[b]   II. Qui sçachant qu'on en vouloit à sa vie pour auoir son bien, essaye de parer ce coup, en offrant à Neron de luy remettre tout ce qu'il tient de sa liberalité, mais le Tiran le refuse de bonne grace, estant honteux de dépoüiller ainsi son Precepteur qui l'a enrichy de tant de beaux enseignemens.

III. Rufus Capitaine des Gardes de ce Monstre, et qui a conjuré contre luy, veut sonder sur ce poinct l'esprit de Seneque; qui comme vn sage consumé, ne se laisse point tater en cet endroit, craignant les artifices de la Cour.

## ARGVMENT DV SECOND ACTE.

[a]    I. Pison, Rufus et Seuinus, cherchent ensemble les moyens les plus asseurez pour attenter sur Neron.

[b]    II. Epicaris accompagnée de Lucain, les vient animer à la perte du Tiran par la representation de ses horribles desordres; et le iour et le lieu sont pris pour l'execution de cette entreprise.

[c]    III. Lucain donne des conseils à Epicaris pour la seureté du secret, et cette fille courageuse le prie d'essayer d'embarquer Seneque dans leur dessein.

[d]    IV. Lucain apprend à Seneque l'estat de la conjuration et tache par ses persuasions de le faire entrer dans ce party, mais ce sage Philosophe s'en deffend, ne pouuant se resoudre à voir destruire son disciple.

[f]    V. Procule à qui Epicaris s'estoit déclarée sur le dessein de l'attentat projetté contre Neron, la fait arrester par les gardes du Palais.

## ARGVMENT DV TROISIEME ACTE.

[a]    I. Neron auerty par Procule qu'Epicaris forme vne conjuration contre luy, l'interroge sur cet attentat, lui confronte son accusateur; et bien qu'elle se deffende adroitement du crime, ordonne qu'on luy presente la question.

[b]    II. Sabine, espouuentée d'vn mauuais songe, en vient faire le Recit à son mary, et luy presente du mesme temps Milicus affranchy de Seuinus, pour l'asseurer que son Maistre se prepare à l'assassiner.

[c]    III. Neron s'en informe en particulier, et fait appeller Seuinus, que Sabine amuse de belles paroles pour luy donner temps de tirer la denonciation de Milicus.

[d]    IV. Neron vient rapporter à Seuinus toutes les conjectures qu'il a de son mauuais dessein: Et Seuinus les affoiblit toutes auec autant d'esprit que de hardiesse; Mais Milicus trouue vn expedient pour verifier sa deposition, qui est de faire interroger Natalis et Seuinus separément, touchant vne longue conferance qu'ils auoient euë ensemble dans le Champ de Mars.

## ARGVMENT DV QVATRIEME ACTE.

[a]    I. Pison espouuanté de la prise d' Epicaris, a des pressentimens de la fatale ruine de leur dessein, par vne prochaine descouuerture, quoy que Lucain l'asseure de la Vertu de cette illustre fille.

[b]    II. Rufus leur apprend qu'on vient d'arrester Seuinus sur le mesme soupçon; ce qui trouble entierement le Chef du Party.

[c]    III. Neron interroge tout de nouueau Seuinus sur la conjuration faicte contre sa personne, et lui fait cognestre qu'il en a sceu la plus grande partie de la bouche de Natalis, et ce Senateur troublé de cette cognoissance, et pressé rudement par Rufus de nommer ses complices en accuse le mesme Rufus.

[d]    IV. Sabine persuade adroitement à ce Senateur, effroyé de la crainte de la mort, de declarer ses Compagnons, et fait reprendre cœur à Neron, qui donne les Ordres necessaires pour la seureté de sa vie, et pour faire arrester les criminels: Entre lesquels ceste méchante place malicieusement Seneque.

## ARGVMENT DV CINQVIEME ACTE.

[a]    I. Seneque pré-sent son heure derniere; et s'y prepare en Philosophe.

     II. Sa femme se plaint de sa trop grande franchise qui luy fait auoüer qu'il est Amy de Pison, en vne rencontre dangereuse.

     III. Siluanus luy vient porter le Commandement de mourir de la part de Neron,

[b]     IIII. Qui troublé d'auoir appris la Conjuration faite contre luy, craint que les Autheurs de cet attentat dessigné ne soient pas encore tous descouuerts.
        V. Seuinus qu'il a gagné par belles promesses promet vainement de porter Epicaris à les declarer.
[c]     VI. Car cette fille courageuse à toute espreuue, apres auoir suporté la gesne sans rien dire, à la honte des plus grands d'entre les Romains, qui accusent iusques à leur plus proches, garde le silence iusqu'au bout.
[d]     VII. Siluanus vient faire le raport de la mort de Seneque; et Neron à ce recit sent les cuisantes pointes du remors qui suit les mauuaises actions.

Die Szene II e, in der Epicaris noch einmal kurz mit Lucain zusammentrifft, nachdem sie sein Gespräch mit Seneque in einem Versteck mitgehört hat, ist in der Inhaltsangabe nicht erwähnt.

Während Tristan die Gestalt des Seneque dem Titel entsprechend stärker hervortreten läßt, stellt er das bei Tacitus dominierende Putschgeschehen nur in geraffter Form dar und bringt so die beiden Handlungsbereiche ins Gleichgewicht. Die heroische Haltung der Epicaris wird auf den Einfluß des Philosophen zurückgeführt. [23] Von den vielen Verschwörern, die Tacitus nennt, läßt Tristan in klassischer Beschränkung nur Rufus, Pison, Seuinus, Lucain und Siluanus auftreten, einige weitere werden erwähnt. [24] Die vorbereitenden Attentatspläne werden in II b knapp nacheinander und ohne eigentliche Aussprache referiert. Das zur Entdeckung führende und von Tacitus szenisch ausführlich beschriebene Geschehen im Hause des leichtsinnigen Seuinus zeigt Tristan nicht. Von den vielen Denunzianten, die Tacitus angibt, führt er nur Seuinus auf der Bühne vor, Natalis und Lucain sind in dieser Rolle nur genannt. [25] Die Kettenreaktion der Anzeigen erspart der französische Dramatiker dem Zuschauer damit ebenso wie später die Sequenz der Sterbeszenen. Nur Epicaris bleibt bis zum Tod auf der Bühne, nur Seneque schickt sich außer ihr noch zum Sterben an, sein Hinscheiden selbst erfährt der Zuschauer durch einen verherrlichenden Bericht. Tristan konzentriert das Verschwörungsgeschehen so weit, daß er ein von Tacitus zitiertes dictum memorabile einer anderen Person in den Mund legt: Die letzte längere Äußerung der Epicaris, daß ihre einstige Liebe zu Neron sich in Haß gewandelt habe, gehört bei Tacitus dem Subrius Flavius. [26]

All diese von Tristan vorgenommenen Beschränkungen hebt Lohenstein wieder auf, so daß sein Trauerspiel fast genau doppelt so lang gerät wie das französische Stück. [27] Daß er sie tatsächlich rückgängig macht und nicht einfach ohne Rücksicht auf Tristan nur nach Tacitus arrangiert, wird durch seine Personenkonstellation deutlich. Neben den bei Tristan agierenden bringt er vornehmlich die dort nur erwähnten Verschwörer auf die Bühne. Er bearbeitet damit die Vorlage in ähnlicher Weise wie später seine eigene *Cleopatra*. Die in der Fassung von 1661 nur genannten Figuren, Cleopatras Sohn Caesarion, des Antonius Sohn Antyllus, dessen heimtückischer Lehrer und Mörder Theodor und der Freigelassene Thyrsus [28], treten in der Zweitfassung von 1680 selbst auf. In der *Epicharis* erklärt sich vor allem die seltsame Tatsache, daß Lohenstein den von Tacitus nur einmal ann. 15, 50,3 in der Verschwörerliste aufgeführten Offizier Maximus Scaurus zum Boten der Epicharis an Piso macht und dann in IV d nach Piso und noch vor Lateran sterben läßt, aus diesem Arrangement. Tacitus meldet den Tod Pisos und Laterans ann. 15,59 f. nacheinander, von dem weiteren Schicksal des Scaurus ist weder dort noch sonst irgendwo bei ihm ausdrücklich die Rede. Vermutlich gehört er zu den »ceteri centuriones«, die nach ann. 15,68 hingerichtet wurden. Bei Tristan hingegen sucht der Denunziant Seuinus die standhafte Epicaris mit folgendem Hinweis auf das Ende der anderen Verschwörer zum Geständnis zu bewegen:

> Sçay-tu bien que Pison s'est fait ouurir les veines
> Pour soustraire sa vie à mille iustes peines,
> Que Scaurus de Cesar a senty le courrous
> Et que Lateranus est mort de mille coups? [29]

Dies ist wohl der schlagendste Beweis, daß Lohenstein das französische Drama tatsächlich benutzt hat, es sei denn, die gleiche Personenfolge ließe sich noch in einer anderen Bearbeitung des Stoffes nachweisen. Wenige Verse später hält Seuinus der Epicaris vor, auch »Flaue et Rufus« seien tot. [30] Auch ihr gemeinsames Sterben bei Lohenstein in V c erscheint somit durch Tristan angeregt. Tacitus ann. 15,67 f. jedenfalls berichtet ihr Ende nicht unmittelbar nacheinander, sondern teilt zwischendurch noch die Hinrichtung des Sulpitius Asper mit.

Lohenstein macht Tristans konzentrierte Darstellung des Verschwörungsgeschehens wohl auch rückgängig, weil es ihm weniger auf Seneca als auf die von Epicharis angespornte Konspiration ankommt. Da er aber auch Tristans romanhafte Erweiterungen außer acht läßt, dürfte in dem Streben nach historischer Treue und möglichst voller Entfaltung des geschichtlichen Stoffes die Hauptursache zu sehen sein.

Daß Neros Frau Sabina Poppäa, die Tristan entgegen den historischen Quellen zur Hauptgegenspielerin Senecas und zur Initiatorin seines Todes macht, bei Lohenstein kaum eine Rolle spielt und nur den Taciteischen Angaben entsprechend in IV b und c und in V d neben Nero und Tigillin als zusätzliche Inquisitorin auftritt, ließe sich noch aus der verminderten Bedeutung Senecas erklären. Aber auch die Verbindung der verschiedenen Handlungsbereiche durch eine Kontaktfigur macht sich Lohenstein kaum zunutze. Tristan erhob den Dichter und Senecaneffen Lucain nächst Pison zum führenden Verschwörer [31], der seinen Onkel zu dem Komplott zu überreden sucht und darüberhinaus als Liebhaber der Epicaris auch diese in den Kreis der Verschwörer hineinzieht. Diese romanhafte Erweiterung hat Lohenstein nicht übernommen. Er nutzt weder die verwandtschaftliche Bindung zwischen Seneca und Lucan noch übernimmt er die von Tristan erfundene erotische Beziehung zwischen Lucain und Epicaris. Vielmehr beschränkt er Lucan auf seine historische Rolle, wohl auch, weil er den späteren Denunzianten einer engeren Gemeinschaft mit seiner Titelheldin für unwürdig hielt.

Immerhin aber ersetzt er Tristans Lucain-Rolle in etwa durch die des würdigeren Sulpitius Asper. Dem Gespräch zwischen Lucain und Seneque in II d bei Tristan entspricht bei Lohenstein das historische Gespräch des Philosophen mit Natalis in I c, an dem entgegen den Taciteischen Angaben am Ende auch Sulpitius Asper teilnimmt. Das Gespräch zwischen Epicaris und Sulpitius Asper in II e, das einzige, das

Lohensteins Titelheldin unter vier Augen führt, erinnert an die Begegnung zwischen Epicaris und Lucain in II c bei Tristan, nur fehlen die erotischen Züge. Vor allem das Lob der Epicaris zu Beginn ist beiden Szenen gemeinsam. Wie bei Tristan in IV a Lucain die Nachricht von der Verhaftung der Heldin überbringt und die Gefangene gegen Verdächtigungen in Schutz nimmt, so tut es bei Lohenstein in III b Sulpitius Asper. Nach den Worten Lucains wird es ihr »ny d'esprit, ny de cœur« mangeln [32], bei Lohenstein stimmt Lateranus dem Sulpitius zu, auch ein Phalaris, Musterbild des grausamen Herrschers, könne nichts ausrichten, »Wo Witz und Muth beysammen«. [33] Das letzte Gespräch des Sulpitius mit der aus der Folter erwachenden Epicaris im Kerker in IV a 26–32, für das sich bei Tristan kein szenisches Pendant findet, läßt schließlich auch die Erotik der Vorlage durchschimmern: Sulpitius nennt Epicaris »Liebstes Kind«, und sie lädt ihn zur Umarmung ein. »Sulpitz« ist auch der einzige, den sie im Laufe des Stücks mehrfach namentlich anredet. [34]

Es fällt auf, daß die meisten Sulpitius-Szenen Lohensteins gegenüber den Lucain-Szenen Tristans um jeweils einen Akt vorgezogen sind. Diese Verschiebung läßt sich auch sonst beobachten. Tatsächlich hat Lohenstein den ersten Akt des französischen Dramas gar nicht benutzt. Da anderseits die Schlußakte im wesentlichen übereinstimmen, weil hier beide Dichter den Tod Senecas und der Epicaris darstellen, ergibt sich für Lohensteins vierte Abhandlung bis auf die Entlarvung des Rufus keine Entsprechung zu Tristan. Hier inszeniert Lohenstein die von Tristan außer acht gelassenen Tacituskapitel vor und nach Senecas Tod. [35] Grob gesehen, bietet sich also folgendes Bild:

| Tristan | | Lohenstein |
|---|---|---|
| I | | – |
| II | ⟶ | I |
| III | ⟶ | II |
| IV | ⟶ | III |
| – | | IV |
| V | ⟶ | V |

Am deutlichsten sind die Entsprechungen in der Phase der Vorbereitung, also zwischen Tristans zweitem Akt und Lohensteins erster Abhandlung. Das ist zugleich jener Bereich, wo der Taciteische Einfluß am wenigsten zu spüren ist. Schon der Schauplatz von Lohensteins Eingangsszene, »ein verbrenntes Hauß und Garten«, läßt aufhorchen. Zwar sind die bei Lohenstein seltenen Szenen unter freiem Himmel in der *Epicharis* noch am stärksten vertreten [36], aber der düstere Charakter und die Genauigkeit der Ortsbestimmung heben den genannten Schauplatz auch unter den Außenszenen hervor. Das verbrannte Haus gehört Scevin [37], es wurde durch den berühmten Brand Roms eingeäschert, für den Epicharis Nero verantwortlich macht. [38] Nun schildert zwar auch Tacitus ann. 15,38–45 dieses Inferno, kurz bevor er auf die Pisonische Verschwörung zu sprechen kommt; unmittelbar angeregt wurde Lohenstein jedoch offensichtlich von Tristans zweitem Akt. Auch dort treffen sich die Verschwörer in einem Garten, nur daß dieser nicht Seuinus gehört, sondern »jardin de Mœcene« heißt. [39] Auch dort hält Epicaris im doppelten

Sinn des Wortes eine Brandrede gegen Nero. Zwar sind bei Tristan keine Trümmer auf der Bühne zu sehen, um so eindringlicher aber beschwört Epicaris in der mit 84 Versen längsten Rede des Dramas die Erinnerung an jene Katastrophe.

Nach der Schilderung der Greuelszenen, die sich bei dem Brand abgespielt haben, fährt sie fort:

> Attendrons-nous encor que par d'autres moyens
> Sa rage vienne à bout des derniers Citoyens?
> Iamais l'ire du Ciel eût-elle des Victimes
> Plus dignes de ses trais ou plus noires de crimes?
> Mais il est temps d'agir plustost que de parler,
> Nous avons des Coûteaux tous préts pour l'immoler.
> Braue et noble Pison, c'est sous ton seul auspice
> Que l'on doit entreprendre vn si grand sacrifice;
> Et c'est par ton signal qu'attaint du coup mortel,
> Le Monstre doit bien-tost tomber deuant l'Autel. [40]

Die bei Tacitus nicht einmal anklingende Vorstellung, Nero solle als Schlachtopfer sterben, findet ihren Niederschlag bei Lohenstein in I d, und zwar besonders in der einzigen Äußerung, mit der sich die die Szene eröffnende und später mit einem blutigen Umtrunk beschließende Epicaris in die Beratung der Männer im Mittelteil einschaltet:

> Verspritzt Tyrannen-Blutt
> Ist selbst zu Reinigung befleckter Oerter gut.
> Man kan selbst Jupitern kein fetter Opfer schlachten
> Als Fürsten/ die ihr Volck für Schaum der Thetis achten
> Man weiht selbst durch ihr Blutt Altar und Tempel ein. [41]

Dieses Argument der Epicaris setzt Lohenstein allerdings später ein als Tristan, und zwar als Einwand gegen Piso, der die Ermordung Neros in seinem, Pisos, Haus ablehnt. In I d werden dann auch, ähnlich wie bei Tristan in II b, weitere Möglichkeiten des Attentats erwogen und der endgültige Plan verabschiedet. Beide Szenen sind mit 5 Akteuren bei Tristan und 22 bei Lohenstein am stärksten besetzt.

Auch die besonders in I b zum Ausdruck kommende republikanische Gesinnung der Epicaris ist nicht »eine charakteristisch Lohensteinsche Zutat« [42], sondern bei Tristan vorgeprägt. Auf die Liebesbeteuerungen des Lucain in II c erwidert sie:

> Aussi toute l'amour qu'il faut que l'on explique
> Doit auoir pour objet la Liberté publique:
> C'est ce qui des grands cœurs eschauffe les desirs,
> Et qui doit t'obliger à pousser des soûpirs. [43]

Lucain handelt im Auftrag der Epicaris und so, daß sie es hören kann, wenn er zu seinem Onkel Seneque sagt:

> Pour punir des Tirans dans le siecle où nous sommes
> Les Dieux le plus souuent se sont seruis des hommes;
> Au souuerain des Cieux son Ayeul fit horreur
> Alors qu'il vsurpa le Tiltre d'Empereur;
> Iupiter toutefois pour le reduire en poudre
> Se seruit de nos bras et non pas de sa foudre.
> Brute et Cassie encor viuent en leurs Neueux,
> Vn reste de leur sang peut accomplir nos vœux. [44]

Hier verbinden sich Revolutionsidee und Säkularisation in ähnlicher Weise wie in dem Protest der Lohensteinschen Epicharis gegen die gryphianische Vanitas-Resignation des Scaurus in I a 24–32. Später vor Neron lobt Tristans todesbereite Epicaris dann auch selbst den Cäsarmörder Brutus als Vorbild. [45] Hier weht der gleiche Geist, der wenige Jahre später zum Aufstand der Adels-Fronde gegen den seit 1643 für den jungen Ludwig XIV. regierenden Kardinal Mazarin führen sollte und der in England nach dem damals schon brodelnden Bürgerkrieg die Hinrichtung Karls I. ermöglichte.

Nach der ersten Abhandlung setzt bei Lohenstein die Tacitusrezeption breit ein, und die Übereinstimmungen mit Tristan, die zugleich Abweichungen von Tacitus sind, werden seltener oder doch weniger konkret greifbar. Hinsichtlich der Personenkonstellation schimmert die Vorlage noch durch. Das zeigen die Parallelführung von Epicharis- und Scevin-Handlung in Tristans drittem und viertem Akt und in Lohensteins zweiter und dritter Abhandlung – ein Punkt, der im nächsten Kapitel genauer untersucht wird – sowie die erwähnte Rolle des Scaurus in IV d. Hin und wieder finden sich auch gedankliche Entsprechungen, besonders in Lohensteins Szene III d. [46] Im letzten Akt beider Dramen wird Seneca die Wahl der Todesart freigestellt. [47] Auch der Schimpfdialog der todesbereiten Epicharis mit Nero und Sabina Poppäa erinnert an Tristan. [48] Auch bei ihm stellt sie kurz vor ihrem Selbstmord dem Kaiser ein schlimmes Ende in Aussicht. [49] Die Verse V d 728–732, mit denen sie sich als spätere Bühnenfigur sieht, erinnern an die Worte, mit denen Tristans Lucain die Gefangene von dem Verdacht des Pison reinigt, sie könne geständig werden:

> Les lieux où souffrira cette fille constante
> Seruiront de Theatre à sa gloire éclatante,
> Les gesnes qui rendront son beau corps abbatu
> Ne feront seulement qu'exercer sa Vertu,
> Et parmy tant de maux sa parole estoufée
> Fera de sa Constance vn eternel Trophée. [50]

Wenn alles in allem die Rezeption Tristans nicht so augenfällig erscheint wie die des Tacitus, dann deshalb, weil Lohenstein von dem Franzosen weniger Formulierungen als vielmehr Anregungen für die Disposition des Akt-, Szenen- und Personengefüges übernimmt, während er dieses Gerüst im einzelnen vorwiegend mit Taciteischem Material auffüllt.

### 3. EXKURS: DIE TRAGÖDIE »OSMAN« VON TRISTAN L'HERMITE UND LOHENSTEINS »IBRAHIM SULTAN«

Neben *La Mort de Seneque* hat Tristan L'Hermite noch einige weitere Tragödien verfaßt. Auch sie wurden zum Teil über die Grenzen Frankreichs hinaus bekannt. *La Mariane*, das 1636 erschienene Drama, das den Dichter berühmt machte, diente möglicherweise Lohensteins Breslauer Mitbürger Johann Christian Hallmann als Modell für sein 1670 gedrucktes Trauerspiel *Mariamne*. Tristans letztes Stück *Osman*, ein zeitgenössisches Türkendrama, das erst posthum von Quinault herausgebracht wurde, scheint den Anstoß zu Lohensteins *Ibrahim Sultan* von 1673 gegeben zu haben. Jedenfalls erinnert dieser viel stärker an *Osman* als an Racines Türkendrama *Bajazet* von 1672.

Die Gemeinsamkeiten der beiden Stücke sind nicht zu übersehen. Für beide diente die Türkengeschichte des Italieners Maiolino Bisaccioni als Hauptquelle. Hier wie dort ist die Palastrevolte gegen den Sultan durch eine Liebesbeziehung zwischen ihm und der Tochter des Mufti von Konstantinopel, des geistlichen Oberhaupts der Mohammedaner, motiviert. In beiden Fällen löst dieses Mädchen, von dem Sultan brüskiert, seinen Sturz aus. Wie Tristan für die Ermordung Osmans im Jahre 1622 ein Vierteljahrhundert später die namenlose »fille du Mouphti« verantwortlich machte, so führt Lohenstein das Ende von Osmans jüngerem Bruder Ibrahim im Jahre 1648 ebenfalls 25 Jahre danach auf die Initiative der Muftitochter Ambre zurück.

Auch im einzelnen erinnert Lohensteins Ambre-Handlung an das Geschehen um Tristans »fille du Mouphti«. Beide Sultane lernen ihre spätere Hauptgegenspielerin durch ein Bild kennen, verlangen, von der gemalten Schönheit entzückt, danach, die wirkliche kennenzulernen [51], und schicken ihren Großwesir – bei Lohenstein heißt er Achmet – in das Haus des Mufti, um sie zu holen. Wie die »fille du Mouphti« dem Bassa Selim ihre Liebe in Aussicht stellt, falls er sie räche [52], so verspricht Ambre dem Bassa Mehemet für den Fall ihrer Rettung die Ehe. [53] Beide Muftitöchter erstechen sich schließlich, Ambre in IV c, ihre französische Schwester am Ende des ebenfalls fünfaktigen Stücks. Lohenstein hat, so könnte es scheinen, das Konzept der Handlung beibehalten und nur den Namen des Sultans geändert. Selbst die historische Kulisse ist ähnlich drapiert wie bei Tristan. Beide Sultane wollen zu Beginn des Stücks [54] von Byzanz aus in See stechen, Osman, um den feindlichen Persern, Russen und Kosaken nicht in die Hände zu fallen, Ibrahim, um in Candien – so hieß damals die Insel Kreta – seinen Krieg gegen Venedig zu Ende zu führen.

Bedeutender als die Gemeinsamkeiten der beiden Stücke sind jedoch die Unterschiede. Die »fille du Mouphti« ist in Osman verliebt und lanciert ihr Bild mit Hilfe der intriganten Sklavin Fatime selbst vor seine Füße. Sie wird nur dadurch beleidigt, daß Osman ihre Liebe zurückweist, weil er die Vorzüge der gemalten in der wirklichen Muftitochter nicht wiedererkennt, ein Motiv, das Tristan auch in seiner Lyrik verwendet. [55] Der trotz seiner tyrannischen Züge im Grunde heldenhaft sorglose und damit keineswegs unsympathische Osman stirbt als Opfer einer Frau, in der er falsche Hoffnungen erweckt hat, die ihn aber trotz ihrer Rache auch im Tode noch liebt. Sie nennt den durch sie zu Tode Gekommenen »Le Prince le plus grand qui fut en l'Vnivers« [56] und gedenkt noch mit ihren letzten Worten vor ihrem Selbstmord am Ende des Stücks seiner mit unverkennbarer Zuneigung:

> Il nage dans mon sang, il court dans mes esprits;
> Auec son insolence, auec son iniustice,
> Il subsiste en mon cœur; mais il faut qu'il perisse,
> Il mourra sur le champ, cet aimable inhumain,
> Qui ne pouuoit mourir que d'vn coup de ma main. [57]

Mit dem Geliebten soll sie, wie Fatime im letzten Vers des Dramas sagt, gemeinsam bestattet werden.

Demgegenüber gerät das Bildnis von Lohensteins Ambre ohne deren Zutun durch die Kupplerin Sekierpera in Ibrahims Hände. Es entspricht durchaus der Wirklichkeit – Ambres Einwand gegenüber Sekierpera: »Du hast mich schöner ihm/ als ich bin/ fürgemahlet«, verfängt nicht [58] –, und so wirbt der Sultan, als er das noch nicht fünfzehnjährige [59] Mädchen sieht, wortreich um ihre Gunst. Als sie den liebeswütigen Tyrannen abweist, vergewaltigt er sie schließlich. Deshalb ruft sie die um ihren Vater versammelten Verschwörer zur Rache auf und tötet sich gleich danach. So kann sie im Gegensatz zu Tristans Muftitochter die Verwirklichung ihrer Rache nicht mehr lebend, sondern nur noch als Geist mitansehen.

In der psychologischen Konzeption der Hauptfiguren ist Lohensteins Trauerspiel der französischen Vorlage nach heutigen Maßstäben deutlich unterlegen. Zwar »stellt Ambre die radikalste Säkularisierung der barocken Märtyrerin dar« [60], aber Tristans Entwicklung vom Dualismus der eindeutig bösen und guten Charaktere, wie sie Neron und Epicaris in *La Mort de Seneque* verkörpern, zu den gemischten Charakteren des Osman und der »fille du Mouphti« macht Lohenstein nicht mit, obwohl gerade er mit seinen anderen Stücken die Schwarz-Weiß-Malerei der alten Märtyrer- und Tyrannentragödie und seines Vorgängers Gryphius überwunden hat. Man mag von einem Nachlassen der dichterischen Energie sprechen. Es kann auch sein, daß sich der älter werdende Lohenstein von dem Kontrast zwischen dem Triebmenschen Ibrahim und der engelgleichen Ambre eine größere Bühnenwirksamkeit versprach als von dem Konflikt zweier gemischter Charaktere. Maßgebend für den Rückgriff auf das alte Schema waren jedoch eher politische Gründe. Ibrahim ist, wie die Widmung an Kaiser Leopold erkennen läßt [61], als negatives Gegenbild zu dem österreichischen Monarchen konzipiert. So konnte Lunding das Drama als »politische Reportage im Dienste des österreichischen Kaiserhauses« bezeichnen. [62] Vielleicht wollte Lohenstein, der als Schlesier die türkische Gefahr sicherlich stärker empfand als ein Franzose, das verhältnismäßig optimistische Türkenbild Tristans auf diese Weise korrigieren. Noch 1663 hatten die Türken durch ihren Einfall in Ungarn und Mähren in Schlesien eine Mobilmachung ausgelöst. Der 1664 zwischen Kaiser Leopold und dem Sultan für zwanzig Jahre geschlossene und durch gegenseitige Geschenke besiegelte Friede – in Wien überbrachte Mechmet Bassa die Geschenke [63] – erschien ständig gefährdet und wurde dann ja auch vor Ablauf der Frist von den Türken 1683 wieder gebrochen.

Im einzelnen beruhen die Verschiedenheiten der beiden Stücke sowie etliche ihrer Gemeinsamkeiten allerdings weniger auf der Auseinandersetzung mit Tristan als auf der unterschiedlichen bzw. ähnlichen Darstellung beider Stoffe durch Bisaccioni. Von ihm übernahm Lohenstein ziemlich genau die Handlung, die meisten Personen und sogar einige ihrer Beweggründe. [64] Auch Bisaccioni erklärt aus der Rache des Mufti, dessen Tochter der Sultan mißbraucht hat, dessen Sturz und Ermordung. Doch veranlaßt bei ihm der Vater, nicht das Mädchen selbst die Verweigerung ihrer Hingabe sowie die spätere Rache. Das gehorsame Kind weint nur über sein Los, ohne rebellisch aufzubegehren. Lohenstein dagegen gibt der anonymen

»figlia del Mufti« nicht nur den Duftnamen Ambre [65], er aktiviert und heroisiert ihre Rolle ebenso wie die der Frauen seiner anderen Stücke, wobei der Mufti an Profil verliert. Einen genaueren Vergleich zwischen Lohenstein und Bisaccioni hinsichtlich der Frauengestalten Sisigambis, Kiosem, Sekierpera und Ambre hat Lupton durchgeführt. [66]

Lohensteins Anknüpfung an Bisaccioni mag die Beziehung zu Tristans *Osman* fragwürdig erscheinen lassen. Als Quelle wie *La Mort de Seneque* für *Epicharis* kommt dieses Drama ohnehin nicht in Betracht, weil es einen anderen historischen Stoff behandelt als *Ibrahim Sultan*. Dennoch dürfte auch hier der literarische Anstoß der stofflichen Einzelrezeption vorausgehen oder sie doch ergänzen. Einmal kannte Lohenstein den französischen Dramatiker ohnehin. Von seinem *Osman* wird er also wenigstens gewußt haben. Zum anderen fehlen bei Bisaccioni einige Motive, die Tristan dort verwendet: das Bild der Muftitochter als auslösendes Moment, ihr Eheversprechen an einen Bassa und ihr heroischer Selbstmord.

#### 4. DESMARETS' ROMAN »ARIANE« ALS QUELLE DER EPICHARIS-TRAGÖDIEN VON TRISTAN L'HERMITE UND LOHENSTEIN [67]

Tristan L'Hermite hat, soweit ich sehe, die Gestalt der Taciteischen Epicharis als erster auf die Bühne gebracht, aber auch er ist nicht der erste, der sie zur Zentralfigur der Pisonischen Verschwörung machte. Das hatte bereits Jean Desmarets de Saint-Sorlin (1595–1676) in seinem 1632 in Paris erschienenen Roman *Ariane* getan, den sowohl Tristan als auch Lohenstein für ihr Drama benutzten.

Desmarets war ein Vertrauter Richelieus und eines der ersten Mitglieder der von diesem 1635 begründeten Académie Française. Der heute fast vergessene Literat, der sich in allen Gattungen auskannte, muß auch in Deutschland recht bekannt gewesen sein. Harsdörffers *Japeta* von 1643 ist, wie Ferdinand Josef Schneider 1927 nachgewiesen hat, nichts anderes als eine Übertragung der zu Anfang des gleichen Jahres in Paris erschienenen heroischen Komödie *Europe* von Desmarets [68] und »darf, abgesehen von der deutschen Übersetzung des Cid (1641), die allerdings nur in einer Handschrift überliefert ist, als erster Versuch angesehen werden, ein Werk des französischen Klassizismus einzudeutschen«. [69] Nimmt man die Rezeption der *Ariane* durch Lohenstein hinzu, so hat der französische Autor in der deutschen Barockliteratur breitere Spuren hinterlassen, als man bisher annahm. [70]

Zunächst sei jedoch kurz die Abhängigkeit Tristans von Desmarets nachgewiesen, die ich in der romanistischen Literatur nicht erwähnt fand. Vor Tristan hatte bereits Mairet 1637 mit *L'Illustre Corsaire* einen Stoff des *Ariane*-Romans dramatisiert. [71]

Lucain als Verbindungsfigur und vor allem sein Gespräch mit Seneque in IId von *La Mort de Seneque* sind bei Desmarets vorgeprägt. Zwar ist Lucain dort noch nicht zum Liebhaber der Epicharis avanciert – in dieser Rolle versucht sich bei Desmarets der Gardepräfekt Rufus –, aber sie hält sich mehrfach im Hause des Lucain auf und hört dort auch, in einem »cabinet« versteckt, sein Gespräch mit Seneque, dessen Verlauf der Romancier ausführlich darstellt. [72] Auch bei Tristan lauscht Epicaris, nur »pres de cette Colonne« [73] im »jardin de Mœcene« [74] versteckt. Zwar übernimmt Tristan das Gespräch nicht in allen Einzelheiten – der Gardepräfekt Rufus etwa, den bei Desmarets Seneque dem Neffen erst als möglichen Verschwörer empfiehlt, ist bei Tristan schon vorher an der Attentatsplanung beteiligt –, in der Hauptsache aber stimmt der Dramatiker mit dem Romancier auch im Inhalt des Gesprächs überein. Lucain versucht, seinen Onkel als Verbündeten zu gewinnen. Seneque begründet hier wie dort seine ablehnende Haltung mit dem Hinweis, gegen seinen Zögling Neron könne er nicht undankbar sein. Im übrigen läßt er schon bei Desmarets, wie dann bei Tristan und Lohenstein, seine Sympathie mit den Putschisten erkennen, sogar noch unverhohlener als in den Dramen. Das zeigt schon seine Empfehlung des Rufus als eines möglichen weiteren Verschwörers. [75] Auch Tristans Aufbau des Gesprächs deutet auf Desmarets. Nur der Anfang, wo Seneque den Neffen über seine Begegnung mit Neron im ersten Akt informiert, ist neu. Die anschließende Unterredung über Nerons Fehler [76], der Hinweis des Seneque, die Philosophie lasse auch den Tod ertragen und mache ihn als Ort der Ruhe sogar erstrebenswert [77], der Gedanke an die Götter [78], die Nennung der Verschwörer durch Lucain [79], die Mahnung des weisen Onkels zur Eile, verbunden mit seinen Bedenken gegen Seuinus [80], all das findet sich in ziemlich gleicher Reihenfolge schon in der *Ariane*. Auch von der Eifersucht des Rufus gegen den Amtskollegen Tigillin spricht Seneque schon bei Desmarets. [81]

Während Lohenstein die romanhaften, auf Desmarets fußenden Erweiterungen Tristans wieder ausräumt bzw. mit den Sulpitius-Szenen nur schwach daran erinnert, begründet er die Verhaftung der Epicharis in gleicher Weise wie Desmarets *und* Tristan. Tacitus sagt nicht, warum der misenische Flottenkapitän Proculus die Freigelassene anzeigt. Desmarets macht ihn zum enttäuschten Liebhaber. Proculus hat Epicharis dazu angeregt, die Verschwörung gegen Nero anzuzetteln. Als sie aber in Rom von ihrem Gastfreund Maxime erfährt, »que c'estoit vn homme en qui il ne se falloit pas fier, pource qu'il estoit grand parleur, et d'vn esprit turbulent et volage« [82], zeigt sie Proculus die kalte Schulter und knüpft die Fäden des Putsches ohne ihn. Diese Darstellung hat Tristan in knapper Form übernommen. Nur ist es bei ihm Lucain [83], wie bei Lohenstein dann Natalis [84], der Epicharis von dem wenig vertrauenswürdigen Proculus abrät. Was Epicharis bei Desmarets später ihren Freunden erzählt –

que Proculus ayant eu dépit de ce que ie ne le voulois plus voir, auoit changé son affection en haine, et estoit venu declarer à l'Empereur que ie luy auois dit qu'il y auoit vne puissante coniuration contre sa vie [85] –

läßt Tristan sie vor Neron zu ihrer eigenen Verteidigung vorbringen:

> L'Amour fait son dépit, et cause ton soupçon:
> Cet homme furieux piqué de mon visage,
> Pour gagner mon esprit a mis tout en vsage:
> Et voyant que ses soins ne pouuoient m'émouuoir
> A changé dans son cœur l'amour en desespoir.
> Voicy ce qu'a produit cette amoureuse rage,
> Mais pardonne à Procule et perds tout cet ombrage. [86]

In diesem Punkt folgt Lohenstein dem französischen Dramatiker [87], ja er verschärft die erotische Argumentation vor Nero noch durch die umgekehrte Behauptung des Proculus, Epicharis ihrerseits habe ihn »durch Lust zum Fürsten-Mord verhetzen« wollen. [88]

Im übrigen aber greift Lohenstein bei der Gestaltung der Proculus-Handlung unmittelbar auf Desmarets zurück. Die Proculus-Szene II a, die er nach dessen Roman darstellt [89], ist bei Tristan ebensowenig erwähnt wie die erste Begegnung zwischen Epicharis und dem Flottenkapitän auf dessen Schiff, über die Lohensteins Titelheldin ihren Mitverschwörern in I a berichtet [90] und um derentwillen sie vorher ihre ganze Lebensgeschichte erzählt.

Dieser auf den heutigen Leser höchst umständlich wirkende Lebenslauf [91] ist nichts anderes als eine fragmentarische Inhaltsparaphrase der *Ariane*, an die Lohenstein auf diese Weise erinnert.

Das rätselhafte Licht, in das Tacitus ann. 15,51 die Gestalt der Epicharis taucht, fordert die Phantasie eines Romanciers heraus. Als eine gewisse Epicharis führt Tacitus sie sein. Er weiß nicht, wie sie eigentlich von der Verschwörung Kenntnis bekommen habe. Vorher habe sie sich um keine angesehene Sache gekümmert. Auch über ihre Beziehung zu dem Kapitän Proculus ist er sich nicht im klaren. Er läßt offen, ob sie sich schon von früher her kannten oder ob die Freundschaft neu war. Nimmt man hinzu, daß Epicharis eine Frau und zudem als Freigelassene von geringerem Stand als die männlichen Verschwörer war, so gibt diese schon für Tacitus rätselvolle Gestalt zu allerlei weiteren Spekulationen Anlaß.

Desmarets löst das Rätsel Epicharis in der Form des heroisch-galanten Romans, jener Gattung, die im 17. Jahrhundert von Frankreich aus ihren Siegeszug über ganz Europa antrat. Für das Übergreifen auf Deutschland sei nur an Zesens Übersetzungen der Romane *Ibrahim ou l'Illustre Bassa* von Madeleine de Scudéry (deutsch 1645, Vorlage für Lohensteins Erstlingsdrama *Ibrahim Bassa*) und *Sophonisbe* (1647) von de Gerzan erinnert. Die durch die großen Entdeckungsfahrten des 15. und 16. Jahrhunderts geweckte »Lust des Zeitalters an Reisebeschreibungen« [92] bereitete zusammen mit dem Humanismus der neuen Mode dieser im Grunde antiken Gattung den Boden. Die Autoren knüpfen bewußt an die Tradition des spätgriechischen Romans an, vor allem an Heliodors *Aithiopika* aus dem 3. Jahrhundert n. Chr. Erst im 18. Jahrhundert vollzieht sich die Wendung zum psychologischen Entwicklungsroman, in Deutschland mit Wielands *Agathon*, der im übrigen noch deutlich das Modell des spätgriechischen Romans erkennen läßt.

Auch die Geschichte der Epicharis hat Desmarets nach dem Muster des spätgriechischen Romans gestaltet. Darauf weist die Verbindung von Erotik und Reisefabulistik, die Erwin Rohde in seinem noch immer lesenswerten Buch von 1876 als kennzeichnend für diese Gattung herausgestellt hat, darauf deuten die griechischen Namen der meisten Personen, darauf auch die Küstenstädte des Mittelmeers als Handlungsraum. Selbst für die halbhistorische Spielart dieser Romanform, wie sie uns bei Desmarets oder bekannter bei Gomberville begegnet, gibt es ein spätgriechisches Beispiel. Schon Chariton hatte in *Chaireas und Kallirrhoe* die Liebesfabel vor historischem Hintergrund entwickelt. Daß Desmarets' Helden ebenso wie die Charitons in Syrakus zu Hause sind, ist allerdings wohl eine zufällige Parallele, da der Roman des Griechen erst 1750 gedruckt und damit wieder greifbar wurde.

Die heroisch-galanten Romane des 17. Jahrhunderts lassen sich ebenso wie ihre spätgriechischen Vorbilder auf ein einfaches Handlungsschema zurückführen:

die Geschichte vom standhaften Jüngling und der tugendhaften Jungfrau, die einander lieben, gewaltsam getrennt werden und einander schließlich nach mannigfachen Irrfahrten, Anfechtungen, Verwechslungen, Prüfungen und Gefahren wiederfinden. Dieses Muster läßt sich durch Erfindung immer neuer Abenteuer, durch Summierung zahlloser Entführungen, Gefangenschaften, Bedrohungen, Schiffbrüche, Zweikämpfe ausdehnen, so daß der Hindernislauf zum erwünschten Ende beliebig verlängert wird; zugleich kann es durch die Einführung eines zweiten, dritten und zehnten Paares multipliziert werden. [93]

Die tugendhafte Jungfrau im Sinne dieses Schemas ist bei Desmarets nun allerdings nicht Epicharis, die neben Neron einzige historische Hauptgestalt seines Romans, sondern ihre Herrin, die Titelgestalt mit dem Modenamen Ariane [94]. Diese darf den ihr von vornherein bestimmten edlen Melinte nach mancherlei Fährnissen schließlich am Ende des 16. und letzten Romanbuchs heiraten, um an seiner Seite Königin in der thessalischen Stadt Larissa zu werden. Aber auch Epicharis, die, ihrer Herrin an Witz überlegen, aufgrund ihrer dunklen Herkunft und durch ihre Hosenrolle für die meiste Spannung sorgt, findet am Ende in ganz unhistorischer Weise ihr Glück. Als sich herausstellt, daß die ehemalige Sklavin in Wahrheit die jüngere Schwester des edlen Melinte ist und damit wie er von König Pyrrhus und über Achill sogar von der Göttin Thetis abstammt, kann sie Arianes Bruder Palamede heiraten, der ihr bzw. dem sie aus Standesrücksichten bisher versagt bleiben mußte. Die beiden Liebespaare sind also zugleich Geschwisterpaare. Melinte und Epicharis finden nicht nur sich, sondern auch ihren Vater, den als Priester tätigen Hermocrate, und ihre Mutter, die weise, aus Karthago stammende Euphrosyne, wieder, die allerdings, ebenfalls jahrelang voneinander getrennt, vor lauter Glück bei der Krönungsfreier ihres Sohnes sterben. Die Schuld an all den Trennungen trifft den ebenso eifersüchtigen wie unglücklichen Dicearque, der sich in seiner Jugend vergeblich um Euphrosyne bemüht hatte und noch ihre Kinder seine Rache spüren ließ. Sterbend klärt er im 13. Buch des Romans die Herkunft der Epicharis auf, die dann allerdings noch gesucht werden muß, und erlangt die Verzeihung von Euphrosyne. Um das Glück voll zu machen, stirbt am Ende auch der böse Neron, und Palamede wird durch den befreundeten neuen Kaiser Othon zum Gouverneur von Sizilien bestellt.

Das einem historischen Trauerspiel wenig anstehende glückliche Ende hat Lohenstein weggelassen. Im übrigen hält er sich mit der Lebensgeschichte der Epicharis recht getreu an den Handlungsverlauf des Romans. Die Entsprechungen und Unterschiede seien kurz angedeutet.

Die sizilianischen Freunde Melinte und Palamede stoßen in Rom nachts mit Kaiser Neron zusammen und werden verwundet. Als sie im Hause der Schwestern Camille und Emilie ihrer Genesung harren, treffen Palamedes Vater Aristide, seine Schwester Ariane, in die Melinte verliebt ist, und deren Dienerin Epicharis aus Syrakus zu Besuch ein. Nerons böser Helfershelfer Marcelin, früher in Camille verliebt, stellt nun der Ariane nach, die sich mit Hilfe der Epicharis mehrfach zu retten weiß. Als Marcelin schließlich die Unterkunft der Sizilianer und damit die ganze Stadt Rom in Brand steckt, wird er von dem mit Ariane entkommenen Melinte erschlagen.

Das ist kurz der Inhalt der ersten fünf Romanbücher, die in Rom spielen und die Lohenstein einigermaßen ausführlich wiedergibt. Nur die Erzählfolge ist anfangs verändert. Der Roman beginnt in Rom, Ariane und Epicharis treffen erst mit Beginn von Buch 2 in Rom ein. Lohenstein dagegen bereitet mit seiner Erzählerin Epicharis die Zusammenführung von Ariane und Melint von Sizilien aus vor. Dementsprechend muß er die Ereignisse von Buch 1 später nachtragen. Das geschieht in den Versen 143–183. Die in diesem Nachtrag nochmals eingeschaltete Rückblende (147–175) beruht auf einem charakteristischen Strukturelement des Heliodor- und danach auch des galanten Romans, dem Erzähleinsatz inmitten der Fabel, deren frühere Teile später durch einen oder mehrere Zweiterzähler nachgetragen werden. [95] Mit dieser Rückblende gibt Epicharis wieder, was in Buch 2 des Romans Palamede seiner Schwester Ariane erzählt. Von Buch 3 an entspricht Lohensteins Darstellung dann der Romanfolge. Die Verse 184–219 beruhen auf Buch 3, die Verse 220–234 auf Buch 4, die Verse 234–244 auf Buch 5.

Was Epicharis ganz zu Anfang ihrer Lebensgeschichte über ihre Herkunft vermutet und über ihre Jugend im Hause von Arianes mächtigem Onkel Dicearch in Syrakus mitteilt (103–118), erfährt der Romanleser erst aus einem Gespräch in Buch 5, wo Melinte nicht glauben kann, »qu'elle soit née de condition seruile, elle a trop de belles qualitez pour vne naissance si malheureuse« [96], und wo Palamede den Freund wissen läßt, Dicearque habe eine Heirat der Epicharis mit dem Sklaven Asylas unterbunden. [97] Dort heißt es auch, sie sei ihm einst von Seeräubern übergeben worden. Es sind die gleichen Räuber, die, wie wir später erfahren, im Auftrag des Dicearque ihre von »Lylibée« nach Karthago segelnden Eltern überfielen. Das sizilianische Westkap Lilybaeum ist bei Lohenstein zum »Lybybeer-Strande« verdruckt. [98] Daß Dicearque die wahre Herkunft der Epicharis in Buch 13 aufdeckt, wurde schon erwähnt.

Während Lohenstein die ersten fünf, im kaiserlichen Rom spielenden Bücher des Romans einigermaßen ausführlich wiedergibt und wohl auch wegen der perspektivischen Umstellung auf die Erzählerin Epicharis sorgfältiger behandelt, deutet er von den folgenden fünf Büchern, die im übrigen Italien, in Syrakus und Korinth spielen, nur kurz den Inhalt der Bücher 8 (246–251) und 10 (252–254) an, um den Übergang zu gewährleisten. Ausführlicher referiert er dann wieder das 11. (254–283) und den Anfang des 12. Buches (283–290), denn hier ist Nicopolis der Schauplatz, jene von Lohenstein periphrastisch genannte »Hauptstadt in Epir« [99], in der Epicharis schließlich, als sie ihre Freunde nicht wiederfinden kann, ein unbekanntes Schiff besteigt, als dessen Kapitän sie Proculus kennenlernt.

Die Bücher 13 und 14 berücksichtigt Lohenstein nicht, weil Desmarets hier das Schicksal der von Epicharis getrennten Freunde weiterverfolgt. Die Darstellung der Ereignisse auf dem Schiff des Proculus (292–334) sowie die Proculusszene II a entstammen – wie übrigens auch Tristans Lucain-Seneque-Gespräch – dem 15. Buch, in dem Epicharis, mit ihren Freunden wieder vereinigt, ihre inzwischen im Zusammenhang der Pisonischen Verschwörung erlebten Abenteuer erzählt, darunter auch,

que l'on croyoit tout certain par la ville, que i'estois morte apres auoir tesmoigné vne constance admirable à souffrir la gehenne par deux iours consecutifs, sans auoir rien declaré; et que ie m'estois estranglée moy-mesme. [100]

Die Verwandlung des historischen Todes in ein bloßes Gerücht ist dem Romancier nicht nur erlaubt, sie erscheint im Rahmen des bei allen Schwierigkeiten grundsätzlich optimistischen heroisch-galanten Romans sogar konsequent. Lohenstein selber arrangiert später so in seinem *Arminius*-Roman, indem er den totgeglaubten Cheruskerfürsten zum glücklichen Ende wiederauferstehen läßt. Auch Zigler verwandelt in seiner *Asiatischen Banise* den historischen Tod seiner Titelfigur in ein glückliches Ende. Das Schicksal der dichterischen Figuren wird also weniger von der historischen Wahrheit als von den Gattungsgesetzen des Romans diktiert. Dem Dichter eines historischen Trauerspiels dagegen bleibt diese romanhafte Wendung zum Guten untersagt. Das bekennt schon der junge Lohenstein im Vorwort zu seinem Erstling *Ibrahim Bassa,* den er nach Zesens Übersetzung des Scudery-Romans geschrieben hatte:

Ich/ wie wol Ich Mich allenthalben an die ausführliche Beschreibung Philip Zesens in seinem aus dem Frantzösischen übersätzten Ibrahim gehalten/ hab Ich doch nothwändig mit den meisten Geschicht-Schreibern in dem von seiner Meinung abschreiten müssen/ wenn dise/ daß Er nicht/ Er aber/ daß er unerwürget davon kommen/ berichten. [101]

So bricht auch die Desmarets-Paraphrase unvollendet ab. Nicht nur das Romanglück der Epicharis, auch das glückliche Ende von Ariane und Melinte wird dem Leser des Trauerspiels vorenthalten.

Von der Auslassung des glücklichen Endes und der räumlichen Konzentration auf Rom und Nicopolis abgesehen, kommt es Lohenstein bei seiner Auswahl vor allem auf die Taten der Dienstmagd Epicharis an. Ihre männlich anmutenden Eigenschaften, Mut und Klugheit, und nicht zuletzt ihre Hosenrolle rückt er in den Vordergrund. Die darunter versteckte Weiblichkeit gibt er kaum zu erkennen. Vor allem von der erotischen Spannung zu Palamede ist bei Lohenstein nichts zu merken. In bezug auf Epicharis tilgt er also auch die Vorzeichen des späteren Romanglücks.

Aber auch in der so beschnittenen Form erscheinen der Epicharis »seltzame Zufälle« [102] in dem Trauerspiel noch als ausgesprochener Fremdkörper, einmal weil die vielen Romanfiguren, die Lohenstein angibt – zu den 14 namentlich genannten kommen noch einige namenlose [103] –, außer Trebaz [104] später nicht mehr erwähnt werden, vor allem aber, weil der gattungstypologische Widerspruch immer noch spürbar ist. Während sich auch in der fragmentarischen Paraphrase nach allen Gefahren doch immer wieder ein rettender Ausweg eröffnet und so die Herrschaft eines auf Umwegen [105] letztlich doch glückbringenden Fatums erkennbar ist, regiert in dem übrigen Drama das tragische Verhängnis. Als artfremder Splitter sitzt das mit komisch-burlesken Elementen [106] durchsetzte Romanbruchstück im Fleisch eines ernsten Trauerspiels. Es ist kein Wunder, wenn hier auch die Zuhörer und Mitverschwörer der Epicharis ganz gegen ihre sonstigen Gepflogenheiten belustigt reagieren. Die komödiantische Ironie, mit der sie ihre gerechte Schadenfreude kundtun [107], kehrt später nicht wieder. Abgesehen von den herben Witzen, mit denen sich Epicharis bei ihrer Folter als überlegen erweist [108], bleibt nach der Lebensgeschichte von I a die Ironie in nunmehr sadistisch höhnender Tonart dem Kaiser und seinen Helfershelfern vorbehalten. [109]

Wir dürfen fragen, was Lohenstein zur Aufnahme dieses fremdartigen Handlungsgerüsts in sein Trauerspiel bewogen hat. Offensichtlich will er nicht nur erklären, warum Proculus Epicharis anzeigt, und so eine Taciteische Motivationslücke ausfüllen. Das hat Tristan L'Hermite einfacher und kürzer getan. Um die erste Begegnung mit Proculus auf dessen Schiff verständlich zu machen, wäre ebenfalls nicht der ganze Lebenslauf erforderlich, mag Lohenstein selbst den Exkurs auch mit dieser Begründung eröffnen. [110] Es ist weiterhin kaum anzunehmen, daß der Dichter dem Trauerspiel durch die Hineinnahme romanhafter Züge in der Art der französischen Dramatiker neue Möglichkeiten erschließen wollte. Dazu arbeitet er den Roman zu wenig ein und bricht seine Wiedergabe zu abrupt ab. Auch stünde diese Erklärung im Widerspruch zu der Tatsache, daß Lohenstein die romanhaften Erweiterungen Tristans zugunsten einer wieder strenger historischen Darstellung rückgängig macht. Er muß einen ganz besonderen Grund gehabt haben, gegen das selbstauferlegte Verbot der langen Erzählungen im Drama [111], an das er sich sonst hält und durch dessen Befolgung er sich wohltuend von Gryphius unterscheidet, ausnahmsweise zu verstoßen.

Mit den Worten des Verschwörers Natalis

aus deinen Wundern blicket:
Daß dich der Himmel uns zur Rettung hat geschicket [112]

weist er in die entscheidende Richtung, mag er das Argument selbst auch von Desmarets übernommen haben. [113] Die Romanhandlung soll Epicharis zu ihrer Führerrolle legitimieren und ihr Eingreifen in die Verschwörung rechtfertigen. Nun hätte dies auch auf andere Weise als ausgerechnet mit Hilfe eines Romans geschehen können, in dem Epicharis als Dienstmagd eine ständisch nur untergeordnete Rolle spielt. Der eigentliche Grund für die Entfaltung der Romanfabel ist wohl in dem Dilemma zu sehen, das sich zwischen dem historisch verbürgten Stand der Freigelassenen und dem für die Renaissance- und Barocktragödie gültigen, etwa von Opitz formulierten Verbot ergibt, »das man geringen standes personen und schlechte sachen einführe«. [114]

Tristan L'Hermite hat sich dieser Schwierigkeit mit einem dialektischen Sprung entzogen. Er wertet den Stand der Epicharis nicht als diskriminierend, sondern als Privileg, indem er die stolze Freigelassene unter Berufung darauf gegen ihre Verhaftung protestieren läßt:

Vne fille affranchie, insolemment la prendre?
Quel droit en auez-vous? [115]

und sie im übrigen als »La noble Epicaris« behandelt. [116]

Dieser geschickten Vereinfachung zieht Lohenstein Desmarets' Erfindung von der adligen Herkunft der Epicharis vor. Aus der Taciteischen »libertina mulier« macht er, wie das in die Widmung an Baron Otto von Nostitz aufgenommene Zitat von ann. 15,57 zeigt, eine »libertina sed illustris mulier«. [117] Zwar läßt er sie zu Beginn ihrer Lebensgeschichte nur vermuten, daß sie ein »mehr als Edel-Blutt« sei [118], aber doch so deutlich und ausführlich [119], daß zumindest die Romankenner nun Bescheid wissen und nicht mehr über sie die Nase rümpfen können. In geistreicher Weise erneuert der Dichter die Vorstellung von der edlen Abstammung seiner Heldin später in der Proculusszene II a, während in der entsprechenden Desmarets-Passage davon nicht die Rede ist. Proculus sagt, ohne um die Richtigkeit seiner Behauptung zu wissen, »Es ist Epicharis aus knechtschem Stamme nicht« [120], während diese selbst, um die ungewollt wahre Zwecklüge zu widerlegen, sich auf ihren »Freybrief« beruft. [121] Die Situation ist sogar noch verzwickter, denn Richtigkeit und Wahrheit waren soeben im Sinne von Desmarets' Romanlösung gemeint, die Lohenstein zwar benutzt, für die er sich aber doch nicht eindeutig entscheidet.

Indem er den Zuschauer wie auch die Heldin selbst über ihre wahre Herkunft im Dunkeln läßt, macht er es mit der ihn kennzeichnenden vorsichtigen Unentschiedenheit nicht nur dem Roman, sondern auch der historischen Wirklichkeit gerecht, so daß er im Laufe des Stücks wieder von der Romanlösung abrücken und der historischen Wahrheit den Vorzug geben kann. Es scheint tatsächlich, als habe Lohenstein sich des Romans von Desmarets und der Erfindung von der edlen Herkunft der Epicharis nur bedient, um der »Magd«, als die er sie liebt, den Einzug in das hohe Trauerspiel zu erkaufen. Denn nachher wird das Edle in ihr immer weniger ständisch begriffen, sondern, wie schon der weitere Verlauf der Proculusszene zeigt, nach innen gewendet und moralisch akzentuiert, und zwar so, daß es am Ende den äußeren Adel geradezu aufhebt. Trotz ihrer Geschichte von der vermutlich edlen Herkunft sucht Epicharis ihren dienstbaren Stand keineswegs zu verheimlichen, sie pocht vielmehr darauf, wie gegenüber Proculus [122], und empfindet ihn sogar als vorteilhaft [123], weil weniger gefährlich als den Fürstenstand, dessen Gefahren ja selbst Nero spürt. [124] Aus dem Munde der »Magd« Epicharis, die »ohne Freyheit frey« [125] aufgewachsen ist, und nur von ihr allein angestimmt, klingt das Lob republikanischer Freiheit in I b besonders umstürzlerisch. Wenn sie sich kurz vor ihrem Tod als »eines Grichen Magd« [126] gegen Neros »knechtisches Gemütte« [127] aufbäumt, das auch in vielen anderen Fürsten stecke, dann wird vollends deutlich, daß Lohenstein den politischen Gegensatz zwischen dem Tyrannen Nero und der Adelsfronde, wie er uns bei Tristan L'Hermite begegnet, zu einer fast schon klassenkämpferischen Feindschaft vergrößert hat. Jedenfalls kostet er die ständische Spannung zwischen Herrscher und Magd bis zur Neige aus.

In paradox doppelsinniger Weise erscheint Epicharis im übrigen schon in der Romanparaphrase, die ihr doch den nötigen Kothurn verschafft, nicht so sehr als Standesperson wie als Dienstmagd. Die anfangs und nur vermutungsweise zugestandene Abstammung verleiht ihr die tragische Höhe. Erst die dann breiter erzählten Verdienste der Magd, die sie sich traditionsgemäß nur in den literarischen Formen des Romans oder der Komödie erwerben konnte, rechtfertigen die führende Rolle, die sie fortan spielen soll. Mit seinem scheinbar abseitigen Exkurs übt Lohenstein also auf raffinierte Weise den hohen Auftritt einer Dienstmagd ein. Die umständliche Romanfabel ist das Alibi eines in der Barocktragödie einzigartigen revolutionären Vorstoßes, mit dem die Ständeklausel zwar nicht durchbrochen, aber doch umgangen und geschickt außer Kraft gesetzt wird.

## 5. DIE DARSTELLUNG VON SENECAS TOD NACH MASCARON UND VIELLEICHT AUCH NACH MONTAIGNE

Ähnlich stark wie die Lebensgeschichte der Epicharis in I a fällt nur noch die breite Darstellung von Senecas Tod in V a und b aus dem Rahmen des Stücks.

»Des *Seneca* Tod beschreibet ausführlich *Tac. 15. Ann. c. 61. 62. 63. 64.*« Mit dieser Anmerkung zu Vers V b 148 verweist Lohenstein auf die historische Quelle, die den Tod des Stoikers am ausgiebigsten beschreibt. Da er die anderen Szenen des Dramas so genau wie möglich nach Tacitus gestaltet hat, liegt nichts näher, als auch in dieser Sterbeszene eine Dramatisierung des Taciteischen Textes zu sehen, zumal noch zwei weitere Anmerkungen zur gleichen Szene auf den Historiker verweisen. [128] Auch daß Senecas Ende sehr breit ausgestaltet ist – V b allein ist nach I a und der Tribunalszene IV b die drittlängste Szene des Dramas –, ließe sich von Tacitus her erklären. Schon seine Darstellung des Philosophentodes wirkt als selbständiger Exkurs, erinnert jedenfalls mehr an frühere Senecastellen als an den Rahmen der Pisonischen Verschwörung, deren Entdeckung Nero ja nur den Vorwand zur Beseitigung seines ehemaligen Lehrers bot.

Trotzdem führt die Anmerkung den Leser in die Irre. Der historische Gewährsmann Tacitus ist nicht die unmittelbare Quelle, nach der Lohenstein Senecas Tod gestaltet hat. Ein genauer Vergleich fördert eine Reihe von Unterschieden zutage. Während Lohenstein die wenigen Reden und Aussprüche seiner dramatischen Personen, die Tacitus zitiert, sonst wie kostbare Juwelen behandelt und möglichst authentisch übernimmt, läßt er die bedeutsamen Worte Senecas an seine Freunde aus ann. 15,62 einfach weg. Nur die einleitende Bemerkung, daß er ihnen »imaginem vitae suae« vermache, findet sich auch bei Lohenstein. [129] Die daran anknüpfenden, in die Zukunft weisenden und »velut in commune« [130] gerichteten Ermahnungen sind durch Selbstbetrachtungen ersetzt, in denen Seneca auf sein vergangenes Leben und die fruchtlose Erziehung Neros zurückschaut (184–208) und allgemein über den Tod meditiert (235–263). Auch seine in Kapitel 63 zitierten Worte an die Gattin Paulina kehren nur teilweise wieder. Da diese Unterschiede auf keine darstellerischen Beweggründe zurückgehen, stellt sich die Frage nach einer anderen *Quelle.*

Die erwähnten Abweichungen und darüberhinaus die ganze Anlage der Szene V b beruhen auf einer Schrift, die Lohenstein im Zusammenhang mit Senecas Tod zweimal nennt, nämlich in den Anmerkungen zu den Versen 111 und 400, ohne allerdings auf ihre wahre Bedeutung hinzuweisen: *La Mort et les dernieres paroles de Seneque.* Das duodezformartige, etwas über 100 Seiten zählende Bändchen, mit dem der Parlamentsadvokat Pierre Antoine Mascaron (gest. 1647) den Verlust von Senecas letzten Worten ersetzen und ihn selbst gegen Diffamierungen wie

71

die des Cardanus schützen möchte [131], hatte schon Tristan L'Hermite zu seinem Drama *La Mort de Seneque* anregt. [132] Lohenstein benutzte, nach seiner Seitenangabe zu urteilen, das kleine Werk in der 1639 in Paris gedruckten zweiten Auflage, nach der auch hier zitiert wird. Die Erstausgabe war zwei Jahre früher erschienen. Lohenstein zog also neben Tristans Tragödie und dem ihr zugrunde liegenden Roman von Desmarets auch diese zweite Quelle Tristans heran, ganz abgesehen von der historischen und wichtigsten Quelle Tacitus, die er ja ebenfalls mit dem französischen Dramatiker teilt. Wie den *Ariane*-Roman, so verarbeitet er allerdings auch Mascarons Schrift anders als Tristan. Nur die Schreibweise »Tigillin« statt des historischen, noch von Desmarets gebrauchten »Tigellinus« hat er mit Mascaron und zugleich auch mit Tristan, der sie von Mascaron übernahm, gemeinsam. [133]

Mascaron hat die Angaben des Tacitus mit Zitaten aus Senecas philosophischen Schriften und eigener Phantasie zu einem rhetorischen Prunkstück des christlichen Stoizismus emporstilisiert. Lohenstein kondensiert die Reden Senecas [134] und Paulinas [135], die den Hauptanteil des schmalen Bändchens ausmachen, in den Versen 152–414. Die Verzögerung der beiden Hauptereignisse Aderlaß und Gifttrunk durch den von Mascaron eingeführten, bei Tacitus und Tristan nicht vorkommenden Sklaven Dyphax bzw. den auch bei Tacitus erwähnten Arzt und Freund Statius Annaeus [136], Senecas Worte an Neros Leibgardisten [137], die Sokratesreminiszenz [138]: all das und mehr findet sich schon bei Mascaron. Auch die Götteranrufung [139] geht auf ihn zurück. Nur reduziert Lohenstein, der ja auch sonst gern säkularisiert [140], den monotheistischen Hymnus zur knappen polytheistischen Apostrophe. Im einzelnen vgl. die synoptischen Angaben auf S. 218 ff.

Die Schwerpunkte der Rezeption liegen im ersten Szenendrittel, und zwar auf Senecas Lebensbeichte (179–196) und seinen Todesgedanken (235–249). Die anderen Partien nimmt Lohenstein lockerer auf. Hier legt er vor allem Wert auf pointierte Gedanken und sinnreiche Bilder, die er oft ohne Rücksicht auf Mascarons Reihenfolge durcheinanderwürfelt. Blassen Tiefsinn, lange Variationen eines Gedankens und die gegen Schluß einsetzende theologisch-mystische Überhöhung übergeht er dagegen.

Die Freunde des Philosophen kommen bei dem Franzosen nicht zu Wort. Lohenstein legt einige Äußerungen von Mascarons Seneque dem Freund Statius Annaeus [141], eine der Paulina in den Mund [142] und mildert so den monologischen Charakter. Mit dem gleichen Ziel motiviert er die Richtungswechsel in Senecas Reden durch Einsprüche von Martius Festus [143], Paulina [144] und Cotualda [145], ähnlich einen Kurswechsel in Paulinas Gedanken durch eine Zwischenfrage Senecas. [146] Mit dem Aderlaß zu Beginn des letzten Szenendrittels geht Lohenstein unter dem Zwang der Ereignisse von den langen Ansprachen vollends zu abwechslungsreicherem Dialog über und löst sich so allmählich von Mascaron, der das Sterben nur im Spiegel der Rede einfängt und die Begleiterscheinungen lediglich in Form von Randglossen notiert.

Die Vergeistigung des Geschehens allerdings, die den eigentlichen Unterschied

Mascarons gegenüber Tacitus ausmacht, bleibt, von den christlichen Anspielungen abgesehen, auch bei Lohenstein bestimmend. Während Tacitus den stockenden Blutfluß Senecas außer auf Altersschwäche auf diätbedingte Magerkeit zurückführt [147], erklärt Lohenstein mit Mascaron den Kräfteverlust durch Sorgen, gibt also statt der medizinischen eine psychologische Diagnose. [148] Das Aufschneiden der Beinadern, das Mascaron wenigstens noch am Rand vermerkt [149], verflüchtigt sich bei Lohenstein zur bloßen Periphrase. Dem Leser ohne Tacitus oder Mascaron kaum verständlich, sagt Seneca nur, er wolle der versperrten Flut mehr Luft machen. [150] Senecas furchtbare Qualen, derentwegen er nach Tacitus ann. 15,63,3 seine Frau in ein anderes Zimmer bringen ließ, sind dem Ideal stoischer Empfindungslosigkeit entsprechend bei Mascaron und Lohenstein ins Seelische gewendet: Nicht sein Schmerz, nur sein »so langsam Tod« soll den Augen der Gattin erspart bleiben. [151] Er selbst fühlt nicht seinen, sondern nur ihren Schmerz [152], und auch diesen ohne die Furcht, dadurch schwach zu werden.

Lohenstein gestaltet die Sterbeszene also im wesentlichen nach Mascaron. Die *Annalen* des Tacitus, auf die er sich beruft, sah er hierfür allem Anschein nach nicht näher ein. Jedenfalls gibt es keine Abweichung von Mascaron, die sich durch Tacitus erklären ließe. Für die Anmerkung zu Vers 359 schlug Lohenstein zwar im Kapitel 60 des Tacitus nach, aber nur, weil er durch Mascarons Randnotiz [153] auf diese Stelle gestoßen wurde. Daß er dabei den erotischen Kontrast verschärfte und aus Tigillins »Poppeens geilen Mund« machte [154], ist weder durch Tacitus noch durch Mascaron und auch nicht durch Tristan L'Hermite legitimiert.

Indem Lohenstein Senecas Frau Paulina entgegen Tacitus ann. 15,64,1–2 nicht weiterleben läßt, führt er die heroisierende Tendenz Mascarons schließlich konsequenter durch als dieser selbst. Paulines heldenmütige Äußerung bei Mascaron, sie könne das Leben nicht von dem Mörder ihres Mannes annehmen [155], verträgt sich nicht recht mit der Mitteilung, daß sie dann doch weiterlebte. [156] Was Tacitus noch vor Senecas Tod kundtut, meldet Mascaron zwar erst nachher und, wie seine umständlichen Beschönigungen zeigen, nicht sehr gern, aber er respektiert am Ende doch die ihm unangenehme historische Wahrheit. Lohenstein räumt den Widerspruch zwischen heldischer Rede und prosaisch ernüchterndem Geschehen aus, indem er Paulinas Weiterleben nicht nur verschweigt, sondern geradezu unmöglich erscheinen läßt. Anders jedenfalls ist der Einschub der Verse 308–312 nicht zu erklären. Paulinas Argument, sie könne nicht Neros »bluttge Faust als gnädig küßen« [157], verstärkt der Dichter hier vorweg durch die Überlegung, Nero werde sie sowieso zum Tode verurteilen, »da die Zagheit auch uns auf den Irrweg führte«. [158] Im Dilemma zwischen innerer Konsequenz und historischer Wahrheit entschied sich Lohenstein hier also für die Konsequenz. Allerdings wurde ihm diese Entscheidung durch Tristan L'Hermite erleichtert. Auch er verschweigt das Weiterleben der Pauline, setzt allerdings ihren Wunsch, sich zu töten, gar nicht erst in eine Tat um. Nach ihren vergeblichen Bitten, vor Seneque sterben zu dürfen, umarmt dieser sie und begibt sich ohne sie zum Öffnen der Adern in ein Nachbarzimmer. Ob sie von seiner Erlaubnis, sich in seiner Abwesenheit ebenfalls des Messers zu bedienen, Gebrauch macht, erfährt der Zuschauer bei Tristan nicht. [159]

Aus dem Streben nach konsequenter Heroisierung der Sterbeszene ließe sich auch Lohensteins verkürzte, agonielose Darstellung von Senecas Tod erklären. Der Todgeweihte steigt in eine »mit heißer Flutt gefüllte Wanne« [160] und stirbt darin. Der Dichter denkt sich den Tod des Philosophen in der Art jener Marmorstatue aus der Villa Borghese in Rom, deren Beschreibung durch Manilli er zu Vers 417 anmerkt. Danach steht Seneca sterbend in der Wanne (stà morendo nel bagno). Ein entsprechender Kupferstich nach Rubens ist der Originalausgabe von 1665 und den zeitgenössischen Neuauflagen beigebunden. [161] Wenn überhaupt, dann sinkt Seneca erst am Schluß der Szene und im Augenblick des Todes zusammen, als sein Geist »Schal und Leib und Feßel« hinlegt und damit »frey von Eitelkeiten« ist. [162] Vielleicht stirbt er gar stehend. Das wäre die letzte Konsequenz Mascaronscher Vergeistigung. Jedenfalls übergeht Lohenstein den Taciteischen und auch von Mascaron nachgetragenen Vermerk, daß Seneca aus dem »stagnum calidae aquae«, Mascarons »cuue pleine d'eau chaude«, noch in ein »balneum« getragen wurde, »un bain qui estoit à coste de la salle«, in dessen Dampf er erstickte. [163]

Die Ellipse des Erstickungsbades kann, sie muß aber nicht durch die idealisierende Darstellung Mascarons angeregt sein. Es gibt eine einfachere Erklärung. Mascaron zog für seine Schrift nicht nur Tacitus und Senecazitate heran, er zeigt sich auch mit neueren Darstellungen von Senecas Tod vertraut. In seiner unpaginierten Einleitung nennt er vor allem Montaigne (1533–1592): »Montagne [!] qui peut passer pour le Maistre de nos siecles, aduoüe franchement que Seneque est le sien«. Der große Skeptiker aus Bordeaux war zur Zeit Lohensteins schon zum Klassiker geworden. Sein Essay II 35, nach Hugo Friedrich die längste seiner zahlreichen Entnahmen aus den *Annalen* und *Historien* [164], beklagt nicht nur nachdrücklich die »bien facheuse perte« von Senecas letzten Worten und dürfte damit Mascaron zu seiner Nachgestaltung erst veranlaßt haben, auch Einzelheiten des Essay kehren bei Mascaron wieder. Die idealisierende Tendenz jedenfalls, die Ausführlichkeit von Paulinas Rede, die verschämte Meldung über ihr Weiterleben erst nach dem Bericht vom Tode Senecas und die Betonung, daß es sich bei dem »liquor«, den Seneca nach Tacitus ann. 15,64,4 sterbend aussprengte, um ein Blut-Wasser-Gemisch handelt, erscheinen bei Montaigne vorgeprägt. In diesem Essay, der hauptsächlich Paulinas Heldenmut und nebenbei auch Senecas Sterben darstellt, spricht Montaigne nur von einem »baing fort chaud«, in dem Seneca seine letzten Worte sagte, nicht von seinem Ersticken in einem weiteren Bad. Ob es sich um eine Ellipse des zweiten Bades oder um eine Kontamination von »stagnum« und »balneum« handelt, ist unerheblich angesichts der Entsprechung zwischen Montaigne und Lohenstein.

Die Gemeinsamkeit verliert zwar dadurch an Gewicht, daß auch Tristan L'Hermite nur »vne Chambre« mit einem »vaste Bassin d'or« erwähnt [165], doch hinterläßt seine preziöse Darstellung des Philosophentodes bei Lohenstein sonst keinerlei Spuren. Tristans Seneque stirbt nicht nur mit einem Gebet an den Gott des Mannes aus Tarsus auf den Lippen – gemeint ist der Apostel Paulus –, sondern auch in einer Kammer voller Wohlgerüche und erlesenen Schmucks. Orientalische Möbel, Meisterwerke der Kunst und reichverzierte, riesengroße Spiegel bilden die Kulisse des erhabenen Sterbens. Im übrigen zeigt Tristan dieses prunkvolle Verscheiden nicht auf der Bühne, sondern beschreibt es in der letzten Szene des Stücks durch den Mund des Boten Siluanus. Sein Bericht dient als krönender Abschluß und verwirrt Neron so, daß er die Furien vor Augen sieht.

Die Entsprechung zwischen Lohenstein und Montaigne erschiene immerhin als Zufall, wenn nicht weitere Punkte hinzukämen, in denen der Dichter von Tacitus und Mascaron und auch von Tristan abweicht, aber mit Montaigne übereinstimmt. Einer davon ist die Motivation des Wannenbades. Tacitus ann. 15, 64, 3–4 berichtet, Seneca habe das Gift, das seinen Tod beschleunigen sollte, vergebens getrunken, da seine Glieder schon kalt waren und sein Körper nicht mehr darauf ansprach. Dann sei er in das »stagnum« gestiegen. Ob er das tat, um die Wirkung des Aderlasses oder die des Giftes zu beschleunigen, sagt der Historiker nicht. [166] Mascaron entscheidet sich für die erste Möglichkeit: Der Stoiker betrat die »cuue pleine d'eau chaude pour faciliter la sortie du sang«. [167] Demgegenüber empfiehlt der Arzt Statius Annaeus bei Lohenstein das Bad, »weil sonst das Gift nicht dringen wird zum Hertzen«. [168] Aus dem zeitlichen »postremo«, durch das Tacitus Gifttrunk und Bad verbindet, ist ein kausales »itaque« geworden. Im gleichen Sinne, nur noch etwas deutlicher, schreibt Montaigne, das Gift sei fast wirkungslos gewesen,

car, pour la foiblesse et froideur des membres, elle ne peut arriver jusques au cœur. Par ainsin on luy fit outre-cela aprester un baing fort chaud. [169]

Lohenstein motiviert also, was Tacitus offenläßt, anders als Mascaron und so wie Montaigne, und zwar gerade an der Stelle, an der die strenge Mascaron-Rezeption sowieso beendet ist. Es scheint fast, als habe der Dichter mit Vers 414 Mascarons Schrift beiseite gelegt, um für den kürzeren Rest der Szene mehr in der Weise Montaignes zu verfahren. Auch die Schlußverse 437 f. entsprechen eher Montaignes Angabe, Seneca habe mit dem blutigen Wasser sein Haupt besprengt, als der Darstellung von Tacitus und Mascaron, wonach er die Nächststehenden besprengte. Allerdings erinnern diese Verse auch an Tristan L'Hermite. [170]

Aber auch im Mittelteil der Szene findet sich eine Parallele zu Montaigne. Mit Vers 249 unterbricht Lohenstein seine bis dahin ziemlich getreue und fortlaufende Paraphrasierung der Mascaronschen Todesgedanken, um die restlichen Worte Senecas bis Vers 263 freier zu arrangieren. Dabei zieht er Senecas *Epistolae morales* heran, wie die Anmerkungen zu den Versen 253 und 258 zeigen, und vorher wahrscheinlich noch Montaigne. Die beiden Gedanken von Lohensteins Seneca, er müsse seine Worte durch die Tat beweisen und der Tod sei nicht nur schmerzlos, sondern sogar lustvoll, finden sich jedenfalls in eben dieser Koppelung auch bei Montaigne. [171] Daß sie dort nicht an die Freunde, sondern an Paulina gerichtet sind, erstaunt nicht, sondern erklärt vielmehr die sonst merkwürdige Tatsache, daß sich Paulina bei Lohenstein alsbald, nämlich mit Vers 264, in die Rede an die Freunde einschaltet.

Die erwähnten Entsprechungen lassen indessen noch nicht den Schluß zu, daß Lohenstein tatsächlich den Montaigne-Essay gekannt hat. Es wäre zwar verwunderlich, wenn der Übersetzer des spanischen Moralisten Gracián nicht auch von dem französischen Skeptiker gewußt oder ihn doch nach Mascarons Hinweis kennengelernt hätte, in seinen Anmerkungen jedoch bezieht er sich nicht auf ihn. Die besprochenen Gemeinsamkeiten aber teilt Lohenstein nicht nur mit Montaigne, sondern auch mit dessen Quelle, einer anonymen *Vita Senecae,* die in der von Erasmus besorgten Senecaausgabe des Jahres 1515 sowie in anderen Senecaausgaben des 16. Jahrhunderts abgedruckt ist. Die Abhängigkeit Montaignes von dieser Vita hat 1908 Pierre Villey nachgewiesen. [172] Jürgen von Stackelberg machte 1960 deutlich, daß Montaigne neben der auf Tacitus fußenden Vita für seinen Essay auch Tacitus selbst benutzte. [173]

Daß Lohenstein die Darstellungsweise der Seneca-Vita kannte, ist ziemlich sicher. Ob er die Vita unmittelbar oder durch Montaigne oder sonstwie aus zweiter Hand verwertete, läßt sich nicht so bestimmt sagen. Immerhin gibt es, von Mascarons lobenden Worten über Montaigne und dessen größerer zeitlicher Nähe abgesehen, noch einige weitere, wenn auch nur schwache Kriterien, die mehr auf ihn deuten. Mit Senecas Worten in den Versen 419–425, die im einzelnen auf Aezema fußen [174], könnte Lohenstein die Gedanken meinen, mit denen laut Montaigne der Sterbende »des discours tres excellens sur le sujet de l'estat ou il se trouvoit« [175] fortsetzte und die in der Vita nur als »uerba [...] sua immortalitate dignissima« ausgewiesen sind. [176] Allerdings erinnern die Verse noch eher an Mascaron. [177] Die zurückhaltende Übernahme des Opfermotivs in dem Gebet an Jupiter in Vers 437 f. entspricht eher Montaigne als den monotheistisch-christlichen Erweiterungen der Vita oder gar Mascarons und Tristans. Und schließlich wirkt das Blut-Wasser-Gemisch bei Montaigne noch blutiger als in der Vita [178] und steht damit dem reinen Blut näher, das Lohensteins Seneca opfert. Alles in allem kann die Benutzung Montaignes zwar nicht als sicher gelten, erscheint aber doch wahrscheinlicher als die der *Vita Senecae.*

Neben den Eingangsversen 141–147 und der verstärkten Motivation von Paulinas Nichtweiterleben in 308–314 bleiben von der ganzen Szene V b nur zwei Passagen, die sich nicht durch Quellenrezeption erklären lassen, aber auch sie wirken als Versatzstücke: die bildreichen Verse 211–235 mit der Antithese von Tugend und Wollust, die, nach der pluralischen Sprechform zu urteilen, ursprünglich wohl für einen Reyen von Lastern und Tugenden in der Art des ersten *Agrippina*-Reyens gedacht war und jedenfalls im Munde des sonst in Ichform sprechenden Seneca reichlich seltsam wirkt, außerdem die ebenfalls lyrisch anmutende Variation des Vanitas-Motivs in den Versen 428–435, die Seneca unmittelbar vor seinem Ende spricht.

Auch die Auftaktszene V a, in der Seneca die stoische Apathie lehrt, ehe er sie in V b demonstriert, beruht auf der Kompilation von Quellen. »Man kan dem Weisen Leid und Unrecht nicht thun an«: Diese in Vers 45 formulierte stoische Grundthese, der Kerngedanke von Senecas Schrift *De constantia sapientis ad Serenum,* regiert die ganze Szene. Senecas Rede (47–98), mit 52 Versen die längste dieses Dramas überhaupt, sowie seine dritte und letzte größere Äußerung (122–136) sind im wesentlichen eine Paraphrase der genannten Schrift, auf die sich auch die meisten den Autor Seneca betreffenden Anmerkungen beziehen. [179] Dazwischen gibt Lohenstein, angeregt von Mascaron [180], dem Philosophen Gelegenheit, sich gegen die Vorwürfe zu wehren, die eigentlich – das allerdings darf er nicht sagen – erst die Nachwelt im Gefolge des Cassius Dion gegen ihn erhoben hat.

In der Rede IVa 53 ff., mit der Epicharis die Götterkritik des Venetus Paulus zurückweist und eine Sinngebung des Scheiterns versucht, hat Edward Verhofstadt eine Paraphrase von Senecas Schrift *De providentia* erkannt. [181]

## 6. STEMMA

Die verwickelten Quellenverhältnisse hinsichtlich der *Epicharis* werden durch das folgende Stemma noch einmal zusammenfassend veranschaulicht.

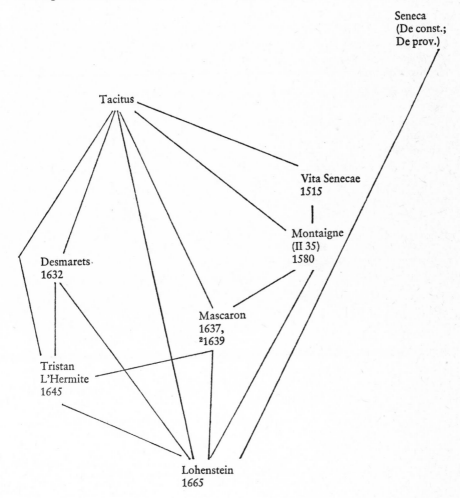

# VIERTES KAPITEL

## DAS PERSONENGEFÜGE DER »EPICHARIS«

### 1. Scevin als Kontrastfigur zu Epicharis

Während die Trauerspiele des Andreas Gryphius eine dualistische Struktur aufweisen – in der Regel wird die moralisch und politisch integre Titelgestalt durch eine böse Gegenfigur oder -partei ermordet –, erreicht Lohenstein den größeren Handlungsreichtum seiner Stücke nicht zuletzt durch ein verwickelteres Personengefüge. Besonders kennzeichnend für ihn erscheint die Dreierkonstellation, wie wir sie in der *Cleopatra* mit Cleopatra, Marcus Antonius und Augustus, in der *Agrippina* mit Agrippina, Nero und Poppäa und nun auch in allerdings versteckterer Form in der *Epicharis* finden. [1] Die Titelheldin muß sich einerseits gegen Nero und dessen Helfershelfer zur Wehr setzen [2], zum anderen steht ihre amazonenhafte Tapferkeit in deutlichem Gegensatz zu der weibischen Haltung etlicher ihrer männlichen Mitverschwörer. Während Lohenstein die Beziehung zu Nero, von dessen ins Sadistische verstärkter Grausamkeit abgesehen, kaum anders darstellt als Tristan L'Hermite und im Grunde schon Tacitus, gestaltet er das Verhältnis zu den Mitverschwörern wesentlich um. Mag sich diese Umformung auch weitgehend durch die Verbindung Taciteischer und Tristanischer Anregungen erklären, so macht sie doch, jedenfalls stofflich gesehen, das eigentlich Neue von Lohensteins Bearbeitung aus und verdient deshalb genauere Beachtung.

Tacitus erwähnt Epicharis in den beiden kurzen Kapiteln, die er ihr widmet, hauptsächlich als ideales Gegenbild zu den haltlosen Verschwörergestalten, in ähnlicher Weise, wie er in der *Germania* den römischen Luxus an den einfachen Sitten der Germanen mißt. Nicht nur mit der zentralen, von Lohenstein in seiner Widmung an Otto von Nostitz zitierten [3] Antithese von ann. 15,57,2, ein freigelassene Frau habe der Folter standgehalten, während freigeborene Männer, römische Ritter und Senatoren, ihre Nächsten verraten hätten, reißt Tacitus diesen Gegensatz auf. [4] Schon bevor er mit den Kapiteln 54–56 die Geschichte der vom Hause Scevins ausgehenden Entdeckung aufrollt, hat er in Kapitel 51 mit seinem Bericht über die geschickte Selbstverteidigung der verhafteten Epicharis die positive Gegenfigur vorgestellt. Bei der zunächst ebenso erfolgreich scheinenden, am Ende aber doch zur Denunziation führenden Selbstverteidigung Scevins in Kapitel 55 f. denkt der Leser unwillkürlich an Kapitel 51 zurück.

So ist es kein Wunder, wenn Tristan L'Hermite den Kontrast zwischen Epicaris und Seuinus zu einem Hauptstrukturelement seines Dramas machte. Seuinus spielt eine fast noch wichtigere Rolle als Lucain, den Tristan, wie gesagt, zur Verbindungsfigur zwischen Pison, Seneque und Epicaris erwählt hat. [5] Auf jeden Fall übertrifft er die beiden übrigen männlichen Verschwörer, Pison und Rufus, an

Bedeutung. Er ist der einzige Putschist, dessen Geständnis und Denunziation der französische Dichter inszeniert, während Tacitus und so dann auch Lohenstein auch noch Lucan, Quinctian und Senecio in dieser Rolle vorstellen. Lucains Geständnis wird bei Tristan nur kurz erwähnt, nicht gezeigt. Die mit Epicaris kontrastierende Gruppe denunzierender Männer beschränkt Tristan also auf den einen Seuinus und verschärft so die Kontrapunktik. Im dritten und vierten Akt macht er durch die Parallelführung von Epicaris- und Seuinus-Handlung den Gegensatz besonders deutlich. In III a zeigt er die Verteidigung der Epicaris vor Neron gegen die Anschuldigungen des Flottenkapitäns Proculus, anschließend in b–d das Vorgehen Nerons gegen Seuinus bis kurz vor dessen Überführung. In IV a wird dem Hauptverschwörer Pison die Verhaftung der Epicaris gemeldet, gleich danach in IV b die des Seuinus, dessen Geständnis der Zuschauer dann im Rest des vierten Aktes erlebt.

Lohenstein baut den von Tacitus angeregten Kontrast zwischen Epicharis- und Scevin-Handlung in der Form von Tristans szenischem Wechselspiel noch weiter aus. Er setzt Scevin, gemessen an der Zahl seiner Szenen, von allen Figuren am häufigsten ein [6], hinsichtlich des Sprechanteils rangiert er hinter Epicharis, Seneca und Nero immerhin an vierter Stelle und sagt noch etwa dreimal so viel wie Piso, nach dem die Verschwörung benannt ist. [7] Da Lohenstein, wie auf S. 58 gezeigt wurde, die meisten Ereignisse gegenüber Tristan um einen Akt vorzieht, finden sich die entsprechenden Szenen bei Verschiebungen im einzelnen schon in seiner zweiten und dritten Abhandlung. Durch die von Desmarets angeregte Proculuswerbung (II a) und durch die auf Tacitus beruhenden Geständnisse weiterer Männer (III g) hat Lohenstein das Wechselspiel zu Beginn der zweiten und am Ende der dritten Abhandlung sachlich, durch Inszenierung einiger bei Tristan nur berichteter Geschehnisse (II b, III a, c, f) hat er es zwischendurch szenisch erweitert. So bietet sich folgendes Bild: Nach der Proculuswerbung (II a) inszeniert Lohenstein jenes von Tacitus anschaulich beschriebene Geschehen im Hause Scevins, das zur Entdeckung des Putsches führt (II b, c). Dann wechselt wieder der Schauplatz, und es folgt mit II d die Verteidigung der Epicharis vor Nero, die Tristan in III a darstellt. Die dritte Abhandlung beginnt mit der Anzeige des Freigelassenen Milichus gegen seinen Herrn Scevin. Danach berichtet Sulpitius Asper seinen im Hause Scevins versammelten Mitverschwörern von der Verhaftung der Epicharis (III b). Die Verzahnung der beiden Handlungsstränge geht hier so weit, daß die von Sulpitius Asper eindeutig auf Epicharis bezogene Meldung, der Anschlag sei »am Tage«, in Vers 36 für den Zuschauer doppelsinnig klingt. Er bezieht sie auch auf die gerade von Milichus erstattete Anzeige gegen Scevin. Mit III c, der kürzesten Szene des Stücks, folgt dann auch Scevins Verhaftung, die Tristan, wie gesagt, nur berichten ließ. Trotz dieser formalen Abweichung verrät das unmittelbare Nacheinander der beiden Haftinformationen deutlich den Einfluß des französischen Dramatikers. Indem Lohenstein bei dem Verschwörergespräch in III d nicht nur die Verhaftung Scevins, die Tacitus in diesem Zusammenhang anführt, sondern darüberhinaus wie Tristan auch die gerade erst berichtete Verhaftung der Epicharis unmittelbar voraussetzt, verdichtet er die bislang trotz aller Verzahnung getrennt dargestellten Handlungsstränge um Epicharis und Scevin unmittelbar vor der Peripetieszene III e zu synchroner Wirkung.

Den Höhepunkt erreicht das szenische Wechselspiel und zugleich das ganze Drama am Ende der dritten Abhandlung in den Szenen e–g. Die zunächst erfolgversprechende Verteidigung Scevins in III e erinnert nicht nur an die Rechtfertigung der Epicharis in II d, unmittelbarer zutage tritt der Gegensatz zwischen seinem kläglichen Versagen am Ende dieser Peripetieszene und ihrer Standhaftigkeit, wie sie sich in der anschließenden Folterszene erweist. Während vor der Peripetie die Stationen der Epicharis-Handlung vor denen der Scevin-Handlung jeweils den Vortritt hatten, kommt es jetzt und später noch einmal in V d, als Scevin vor Epicharis stirbt, zur fast schon spiegelsymmetrischen Umkehrung. Im übrigen erweitert Lohenstein jetzt entgegen Tristan und unter Rückgriff auf Tacitus den Kontrast. Zu dem einen Scevin treten als weitere Denunzianten Lucan, Quinctian und Senecio, jene drei Verschwörer, an die Tacitus bei seiner Gegenüberstellung der freigelassenen Frau und der römischen Männer in ann. 15,57,2 vor allem denkt. Mit ihrem Geständnis in III g schließt die dritte Abhandlung. Die Folterszene III f wird also sehr eindrucksvoll von zwei Geständnisszenen flankiert. Die sorgsame Inszenierung der Folterklimax mit nicht von Tacitus genannten, sondern im 17. Jahrhundert üblichen Werkzeugen kommt gewiß auch der Vorliebe einer noch im Banne der Hexenprozesse stehenden Zeit entgegen. [8] Im übrigen aber ist die Folter das reinste Maß stoischer Apathie, die nach Justus Lipsius und anderen christlichen Neustoikern der Zeit als moralisches Höchstziel galt. Indem Epicharis der Folter standhält, beweist sie ihre Empfindungslosigkeit. Erst dadurch wird sie als positives Gegenbild der männlichen Verschwörer wirklich glaubwürdig. [9] Tristan L'Hermite hatte die Folter nicht inszeniert, sondern durch Rufus in IV b nur kurz berichten lassen. [10]

Den Kontrast zwischen Epicharis und Scevin verstärkt Lohenstein nicht nur durch das Arrangement der zweiten und dritten Abhandlung, sondern auch personell. Er dehnt ihn auf die beiden Figuren aus, die Epicharis und Scevin ins Verderben bringen. Während der Epicharis-Ankläger Proculus auch bei Tacitus, Desmarets und Tristan erscheint und in diesem Zusammenhang bereits erwähnt wurde, hat Lohenstein Corinna, die Frau des Milichus, als eigentliche Gegenspielerin Scevins neu eingeführt. Die Absicht zur Antithese ist nicht zu verkennen: Während die Freigelassene Epicharis der Anklage eines Kapitäns standzuhalten vermag, kommt der Ratsherr Scevin durch die Frau eines seiner Diener zu Fall.

Auch nach Tacitus ann. 15,54,4 hat das Zureden der Frau, dort mit misogynem Lakonismus als »muliebre ec deterius« kommentiert, zur Anzeige des Milichus beigetragen, und am Ende von Kapitel 55, als sich der Zusammenbruch von Scevins Verteidigung anbahnt, nennt er sie noch einmal als mitverantwortlich. Als eigentlicher Motor erscheint bei ihm jedoch der »seruilis animus« des gewinnsüchtigen Milichus selbst. [11] Lohenstein gibt den anonymen »mulier« den sprechenden Namen Corinna [12], den er etwa aus Desmarets' *Ariane* kannte – dort trägt ihn eine verheiratete Dame, die sich in Buch 6 in die als Mann namens Eurylas verkleidete Epicharis verliebt und ihr nachstellt –, und er lastet Corinna die ganze Initiative zu dem Verrat an. Den Milichus degradiert er zum bloßen Werkzeug seiner Frau. Nachdem dieser die leichtsinnigen Befehle Scevins entgegengenommen und seiner Frau davon erzählt hat, kommt sein von Tacitus angedeuteter innerer Konflikt zur Sprache, aber er ist so in den Dialog mit Corinna übersetzt, daß diese den ganzen Verrat ausheckt, während Milichus auf sein besseres und zugleich dümmeres Ich beschränkt bleibt. [13] Wenn Corinna seine Zweifel ausräumt und ihn schließlich überredet, erscheint er kaum als gewinnsüchtiger Knechtling, sondern eher als bedauernswerter Pantoffelheld.

Corinna regt nicht nur an, den Dolch zu Nero zu bringen [14], sie schlägt auch jene bei Tacitus nicht erwähnte Teufelei vor, die Dolchspitze zu vergiften, um der Anzeige nachzuhelfen. [15] So gibt Lohenstein der »fraus«, die Scevin später dem Milichus vorwirft [16], einen konkreten Grund und macht die zwar treulose, aber darum noch nicht falsche Anzeige gegen Scevin nun wirklich verleumderisch. Wie Corinna ihren Mann veranlaßt, den Dolch zu vergiften, so erdichtet Proculus in II d, Epicharis habe ihn »durch Lust zum Fürsten-Mord verhetzen« wollen. [17] Hier wie dort setzt Lohenstein den moralisch fragwürdigen, aber nach Tacitus ehrlichen Ankläger noch weiter ins Unrecht, indem er ihn zum Lügner stempelt und zugleich den mit Notlügen gespickten Verteidigungsreden der Beschuldigten ein Quentchen Wahrheit beimischt. Auch das unterstreicht die Parallelführung von Epicharis- und Scevin-Handlung.

Corinnas Initiative beschränkt sich nicht auf das bloße Drängen zur Anzeige. Schon vorher in der ersten Hälfte ihres Gesprächs mit Milichus, wo es um die Erklärung von Scevins rätselhaftem Verhalten geht, ist sie es, die die von ihrem Mann erzählten Fakten deutet und so seinen allgemeinen Argwohn zu zweifelsfreier Gewißheit verdichtet. [18] Sie erschließt dabei nicht nur scharfsinnig Scevins Vorhaben, mit juristischer Gründlichkeit läßt Lohenstein sie auch gleich noch die dafür maßgebenden Motive aufarbeiten. So kann der Zuschauer noch einmal an den für die Eingangsszene so wichtigen Brand Roms erinnert werden. [19] Dem Bestreben, Corinnas Witz ins Spiel zu bringen, ist es wohl auch zuzuschreiben, daß Lohenstein sich überhaupt für die retardierenden Mutmaßungen (suspiciones) entscheidet. Denn Tacitus ann. 15,54,3 läßt offen, ob Milichus vorher in die Verschwörung eingeweiht war oder jetzt erst Verdacht schöpfte.

Das einzige Argument, das Tacitus der Frau des Milichus ausdrücklich in den Mund legt, und zwar in ann. 15,54,4, muß Lohenstein wegen der privateren Gestaltung der vorangehenden Scevin-Szene II b [20] weglassen: Viele Freigelassene und Sklaven hätten dasselbe bemerkt wie Milichus, alle würden sowieso nicht schweigen, die Belohnung erhalte aber nur, wer Scevin als erster anzeige. Diese Auslassung ist für das Verhältnis der beiden Eheleute zueinander sicher nur ein zufälliges Indiz, aber sie macht schlagartig deutlich, daß Lohensteins Corinna eigentlich nicht mehr die Frau des Milichus ist, wie Tacitus sie darstellt, sondern das teuflisch-intelligente alter ego des sonst eher gutartig dümmlichen Mannes, die personifizierte »fraus« des Taciteischen Milichus. In dieser Weise wirkt sie in III a und vor allem in III e weiter.

Tacitus sagt nicht, daß die Frau des Milichus bei der eigentlichen Anzeige zugegen gewesen sei. Die spätere Bemerkung in ann. 15,55,4, Scevin hätte mit seiner Verteidigung beinahe Erfolg gehabt, »nisi Milichum vxor admonuisset«, bezieht sich wohl auf die Ratschläge, die sie ihm mit auf den Weg gegeben hat. Lohenstein dagegen läßt Corinna gemeinsam mit Milichus bei Hofe erscheinen. Milichus bleibt auch hier bloßer Berichterstatter. Den einzigen Initiativvorschlag des Taciteischen Milichus legt Lohenstein in III a Corinna in den Mund. Als Nero nach der Art des geplanten Attentats fragt, unterbindet sie die fällige, nach den Taciteischen Mitteilungen übrigens gar nicht mögliche Angabe ihres Mannes mit dem Hinweis, der Kaiser solle zuvor auf die Gefahr bedacht sein und Scevin verhaften lassen. [21]

Ist Corinna schon in II c und III a von entscheidender Bedeutung, so krönt Lohenstein ihre Rolle mit ihrer letzten Szene III e, in der sie, ziemlich genau in der Mitte dieser zentralen Abhandlung, nämlich mit Vers 379 ff., Scevin zu Fall zu bringen und so die Peripetie des Stückes auslösen darf. Damit wird vollends deutlich, daß Lohenstein die namenlose Taciteische »mulier« zum diabolischen Spiegelbild der Epicharis und zur zweitwichtigsten weiblichen Figur gemacht hat. Epicharis facht die Verschwörung an; Corinna, ihr an Witz ebenbürtig, jedoch ohne charakterliche Vorzüge, bringt sie zu Fall. [22]

Die Peripetie des Dramas ist ebenso punktuell fixierbar und formal ähnlich hochgetrieben wie in *Agrippina* und *Sophonisbe*, den beiden zeitlich benachbarten Stücken. [23] Das ist eine der Besonderheiten, durch die Lohenstein sich von Gryphius deutlich abhebt. Der Glückswechsel in der *Epicharis* wirkt zwar nicht ganz so dramatisch wie in den beiden Nachbarwerken, es wird kein so aufregendes Ereignis wie Agrippinas Inzest mit Nero oder die Tötung des Syphax durch seine ihn vorher nicht erkennende Gattin Sophonisbe unmittelbar vor der Vollendung abrupt unterbrochen. Corinna bringt nur den Ratsherrn Scevin um seine fast schon gelungene Verteidigung. Immerhin aber bemüht sich Lohenstein, den ereignisarmen, rein rhetorischen Prozeß in ähnlicher Weise einem Siedepunkt zuzutreiben wie die aufregenderen Vorgänge der beiden anderen Dramen, und zwar indem er ihn am Ende ähnlich wirksam werden läßt. Nach Tacitus ann. 15,55,4 sprach Scevin mit so sicherer Stimme und Miene, daß die Anklage zusammenzubrechen drohte. Lohenstein läßt Scevin seine ganze Verteidigung sicher und bestimmt vortragen, doch konzentriert er die von Tacitus nach der Rede berichtete Wirkung auf das Ende der Rede. Vorher hat er Scevins Verteidigung, neben den in III d aufgenommenen Ermahnungen gegen Piso übrigens die einzige Rede in dem Taciteischen Bericht über die Verschwörung, ziemlich quellengetreu dramatisiert. [24] Anstatt jedoch, wie er es sonst tut [25], die von Tacitus angeführten Argumente bis zum Schluß auszuschöpfen, läßt er Scevin schließlich von der nüchternen Verteidigung zu einem pathetischen Angriff übergehen [26] und einen Affektsturm entfachen, der den Ankläger Milichus genau so zittern und verstummen macht wie Epicharis ihren Ankläger Proculus in II d und ihm überdies noch buchstäblich Angstschweiß austreibt. [27] Bei Tacitus droht die Anklage, bei Lohenstein droht auch der Ankläger zusammenzubrechen. Die Wirkung der Rede ist also beträchtlich verstärkt.

Erst jetzt, als Milichus in Verwirrung gerät, greift Corinna ein, die bis dahin ihres Mannes Anklage und Scevins Rechtfertigung nur stumm verfolgt hat. Sie weist nicht nur wie bei Tacitus ihr Mann, dem sie das nur eingeschärft hat, auf die verdächtige Beziehung Scevins zu Natalis und auf beider Freundschaft zu Piso hin. [28] Lohenstein schreibt ihr auch den Einfall zu, die beiden getrennt zu vernehmen [29], eine eigentlich selbstverständliche Maßnahme, für die Tacitus keinen Erfinder nennt und die bei Tristan L'Hermite am Ende des dritten Aktes Milichus vorschlägt. [30] Schließlich empfiehlt Corinna auch die kritische Frage, an der Scevin und Natalis scheitern sollen. [31] Tacitus ann. 15,56,1 sagt nur, daß, nicht wodurch sich die beiden in Widersprüche verwickelten. Bei Tristan L'Hermite bestreitet Seuinus, was Natalis bereits zugegeben hat: daß sie über Lateranus gesprochen hätten. [32] Angeregt durch die Angabe des Taciteischen Milichus, beide seien Freunde Pisos, konkretisiert Lohenstein den Widerspruch in anderer Weise: Corinna empfiehlt, die beiden über Piso zu befragen. Scevin gibt dann zu, daß sie über ihn gesprochen hätten. Natal streitet es ab. Mit dem Widerspruch konfrontiert, gesteht zunächst Natal und dann auch Scevin den Putsch, und beide geben Namen von Mitverschwörern preis. Corinna bringt also nicht nur Scevin, sondern durch ihn die ganze Revolte zu Fall. Mit ihrem Eingreifen in IIIe nimmt die Katabasis ihren Gang.

Nach dieser Szene ist Corinna bis zum Ende der dritten Abhandlung noch stumm anwesend, danach erscheint sie nicht mehr auf der Bühne. Da Neros Gemahlin Poppäa nur in den beiden letzten Abhandlungen auftritt, setzt sie in etwa die Rolle Corinnas als weiblicher Gegenspielerin der Verschwörer fort. [33] Die beiden Frauenrollen lassen sich ohne Schwierigkeiten von einer Schauspielerin verkörpern. [34]

Die Tragödie von Tristan L'Hermite bietet dafür eine überraschende Erklärung. Schon hier wird der von Epicaris angefachte Putsch durch eine andere Frau vereitelt. Nur ist hier von vornherein Sabine Popée die Widersacherin der Verschwörer. Epicaris und sie »sont les deux plus impressionantes figures de la tragédie.« [35] Die Rolle der Sabine Popée hat Tristan, gemessen an Tacitus, noch stärker verändert als die der Epicaris. Der Historiker erwähnt Poppäa im Zusammenhang der Pisonischen Verschwörung nur in Kapitel 61, das Lohensteins Szene IVc zugrunde liegt, neben Tigellinus als Beraterin ihres Mannes, außerdem noch einmal beiläufig in Kapitel 71. Tristan dagegen schreibt der Kaiserin die Verantwortung für den Tod seines Dramenhelden Seneque zu und macht sie zu dessen Hauptgegenspielerin. Aber sie entlarvt auch die wirklichen Verschwörer. Sie empfiehlt ihrem Gemahl, den Freigelassenen Milicus anzuhören, sie ist es, die Seuinus das Geständnis entlockt. Lohenstein beschränkte diese romanhaft erweiterte Rolle auf ihren historischen Kern, war aber offensichtlich doch so davon angetan, daß er nicht ganz darauf verzichten mochte. So übertrug er die Hauptaufgabe von Tristans Popée, den Putsch zu ersticken, der Frau des Milichus, die sich ihm von den historischen Personen als einzige dazu anbot. Die Popée-Rolle verteilte er also auf Corinna und Poppäa. Anders gesagt: Von dieser Rolle angeregt, machte er die anonyme »mulier« des Milichus anstelle ihres Mannes zur Drahtzieherin der Entdeckung.

Wir haben das Verhältnis zwischen Epicaris und Scevin bisher nur in Lohensteins zweiter und dritter Abhandlung bzw. in Tristans drittem und viertem Akt untersucht. Wie Tristan die moralische Antithese des Tacitus in ein szenisches Wechselspiel übersetzte, so hat Lohenstein das Hin und Her und die Parallelität der beiden Handlungsstränge durch szenische und personelle Eingriffe noch verstärkt. An der wichtigeren Tatsache, daß der Historiker einen rein darstellerischen Gegensatz ohne tatsächliche Wechselwirkungen zwischen Epicharis und Scevin entwickelt, haben zunächst weder der französische noch der deutsche Dramatiker gerüttelt. Zwar begegnen sich Epicharis und Scevin vor ihrer Verhaftung bei Tristan in II b, bei Lohenstein sogar gleich in der Eingangsszene, die Secvin als Besitzer des auf der Bühne zu sehenden, vom Brand Roms zerstörten Hauses eröffnet, doch ist er hier einer unter anderen Verschwörern, und nach der Phase der Putschvorbereitung trennen sich seine und der Epicharis Wege. Das mit Beginn der Entdeckung einsetzende szenische Wechselspiel erweckt nur den Anschein einer wirklichen Verflechtung der beiden Handlungsstränge, und die von Sulpitius Asper in III b überbrachte Botschaft der Epicharis gilt weniger dem gleich danach verhafteten Hausherrn Scevin als den um Piso versammelten anderen Verschwörern. Nach Tristans viertem Akt bzw. gegen Ende von Lohensteins dritter Abhandlung ändert sich dieses Bild jedoch: Aus dem moralischen, nur vom Autor gestifteten Kontrast wird bei Tristan und dann in ganz anderer Weise auch bei Lohenstein ein wirklicher Kontakt.

Tristan L'Hermite macht seinen Seuinus noch schlechter als Tacitus und verschärft so den Kontrast. Um den Preis seiner eigenen Begnadigung versucht Seuinus in V c, angestiftet von Sabine Popée, Epicaris zum Geständnis zu bewegen. Zwar gelingt ihm das nicht, aber von seinem schließlich doch heldenmütigen Tod, über den Tacitus ann. 15,70,2 berichtet, ist nicht die Rede. Auch das eindrucksvolle Sterben des als Denunzianten erwähnten Lucain verschweigt Tristan. Daß die vorher so schwachen Männer »non ex priore vitae mollitiâ« in den Tod gingen, unterschlägt er dem möglichst eindeutigen moralischen Kontrast zuliebe.

Anders Lohenstein. Zwar versucht Scevin zusammen mit Natal auch bei ihm in III f, Epicharis zum Geständnis zu bewegen, aber nur beiläufig und nicht um den bei Tristan genannten Preis, sondern eher aus Mitleid. [36] Vor allem aber werden Scevin und die drei anderen Denunzianten Lucan, Quinctian und Senecio durch ihr in der Schlußszene V d breit inszeniertes Sterben den Taciteischen Angaben entsprechend rehabilitiert. Nur der zwielichtige Natal, der um den Preis seiner Begnadigung als erster gestanden hat und von dem Piso und Rufus später unabhängig voneinander sagen, er habe sie durch Zauberei mit einem doppelsinnigen Wachsorakel zur Teilnahme an der Verschwörung verführt [37], wird wie bei Tacitus zusammen mit Cervarius Proculus begnadigt. [38] Der letztgenannte Verschwörer ist nicht mit dem Epicharis-Ankläger Volusius Proculus zu verwechseln.

Wichtiger als die ja auch sonst zu beobachtende Rehistorisierung der Tristanschen Vorlage ist jedoch, daß Lohenstein die Ehrenrettung der Denunzianten mit dem Schicksal der Epicharis verknüpft und nicht zuletzt ihrem Einfluß zuschreibt. Sie erlebt vor ihrem eigenen Tod in V d die Hinrichtung der vier Männer, spricht ihnen im Augenblick ihres Todes Mut zu und kommentiert ihr heroisches Ende. Die von Tristan eingeführte Verzögerung des Todes der Epicharis nutzt Lohenstein also in völlig anderer Weise als der französische Dramatiker. Daß Epicharis »in ihrer

Freinde Tod ihr herbes Sterben schmecken« müsse [39] und »durch Augenschmertz zu sterben« anfangen solle [40], begründet diese Verspätung nur aus der Sicht des sadistischen Nero. In Wirklichkeit kommt es Lohenstein wohl darauf an, das »exemplum« der Epicharis nicht erst nach ihrem Tod für die Nachwelt, sondern bereits im Stück selbst wirksam werden zu lassen. Während Tacitus ihre »constantia« als beispielhaft der Schwäche der männlichen Verschwörer gegenüberstellt und erst später, als von diesem Kontrast nicht mehr die Rede ist, um der historischen Wahrheit willen den tapferen Tod auch der Denunzianten nachträgt, erweist Lohenstein die Wirksamkeit ihres Beispiels noch zu ihren Lebzeiten und an eben diesen Denunzianten, indem sie diese zu einem mannhaften Tod anhält, ja geradezu erzieht. Durch die von Tacitus festgehaltene Diskrepanz zwischen Geständnis und Sterben dieser Männer angeregt, inszeniert Lohenstein ihre moralische Läuterung und durchbricht so, wenn auch zaghaft, das zeitgenössische Klischee der starren Charaktere. Die unhistorische Schwarz-Weiß-Malerei Tristans jedenfalls hat er aufgegeben.

Als erster der vier Männer stirbt der Dichter Lucan, und zwar durch Öffnen der Adern. Daß Nero ihm im »Sterben noch die Wahl« ließ [41], steht ebensowenig bei Tacitus wie die Enthauptung der anderen drei Verschwörer. Über deren Hinrichtungsart sagt der Historiker nichts. Anzunehmen ist jedoch eher, daß sie sich als Senatoren bzw. Senecio als Ritter wie die vorher erwähnten Vestin und Lucan die Adern geöffnet haben, als daß sie wie die Offiziere geköpft wurden. Tacitus schreibt nur, sie seien »non ex priore vitae mollitiâ« gestorben.

Den Gegensatz zwischen früherem Versagen und tapferem Tod macht Lohenstein besonders an Senecio deutlich. In seinen letzten Worten schämt er sich seiner früheren Schwäche, so daß ihm Epicharis im Augenblick seiner Hinrichtung versichern kann, nun liebe und schätze sie ihn. [42] Lohenstein geht so weit, sie sein abgeschlagenes Haupt küssen und von dessen Blut trinken zu lassen [43], eine grausige Reminiszenz an den blutigen Umtrunk in I d, durch den leicht erotischen Beigeschmack allerdings noch makabrer wirkend. Aufgrund dieser und anderer Stellen hat man dem Dichter nekrophilische Neigungen unterstellt. [44] Im übrigen ist Senecio auch dadurch bevorzugt, daß er länger im Gespräch bleibt. Nero ordnet seinen Tod gleich nach Lucans Hinscheiden an, läßt ihn dann aber erst nach Quinctian sterben.

Als letzter tritt Scevin zur Hinrichtung an. Sein Tod unmittelbar vor dem Selbstmord der Epicharis erinnert noch einmal an die antithetische Verschränkung der beiden Handlungsstränge in der zweiten und dritten Abhandlung. Der »Zärtling«, wie ihn Poppäa nennt [45], kann seine frühere »mollitia« und sein »süßes Leben« – so hat Lohenstein das Taciteische »vita amoena« übersetzt [46] – auch im Tod nicht ganz verleugnen. Er fragt, ob »kein bequemer Klotz für einen Ratsherrn« da sei [47], läßt sich noch am Schafott von seinem Freund Natal bedienen und von den Schergen nicht gern anfassen. Aber auch seinen etwas dandyhaft anmutenden Tod wertet Epicharis als »behertztes End«. [49] Mag Scevin durch seinen Leichtsinn die Entdeckung des Putsches verursachen, sie durch sein Geständnis beschleunigt haben, durch seinen Tod ist auch er gerechtfertigt, ja er darf sogar mit Billigung der Epicharis Nero »für Minos Richtstul« in der Unterwelt laden. [50]

Als moralische Lehrmeisterin also geleitet Epicharis ihre Mitverschwörer in den Tod, beinahe schon wie ein Beichtvater die von ihm bekehrten Sünder. Diese Autorität kommt ihr nicht wie bei Tacitus aufgrund ihres Todes zu, der ja noch bevorsteht, ist ihr aber auch nicht seit eh und je eigen, sondern geht auf die standhaft ertragene Folter in III f zurück. Dieses Beispiel empfanden die Verschwörer schon unmittelbar nachher und gerade in ihrer Schwäche als verpflichtend. [51] Vielleicht erklärt es auch, daß Scevin, der ja die Folter miterlebt hat, bereits in IV b geläutert wirkt, wenn er gegen Neros ironischen Sadismus protestiert [52] und den feigen Rufus ans Messer liefert, während er sich an den Bezichtigungen gegen den tapferen Subrius Flavius nicht beteiligt.

Interessant ist in diesem Zusammenhang die veränderte Reihenfolge, mit der Lohenstein in der Widmung an Baron Otto von Nostitz die zentrale Passage von ann. 15,57 wiedergibt. Die dem folgenden Zitat beigegebenen Zahlen deuten die Taciteische Reihenfolge an:

Magnum inter eos Posteritati Constantiae Exemplum praebet libertina sed illustris mulier EPICHARIS, quam in tantâ Cruciatuum necessitate alienos ac prope ignotos protegendo, [3] non Verbera, non Ignes, non Ira eò acrius torquentium, ne à faemina spernerentur, pervicêre, quin objecta denegaret; [1] cum Ingenui et Viri et Equites Romani Senatoresque intacti Tormentis carissima suorum quisque Pignorum proderent. [4] Quin et ipsi Carnifici in novos Equuleos ingenioso illusit, [–] dum gestamine Sellae (nam dissolutis membris insistere nequibat) vinclo Fasciae, quam Pectori detraxerat, in modum Laquei ad arcum Sellae restricto indidit Cervicem et Corporis pondere connisa ingenti animo tenuem jam Spiritum expressit. [2] [53]

Nachdem Lohenstein zunächst das lobende Urteil über die beispielhafte Beständigkeit der Epicharis wiedergegeben hat, entwickelt er den Gegensatz zwischen ihr und den geständigen Männern bezeichnenderweise nicht wie Tacitus von ihrem Tod – den teilt er erst zuletzt mit –, sondern von der Folter her, der sie einen Tag vorher ausgesetzt war. Und so wundert es nicht, daß ihr Sterben an die dramatische Intensität der Folterszene nicht entfernt heranreicht. Knapp, ja abrupt dargestellt, geht ihr Selbstmord in den Anordnungen Neros am Ende des Stücks beinahe unter, letztes Siegel der Beständigkeit, im übrigen aber mehr historisch als dramaturgisch notwendig. Der Kaiser setzt nach ihrem Hinscheiden seine Verfügungen an eben dem Punkte fort, an dem er sie zuvor unterbrochen hat. [54]

Indem Lohenstein Epicharis zur Mentorin von Scevin und dessen Leidensgefährten macht, verbindet er, wie schon angedeutet, Anregungen von Tacitus und Tristan L'Hermite. Die Rehabilitierung der geständigen Putschisten geht auf den Historiker zurück. Daß Epicharis den Sterbenden beisteht, wurde hingegen erst möglich, weil Lohenstein, wie der französische Dramatiker vor ihm, den Tod der Heldin verzögert und an das Ende seines Dramas rückt. Während Tristan die tapfere Freigelassene eigentlich nur später sterben läßt, um ihren Tod mit dem seiner Titelfigur Seneque in etwa gleichzuschalten – den Tod der Epicaris erlebt der Zuschauer zwischen den Sterbensvorbereitungen von Seneque und dem Botenbericht über sein eigenliches Ende – und so einen doppelt grandiosen Schlußakt zu gewährleisten, schlägt Lohenstein aus der zeitlichen Umstellung viel mehr dramatisches Kapital. Er nutzt die gewonnene Zeit zu neuen Aktionen seiner Titelheldin und bringt diese so stärker ins Spiel, als der Dichter von *La Mort de Seneque* es zu tun brauchte. Zugleich macht er die zusammenhanglose Sequenz der übrigen Sterbeszenen, die Tristan, abgesehen vom Tod seines Seneque, ausspart bzw. nur kurz erwähnt, durch Koordination mit dem Schicksal der Epicharis dramatisch darstellbar. Diese Feststellungen gelten nicht nur im Hinblick auf die Denunzianten, sondern auch hinsichtlich der anderen Verschwörer, denen wir nunmehr unsere Aufmerksamkeit zuwenden.

### 2. Piso und die anderen herausragenden Verschwörer

Tacitus ann. 15,51,1 und 52,1 schreibt, die noch nicht verhaftete Epicharis habe die Verschwörer zur Eile gedrängt, ihre Gefangennahme bzw. die Angst, sie könne gestehen, habe den Anstoß zum endgültigen Attentatsplan gegeben. Von einem Kontakt zwischen der Verhafteten und ihren Gesinnungsgenossen weiß er nichts. Tristan L'Hermite läßt Epicharis nach ihrer Verhaftung nur mit dem ebenfalls gefangenen Seuinus zusammenkommen, der ihr allerdings im Auftrag und unter den Augen von Neron und Sabine Popée nur ein Geständnis zu entlocken sucht. Der Faden zu den noch freien Putschisten ist auch in diesem Drama mit der Inhaftierung der Epicharis gerissen. Lohenstein dagegen greift nicht nur die von Tristan gestiftete Verbindung zu Scevin auf, er erweitert die Rolle seiner Titelgestalt auch dadurch, daß er ihren Kontakt mit den noch handlungsfähigen Rebellen aufrechterhält.

Dazu bedient er sich des von Tacitus als tapfer gerühmten, bei Tristan nur am Rande erwähnten Sulpitius Asper, der als Verbindungsfigur an Tristans Lucain erinnert. [55] Kaiserlicher Offizier und Verschwörer zugleich, kann er Epicharis verhaften, um gleich anschließend in II e ihre Mahnungen zur Eile entgegenzunehmen und diese dann in III b den um Piso versammelten Männern zu übermitteln. Epicharis selbst also mahnt zu jener Eile, zu der sich die Verschwörer laut Tacitus auch ohne ihr weiteres Zutun veranlaßt sahen. Nach dem Geständnis Scevins und ihrer eigenen Folter fordert sie in der Kerkerszene IV a ihre engsten Freunde noch einmal auf, das sinkende Schiff zu retten. Sie schreibt hier je einen Brief an Piso und Seneca und ermahnt diese zum letztenmal zur Rebellion gegen den Kaiser. Wichtiger als diese wirkungslosen und die Katabasis nur verzögernden Appelle ist die durch sie erreichte dramaturgische Geschlossenheit. Denn die Briefe, Aufrufe zum Widerstand, erweisen sich als bloße Auftakte zum Tod von Piso am Ende der vierten und von Seneca am Anfang der fünften Abhandlung und verbinden somit das Ende der beiden auch untereinander.

Die Gespräche der verhafteten Epicharis in II e und IV a sind die beiden einzigen frei erfundenen Szenen des Stücks. Hier greift Lohenstein weder auf Tacitus noch auf einen der Franzosen zurück. Die auf S. 57 f. erwähnte Beziehung zwischen II e und Tristans Epicaris-Lucain-Szene ist zu versteckt, um dagegen ins Gewicht zu fallen. Durch die beiden Schaltszenen erreicht Lohenstein, daß auch nach der Verhaftung der Titelheldin die Fäden der Verschwörerschicksale in ihrer Hand zusammenlaufen. Sie ist nicht nur dramatische Hauptgestalt, sondern zugleich dramaturgisch wichtigste Verbindungsfigur. Sie erfüllt also – mit Hilfe des Sulpitius und später der Briefboten – in etwa die beiden Aufgaben gleichzeitig, die Tristan L'Hermite auf Seneque und Lucain verteilt hatte.

Offizielles Haupt der Verschwörer ist Piso. Vornehmlich an ihn sind die Mahnungen der noch freien Epicharis [56] und ihre erste Kerkerbotschaft gerichtet, ihm gilt der erste ihrer beiden Briefe. Den Forderungen der Epicharis und den Ansprüchen, die seine Führerrolle auch sonst an ihn stellt, genügt Piso allerdings in keiner Weise. Lohenstein stellt ihn als ängstlichen Zauderer und charakterlosen Feigling dar.

Auch Pisos Rolle wurde in der Auseinandersetzung mit Tristan L'Hermite und Tacitus geprägt. Während der französische Dramatiker Lucain und vor allem Seuinus moralisch abwertet, indem er ihren Tod verschweigt, zeichnet er seine beiden anderen Verschwörer, Rufus und in etwa auch Pison, milder als Tacitus. Den Leibgardepräfekten Rufus wertet er nicht nur dadurch auf, daß er ihn in IV b zum Mahner Pisons bestellt. Rufus, der nach Tacitus ann. 15,66 von seinen Mitverschwörern angezeigt wurde, weil er grausam gegen sie verfuhr, packt in dem französischen Drama erst nach Aufforderung des Kaisers Seuinus am Kragen und fordert ihn zum Geständnis auf [57], um danach, ähnlich wie bei Tacitus, selbst von Seuinus überführt zu werden. Die »lamentationes« des sterbenden Rufus, die nach Tacitus ann. 15,68 auch in sein Testament einflossen, unterschlägt Tristan ganz. Solchermaßen umgewertet ist die Rolle des Pison sicherlich nicht. Er kann seine Angst nicht verhehlen, als er die Verhaftung von Epicaris und Seuinus erfährt. Er begegnet dem Appell zum Handeln, den Rufus an ihn richtet, mit mancherlei Ausflüchten. Aber der von offener Angst geschüttelte Mann steht dem Zuschauer doch näher als das noch im Tod verlogene Vorbild dem Tacitus-Leser. Wenn später der Verräter Seuinus berichtet, Pison habe sich die Adern geöffnet »Pour soustraire sa vie à mille iustes peines« [58], dann erscheint in Wirklichkeit auch sein Tod halbwegs ehrenhaft. Von den häßlichen »adulationes« gegen Nero, mit denen er nach Tacitus ann. 15,59,5 seiner Frau zuliebe sein Testament schrieb, ist in dem Drama jedenfalls ebensowenig die Rede wie von den »lamentationes« des Taciteischen Rufus. Daraus hat Tristan vielmehr eine nicht gerade heroische, aber doch verständliche und nicht nur als Vorwand erscheinende Rücksicht auf die Gattin gemacht. Ihr zuliebe nämlich bat sich Pison Bedenkzeit bei Rufus aus, sie wollte er zunächst über ihr Schicksal selbst enscheiden lassen.

Wie für Scevin und Lucan, so restauriert Lohenstein umgekehrt auch in Hinsicht auf Piso und Rufus die von Tacitus überkommene historische Wahrheit. Auch hier allerdings setzt er die Taciteischen Akzente noch deutlicher als Tacitus selbst. Wie er Scevin und Lucan nicht nur in ihre historischen Rechte wieder einsetzt, sondern ihnen über den ehrenhaften Tod hinaus auch noch den Beistand der Epicharis sichert, so zeichnet er die von Tristan geschonten Piso und Rufus noch verwerflicher als Tacitus.

Auch für Tacitus ist Piso kein Held. Nach ann. 15,49,1 ist er nicht einmal der Initiator des von ihm geleiteten Putsches. Immerhin aber steht er, nachdem die

Verschwörung einmal ingang gekommen ist, bei Tacitus als deren Repräsentant deutlich im Mittelpunkt, mehr jedenfalls als die eher heldenhafte denn einflußreiche Epicharis, mag er auch mehr hemmend als begeisternd wirken und ziemlich kläglich enden. Lohenstein aber überzeichnet seine fehlende Initiative bis an den Rand völliger Bedeutungslosigkeit. Schon bei Tristan L'Hermite aus seiner Führerrolle etwas verdrängt, tritt Piso bei Lohenstein endgültig in den Schatten der Epicharis. Bereits die Art, wie der Dichter die Charakteristik Pisos aus ann. 15,48 wiedergibt, läßt diese Konzeption erkennen. Das um Objektivität bemühte Charakterbild, in dem Tacitus zunächst die positiven und dann die negativen Züge einträchtig nebeneinander schildert, schlachtet Lohenstein einseitig negativ aus, indem er es in I b 375 ff. auf zwei Sprecher, Scevin und Sulpitius Asper, verteilt und den Fürsprecher durch den Gegner Pisos widerlegt. Der bloße Verdacht des Tacitus, Piso könne seine »virtus« auch gespielt haben, genügt dem Dichter bzw. seinem Sulpitius, um dieses barocke Hauptargument der Verstellung dem Piso tatsächlich anzulasten und seine vorher erwähnten Vorzüge als Früchte böser Täuschung zu entlarven. So wird – noch vor Pisos erstem Auftritt – der Plan vorbereitet, nach dem er als Nachfolger Neros durch Seneca ersetzt werden soll. Wenn Piso später selbst auf der Bühne erscheint, korrigiert er dieses schlechte Bild kaum, allenfalls dadurch, daß er die Tugenden nicht einmal vorzutäuschen vermag, die ihm Tacitus und Lohensteins Scevin zuschrieben. Obwohl in vier Szenen auftretend [59], spricht er gerade ein Zehntel des Pensums der Epicharis. [60] Positiv leistet er nichts. Er beschränkt sich darauf, die Ansinnen seiner Mitverschwörer zurückzuweisen. Er möchte nicht, daß Nero in seinem, Pisos, Haus in Baiae umgebracht wird [61], er lehnt nach der Verhaftung Scevins die einzige verbliebene Chance, den offenen Aufstand, ab. Schließlich kann ihn auch der Brief der verhafteten Epicharis unmittelbar vor seinem Tod nicht mehr aus seiner Lethargie aufschrecken.

Von jenem »Beredsam-seyn«, das Tacitus und danach Lohensteins Scevin an ihm lobte [62], ist nichts zu spüren. Die meisten Äußerungen Pisos füllen nur jeweils eine Zeile. Kennzeichnend für ihn ist die Rolle, die er in der Szene III b vor Scevins Verhaftung spielt. Dreimal meldet er sich zu Wort. Jedesmal stellt er eine zwar weiterführende, aber nichtsdestoweniger törichte Frage. [63] In dieser Weise fragt er auch nach der Verhaftung Scevins weiter. [64] Das Längste, was er überhaupt zusammenhängend sagt, sind 7¹/₂ Verse, und hier äußert er bezeichnenderweise nicht eigene Gedanken, sondern liest den Text des Briefes, den Epicharis ihm zustellen ließ. [65] Zu größeren Reden, wie sie Epicharis und Seneca mehrfach halten [66], darf er sich nicht aufraffen.

Geradezu jämmerlich tritt Piso von der Bühne ab, nachdem er sich auf Befehl Neros die Pulsadern öffnen mußte. Zwar berichtet, wie gesagt, auch Tacitus, er habe seiner Frau zuliebe ein Testament mit widerlichen Schmeicheleien gegen den Kaiser diktiert; was hier jedoch als von Sorge getragener Opportunismus noch einigermaßen verständlich erscheint, macht Lohenstein zu einem Musterbeispiel »weibischer Heucheley«. [67] Von der verstärkenden Übersetzung der testamentarischen Ergebenheitsadressen in das Gespräch mit Neros Beauftragtem Epaphroditus abgesehen [68], bringt Lohenstein die kriecherische Haltung vor allem durch Pisos Versuche zum Ausdruck, die eigene Verschwörungstat zu bagatellisieren. Er entschuldigt sich, Natal habe ihn »hierzu durch Zauberey gebracht« [69], gibt, als das nichts fruchtet, seine Schuld zu [70] und erklärt seinen letzten Willen, versucht den Putsch als nur geplant und längst bereut dann abermals zu entschuldigen [71] und reißt sich, als Epaphroditus die Erfüllung seines letzten Willens von einem »geschwinden Tod« abhängig macht, mit servilem Eifer die Adern auf. [72]

Ähnlich »kleinmüttig und schimpflich« [73] stirbt nur noch Rufus in V c. Auch er sagt, Natal habe ihn durch Zauberei mit einem »wächsern redend Bild« verführt. [74] Im übrigen gleicht Lohenstein auch das Testament des Rufus dem Pisonischen an. Aus den jämmerlichen »lamentationes« wird zwar keine Lobhudelei im Sinne von Pisos »adulationes«, aber doch wie bei ihm die kleinliche Bitte, der Kaiser möge seinen, des Rufus, letzten Willen »giltig bleiben laßen«. [75]

Daß Lohenstein Piso und Rufus negativ überzeichnet, erklärt sich nicht nur aus dem Bestreben, die von Tristan milder beurteilten Gestalten gegenteilig darzustellen, sondern auch noch aus einem anderen Grund. Wir haben gesehen, daß Tacitus und Tristan den moralischen Gegensatz zwischen Epicharis und Scevin betonen und daß auch Lohenstein in seiner zweiten und dritten Abhandlung so verfährt, daß er am Ende aber im Unterschied zu seinen Vorlagen die beiden gegensätzlichen Pole versöhnt. Eben deshalb wohl setzt er in seinen beiden letzten Abhandlungen die Kontraststruktur auf andere Weise fort. Piso und Rufus als die beiden fragwürdigsten Personen des Trauerspiels sind nicht nur für sich zu sehen, sondern zugleich und vor allem als Gegenfiguren zu Seneca und Subrius Flavius, deren vorbildliches Sterben erst durch sie recht deutlich wird.

Der Kontrast zwischen Rufus und Flavius ist augenfällig und geht schon auf Tacitus zurück. Nach ann. 15,58,4 hielt der Prätorianerpräfekt Rufus den ihm untergebenen Tribun und Mitverschwörer Flavius von einem spontanen Angriff auf den zu Gericht sitzenden Kaiser Nero ab. Die Verhaftung von Rufus und Flavius teilt Tacitus in den Kapiteln 66 und 67 nacheinander mit. Den Tod des Flavius schildert er gleich anschließend, den des Rufus wenig später in Kapitel 68,1, nachdem er zuvor noch den des Sulpicius Asper [76] gemeldet hat. Auch Lohenstein stellt die Überführung von Rufus und Flavius und auch noch die des dem Flavius geistesverwandten Sulpitius Asper nacheinander und sogar in einer Szene – IV b – dar.

Die Einbeziehung des Sulpitius Asper wird durch einen Brief motiviert, den er gemeinsam mit Flavius verfaßt hat und der nun zu ihrer gemeinsamen Überführung dient. [77] Wie zwischen Epicharis und Piso bzw. Seneca, so dient auch hier die Briefform als dramaturgisches Bindemittel. Dadurch kann Lohenstein die Tapferkeit der beiden von Tacitus meist zusammen genannten Offiziere szenisch demonstrieren und sie ihre von Tacitus ann. 15,67,2 und 68,1 zitierten freimütigen Worte gegen Nero gleich nacheinander vorbringen lassen. [78] Durch diese Konzentration verstärkt er die Wirkung. Die Taciteische Bemerkung, Nero habe anläßlich der Verschwörung nichts Schlimmeres anhören müssen als die Worte des Flavius, bezieht Lohenstein auch auf die von Asper. Asper selbst darf den Kommentar des Tacitus zur Sprache bringen. [79]

Während Lohenstein den tapferen Sulpitius, dessen Hinrichtung Tacitus erst nach der des Flavius mitteilt, schon vorweg in IV b sterben und damit den Reigen der Toten eröffnen läßt, spart er die Enthauptung von Rufus und Flavius für V c auf, wohl um den Gegensatz zwischen einem feigen und nur einem mutigen Offizier einfacher hervortreten zu lassen. Angeregt wurde er hierzu, wie schon gesagt, wohl auch von Tristan L'Hermite, der das Ende von *Flaue et Rufus* in einem Vers berichten läßt, Aspers Tod dagegen nicht erwähnt. Nach den scharfen Worten des Lohensteinschen Flavius in IV b hätte der Zuschauer zwar eher dessen als Aspers alsbaldige Hinrichtung erwartet, aber daß Flavius zunächst »zu ärgster Pein und Straffen« fortgeschafft wird [80], ist vielleicht ein härteres Urteil als die sofortige Enthauptung. Im übrigen dürfte dem Dichter die Weiterführung des schon vorbereiteten Kontrasts zwischen Rufus und Flavius wichtiger erschienen sein als die individuelle Motivation der einzelnen Strafen. »Dieser stirbt hertzhaft/ jener kleinmütig und schimpflich.« So formuliert Lohenstein selbst den Inhalt von V c. [81]

Bemerkenswert ist auch die stilistische Kontrapunktik dieser Szene. Während Lohenstein die von Tacitus nur kurz angedeuteten »lamentationes« des Rufus verhältnismäßig breit entfaltet [82], gibt er die knappen, von Tacitus aber sorgfältig zitierten Schlußbemerkungen des Flavius mit stichomythischem Lakonismus wieder. [83] Erweitert ist die Rolle des Flavius dadurch, daß er zu Beginn der Szene als Mahner [84] und Richter [85] seines Vorgesetzten Rufus auftritt und »dis feige Weib« verurteilt. [86] Lohenstein läßt also nicht nur in Umkehrung der Taciteischen und Tristanschen Reihenfolge Rufus vor Flavius sterben, sein feiger Tod erscheint zwischen den anfeuernden Worten und dem beispielhaften Sterben des Flavius doppelt verwerflich.

Auch Piso und Seneca sind moralische Antipoden. Allerdings begegnen sie einander im Stück nicht, so daß dieser Gegensatz nicht so ins Auge fällt wie der zwischen Rufus und Flavius. Immerhin aber ist er nicht zu übersehen. Während der Kontrast zwischen Epicharis und Scevin schon bei Tacitus und Tristan L'Hermite deutlich entwickelt und der zwischen Rufus und Flavius bei Tacitus stark vorgeprägt ist, bietet der Historiker für einen Gegensatz zwischen Piso und Seneca nur vage, Tristan überhaupt keine Anhaltspunkte.

Tacitus schildert das Ende von Piso (Kapitel 59) und Seneca (Kapitel 60,2–65) kurz nacheinander. Zwischendurch – in Kapitel 60,1 – meldet er nur den Tod des designierten Konsuls Lateranus. Beachtung verdient in diesem Zusammenhang auch die Notiz von Kapitel 65, Subrius Flavius habe mit den Centurionen geplant, nach Nero auch Piso umzubringen und Seneca zum Kaiser zu machen. Auf diesem Nachtrag des Tacitus beruht Lohensteins Szene I b, in der Flavius und jene anderen Offiziere, die in ann. 15,49 f. als Centurionen ausgewiesen sind, nämlich Sulpitius Asper, Maximus Scaurus und Venetus Paulus, zusammen mit Epicharis und Scevin eben diesen Plan verabschieden. Dieser soldatische Kernkreis der Verschwörer ist es auch, der – nun ohne den zum Verräter gewordenen Zivilisten Scevin – der verhafteten Epicharis in der von Lohenstein erfundenen Schaltszene IV a einen Besuch abstattet. Den Tod Pisos und Senecas zieht Lohenstein enger zusammen als Tacitus, indem er Lateran nicht aus dessen eigenem, sondern aus Pisos Haus zur Hinrichtung abführen läßt. Er verflicht Pisos und Laterans Ende in IV d zu einer Szene. Pisos und Senecas Sterben sind jetzt nur noch durch den Reyen der vierten Abhandlung getrennt. Im übrigen hat Lohenstein Pisos Tod mit IV c auch eine Seneca-Szene vorangeschickt. Zwar tritt hier der Philosoph nicht auf, aber das Gespräch kreist nur um seine Person. Granius Sylvanus, der ihn vorher im Auftrag Neros besucht hat, versucht hier vergeblich, den Kaiser zur Milde gegen seinen alten Lehrer umzustimmen. Die Parallelen zwischen den beiden Sterbeszenen selbst fallen ins Auge. Piso und Seneca sind die beiden einzigen Gestalten des Stücks, die bei sich zu Hause sterben. Beiden befiehlt ein Bote des Kaisers den Tod. Beide öffnen sich, wie sonst nur noch Lucan später in V d, die Adern. Beide erhalten, die wichtigste Zutat Lohensteins, kurz vor Eintreffen des kaiserlichen Befehls durch andere Boten den Brief der gefangenen Epicharis, der sie noch einmal zum Handeln aufruft. Aber wo Piso verzagt das Schwert in die Scheide steckt, weil er alles verloren glaubt, lehnt Seneca nach wie vor mit den grundsätzlichen Bedenken des stoischen Weisen eine aktive Beteiligung am Putsch ab, ohne sich etwas dabei zu vergeben. Das größere moralische Gewicht von Senecas Tod wird auch, ähnlich wie schon bei Tacitus, durch den viel größeren Umfang seiner Darstellung unterstrichen. [87]

Während Lohenstein im Falle von Scevin und Epicharis wie auch von Rufus und Flavius zu der Kontrasttechnik durch Tacitus mehr oder weniger verpflichtet war, wendet er das gleiche Verfahren bei Piso und Seneca nicht aus Quellentreue an, sondern um den Taciteischen Exkurs über den Tod des Philosophen enger an die eigentliche Verschwörungsgeschichte anzubinden. Die Passage über Senecas Ende, für den barocken Neustoizismus die eindrucksvollste Episode Taciteischer Darstellung überhaupt, ist zugleich die schwierigste Hürde für eine Dramatisierung des Verschwörungsstoffes, da Seneca mit dem Putsch nichts zu tun hatte und dessen Entdeckung, wie schon früher gesagt wurde, nur den Vorwand zu seiner Beseitigung abgab. Tristan L'Hermite suchte die Gefahr zweier getrennter Stoffe dadurch zu überspielen, daß er Seneque als Hauptgestalt in den Vordergrund rückte und das Umsturzgeschehen nur kulissenhaft andeutete oder doch stark beschnitt. [88] Trotzdem tritt sein Seneque nur dreimal auf. Lohenstein macht mit Epicharis die Verschwörung zur Hauptsache, ohne auf Seneca verzichten zu wollen. Was ihn betrifft, behält er in etwa sogar die Szenenverteilung Tristans bei. Abgesehen von dessen erstem Akt, den Lohenstein ja auch sonst außer acht läßt und in dem Seneque mit Neron und kurz mit Rufus spricht, tritt er auch in dem französischen Drama nur zweimal auf: in dem Gespräch mit seinem Neffen Lucain in II d, dem bei Lohenstein das Gespräch mit Natalis und Sulpitius Asper in I c entspricht, und zu seinem Tod am Anfang des fünften Aktes.

Da Lohenstein an der Bedeutung Senecas festhält, muß er seine Rolle mit dem Revolutionsgeschehen verknüpfen. Dazu macht er ihn – ähnlich wie schon Desmarets und Tristan L'Hermite es taten, – durch seine »mittelmäßige Antwort« an die Verschwörer zu deren geheimem Komplicen. Zum anderen überspielt er in durchaus neuer Weise sein fehlendes Mitwirken durch den nur darstellerischen Kontrast zu Piso. Daher neben dem Brief an Piso die von vornherein aussichtslose Botschaft der Epicharis auch an Seneca, daher der Versuch des Dichters, die Kontrapunktik gleich von der ersten Abhandlung an vorzubereiten. Wenn dennoch das Sterben des Stoikers aus dem Handlungszusammenhang und auch aus dem darstellerischen Zusammenhang des Stückes herausfällt und als autonomer Fremdkörper, als Spiel im Spiel erscheint, so liegt das weniger an seiner Einbeziehung selbst als an der ausladenden Breite, mit der es im Anschluß an Mascaron entfaltet wird.

### 3. »DIE SÄMTLICHEN VERSCHWORNEN«

Da Lohenstein, dem didaktischen Anliegen seines Stücks entsprechend, seine Charaktere hauptsächlich und noch stärker als Tacitus moralisch akzentuiert, der moralische Wert einer Person sich nach damaliger Auffassung endgültig aber erst angesichts des Todes erweist, erschien es angemessen, die Besprechung der Verschwörergruppe vorwiegend vom Ende des Stücks her zu betreiben. Sie blieb bisher auf jene Gegner Neros beschränkt, die bei Lohenstein sterben und die auch Tacitus als Tote meldet. Die zwölf Toten des Stücks [89] sind eben jene Personen, deren Ende Tacitus in den Kapiteln 57–70 seines 15. *Annalen*-Buchs der Reihe nach mit oft szenischer Breite und Anschaulichkeit darstellt. Nur Vestinus, einer der beiden Konsuln des Verschwörungsjahres, der mit dem Putsch selbst nichts zu tun hatte und dessen Tod in Kapitel 68 f. fast so eingehend behandelt ist wie kurz zuvor das Ende Senecas, fehlt in diesem Aufgebot, die einzige größere Kürzung, die Lohenstein an dem Taciteischen Stoff vorgenommen hat. Vestin wird nur, dem Nichtkenner der *Annalen* völlig unverständlich, in III g zweimal kurz von Nero erwähnt, und zwar als »Verräther«, den man als »der Nattern Haupt erdrücken« müsse. [90] Nicht hingerichtet werden bei Lohenstein die »ceteri centuriones«, die Tacitus in Kapitel 68,1 ohne Nennung ihrer Namen als Todeskandidaten erwähnt. Mit ihnen dürften – ähnlich wie mit den »centurionibus« in Kapitel 65, die Lohenstein mit dem Personal von I b selbst in diesem Sinne konkretisiert – die in Kapitel 50,3 unter diesem Rang vorgestellten Maximus Scaurus und Venetus Paulus gemeint sein. Über das weitere Schicksal von Venetus Paulus, der zuletzt in IV b vor Neros Tribunal als Angeklagter steht, schweigt sich der Dichter aus. Scaurus verübt in IV d im Hause Pisos Selbstmord, was aber auf eine Anregung Tristans zurückgeht. [91] Er ist damit der einzige Tote des Stücks, den Tacitus nicht namentlich als gestorben meldet, kurioserweise zugleich der einzige, dessen Namen Lohenstein im Dialogtext seines Trauerspiels nicht nennt.

Lohenstein begnügt sich indessen nicht mit jenen Rebellen, die er braucht, um die Sequenz der Taciteischen Sterbeszenen nahezu vollständig zu inszenieren. Es genügt ihm nicht, daß er schon mit seinen Toten die Zahl der bei Tristan L'Hermité überhaupt auftretenden elf Personen übertrumpft. Er bringt alle von Tacitus genannten Putschisten auf die Bühne, auch jene, die Tacitus der Vollständigkeit halber nur einmal in der von ihm gebotenen Namensliste aufführt und deren weiteres Schicksal er, wie dann auch Lohenstein selbst, weitgehend offenläßt. Dadurch wird *Epicharis* nicht nur zum insgesamt personenreichsten Stück des Dichters [92], er läßt auch alle diese Männer einmal gleichzeitig in einer Szene agieren. »Die sämtlichen Verschwornen« [93], die er zur Planung des Attentats in I d versammelt, sind neben Epicharis jene 19 Männer, die Tacitus ann. 15,48–50 angibt, außerdem Glicius Gallus und Annius Pollio, die nach ann. 15,56,4 von ihren gefangengesetzten Freunden angezeigt wurden. Die im gleichen Zusammenhang bei Tacitus genannte, von ihrem Sohn Lucan angegebene Atilla läßt Lohenstein erst in IV b auftreten, wohl damit Epicharis als einzige Frau in I d stärker hervorsticht. Nur die Namen, die Tacitus erst nach der völligen Entdeckung in Kapitel 71 noch nennt, greift Lohenstein nicht auf, ebensowenig wie er die weiteren Schicksale einiger Verschwörer, die dort berichtet sind, noch mitteilt. [94]

Auf historische Genauigkeit ebenso wie auf maximale Wirkung bedacht, schuf Lohenstein mit I d die stärkstbesetzte Szene eines barocken Trauerspiels. Daran reicht auch nicht die Gerichtsszene IV b heran, in der sich die meisten Verschwörer vor Neros Tribunal wiederfinden. Zum Abschluß der ersten Abhandlung besiegelt der Dichter seine Szene, die noch am ehesten Lundings Formulierung vom »Massenheldendrama« rechtfertigt [95], mit einem grandiosen stichomytischen Fluchchor. Mit einem blutigen Umtrunk bekräftigen die 22 Akteure hier der Reihe nach ihren »heilgen Bund« gegen Nero. [96] Die Szene I d ist nicht nur eine theatergeschichtliche Rarität, sondern zugleich, wie schon früher kurz angedeutet wurde, für die Weiterentwicklung des Dramatikers Lohenstein bedeutsam.

Gryphius hatte sich, von dem Gremium der namenlosen neun Richter [97] und den ebenfalls nur numerierten sechs Verschwörern [98] in seinem dramatischen Frühwerk *Leo Armenius* abgesehen, noch an die seit Sophokles gültige, von Horaz propagierte [99] und auch von der französischen Klassik berücksichtigte Regel gehalten, nicht mehr als drei Schauspieler gleichzeitig am Gespräch zu beteiligen, und auch Lohenstein hatte seinen 1653 gedruckten Erstling *Ibrahim Bassa* in dieser Weise arrangiert. [100] Erst als Gryphius in seinem letzten Trauerspiel *Papinianus* mehrfach vier Schauspieler je Szene einsetzte [101], wurde auch Lohenstein mutiger. In der Erstfassung der *Cleopatra* von 1661 und besonders vier Jahre später in der *Agrippina* experimentiert er deutlich mit den neuen Möglichkeiten des Viererdialogs [102], in den Kriegsratszenen wagt er sich sogar zu Fünferdialogen vor. [103] Endgültig löst er sich von jedem einengenden Regelzwang jedoch erst mit der *Epicharis*. Der hier vollzogene Durchbruch zur Massenszene wirkt sich auf die späteren Stücke *Sophonisbe* und *Ibrahim Sultan* ebenso aus wie auf die zweite Fassung der *Cleopatra,* in der eine Reihe neu hinzukommender Personen die früher gewahrte Norm außer Kraft setzen. Tacitus bot durch seine Verschwörerliste den Anlaß zu dieser formalen Entwicklung. Allerdings hat wohl weniger historische Rücksicht die formale Revolution erzwungen als vielmehr diese in der geschichtlichen Wahrheit ihre willkommene Beglaubigung gefunden. Denn auch *Agrippina* ist Zeugnis eines auf Neuerungen bedachten Geistes. Nur setzte sich Lohensteins reformerischer Eifer hier weniger über formale Spielregeln als über sexuelle Tabus hinweg. Auch in der *Epicharis* ist die Aufhebung der begrenzten Personenzahl nur das augenfälligste Indiz für die Annullierung aller von Tristan L'Hermite gewahrten klassizistischen Beschränkungen. Die Folter der Epicharis und den Tod Senecas, die Tristan, der

Horazischen Forderung nach Aussparung des Gräßlichen entsprechend, nur berichten ließ [104], und all die anderen, von Tristan ganz weggelassenen Grausamkeiten bringt Lohenstein auf die Bühne. Nicht in der Beschränkung fühlt er sich als Meister, sondern in deren Negation. Trotz der stofflichen Orientierung an Frankreich oder, besser gesagt, in der Auseinandersetzung mit den Franzosen bietet er ein völlig andersartiges, bewußt antiklassisches, inhaltlich und formal entfesseltes Theater.

Wie kaum anders zu erwarten, geht die Individualität der einzelnen Verschwörer in der großen Menge weitgehend unter, und zwar anfangs absichtlich, später eher versehentlich. In seiner ersten Abhandlung behandelt Lohenstein die Revolutionäre vielfach wie Nummern. Das gilt besonders für die weniger wichtige Gruppe der erst in Kapitel 50 von Tacitus genannten Ritter und Offiziere. Ihre Namen, von Natalis und dem erst später genannten Gardepräfekten Rufus abgesehen, übernahm Lohenstein in gleicher Folge in den Personenkatalog, den er seinem Stück vorausschickt. Nur schob er die aus Kapitel 56,4 hinzukommenden Gallus und Pollio noch vor den Soldaten ein. So ergibt sich die Reihenfolge: Tullius Senecio, Cervarius Proculus, Vulcatius Araricus, Julius Tugurinus, Munatius Gratus, Martius Festus, Glicius Gallus, Annius Pollio, Granius Sylvanus [105], Statius Proximus, Maximus Scaurus, Venetus Paulus. Die Namenfolge dieses Personenkatalogs wiederum wiederholt sich bei den stichomythischen Flüchen am Ende der ersten Abhandlung [106]. Nur gerät gegen Schluß Sulpitius Asper dazwischen, vielleicht, um das Ende anzuzeigen, wahrscheinlicher aber, weil er als Centurio zu seinen Kollegen Scaurus und Paulus paßt. [107] Die Folge der Ritternamen, wie wir sie bei Tacitus in Kapitel 50,1 finden, – von den eben angeführten Namen sind es die ersten sechs – ist sogar in der Beratung in I d bei der Sprechfolge einigermaßen aufrechterhalten [108], nur daß neben Natalis jetzt auch noch Munatius Gratus eine Ausnahme macht. Er meldet sich nach Eröffnung der Beratung als erster zu Wort [109], ein Hinweis auf die größere Bedeutung, die ihm Lohenstein zuweist. Denn Gratus ist auch später der erste, der nach Epicharis leiden muß – ihm wird in IV b die Zunge ausgerissen –, während Tacitus ihn weiter nicht erwähnt. Von den Soldatennamen ist der des späteren Senecaboten Granius Sylvanus vorgezogen. [110]

Piso, Rufus und die sechs von Tacitus in Kapitel 49 genannten wichtigeren Verschwörer – Subrius Flavius, Sulpitius Asper, Lucan, Lateran, Scevin und Quinctian – äußern sich zwar nicht in der Reihenfolge der Taciteischen Liste, ihre Worte haben schärferes Profil, wenn sie nicht sogar, wie die von Piso und Flavius, historisch verbürgt sind. Aber Lohenstein läßt auch diese individuelleren Äußerungen in dem einheitlichen Chor aller Verschwörer aufgehen. Es kam ihm in I d und überhaupt in der ersten Abhandlung offensichtlich mehr auf die Darstellung einer einheitlichen Phalanx als auf das Herausmodellieren von Charakteren an. Letzteres bleibt den späteren Abhandlungen vorbehalten, in denen diese starke Front durch Einzelinteressen zerbricht. Grundsätzlich läßt Lohenstein in I d jeden Verschwörer vor der stichomythischen Schlußzeremonie einmal zu Wort kommen. Wenn man die einleitende Bemerkung des Hausherrn Natalis nicht mitzählt und die von Epicharis unterbrochene Stellungnahme Pisos als Einheit wertet [111], äußert sich nur

Epicharis mehr als einmal. Nur Annius Pollio und der spätere Henker Laterans, Statius Proximus, bleiben in der Beratung stumm.

Bemerkenswert ist aber vor allem, daß außer Natalis [112], Seneca [113] und Piso [114] in der ersten Abhandlung keine Dramenfigur dem Zuschauer namentlich vorgestellt wird. Rufus, in I a 72–74 als militärische Schlüsselfigur erwähnt, ist bei seinem Auftritt in I d allenfalls an seiner Uniform und an dem Hinweis auf seinen Amtskollegen Tigillin zu identifizieren [115]. Auch der Dichter Lucan gibt sich nur indirekt durch Inhalt und Stil seiner Worte zu erkennen. [116] Selbst den Namen Epicharis umgeht Lohenstein in der ersten Abhandlung. Vom Titel einmal abgesehen, ist der um Liebe werbende Proculus in II a der erste, der ihn nennt [117]. Auch den von Anfang an agierenden Scevin [118] und die mit Epicharis in I b gegen Piso intrigierenden Offiziere lernt der Zuschauer erst später kennen, und zwar sowohl Sulpitius Asper als auch Flavius bei ihren späteren Begegnungen mit Epicharis in II d–e bzw. IV a. [119] Der Gardepräfekt Rufus, der nur in seiner Abwesenheit schon genannt war, wird erst kurz vor seiner Gefangennahme in IV b genauer vorgestellt. [120] Die Namen von Lateran [121], Lucan [122], Quinctian [123] und Senecio [124] erfährt der Zuschauer, von den Anzeigen gegen sie in III g abgesehen, erst angesichts ihres Todes, den des Gratus, als ihm die Zunge herausgerissen wird. [125] Außerdem werden von den Verschwörern später noch vorgestellt: Cervar [126], Sylvan [127] und Statius. [128]

Während Lohenstein in der ersten Abhandlung die Personennamen offenbar bewußt zurückhält, gibt er sie danach an, sobald sie wichtig werden. Auf diese Weise kann der Zuschauer die »edle Schaar« [129] nach und nach kennenlernen, und der verwirrende Eindruck, den neuere Kritiker der *Epicharis* gern anlasten, kommt, soweit es die Namen betrifft, gar nicht erst zustande. Die Identifizierung der Verschwörer durch den Zuschauer verläuft weitgehend parallel mit der Entdeckung des Putsches durch Nero, die sich ebenfalls erst mit Beginn der zweiten Abhandlung anbahnt.

Daß die Zurückhaltung der Personennamen in der ersten Abhandlung bei bloßer Lektüre kaum bemerkt wird, weil der Leser neben den Dialogtexten die Namen der Sprecher von vornherein mit erfährt, ist ein Beweis dafür, daß Lohenstein nicht, wie früher gelegentlich angenommen wurde, bloß Lesedramen schreiben wollte.

Während die Zurückhaltung der Namen zu Anfang und ihre spätere Streuung sinnvoll erscheinen, vermag die Tatsache, daß der Zuschauer am Ende des Stücks ein Drittel der Verschwörer immer noch nicht kennt, kaum zu befriedigen. Gallus, Pollio, Tugurin und Araricus werden in III g 701–708 angezeigt, Pollio durch ein Versehen von Autor oder Drucker sogar zweimal, aber im Kreis der daraufhin Verhafteten in IV b nicht identifiziert. Völlig unbekannt bleiben der von Lohenstein zum Seneca-Boten ernannte Martius Festus sowie die beiden fast unzertrennlichen Centurionen Maximus Scaurus und Venetus Paulus, die mit an dem geheimen Komplott gegen Piso in I b beteiligt waren. Nicht namentlich ausgewiesen werden diese sieben Männer im wesentlichen deshalb, weil ihr weiteres Schicksal, wie zum Teil schon bei Tacitus, offenbleibt. Von ihnen stirbt nur Scaurus, und das, wie gesagt, aufgrund einer Anregung von Tristan L'Hermite.

Im übrigen scheint Lohenstein schließlich einfach den Überblick über seine vielen Nebenfiguren verloren zu haben. Die Widersprüche im Zusammenhang der dritten Entdeckungsphase sind kaum anders zu erklären. Von dem zuerst denunzierten Scevin angezeigt, geben Lucan, Quinctian und Senecio weitere Namen an. Genannt werden Lucans Mutter Atilla sowie die eben erwähnten Gallus, Pollio, Tugurin und Araricus. Diese Nennungen im Dialogtext von III g stimmen nicht mit denen im »Innhalt« überein, beide für sich wirken ebenfalls korrupt, und schließlich sind die Angezeigten nicht mit den daraufhin Verhafteten identisch.

Nach Tacitus ann. 15,56,4 gab Lucan zunächst seine Mutter Atilla, Quinctian seinen Freund Glicius Gallus und Senecio seinen Freund Annius Pollio an. Diese Anzeigen hat Lohenstein in der gleichen Reihenfolge in III g 699–703 übernommen. Im »Innhalt« ist jedoch Gallus mit Munatius Gratus verwechselt. Bei der Fortsetzung der Geständnisse wird aber auch der Dialogtext unglaubwürdig. Tacitus berichtet in Kapitel 58,1, die drei Männer hätten noch mehr Namen angegeben. Er selbst nennt sie nicht. Offensichtlich wollte Lohenstein jedem der drei Geständigen pars pro toto einen weiteren Namen in den Mund legen. So heißt es im »Innhalt«:

*Lucanus, Quinctianus* und *Senecio* werden durch Dreuen bewogen: Daß sie ihre Schuld zustehen/ der erste seine Mutter *Atilla* und den *Julius Tugurinus,* der andere den *Munatius Gratus* und *Martius Festus,* der dritte den *Annius Pollio* und *Vulcatius Araricus* offenbaren. Welche alle der Käyser gefänglich einzuziehen befiehlet. [130]

»Innhalt« und Dramentext stimmen darin überein, daß Lucan noch den Tugurin, Senecio noch den Araricus angibt. Wenn allerdings im Dialog dazwischen in Vers 706 nicht Quinctian zu Wort kommt, sondern Senecio seine bereits erfolgte Anzeige des Pollio wiederholt, so wirkt hier der Text verdorben und der »Innhalt« glaubwürdiger, hinsichtlich des Denunzierten sowohl wie des Denunzianten. Vers 706 könnte also etwa beginnen:

*Quinct(ian).* Und ich den Martius.

Aber auch diese Lösung befriedigt nicht. Der sonst ungenannte Martius Festus, den Epicharis später als Boten zu Seneca schickt, bekäme dadurch zwar wenigstens in seiner Abwesenheit auch für den Zuschauer einen Namen, würde aber als schon denunzierter und noch freier Mann in IV a im Kerker der Epicharis unverständlich wirken, zumal seine Mitbesucher noch nicht angezeigt sind und er selber später nicht zur Rechenschaft gezogen wird. Seine Anzeige wäre also dramaturgisch sinnlos. Am ehesten ist der sechste Denunzierte noch unter den neuen Häftlingen zu suchen, die auf Geheiß Neros [131] in IV b vorgeführt werden. Nur sind das nicht sechs, sondern sieben. Davon kommen Cervarius Proculus und Venetus Paulus infrage. Beider Namen passen an die Stelle des dreisilbigen Pollio. Für Proculus spricht, daß er im Personenregister des Stücks unmittelbar vor den ebenfalls angezeigten Araricus und Tugurin erwähnt wird, sich zusammen mit diesen als Ankläger gegen Rufus und Flavius betätigt und daß er klanglich leichter mit Pollio zu verwechseln ist. Die Personenliste zu IV b führt zwar nicht ihn, sondern Venetus im Kreis der Verhafteten auf, doch erweist sich dieser mit nur zwei gesprochenen Verszeilen in IV b als bloße Randfigur. [132] Auch paßt er als Soldat nicht so recht in den Kreis der sonst ausschließlich zivilen Denunzianten und Denunzierten. Vers 706 müßte also wohl beginnen:

*Quinct(ian).* Und ich den Proculus.

Vieleicht wurde der Name Proculus aufgrund einer Verwechslung mit dem Epicharis-Ankläger Volusius Proculus nachträglich als scheinbar fehlerhaft gestrichen.

Allerdings lassen sich nicht alle Ungereimtheiten in den Personenangaben durch nachträgliche Eingriffe erklären und entschuldigen. Problematisch ist vor allem, daß sich nicht der bei Tacitus und in Lohensteins Dramentext III g 701 genannte Glicius Gallus unter den neuen Häftlingen in IV b befindet, sondern der im »Innhalt« statt seiner erwähnte Munatius Gratus. Die Aufwertung des Gratus, dem schließlich wegen seiner Furchtlosigkeit die Zunge ausgerissen wird, ist wahrscheinlich nur die Frucht seiner Verwechslung mit dem angezeigten, aber danach nicht mehr erwähnten Gallus. Da der Dialogtext in III g sich mehr an Tacitus anlehnt (Gallus!), der »Innhalt« dagegen für den weiteren Verlauf maßgeblicher erscheint (Gratus!), dürfte Lohenstein in diesem Fall und vielleicht überhaupt den »Innhalt« einer Szene vor der Dialogisierung der Folgeszene formuliert haben, wenn er nicht sogar den »Innhalt« insgesamt vor der Ausformung des Stücks fixierte. So wirft die schlechte Regelung der Personenangaben wenigstens ein Licht auf die Arbeitsweise des Dichters.

Tacitus gibt in ann. 15,48–50 nicht nur die Namen der Verschwörer an, sondern informiert den Leser auch über Stand, Charakter und Verschwörungsgrund der meisten Beteiligten. Während Lohenstein die Namen anfangs zurückhält, dann aber doch von Fall zu Fall bekanntgibt, läßt er die mit den Namen verbundenen Angaben des Tacitus fast durchgehend weg. Ständisch eindeutig fixiert werden nur der Senator Scevin als »Rathsherr« [133], der designierte Konsul Lateran als »Bürgermeister« [134] und durch den Mund des Gardeoffiziers Flavius »Rufus unser Haupt«. [135]

Auch sonst merkt der Leser, daß sich Soldaten und Zivilisten zu der Revolte zusammenfinden, aber wer nun welcher Gruppe angehört, läßt sich ohne die Taciteische Vorlage kaum sagen. Als Soldaten erkennbar sind neben Rufus und Flavius noch Sulpitius Asper und Statius Proximus, der spätere Henker Laterans. Granius Sylvanus hingegen, Tristans »centenier«, den Nero zu Seneca schickt, könnte bei Lohenstein auch ein Höfling sein. Maximus Scaurus und Venetus Paulus müssen nicht einmal in Neros Dienst stehen, mag auch Scaurus über Maßnahmen am Hof einmal gut informiert sein [136]. Sie alle waren nach Tacitus Offiziere der Leibwache.

Umgekehrt legt Lohenstein auch die zivilen Verschwörer in der Regel nicht ständisch fest. Bleibt schon unklar, daß sie nicht zu den Militärs gehören, so ist erst recht die Grenze zwischen den beiden zivilen Ständen der Ritter und Senatoren verwischt. Während mit Scevin immerhin ein »Rathsherr« erwähnt wird, ist von einem Ritter oder dergleichen nirgends die Rede. Wer das Stück inszeniert, dem bleibt nichts anderes übrig, als die Putschisten ständisch weitgehend zu nivellieren oder aber die *Annalen* des Tacitus zwecks näherer Regieanweisung heranzuziehen.

Ähnliches gilt für Neros Helfershelfer Epaphroditus, der in III c Scevin verhaftet und in IV d für den Tod von Piso und Lateran sorgt. Wer sich nur an Lohensteins Angaben hält [137], dem erscheint dieser Mann, der beide Male in Begleitung etlicher Soldaten erscheint, leicht selbst als ein kaiserlicher Offizier. In Wirklichkeit war er ein Freigelassener, der laut Kapitel 55,1 den Denunzianten Milichus empfing, bevor dieser zu Nero gelangte. Das ist die einzige Angabe, die Tacitus über Epaphroditus macht. Nach Sueton war er Sekretär zur Annahme von Bittschriften, half Nero beim Selbstmord und wurde von Domitian, der darin einen gefährlichen Präzedenzfall sah, zum Tode verurteilt. [138]

Die Beweggründe der Verschwörer, die Tacitus in Kapitel 49 f. in den Vordergrund seiner Darstellung rückt, greift Lohenstein nur hinsichtlich des Gardepräfekten Rufus und des Dichters Lucan auf, und auch hier nur teilweise. [139] Die Motivfrage als solche übergeht er anfangs wohl auch, um sie für die vierte Abhandlung aufzusparen. In der Gerichtsszene IV b spielt sie als juristische Hauptfrage eine wichtige Rolle. Rufus provoziert die Frage nach seinem »Bewegungs-Grund« selbst [140], ähnlich Flavius. [141] Dann fragt Nero, was Flavius und Sulpitius Asper zu der Revolte bewegt habe [142], eine ähnliche Frage richtet sein Helfershelfer Epaphroditus in IV d an Piso. [143] Die Antworten auf diese Fragen decken sich allerdings nicht mit den Taciteischen Hinweisen in Kapitel 49 f.

Auch die Bemerkungen zum Charakter, die Tacitus im Falle von Scevin und Quinctian mit seinen Motivangaben verbindet, wertet Lohenstein nicht aus.

Während sich die zurückhaltende Bekanntgabe der Namen aus der Absicht erklärt, die Verschwörer zunächst in geschlossener Phalanx vorzustellen, hängt die Vernachlässigung der individuellen Charakteristik wohl damit zusammen, daß fast alle diese Gestalten einer ähnlichen Bewährungsprobe ausgesetzt werden. Angesichts des Todes, dem in allen Trauerspielen Lohensteins eine entscheidende Bedeutung zukommt, erscheinen die irdischen Zufälligkeiten verhältnismäßig unwichtig. »Moriendum victis, morendium deditis: id solum referre, novissimum Spiritum per Ludibrium et Contumelias effundant, an per Virtutem.« Diesen Satz aus Tacitus hist. 3,66 hatte Lohenstein seiner *Cleopatra* als Motto vorangeschickt. Er gilt wohl auch für die *Sophonisbe,* die zusammen mit der Zweitfassung der *Cleopatra* und ohne besonderes Motto erschien. Die Mottos zu *Agrippina* und *Epicharis* kreisen ebenfalls um den Tod. Den beiden türkischen Trauerspielen ist kein Motto beigegeben. Wichtiger als die ständische erweist sich jedenfalls die moralische Differenzierung, die Lohenstein in *Epicharis* mit Hilfe der Kontraststruktur verstärkt herausarbeitet. Als Helden (Epicharis, Seneca, Flavius, Sulpitius), Rehabilitierte (Scevin, Lucan, Quinctian, Senecio) und Feiglinge (Piso, Rufus) ordnen sich die Toten des Stücks zu klar überschaubaren Gruppen. Auf sie vor allem kommt es an. Bei den überlebenden Verschwörern fehlen weitgehend auch moralische Beurteilungen. Allenfalls wirken Natal und Cervar aufgrund ihrer späteren Begnadigung minderwertig. Daß Statius Proximus, der Henker Laterans in IV d, und Granius Sylvanus, den Nero in III g zu Seneca schickt und in IV c wieder empfängt, selbst zu den Verschwörern in I d gehörten, merkt man kaum.

Wenn Lohenstein dennoch auch bei den Nebenfiguren auf eine gewisse, zumindest rhetorische Profilierung achtet, dann tut er das weniger mit Rücksicht auf die Taciteische Vorlage, auf die er sich im einzelnen nun auch nicht mehr berufen kann, als in der Absicht, Wiederholungen zu vermeiden. [144] Und noch etwas anderes kommt hinzu. Die Gerichtsszene IV b, in der die Verschwörer von I d möglichst vollzählig wieder versammelt sind – die sieben Abwesenden fehlen aus triftigen Gründen [145] –, erscheint in bewußtem Kontrast zu der Bündnisszene angelegt und dementsprechend aufgefächert. Demonstrierten die Rebellen dort ihre Einigkeit im Vernichtungsschwur gegen den abwesenden Kaiser, so gehen sie nun vor seinem Tribunal gegeneinander vor. Da der feige Rufus und der tapfere Flavius durch die gleichen Männer überführt wurden, wie Tacitus ann. 15,67,1 bemerkt, kommt eine rein moralische Differenzierung der Denunzianten nicht infrage, und der Dichter versucht eine anderweitige Unterscheidung. Doch sehen wir genauer zu.

Das erste Drittel der Szene, in dem Lucans Mutter Atilla ausgepeitscht und dem Munatius Gratus die Zunge ausgerissen wird, ist frei erfunden. Die »flagellantistische Episode« um Atilla nimmt Lunding zum Anlaß, »bei Lohenstein auf ein stark entwickeltes Triebleben zu schließen«, auch sei »eine gewisse Neigung zu Algolagnie nicht unwahrscheinlich«. Mit dieser Feststellung möchte er aber »in keiner Weise Lohenstein als moralische Persönlichkeit verdächtigen«. [146] Erst ab Vers 269, also kurz bevor der Dichter zu den Ereignissen überschwenkt, die Tacitus in Kapitel 66 berichtet, hält er sich genauer an Kapitel 58, das ihm zunächst als Vorlage dient. Erst hier will Flavius, vorher stumm, nun aber angesichts der Folterungen plötzlich sehr hitzig, mit seinem Dolch auf Nero zugehen und wird von Rufus zurückgehalten. Erst jetzt und nun allzu knapp wird Rufus, außer dem kurzen Einwurf in Vers 209 bislang ebenfalls stumm, der ihm nach Tacitus zukommenden Rolle eines dritten Inquisitors neben Nero und Tigillin gerecht. Immerhin genügen die kurzen Drohungen, die er in den Versen 274–279 gegen seine Mitverschwörer ausstößt, daß der Zuschauer seine anschließende Bloßstellung mit der gleichen Schadenfreude quittiert wie der Tacitusleser, während er die dann folgende Entlarvung der mutigen Offiziere Flavius und Sulpitius Asper bedauert.

Der gegensätzlichen Beurteilung der beiden Vorgänge kommt Lohenstein dadurch entgegen, daß er den durch seine früheren Geständnisse verächtlichen Scevin mit seinem Protest gegen Neros Ironie in etwa rehabilitiert [147], bevor er ihn, Tacitus ann. 15,66,1 entsprechend, den Rufus anprangern, aber gegen Flavius und Sulpitius nichts sagen läßt. Eine weitere Verschärfung der Antithetik war kaum möglich. Denn Tacitus schreibt, wie schon angedeutet, Cervarius Proculus und andere hätten Scevins Anzeige gegen Rufus unterstützt, dieselben Männer hätten dann aber auch den Flavius zu Fall gebracht. Dieses gemessen an den beiden Beschuldigten schizophrene und die Antithetik störende Verhalten behält Lohenstein im wesentlichen quellengetreu bei.

Indessen rückt er durch die unterschiedliche Charakteristik der Ankläger die Denunziation als solche in ein ambivalentes Zwielicht, das eine Bewertung nach beiden Seiten hin möglich macht. Der Hauptankläger Cervar, mit dem Flavius sich vergeblich duellieren will [148], erscheint unsympathisch, nicht zuletzt deshalb, weil Nero ihn später zusammen mit Natal begnadigt. Araricus sagt nur wenig. Er sucht Rufus wie Flavius eher widerwillig zum Geständnis zu bewegen, da weiteres Leugnen sinnlos sei. [149] Der interessanteste Ankläger ist jedoch zweifelsohne Tugurin, den Tacitus außer im Rahmen seiner Verschwörerliste von Kapitel 50 gar nicht weiter erwähnt.

Von dem Dichter Lucan angezeigt, hat er sich als erster der neu Inhaftierten geäußert [150] und kommt nun auch als letzter zu Wort. Seine merkwürdig gewundenen Worte an Rufus (294–308) und Flavius (388–399) haben das Format einer kleinen Charakterstudie. Aber man weiß nicht recht: Spricht aus ihnen die Meinung des Autors oder teuflische Dialektik? In selbstzerstörerischer Manie wächst Tugurin über sich und seine Furcht hinaus, um Rufus der Feigheit anklagen zu können, da er Nero am leichtesten habe umbringen können. Also höchstens indirekt eine Denunziation, primär ein Vorwurf, daß Rufus dieser nicht wert sei. Anderseits bedauert Tugurin, zu Flavius gewandt, sie alle mit ihrer Furcht seien »kaum noch des Weiber-Nahmens werth« und ragten nicht an »die edle Magd Epicharis« heran. Nun, da der Furchtsamste gestehe, solle auch Flavius nicht verzagt leugnen. Indem Tugurin die Entdeckung nicht vom Denunzianten, sondern vom Denunzierten aus betrachtet und das Verwerfliche der Anzeige durch die Verpflichtung zum mutigen Bekenntnis übertönt, macht er aus der schlechten eine gute Sache. So gesehen, ist Rufus der Entdeckung nicht wert, Flavius dazu aufgerufen. Diese dialektische Umkehrung scheint durch die Bemerkung des Tacitus ann. 15,67,2 angeregt, Flavius habe nach anfänglichem Zögern schließlich, als er in Bedrängnis geriet, seinen Ruhm in einem offenen Geständnis gesucht (confessionis gloriam amplexus). Sein anfängliches Leugnen wirkt also weniger ruhmvoll. So gesehen, erscheint Tugurin – und seine Bezugnahme auf Epicharis unterstreicht das noch – geradezu als Mentor des Flavius und durch seinen Aufruf zur Furchtlosigkeit möglicherweise sogar als Sprachrohr des Dichters. Daß er aber, bevor Flavius sich zur »confessionis gloria« entschließt, erst noch nachhilft, indem er ihn und gleich auch noch Sulpitius Asper durch einen Brief überführt, macht seine schönen Worte doch wieder fragwürdig. [151]

### 4. Das moralische Exempel der sterbenden Verschwörer und das politische Problem der Verschwörung

Das Trauerspiel Epicharis nimmt im dramatischen Schaffen Lohensteins eine Sonderstellung ein. In diesem Stück kreuzen sich das gryphianische Märtyrer- und Tyrannendrama und der bei Lohenstein sonst vorherrschende Dramentypus. Während die passiven und meist heiligmäßigen Helden des Gryphius von ihren Feinden in den Tod getrieben werden, haben sich Lohensteins aktive, aber moralisch fragwürdige Titelgestalten Cleopatra, Agrippina, Sophonisbe und Sultan Ibrahim ihren Tod selbst zuzuschreiben. Epicharis ist, was ihre persönliche Lauterkeit, ihre Absage an alles Erotische [152] und ihr heroisches Sterben betrifft, der Catharina von Georgien vergleichbar. Ihre Folter erinnert sogar etwas an die allerdings nur berichtete Marter der Gryphius-Heldin. [153] Anderseits löst sie Qual und Tod durch ihr verschwörerisches Tun selbst aus und ist insofern durchaus einer Gestalt wie Agrippina an die Seite zu stellen.

Der gattungstypologischen entspricht die ideologische Doppelnatur dieses Trauerspiels, die sich in seiner halb moralischen, halb politischen Tendenz niederschlägt. Der Geist stoischer »constantia«, den Lohenstein in seiner Widmung an Otto von Nostitz beschwört [154] und der im Stück selbst vor allem durch Seneca, aber auch durch die gefolterte Epicharis verkörpert wird, mischt sich eigentümlich mit den aufpeitschenden Appellen zum Handeln, welche dieselbe Epicharis immer wieder an ihre Mitverschwörer richtet. Stoischer »Muth« und unstoischer »Witz« kämpfen in ihr, wie Scaurus es einmal ausdrückt, »umb Krantz und Vorzug«. [155] Daß sie durchaus nicht als Prophetin der Stoa im üblichen Sinne begriffen werden will, läßt gleich ihre erste Äußerung in I a erkennen, mit der sie die an Gryphius gemahnende Vanitas-Resignation des Scaurus zurückweist und statt des Verhängnisses die Menschen selbst für ihr Unglück verantwortlich macht. [156] Noch bezeichnender ist die Kerkerszene IV a, in der sie zum letztenmal zum Widerstand gegen Nero aufruft und in deren Zusammenhang die eben zitierte Äußerung über ihren »Witz und Muth« fällt. Zunächst predigt sie hier, um die Götterkritik des Venetus Paulus zu widerlegen, in den Versen 48–86 stoische Gedanken, indem sie das Leid als Geschenk der Götter hinstellt. Die Rede ist, wie schon gesagt, eine Paraphrase von Senecas Schrift *De providentia*. Als aber Scaurus, eben derselbe, den sie auch in I a zurechtgewiesen hat, in ihren Worten eine Aufforderung zum Selbstmord sieht und sich erstechen will, erklärt sie das als ein Mißverständnis und belehrt ihn:

> Es würd Epicharis mit unversehrtem Lachen
> Durch Flammen/ Gift und Ertzt auf-opfern Geist und Blutt/
> Indem nur Furchtsamen das Sterben bange thut;
> Alleine noch zur Zeit ists gar nicht Zeit zu sterben/
> Wilstu dein hitzig Schwerd im kalten Blutte färben
> So stoß dem Blutthund es/ dem Löwen in die Brust! [157]

Erst in IV d darf sich Scaurus nach einer Auseinandersetzung mit Lateran über die moralische Zulässigkeit des Selbstmords dann wirklich umbringen. Das allgemeine Ideal stoischer Gelassenheit beschränkt Epicharis also auf den Notfall, in dem ein Handeln nicht mehr möglich ist. Zwar hat sie diesen Fall längst mit eingeplant [158], aber erst als jeder Widerstand aussichtslos erscheint, findet sie sich mit ihrem Tod ab. Ja, sogar sterbend beweist sie noch ihre Initiative, indem sie sich nicht hinrichten läßt, sondern sich zum Ärger Neros selbst tötet.

Ähnlich wie Scaurus die Rede der Epicharis, so würde der Leser das Stück mißverstehen, wollte er seinen Zweck lediglich in der Demonstration der beispielgebenden Haltung sehen, mit der Epicharis und die meisten ihrer sterbenden Mitverschwörer in den Tod gehen. Die Absicht, den Sinn des Zuschauers durch standhafte Beispiele zu stärken (animum firmare constantibus Exemplis), die Lohenstein in seiner Widmung an den Baron von Nostitz formuliert, mag im Vordergrund stehen. [159] Die didaktische Tendenz dieses Dramas erschöpft sich jedoch nicht in der Darstellung des bewunderungswürdigen Todesmutes der Epicharis und auch nicht in ihren beherzigenswerten Appellen an die Freunde in Vd, ebenfalls tapfer zu sterben. Epicharis ist nicht nur die Lehrerin eines standhaften Todes, sondern zugleich Chefideologin der Verschwörung und »Aktivistin par excellence«. [160]

Attentatsplanung und Tod der Rebellen, die beiden Kernpunkte der Handlung, deren Verbindung erst die Besonderheit dieses Trauerspiels ausmacht, lassen sich auch in der Beurteilung nicht trennen. Der geplante Tyrannenmord erscheint in nur wenig ungünstigerem Licht als das heroische Ende der Putschisten. Trotz der tragischen, besonders im Reyen der zweiten Abhandlung ausgedrückten Tatsache, daß das Verhängnis nicht mit den Aufständischen, sondern mit Nero im Bunde ist [161], kann Lohenstein seine Sympathie mit dem Tun und Denken der Revolutionäre nicht verleugnen. Zwar stellt er mit Stolz in der Widmung an Otto von Nostitz fest, Deutschland habe keinen Clément oder Ravaillac hervorgebracht – das sind die Mörder des dritten und vierten Heinrich von Frankreich –, kurz darauf gibt er jedoch zu erkennen, daß er weniger die Attentäter als die sie hervorrufende Tyrannei verurteilt. Die Unschuld freue sich von ganzem Herzen, so schreibt er, wenn sie keinen Grund habe, sich mit dem Blut irgendeines Fürsten zu besudeln. Im übrigen aber sei es für die Tugend tröstlich, daß selbst Nero, der sie habe ausrotten wollen, das nicht geschafft habe. Unschuld und Tugend stehen also, wie im weiteren Verlauf der Widmung dann noch deutlicher wird, auf seiten der Verschwörer. Auch der Satz aus Senecas Schrift *De ira* 3,42, der als Motto dem Drama vorausgeht, ist nicht unbedingt als moralische Verurteilung der Rebellen aufzufassen, sondern auch als Erkenntnis tragischer Antinomie verstehbar. Seneca meint, gerade der Zeitpunkt, den man für den Tod eines anderen bestimmt habe, sei vielleicht von der eigenen Todesstunde nicht weit entfernt.

Vor dem Hintergrund der französischen Königsmorde von 1589 und 1610 und angesichts der Hinrichtung Karls I. von England im Jahre 1649 war die Frage nach der Zulässigkeit des Tyrannenmordes, die vor allem von dem spanischen Jesuiten Juan de Mariana in seiner 1599 erschienenen Schrift *De rege et regis institutione* bejaht worden war, eines der brennendsten Rechtsprobleme des 17. Jahrhunderts, und jeder Dichter, der daran rührte, begab sich in die Arena, auch wenn er, wie Lohenstein, die politische Problematik in einem moralischen Exempelstück versteckte und als für das eigene Land nicht aktuell erklärte. Immerhin läßt Lohenstein die beiden politischen Kardinalfragen nach der besten Staatsform und nach der Rechtmäßigkeit des Tyrannenmordes in seinem Drama breit diskutieren, und zwar unmittelbar nacheinander in den Szenen Ib und c. Überdies gibt er diesen Szenen mit der Lebensgeschichte der Epicharis in Ia und dem feierlichen Attentatsbeschluß in Id einen so ausgesucht prächtigen Rahmen, wie ihn keine andere Abhandlung aufweisen kann.

Gryphius, der in seinem dramatischen Erstling *Leo Armenius* seine Meinung noch nicht deutlich kundtat und dadurch zu unterschiedlichen Interpretationen Anlaß gibt [162], hatte, über den englischen Königsmord erschreckt, »Carolus Stuardus« als Märtyrer gefeiert und Papinian an der doppelten Verpflichtung zu grundsätzlicher Loyalität und zu konkretem Ungehorsam gegenüber dem verbrecherischen Befehl eines Herrschers zugrunde gehen lassen. Er hielt also, jedenfalls in seinen späteren

103

Stücken, selbst den Tyrannen für unabsetzbar und nur den passiven Widerstand für erlaubt. »Lohenstein dagegen besteht auf dem Widerstandsrecht der Untertanen, sofern es der verstärkte Druck eines Ausnahmezustandes erfordert« [163], und zwar im Sinne eines aktiven Widerstandes.

Erik Lunding hat zwar nicht unrecht, wenn er meint, eine Idee im Sinne einer begeisterten politischen Parteinahme komme für das Stück nicht infrage, *Epicharis* sei keine Vorwegnahme der Sturm- und Drang-Tyrannen-Dramen. Aber seine Begründung, dafür würden die Verschworenen viel zu skeptisch betrachtet, auch handele es sich nicht um eine Erhebung des Volkes, sondern um eine Palastrevolution, erscheint nicht ganz stichhaltig. [164] Immerhin gelingt es Epicharis, die am Anfang feierlich verbundenen und zwischendurch zersplitterten Verschwörer im Tode wieder so weit zu einen – nur Piso und Rufus sterben feige –, daß Lohenstein sich freuen kann »totque Illustrium Virorum mortes evincere: quod ingentes animae nec in extremo Scelerum Diluvio naufragentur«. [165] Und das zweite Argument Lundings erledigt sich schon dadurch, daß die ausdrückliche Zustimmung des ganzen Volkes den Erfolg eher gefährdet hätte. Auch der Putsch gegen Hitler am 20. Juli 1944 war keine Erhebung des Volkes. Das Fehlen einer begeisterten politischen Parteinahme täuscht nicht über die Eindringlichkeit hinweg, mit der Lohenstein das Problem des Tyrannenmordes zumindest zur Diskussion stellt. Jedenfalls ist die politische Fragestellung für das Stück wichtiger als die Absicht, in der Lunding den alleinigen Sinn dieses Dramas sieht, »einen breiteren Ausschnitt der Lebenswirklichkeit einzufangen und neben das Übermenschliche das Allzumenschliche zu stellen.« [166] Hier ist eher der Meinung von Klaus Günther Just beizupflichten, der die Titelgestalt als »Verkörperung aller politischen Tugenden« auffaßt und das ganze Drama von dieser Seite her deutet. [167]

Daß *Epicharis* nicht zum offenen Tendenzstück gerät, liegt, von der vorgeschobenen moralischen Zielsetzung abgesehen, an der Sorgfalt, mit der Lohenstein das Für und Wider der strittigen Fragen in stichomythischem Wortgefecht gegeneinander abwägen läßt. Die Entscheidung selbst bleibt in der grundsätzlichen Argumentation offen und vollzieht sich allenfalls im Tun unter nunmehr eher pragmatischen Gesichtspunkten. Ob Senecas stoische Gelassenheit und Zurückhaltung oder das Drängen der Epicharis den besseren Weg bedeuten, ob also der passive oder der aktive Widerstand vorzuziehen sei, sagt der Dichter nicht ausdrücklich. Seneca und Epicharis sterben in gleichermaßen heroischer Weise. Der Zuschauer soll das Stück vielleicht sogar als Gesprächsbeitrag auffassen und sich, ähnlich wie zwischen Brechts *Jasager* und *Neinsager,* selbst entscheiden. [168] Daß die Sympathien des Autors mehr seiner Titelgestalt gehören, wird dennoch deutlich.

Das gegenteilige Ergebnis, zu dem Heinrich Hildebrandt in seiner Dissertation über *Die Staatsauffassung der schlesischen Barockdramatiker im Rahmen ihrer Zeit* gekommen ist, vermag auf jeden Fall nicht zu überzeugen. Nach seiner Darstellung läßt sich aus Lohensteins Ausführungen in der *Epicharis* und auch im *Arminius*-Roman »zweifelsfrei erkennen, daß er der Monarchie den uneingeschränkten Vorzug gab.« [169] Klar hebe sich »die Grundüberzeugung Lohensteins heraus, daß er den Widerstand gegen den Herrscher für unzulässig hält.« [170] Mit diesen Folgerungen schießt Hildebrandt über das von ihm beigebrachte wertvolle Material weit hinaus. Seine Prämisse, die von Seneca in der Szene I c der *Epicharis* vorgetragenen Ansichten entsprächen Lohensteins eigener Meinung und im übrigen zitiere der Dichter nur gegnerische Argumente, erscheint äußerst fragwürdig. Und was den Roman betrifft, so begegnet Hildebrandt selbst schließlich »der zweifellos merkwürdigen Tatsache, daß Lohenstein trotz seiner Verwurzelung in dem Boden der absoluten Staatsidee eine ganze Reihe von Fällen zugestand, in denen der Widerstand des Volkes mit Recht eintreten kann.« [171] Daß »Lohenstein am Ende seines Lebens die bis dahin so entschieden gehaltene Front gegen die Widerstandslehre durchbrechen und eine überraschende Wendung zu ihren Gunsten vollziehen sollte« [172], ist keine hinreichende Erklärung. Diese »kitzlichte und unausgemachte Frage«, wie er sie im *Arminius* nennt [173], bewegte ihn vielmehr in jüngeren Jahren mindestens ebenso stark wie später. Offensichtlich hat Hildebrandts Absicht, zu einem für Gryphius, Lohenstein und Hallmann einheitlichen politischen Bild zu gelangen, in bezug auf Lohenstein das Ergebnis verfälscht. Über seine eigene Einschränkung geht Hildebrandt am Schluß mit der Feststellung hinweg, daß auch Lohenstein »die politischen Folgerungen von Volkssouveränität, Vertragslehre und Widerstandsrecht mit aller Entschiedenheit bekämpfte.« [174]

Wie die politischen Meinungen, mit denen Lohenstein in der *Epicharis* und weniger stark auch in der *Cleopatra* arbeitet, mit dem Taciteischen Ideengut zusamenhängen, werden wir im übernächsten Kapitel untersuchen.

# FÜNFTES KAPITEL

## DIE SPRACHLICHE UND SZENISCHE FORM DER RÖMISCHEN TRAUERSPIELE IM VERGLEICH ZU TACITUS

### 1. Exkurs: Lohensteins stichomythische Arithmetik

Daß die meisten Auftritte der beiden römischen Trauerspiele auf Tacitus beruhen, wurde schon aus den tabellarischen Überblicken auf S. 17 f. und 52 f. erkennbar. Ausgenommen sind von dieser Regel nur in der *Agrippina* die Szenen, die die Gefährlichkeit der Titelheldin bzw. das Gewicht der Poppäa-Otho-Handlung verstärken (II c, d, V d), und die Geister- und Zauberszenen (IV a, V e, g) und in der *Epicharis* die Schaltszenen, die die verschiedenen Handlungsbereiche verknüpfen (II e, III b, IV a). [1] Dieses Ergebnis wird durch die synoptische und szenisch gestaffelte Zusammenstellung des Quellenmaterials auf S. 186 ff. gestützt, differenziert und ergänzt. Ein Blick in diese Materialsammlung zeigt, daß Lohenstein nicht nur bei der Szenenfolge, sondern auch innerhalb der einzelnen Auftritte weitgehend getreu nach der Taciteischen Darstellungsfolge arrangiert. Das gilt besonders für die Beratungsszene IV c der *Agrippina*. Es wird auch deutlich, daß der Dichter in viele Szenen ganze Textpartien des Tacitus nahezu wörtlich eingearbeitet hat. Bevor wir uns nach den bisher vorwiegend der Handlungs- und Personenstruktur geltenden Untersuchungen den Fragen der stilistischen und geistigen Tacitus-Rezeption im einzelnen zuwenden, erscheint jedoch eine knappe Darstellung jener Dinge angebracht, die Lohenstein dem Taciteischen Material hinzufügt und die sich durch dessen Heranziehung jetzt klarer abzeichnen.

Das eigentlich Neue und für Lohenstein Bezeichnende findet der Leser nicht in den ganz neuen Szenen, da diese sich entweder aus dem neuen Handlungsarrangement ergeben oder aber, wie die Geister- und Zauberszenen der *Agrippina*, die Tradition von Senecas Tragödien fortführen, sondern vor allem in jenen Auftritten, denen jeweils nur eine kurze Bemerkung des Tacitus zugrunde liegt und die Lohenstein in Form von längeren Reden und stichomythischen Dialogen auffüllt.

Rede und Stichomythie galten von der griechischen Tragödie und von Seneca her als die beiden Hauptformen dramatischen Sprechens und wurden auch von Gryphius gebührend berücksichtigt. Lohenstein wandelt also auch hier in durchaus traditionellen Bahnen. Aber er pflegt diese Formen mit besonderer sprachlicher und gedanklicher Sorgfalt. Die Reden und Stichomythien lassen noch am ehesten erkennen, wie er die von Gryphius überkommene Form des Trauerspiels weiterentwickelt hat.

Wenn wir im folgenden die erfundenen Reden aus unserer Betrachtung ausklammern und nur die stichomythischen Experimente Lohensteins besprechen, dann hauptsächlich deshalb, weil sich seine Leistung in diesem Bereich klarer abschätzen läßt, während für die Beurteilung etwa der erotischen Werbungsreden ein Vergleich mit petrarkistischen und marinistischen Erzeugnissen ähnlicher Art erforderlich wäre, der im Zusammenhang unseres Themas zu weit abführen würde. Außerdem verwendet Lohenstein die Form der Rede, wie später genauer gezeigt wird, auch im Anschluß an Tacitus, während er sich mit den stichomythischen Dialogen beinahe regelmäßig von seiner Vorlage entfernt.

Abgesehen von den kürzeren Wechselgesprächen, mit denen er das historische Geschehen an Szenenanfängen und -schlüssen informativ oder dramatisch verdichtet [2] oder zwischendurch Verhöre dramatisch zuspitzt [3], abgesehen auch von den etwas längeren Wortgefechten, die er den großen Reden präludierend vorausschickt [4], haben die stichomythischen Passagen eher retardierende Funktion. Das gilt schon für die kleineren Rededuelle, mit denen er den Beschluß über Agrippinas Ermordung und später ihren Tod selbst sowie in der *Epicharis* den Selbstmord des Scaurus verzögert [5]; es gilt vor allem für die meisten derjenigen Stichomythien, die eine ganze Szene beherrschen. Neben diesen Disputen, welche die konkreten Fragen ins Grundsätzliche erweitern, den Fortgang der Handlung jedoch blockieren, ja die eigentliche Handlung bisweilen ganz an die Seite drängen [6], bietet Lohenstein in beiden römischen Trauerspielen als Krönung stichomythischer Technik je eine Szene, in der sich Argumente und Emotionen gegenseitig emporsteigern. Gemeint sind die beiden Folterszenen.

Was die Häufigkeit der Stichomythie und den verschiedenen Umfang ihres szenischen Einsatzes betrifft, unterscheidet sich Lohenstein kaum von Gryphius. Auch ihre Themen und Zwecke bestimmt er nicht wesentlich anders, von der Ausweitung auf die Folterszenen einmal abgesehen. Aber deren szenische Darstellung hatte Gryphius ja sowieso vermieden. [7] In der Ausformung des stichomythischen Dialogs jedoch weicht Lohenstein beträchtlich von seinem Vorgänger ab.

Gryphius hatte die Stichomythie in ihrer klassischen Form als Auseinandersetzung nur zweier Personen beibehalten. Wenn man von den Äußerungen der in Gruppen auftretenden Anonymen absieht [8], bringt er nur übergangsweise und kaum öfter als schon Sophokles und Euripides einen stichomythischen Dialog von drei [9], nur ausnahmsweise und kurz auch von vier Personen. [10] Lohenstein verwendet in seinem Jugendwerk *Ibrahim Bassa* ebenfalls nur Zweierstichomythien. Wie die Zahl der Schauspieler, so erweiterte er danach jedoch auch die Möglichkeiten dieses Dialogs. Die neuen Formen, die er prägte, kündigen sich in der *Cleopatra* an, sind am reichhaltigsten in den beiden römischen Trauerspielen entfaltet und treten später in *Sophonisbe* und *Ibrahim Sultan* wieder zurück.

Die für ihn kennzeichnende, vielleicht aus Gryphianischen Ansätzen [11] entwickelte Form stellt Lohenstein erstmals in der *Cleopatra* vor. Eine Person A wird von zwei Personen B und C oder gar von noch mehreren gewissermaßen in die Zange genommen und redet allein genau so viel wie die anderen zusammen. Die Sprechfolge ist streng geregelt: BACABACA ... oder BACADABACADA..., bei noch mehr Gesprächspartnern entsprechend anders. Bei der Beratung des Antonius mit seinen drei Hauptleuten in I d, die noch verhältnismäßig locker arrangiert erscheint, ist die Tendenz zu solch strenger Regulierung nur an einigen Stellen zu spüren, in IVe verdichtet sie sich zum Prinzip. [12] In regelmäßigem Wechsel reden hier zwei Abgesandte des Kaisers Augustus auf Cleopatra ein.

Häufiger und noch strenger als in der *Cleopatra* gebraucht Lohenstein die Zangenform in der *Agrippina*. Hier wechseln sich die Gesprächspartner der jeweiligen Mittelpunktsfigur immer regelmäßig ab. Einmal informiert Nero seine Berater Seneca und Burrhus in dieser Weise [13], in allen anderen Fällen wird die Zentralfigur von den übrigen angegriffen. Agrippina und Octavia bedrängen in II d Otho, er möge gegen Poppäas Ehebruch einschreiten, Agrippina setzt sich unmittelbar vor ihrem Tod in Vb mit ihren drei Mördern auseinander, ihr Freigelassener Mnester in Vf vor seinem Selbstmord mit Paris und Anicetus, den beiden Handlangern Neros.

Eine besonders kunstvolle Sonderform des stichomythischen Zangendialogs bietet Lohenstein in der Folterszene IVd. Agrippinas Bote Agerinus muß sich nach seiner 10½ Verse langen Botschaft und seinem 20 Verse umfassenden Schiffbruchsbericht in einer 60 Zeilen langen Stichomythie (255–314) mit sechs Teilen von je 10 Versen zuerst mit Nero, dann mit Anicetus, danach wieder mit Nero, dann mit beiden, noch einmal mit Nero und schließlich wieder mit beiden auseinandersetzen. Nur drei absichtsvolle Unregelmäßigkeiten lockern diese poetische Arithmetik auf, um sie in ihrer Deutlichkeit allerdings noch zu unterstreichen. Die erste Ausnahme von der Regel ist Vers 262. An dieser Stelle wäre eine Äußerung des Boten zu erwarten. [14] Stattdessen platzt Neros Helfershelfer Anicetus, der die Intrige gegen den Boten ausgeheckt hat, mit den heuchlerischen Worten dazwischen: »Hilf Himmel! Was entfällt dem Mörder für Gewehre?« In Wirklichkeit ist Anicetus selbst für das Fallen des Dolches verantwortlich, denn er hat ihn, wie gegen Ende der vorhergehenden Szene angekündigt, dem Boten zugesteckt. [15] Übrigens hat Lohenstein das Fallen des Dolches eigens für den stichomythischen Dialog aufgespart. Tacitus zufolge wurde er dem Boten zwischen die Füße geworfen, *während* er sich seines Auftrags entledigte (dum mandata perfert). Bei Lohenstein fällt das angebliche Mordwerkzeug erst zu Boden, *nachdem* Agerinus nicht nur seinen Auftrag ausgeführt, sondern auch noch den Bericht über den Schiffbruch beendet hat. Soviel zu der ersten Unregelmäßigkeit, durch die Lohenstein das Ende des ersten Sechstels ebenso markiert wie durch das hier inszenierte Ereignis. – Außer in Vers 262 wird die oben skizzierte Rednerfolge nur noch einmal und nun weniger auffällig durchbrochen: mit Vers 273, also am Ende des zweiten Sechstels. Hier greift statt Anicetus bereits Nero ein, und zwar mit dem Befehl, den Boten zu verhaften. Nur an diesen beiden Stellen fußt der lange Dialog auf Tacitus. Während der Historiker nur das Fallen des Dolches und die Verhaftung des Boten meldet und von seinem weiteren Schicksal nichts sagt, hält sich Lohenstein also nur mit dem ersten Drittel seines Dialogs an das geschichtlich Überlieferte. Die beiden Ereignisse am Ende des ersten und zweiten Sechstels bilden nur die unteren Sprossen seiner Folterklimax. – Das von Anicetus angeregte Versprechen Neros, den Boten freizulassen, wenn er bekenne, daß Agrippina ihn zum Meuchelmord gekauft habe [16], dann die grausame Folter des Agerinus und schließlich seine Enthauptung hat Lohenstein ebenso erfunden wie die Standhaftigkeit des zum Helden erhöhten Boten gegenüber all diesen Versuchungen. Durch die von Tacitus gemeldete Verhaftung und vielleicht noch durch die von Xiphilinus berichtete Bestrafung veranlaßt [17], erweiterte er die historische Botenszene zur Folter- und Bewährungsszene. Mitten in dem nach der Verhaftung völlig ahistorischen Disput findet sich die dritte und letzte der angedeuteten Unregelmäßigkeiten: Um die Folter anzuordnen, braucht Nero nicht einen, sondern anderthalb Verse. Bei den beiden historisch gebundenen Unregelmäßigkeiten war die Rednerfolge, hier ist die Wechselstelle verändert. Mit seinem Folterbefehl eröffnet Nero im übrigen mathematisch exakt das letzte Drittel des stichomythischen Dialogs, in dessen Verlauf dann die wachsenden, hauptsächlich von ihm und nur zuletzt auch von Anicetus angeordneten Qualen die Erregung zum Gipfel treiben. Das Todesurteil, das der Kaiser am Ende in Vers 315 fällt, wirkt fast erlösend.

In der *Agrippina* findet sich noch eine stichomythische Szene von ähnlich beklemmender Arithmetik, allerdings nicht als Zangen-, sondern als alternierender Viererdialog. In IIc sind Agrippina und Octavia zunächst 20 Zeilen lang allein. Dann treten Burrhus und Seneca auf und sprechen, einander abwechselnd, mit den sich ebenfalls abwechselnden Frauen. Die Sprecherfolge Burrhus-Octavia-Seneca-Agrippina (BOSA) behält Lohenstein so lange bei, bis die beiden Männer über »Poppeens Brunst« und, wie »Nero sich mit ihr verschlossen hat« [18], hinreichend informiert sind. Dafür braucht er 18 Verse. Doch es folgen noch weitere 48 stichomythische Zeilen. In ihnen ist der Wechsel zwischen männlichem und weiblichem Sprecher beibehalten, die bisher ebenso strenge Alternation der Männer untereinander macht dagegen jetzt ebenso wie die der Frauen scheinbarer Regellosigkeit Platz. Abgesehen davon, daß Seneca nun mehr sagt als Burrhus und daß von den Frauen Octavia in der ersten, Agrippina in der zweiten Hälfte dieser 48 Verse den Ton angibt, fällt jedoch auf, daß Lohenstein die Sprecherfolge ständig variiert, so daß der Eindruck einer geradezu regelmäßigen Unregelmäßigkeit entsteht. Von den sechzehn theoretisch gegebenen Möglichkeiten der Sprecherfolge in zwei benachbarten Alexandrinerpaaren verwendet Lohenstein zwölf, und zwar mit einer gewissen Tendenz zu symmetrischer Streuung. Die drei je einmal verwendeten Möglichkeiten sind ungefähr symmetrisch verteilt, ebenso die sechs je zweimal und die zwei je dreimal verwendeten Abfolgen. [19] Eine Sonderstellung nimmt die vorher regierende Abfolge BOSA ein, die sich nicht nur zweimal hintereinander genau in der Mitte der 48 Verse findet (283–290), sondern auch noch einmal in der Mitte der ersten Hälfte (273–276). – Inhaltlich gliedern sich die 48 Verse in drei Teile von je 16 Versen. Im ersten Drittel geht es um das Verhältnis Octavias zu Nero (263–278), danach um ihre Nebenbuhlerinnen Poppäa und Acte (279–294), und im letzten Drittel verweigern Seneca und Burrhus ihre Hilfe (295–310). In dem ersten und letzten Drittel lassen sich unschwer jeweils zwei gleich lange Hälften erkennen. Im ersten ist zunächst von Octavia, danach von Nero die Rede, die zweite Hälfte des letzten Drittels (303–310) hebt sich durch Agrippinas Prophezeiungen von den vorangehenden Versen ab. Der mittlere Teil wirkt geschlossener, weniger durch die Nennung von Agrippinas Motiv genau im Zentrum (286) als durch das danach wiederaufgenommene Gespräch (289–292) über die vorher in Vers 282 erwähnte Acte. Möglicherweise nahm Lohenstein das Gespräch nur wieder auf, um diesen Teil auf die geplante Länge zu bringen. Die Dreigliederung der 48 Verse wird nachträglich noch unterstrichen; denn nach dem Abgang der beiden Männer folgen noch einmal 16 Verse, in denen Octavia und Agrippina sich – nunmehr in längeren Äußerungen – für die folgende Begegnung mit Otho absprechen.

Bei Andreas Gryphius spielt die Zahl 6 eine besondere Rolle, und zwar als Chiffre der Vergänglichkeit, wie Marian Szyrocki in bezug auf die zyklische Komposition der Lissaer Sonette nachgewiesen hat. [20] Ob Lohenstein mit seiner versteckten Vorliebe für sechs- oder auch dreigliedrigen Aufbau bewußt in die Fußstapfen seines Vorgängers tritt oder ob er einer okkulten Algebra astrologischer oder kabbalistischer Herkunft folgt, über die enzyklopädische Handbücher wie der von ihm oft zitierte *Oedipus Aegyptiacus* des berühmten Jesuiten Athanasius Kircher in Umlauf waren, läßt sich schwerlich sagen. Vielleicht wollte er auch mit seinem geregelten Aufbau gar nichts Geheimes aussagen oder andeuten, und es trieb ihn nur ein ausgeprägter Ordnungssinn, die Dialoge wie ein barocker Baumeister seine Gebäude kühl zu berechnen. Von einer planlos auswuchernden Sprachphantasie, wie sie hinter seinem »Schwulst« manchmal vermutet wird, kann jedenfalls angesichts solch kunsthandwerklicher Gründlichkeit nicht die Rede sein.

Ähnlich durchkalkuliert wie die Szenen IIc und IVd der *Agrippina* ist eine der gehaltlich wichtigsten Szenen der *Epicharis*. Allerdings gestaltet Lohenstein sie nur in Form der Zweierstichomythie und ohne formale Gliederungssignale. Gemeint ist der rechtsphilosophische Meinungsstreit in Ic über den Tyrannenmord, den Seneca für unerlaubt hält, während sein Besucher Natalis ihn billigt. Nach einigen aktuellen Vorbemerkungen eröffnet Natalis das Thema in Vers 505 mit der Frage: »Wer sätzet: Daß man nicht Tyrannen stürtzen sol?« Auch diesen Disput entwickelt Lohenstein in drei umfanggleichen Etappen, diesmal zu je 24 Versen. Das erste Drittel steht im Zeichen historischer Exempla (505–528). In dem dann folgenden präsentischen Sentenzengefecht geht es zunächst um die rechtsphilosophische Kernfrage, nämlich das Verhältnis von Gottesgnadentum und Volksgewalt (529–552), im letzten und mehr praktischen Drittel schließlich um die »Beschwerden« der Untertanen (553–576). Wie der Anfang der ganzen Auseinandersetzung durch die Eröffnungsfrage des Natalis, so ist das Ende durch den historischen Extrakt der anschließenden vier Verse (580–583) bestimmt, nach denen dann Sulpitius Asper auftritt. Indem Lohenstein den Taciteischen Kern der Szene auf diese vier Verse zusammenschrumpfen läßt, schiebt er das Historische ähnlich beiseite wie in der oben besprochenen Folterszene der *Agrippina*.

Doch zurück zu jenen Experimenten, die der stichomythischen Form selbst gelten. Auch sie führt Lohenstein in der *Epicharis* weiter. Allerdings setzt er seine Mittel sparsamer ein als in der *Agrippina* und wendet jede seiner Neuerungen nur einmal an.

Granius Sylvanus versucht in IVc vergeblich, Nero von dem Todesbefehl gegen Seneca abzubringen. Er diskutiert abwechselnd mit Tigillin und Poppäa, die des Kaisers Sache vertreten. Aber die Streitenden sind nicht allein. Nero gönnt ihnen, ohne selbst einzugreifen, sein Ohr und spricht am Ende das richterliche Schlußwort. Die Szene ist also gegenüber den entsprechenden Zangendialogen der früheren Stücke erweitert. Ähnlich wie diese Dreierstichomythie hatte Lohenstein früher schon Zweierstichomythien vor größerer Kulisse inszeniert. In der *Cleopatra* hört Augustus einem kurzen Disput seiner Ratgeber zu [21], in der *Agrippina* Nero einem Streitgespräch zwischen Burrhus und Seneca. [22] Auch im Rahmen der Zweierstichomythie war der Dichter damit von dem klassischen Zwiegespräch unter vier Augen abgegangen.

Während er mit der Granius-Szene den stichomythischen Zangendialog zum Tribunal ausweitet, vermehrt er in einer anderen Szene der *Epicharis* die Zahl der Sprecher. In der Erstfassung der *Cleopatra* [23] und in der *Agrippina* hatte er sich bei solchen Gesprächen mit höchstens vier Personen begnügt, jetzt fügt er zwei weitere hinzu. In I b 453 ff. wehrt sich Epicharis als Verfechterin republikanischen Gedankengutes gegen fünf männliche Mitverschwörer, die an der Monarchie festhalten wollen. Sie setzen ihr in dreimal gleichbleibender Folge – zum Schluß nur ohne Scevin – so zu, daß sie schließlich resignierend einlenken muß.

Lohenstein entwickelt indessen nicht nur die Möglichkeiten des Zangendialogs weiter. Die wohl wirkungsvollste Stelle der *Epicharis* schuf er mit einer chorischen Stichomythie, auf die in anderem Zusammenhang schon mehrfach hingewiesen wurde. Wie er die gegen Piso gerichtete Geheimbesprechung der wichtigsten Verschwörer in I b mit dem eben erwähnten politischen Grundsatzdisput über die republikanische und monarchistische Staatsform dem Ende zuführt, so beschließt er die Attentatsplanung aller Verschwörer in I d und damit die erste Abhandlung mit einem Fluchchor von 22 Versen, zu dem jeder Anwesende eine Zeile beisteuert, als letzte auch Epicharis. Der damit verbundene blutige Umtrunk steigert die Wirkung noch.

Neben dem von ihm entwickelten Zangendialog und den anderen kunstvollen Formen der Stichomythie verwendet Lohenstein auch, wie schon angedeutet, die klassische Zweierstichomythie. In den römischen Trauerspielen sind Stellen dieser Art gegenüber den kunstvollen Neuerungen in der Minderzahl. Erst in der *Sophonisbe* und im *Ibrahim Sultan* werden sie wieder – ähnlich wie vorher in *Ibrahim Bassa* und *Cleopatra* – die beherrschende Dialogform. Der Zangendialog findet sich jetzt nur noch gelegentlich. [24] Im *Ibrahim Sultan* erscheint er überdies gelockert, denn die strenge Alternation der Gegenspieler (BACABACA) ist hier aufgegeben.

Der dreißigjährige Dichter der römischen Trauerspiele experimentierte mit den dialogischen Formen also stärker als in früheren und späteren Jahren. Die Rezeption Taciteischer Stoffe und Taciteischen Geistes fällt mit seiner experimentellen Phase zusammen, sei es, weil er in dieser Zeit unkonventionellen Ideen und Formen gleichermaßen zugetan war, sei es, weil die detaillierte Vorarbeit des Tacitus es ihm erlaubte, sich mehr als in seinen anderen Stücken der formalen Ausgestaltung zuzuwenden.

Bei Lohenstein dominiert stärker als bei Gryphius die stichomythische Ganzzeile. Von der Möglichkeit, den Alexandrinervers an hochdramatischen Stellen dialogisch aufzulockern, wie es vor allem der junge Gryphius in seinem *Leo Armenius* tat [25], macht Lohenstein wenig Gebrauch, und auch dann regiert manchmal noch die Zahl den dramatischen Impuls. Bei der Verhaftung Scevins in III c, der kürzesten Szene der *Epicharis*, bremst er die dramatische Erregung mit mathematischer Präzision von vier Äußerungen pro Zeile schrittweise bis zur ganzzeiligen Stichomythie (4-3-2-1). Wenn er in Vers III 345 der *Sophonisbe* sechsmal den Sprecher wechselt, also sieben Äußerungen unterbringt, dann tut er das sicher nicht nur, um so die Peripetie, die hier – das einzige Mal in seinen Dramen – mit einer Anagnorisis zusammenfällt, formal noch stärker zu kennzeichnen, sondern wohl auch, um die Gryphianische Sechsteilung des Alexandriners [26] noch zu überbieten. Bezeichnenderweise hat Lohenstein selbst keinen sechsgeteilten und, von dem Anschlußvers III 346 abgesehen, nur einen fünfteiligen Alexandriner in seinen Trauerspielen [27], während Verse der letzteren Art bei Gryphius öfters zu finden sind. [28] Noch die bei Gryphius reichlich vertretenen Verse mit vier Segmenten kommen außer in der *Cleopatra* [29] in jedem Stück nur einmal vor [30], in der *Agrippina* gar nicht. Auch die dreigegliederten Verse sind selten [31], in der *Agrippina* findet sich nur einer ohne Enjambement, also mit Neueinsatz zu Beginn des Verses. [32] Selbst die bei Gryphius häufige Folge stichomythischer Halbzeilen, die sogenannte Hemistichomythie, bringt Lohenstein nur ausnahmsweise einmal, als er die Reize Cleopatras und der rechtmäßigen Antonius-Gattin Octavia in knapper Antithetik einander gegenüberstellt. [33]

Die von Seneca überkommene [34] und von Gryphius virtuos gehandhabte Möglichkeit, den Dramenvers dialogisch aufzuspalten, verwendet Lohenstein also nur ausnahmsweise und, durch seine Experimente mit der Rednerfolge abgelenkt, am wenigsten in seinen römischen Trauerspielen, am allerwenigsten in der *Agrippina*. Die Tendenz zur Ganzzeile bestimmt auch viele jener Äußerungen, die in der Mitte des Alexandriners, also nach der Zäsur, einsetzen. Sie reichen vielfach bis zu einer neuen Zäsur. [35]

## 2. Die Umsetzung der übernommenen Tacitus-Texte

Während Lohenstein den Inhalt der stichomythischen Dialoge frei erfunden hat oder doch in ihnen das Historische deutlich hinter sich läßt, arbeitet er an anderen Stellen seiner Nero-Dramen ganze Textpassagen des Tacitus ein. Klaus Günther Just erwähnt beiläufig, daß Lohenstein in einzelnen Fällen Tacitus »beinahe wörtlich« aus prosaischem Bericht in dramatische Aussage überträgt. [36] In der Regel handelt es sich bei diesen Texten um Aussprüche oder Reden historischer Personen, die Tacitus zitiert, gelegentlich auch um berichtende Stellen, die der Dichter seinen dramatischen Figuren in den Mund legt. Dazu kommen noch einige Gesprächsprotokolle, die Lohenstein in wörtliche Rede zurückverwandelt. Da sie jedoch von vornherein einer Umformung unterliegen, können wir sie aus unserer Betrachtung ausklammern. Im Gegensatz zu ihnen hätte der Dichter die zitierten Reden und die Berichte theoretisch unverändert übernehmen können. Auf S. 228 ff. findet sich ein

Verzeichnis aller in die römischen Trauerspiele übernommenen Tacitus-Texte. Sie sind im Sinne der angedeuteten Unterscheidungen aufgeschlüsselt. Die folgenden Überlegungen gelten der Frage, wie Lohenstein die Reden und Berichte umgeformt und in seine Dramen eingearbeitet hat.

Zunächst sei die Lobrede Othos auf seine Frau Poppäa in der Eingangsszene der *Agrippina* besprochen. Wie schon angedeutet, hat Lohenstein nur einen Teil der längeren Reden in seinen Dramen frei erfunden. Mit anderen knüpft er an Tacitus an. Er schiebt das Historische in diesem Fall nicht an die Seite wie in den stichomythischen Dialogen, sondern räumt ihm einen Ehrenplatz ein. Das gilt in besonderer Weise für Othos Rede.

In I a 131–133 sagt Otho über seine Frau Poppäa zu Nero:

> Die Venus hat kein mahl so den Adon empfangen/
> Wie Sie/ der Edlen Blum und jedermans Verlangen
> Die Lust der Seeligen/ mich bewillkommen kan.

Zu den beiden letzten Versen merkt Lohenstein an: »Den Innhalt dieses Auftritts/ ja eben diese Worte hat *Tacit. 13. Ann. c. 46.*« In Kapitel 46,1 heißt es, Otho habe die Schönheit seiner Frau Nero gegenüber gelobt. Wenn er vom Gastmahl des Kaisers aufgebrochen sei, habe er oft gesagt, er gehe jetzt zu ihr. In ihr besitze er »nobilitatem, pulchritudinem, vota omnium, et gaudia felicium«. Es sind tatsächlich fast »eben diese Worte«, die wir auch bei Lohenstein finden.

Die ganze Eingangsszene ist vom Lob der Poppäa erfüllt oder doch darauf ausgerichtet. So überrascht es zunächst, daß der Dichter die Worte Othos auf zwei Zeilen konzentriert und nicht mehr rhetorisches Kapital daraus schlägt, zumal das Taciteische »saepe« es erlaubt, sich diese Worte über mehrere Begegnungen verteilt vorzustellen. Es scheint auf den ersten Blick, als würden die historischen Worte Othos durch das rhetorische Feuerwerk der übrigen Rede überstrahlt, ähnlich wie die Bemerkungen Senecas über Piso in den Versen I c 580–583 der *Epicharis* durch den Disput über den Tyrannenmord beiseite geschoben werden. Dieser Eindruck täuscht jedoch. In Wirklichkeit bringt Lohenstein Othos Worte zu hohem Glanz, allerdings nicht durch sprachliche Aufschwellung, sondern wie ein Juwelier, der einen Edelstein kunstvoll einfaßt, ohne seine Substanz selbst zu verändern. Er hebt die historische Reliquie in mehrfacher Weise hervor.

Zunächst dadurch, daß er dem Lob Poppäas eine breite Darstellung von Neros Macht voranschickt. Vielleicht hat ihn der Franzose Gabriel Gilbert dazu angeregt, der seine im Zusammenhang mit Agrippinas Wahnbildern schon einmal genannte Tragödie *Arie et Petus, ou les amours de Neron* ebenfalls mit einer Tyrannenprahlrede Neros eröffnet und danach zu einem Frauenlob überblendet. [37] Otho nimmt weniger an der Macht, von der Nero gesprochen hat, als an seinem Luxus, den der Kaiser selbst gar nicht erwähnt hat, Abstriche vor und bringt so das Gespräch vom Politischen (29–45) über die bereits ästhetische Zwischenstufe des Luxuriösen (45–71) allgemein auf den Wert des Erotischen (72–80). Nach diesem Vorgeplänkel, das die Mitte der Szene bereits überschreitet, kommt Otho, als Nero fragend sein Interesse bekundet, in seiner nun beginnenden Lobrede konkret auf Poppäa zu sprechen (83–142). Es ist die bisher längste ununterbrochene Rede in Lohensteins Dramen. Sie wird an Umfang später nur von den Worten Agrippinas vor Nero in Ie und von Ambres Todesrede im *Ibrahim Sultan* überboten. [38]

Es genügt dem Dichter nicht, daß Poppäa nur die politischen Werte übertrumpft, und so wendet er nach dem adversativen politischen Vorspann die barocke »Regel des Gegensatzes«, wie Schiller sie genannt hat [39], noch einmal an, nunmehr innerhalb der Lobrede: Otho hebt Poppäas unvergleichliche Schönheit von den geringeren Vorzügen der Ehefrau Neros ab. Octavia ist nicht häßlich, Adel und eine »blühende Gestalt« gesteht Otho ihr zu. Aber eben dadurch erscheint die Schönheit Poppäas als noch vollkommener. Ihr ist neben bloßer Wohlgestalt auch der »Liebreitz« eigen, der die Schönheit erst beseelt. Vielleicht hat des Tacitus Hinweis auf »forma« und »elegantia« der Poppäa die Unterscheidung von bloßer »Pracht der Glieder« bzw. »blühender Gestalt« auf der einen und zusätzlichem »Lieb-reitz« bzw. »Anmuth« auf der andern Seite angeregt. [40] Allerdings hätte Lohenstein dann die Bedeutung von »elegantia«, das eigentlich Bildung oder gewählte Art bedeutet, erotisiert; denn »Lieb-reitz« oder »Liebes-reitz«, wie es vorher einmal noch deutlicher heißt, 1645 von Zesen für lateinisch »cupido« eingeführt, ist ebenso erotisch zu verstehen wie »Anmuth«, das damals soviel besagte wie heutzutage »Lust«. Erst mit der Rokoko-Zeit verloren beide Wörter ihre sinnlich erregende und nahmen die heutige sanft verspielte Bedeutung an. [41]

Der Kontrast zwischen Poppäa und Octavia bestimmt den Aufbau von Othos Rede. Ähnlich wie bei den oben besprochenen stichomythischen Passagen lassen sich drei Teile unterscheiden. Allerdings sind diese nur ungefähr gleich lang. Im ersten Drittel (83–100) entfaltet Lohenstein den Kontrast der beiden Frauen in kurzwelligen Antithesen. Die eher negative Charakteristik der Poppäa, die Tacitus ann. 13,45 bietet, schöpft er hier zum Zwecke des Lobes aus. Im zweiten Drittel (101–121) kritisiert Otho Octavia, um schließlich im letzten Teil, der sich auch durch seinen Reichtum an prunkvollen Metaphern als Höhepunkt der Szene ausweist, das reine Lob Poppäas zu singen (121–142).

Genau in die Mitte dieser krönenden Passage nun sind die oben erwähnten historischen Worte Othos eingelassen. Sie trennen die allegorisch-statische Hälfte, in der Poppäas Reize als »Paradies der Lust« beschrieben werden, von der konkret-dynamischen Hälfte dieses Drittels, in der Otho sein Glück in ihren Armen schildert. Die Differenzierung nach Reizstellen, besonders nach der stereotypen Trias Mund, Auge, Brust, verbindet die beiden Hälften nicht nur untereinander, sondern läßt sie auch mit der vorangehenden Kritik an Poppäa sowie mit Neros folgender Antwort korrespondieren, die ebenfalls in dieser Weise aufgefächert sind. Nero ist so beeindruckt, daß er Poppäa nach erneuter Aufzählung ihrer Reize zu sich bestellt.

Die von Tacitus zitierten Worte Othos sind somit dreifach hervorgehoben: durch die Erhöhung von Poppäas Schönheit über Neros Macht und über die geringeren Vorzüge Octavias und schließlich als Kern des engeren Lobpreises auf Poppäa.

Indem Lohenstein der historischen Reliquie einen prunkvollen Schrein schuf, konnte er »eben diese Worte« nicht nur in ihrer Wirkung steigern, ohne sie auszuwalzen, er verdichtet sie sogar noch, so daß man meinen könnte, er versuche die Taciteische »brevitas« noch zu übertreffen. Die abstrakten Begriffe »nobilitatem, pulchritudinem« verschränkt er poetisch zu »der Edlen Blum«, »vota omnium« und »gaudia felicium« faßt er mit »jedermanns Verlangen« und »Lust der Seeligen« zwar quantitativ nicht knapper, aber durch Verwandlung dreier der vier Plural- in Singularformen semantisch prägnanter. Indessen setzt er mit der metaphorischen Kontamination »der Edlen Blum« weniger den Lakonismus des römischen Historikers fort als vielmehr den manieristischen Stil des italienischen Dichters Giambattista Marino (1569–1625), an dessen Hauptwerk *Adone* er mit dem einleitenden Adonis-Vergleich von Vers 131 vielleicht sogar erinnern möchte. [42] Im übrigen sind die Worte Othos der einzige Taciteische Text, den Lohenstein ohne sachliche Verkürzung verdichtet. Sonst zieht er mehrere Informationen des Tacitus nur zusammen, wo er zugleich Nebensächliches wegläßt, und auch dann tut er es nur selten. Ein Beispiel ist der Beginn von Pisos Charakteristik in Vers I b 375 der *Epicharis,* in dem Lohenstein die ausführlicheren Angaben des Tacitus ann. 15,48,2 über Pisos Abstammung und den Hinweis auf seine »virtus« miteinander verbindet: »Die Tugend ist gepfropfft in Stamm-Baum seines Blutes.«

In der Regel bringt Lohenstein die Taciteischen Texte nicht durch kunstvolle Rahmung zu höherem Glanz, sondern indem er sie verdeutlichend amplifiziert. Die Verbreiterung des Wortmaterials ist besonders bei den von Tacitus zitierten Reden und Aussprüchen, die der Dichter übernimmt, auf Schritt und Tritt zu erkennen. Die Bemerkung des Burrhus nach Agrippinas Schiffbruch etwa, Anicetus solle das Versprochene zu Ende führen (perpetraret Anicetus promissa), für die Tacitus ann. 14,7,4 drei Wörter braucht, macht Lohenstein zu einem dreistufigen Satz:

Dem Anicet steht zu:
Daß er diß/ was er hat versprochen/ würcklich thu. [43]

Als Streckungsmittel dienen Hendiadyoin [44], litotetische Umschreibung [45] und andere Möglichkeiten breiterer Phrasierung. Besonders dichte Gedanken zerlegt Lohenstein auch in mehrere Sätze. [46] Bei dieser Gelegenheit sei bemerkt, daß er überhaupt dem syntaktischen Gefüge mit wenig Respekt begegnet. Er berücksichtigt den jeweiligen Gedanken und seine Teile, aber keineswegs immer die grammatische Form, in der diese einander zugeordnet sind. Neben- und Unterordnung von Substantiven [47] tauscht er ebenso aus wie rhetorische Frage und Behauptung. [48] Offensichtlich erstrebt er eine weniger form- als sachgetreue Wiedergabe. Auch »eben diese Worte«, die Otho in der Eingangsszene der *Agrippina* über Poppäa sagt, sind mit dem Adonis-Vergleich und der Willkomm-Erwartung in einen völlig neuen Satz eingebettet.

Die eher maßvollen Amplifizierungen widersprechen keineswegs der »Tendenz zum Pressen und Ballen«, zur lakonischen Verdichtung also, die Walther Martin als erste Stileigentümlichkeit des Dramatikers Lohenstein herausgestellt hat, relativieren sie jedoch. Martin kommt zu seinen Ergebnissen im Vergleich zu der noch breiter ausladenden Rhetorik des Andreas Gryphius, nicht im Vergleich zu dem von Lohenstein bearbeiteten Material etwa des Tacitus. [49]

Lohenstein erreicht die Amplifizierung im übrigen weniger durch bloße Streckung und semantische Verdünnung der für einen Theaterbesucher allzu komprimierten Vorlage als in Verbindung mit kräftigen Verdeutlichungen. Aus den mit überlegener Ironie geführten Seitenhieben, die Agrippina nach Tacitus ann. 13,21 bei ihrer Verteidigung austeilte, macht er offene und eindeutige Schimpftiraden. Man schaue sich etwa die Polemik gegen die Zeugen Iturius und Calvisius in I d 394–400 an. Die »accusatio« wird zum »Meyneid«, die »anus« Silana zur »alten Bestien«. Dem knappen Ablativus absolutus »adesis omnibus fortunis« ist im Zuge der syntaktischen Verselbständigung ein nachdrückliches »höchstliederlich« hinzugefügt. Vor ihrer sachlichen Erwiderung weist Agrippina die Zeugenaussage als »Schelmstück« zurück. Die Lasterhaftigkeit der Silana hat sie vorher in den Versen 384–390 mit noch stärkeren Tönen angeprangert. Ähnlich verstärkt Lohenstein die Polemik in anderen Reden und Äußerungen. [50] Seine Absicht zu verdeutlichen bekundet sich auch in vielen kommentierenden Zusätzen, die das von Tacitus Übernommene klärend unterstreichen [51] oder gelegentlich auch eigenwillig ergänzen. [52]

Das Bemühen um Verdeutlichung gilt allerdings nicht nur den von Tacitus bzw. seinen Figuren hintersinnig angedeuteten, sondern auch den abstrakt formulierten Sachverhalten. Es wirkt sich also nicht nur in sachlichen Zusätzen polemischer oder kommentierender Art aus, sondern auch im rein stilistischen Bereich, und zwar hauptsächlich auf zweierlei Weise: einmal durch Auflösung vieler Nomina, insbesondere der Nomina agentis (Beispiel »Fahrer«) und actionis (Beispiel »Fahrt«), in anschauliche Sätze bzw. Verben, zum anderen durch bildkräftige Konkretisierung Taciteischer Verben.

Zunächst einige Beispiele zur Auflösung der Nomina – meistens handelt es sich um Substantive – in Sätze. Aus Stichworten werden lebendige Geschichten oder gar konkrete Situationen. Statt von dem angeblich geplanten »coniugium« zwischen Agrippina und Rubellius Plautus zu sprechen, weckt der Dichter die Vorstellung, daß Plautus »In Agrippinens Bette | Stieg«. [53] Den Hinweis auf eine »impudica« entfaltet er zu dem Gedanken, wie »ein unkeuscher Balg mit ihren Buhlern schertze«. [54] Statt vom »concubinus« der Domitia spricht er von der Situation, »Wenn er ihr Geil-seyn lescht«. [55] Bei Tacitus tadelt Poppäa Neros »contubernium seruile« mit Acte, bei Lohenstein äußert sie sich abfällig über »Actens Schooß und Brust/ | Die Knechten offen stand«. [56] Das »incestum« übersetzt der Dichter in die Feststellung, »Daß Agrippine mit dem Sohne sich beflecke«. [57] Aber nicht nur erotische Handlungsenergien entbindet er solchermaßen aus nominalen Fesseln. Poppäas Hinweis auf ihre »triumphales auos« verwandelt er in die Frage, ob ihr Blut nicht edel sei,

Da ihr Haus mit so viel Ahnen gläntzt/<br>
Die Rom in Ertzt geprägt/ mit Lorbern hat bekräntzt. [58]

Aus dem »citharoedus« wird ein Nero, »der auf der Zither schläget«. [59] Besonders gern macht Lohenstein aus einer Substantivreihe eine Satzreihe. Neros Angst, Agrippina werde ihm vor dem Senat »naufragium et vulnus, et interfectos amicos« vorwerfen, äußert sich im Drama in den Worten, sie werde dem Rat und dem Volk weismachen,

Wie sie die Wund empfangen/
Wie es beym Schiffbruch ihr erbärmlich sey ergangen/
Daß ihre Freind allein umbkommen in der Flutt. [60]

Ähnlich verarbeitet Lohenstein den Vorschlag des Anicetus, man solle Agrippina nach ihrer Ermordung »templum, et aras, et cetera ostentandae pietatis« gönnen [61], sowie in der *Epicharis* den Vorwurf des Flavius an Nero, er habe ihn zu hassen begonnen, nachdem er »parricida matris et vxoris, auriga, histrio et incendiarius« geworden sei. [62] Auch die Ämter, die Nero nach Agrippinas Rehabilitierung vergibt [63], und Neros eigene Ämterlaufbahn, die sich Agrippina als Verdienst anrechnet [64], werden verbal dargestellt. Ähnlich wie die Substantive »dramatisiert« Lohenstein gelegentlich auch prädikative Adjektive, indem er den durch sie bezeichneten Zustand als Ergebnis eines Vorgangs auffaßt. Daß Flavius die Grube (scrobis), in der er verscharrt werden sollte, als »humilem et angustum« tadelte, gibt Lohenstein mit der Frage wieder: »Habt ihr die Grube nicht geräumer machen können?« [65] Die Auflösung der Partizipien in finite Sätze bedarf angesichts des Erdrutsches der Nomina kaum noch einer Erwähnung. [66] Alles in allem bleibt aber festzuhalten, daß der Dichter im wesentlichen nur die handlungsintensiven Nomina verbalisiert. Er drückt also im Grunde nur die Tätigkeiten, die bei Tacitus durch die Vorherrschaft von Reflexions- und Funktionsverben in den nominalen Bereich abgedrängt werden und so zu der hohen Künstlichkeit und Dichte seines Stils beitragen, auch in »Tätigkeitswörtern« aus.

Wie Lohenstein die nominalen und vielfach abstrakten Handlungsstenogramme des Tacitus in lebendige Sätze auflöst, so greift er auch von den Taciteischen Verben vornehmlich die aktionsbestimmten auf und wandelt sie in kräftige und konkrete Redewendungen um, während er die bestimmenderen Funktions- und Reflexionsverben eher vernachlässigt. [67] Zwar übersetzt er einige Aktionsverben auch wörtlich [68], aber es überwiegt die Neigung, sie bildhaft zuzuspitzen. Tacitus schreibt, nach Agrippinas Entfernung vom Hofe sei ihre Schwelle sogleich verlassen gewesen und außer wenigen Frauen habe niemand sie getröstet, niemand sie besucht (nemo adire). Bei Lohenstein klagt sie Octavia ihr Leid mit den Worten: »Kein Freund betritt die Schwell/ und Niemand klopfft die Thüren«. [69] Flavius soll gesagt haben, es ändere nichts an der Schande, wenn auf den Zitherspieler Nero mit Piso ein Tragöde folge (Tragoedus succederet). Im Drama hält er es für nutzlos, wenn auf Neros »Stul ein Trauer-Sänger steigt«. [70] Piso lehnte ein Attentat in seinem Hause mit dem Vorwand ab, seine häuslichen Heiligtümer würden durch die Ermordung eines Fürsten mit Blut besudelt (caede qualiscumque Principis cruentarentur); bei Lohenstein will er seinen Tisch nicht »mit Fürsten-Blutt bespritzen«. [71] Mit dem bedauernden Hinweis, zu allem gebe es einen Zugang (cuncta peruia esse), wurde Piso vor der möglichen Bestechung oder Erpressung seiner Gesinnungsgenossen gewarnt; im Drama bekommt er zu hören: »Man schleust durch Gab und Pein | Jedwede Schlößer auf.« [72] Den Gedanken, daß Heer und Volk ihn im Stich lassen könnten (dum miles potius deesset, et plebes desereret), hört Piso bei Lohenstein zu der Möglichkeit veranschaulicht, »wenn Heer und Volck gleich nicht die Hand dir bitten«. [73] Scevin entschuldigte seine Freigebigkeit am Abend der Testamentsabfassung mit dem Drängen seiner Gläubiger (instantibus creditoribus); auf der Bühne verspricht er sich von seinem Testament nicht viel, »Nun ich die Gläubiger mir auf dem Halse schau«. [74]

In den genannten Stellen ist eher eine synekdochische Konkretisierungsabsicht am Werke als ein metaphorisches Vergleichsbewußtsein. Aber auch wo sich das Metaphorische nach vorn schiebt, wie in den folgenden Beispielen, wirkt es kaum dekorativ aufgesetzt oder jedenfalls nicht rätselhaft, sondern dient der Verdeutlichung oder doch der Bekräftigung des schon bei Tacitus Gemeinten. Agrippina sagt nicht einfach, daß ihre Ankläger ihr Worte vorwerfen (verba [. . .] obijciant), sondern daß sie »aus Worten Polßken [= Bolzen] drehn«. [75] Statt zu behaupten, sein Vermögen sei schmal (tenui iam re familiari), stellt Scevin fest, daß »mein Vermögen Fall und Schiffbruch hat gelitten«. [76] Auf die Möglichkeit, daß ihm das Leben geraubt würde (si vita praeriperetur), wird Piso bei Lohenstein mit den Worten hingewiesen, daß »dir dein Lebens-Drat vom Nero wird zerschnitten«. [77] Die Frage des Flavius an Rufus, ob er jetzt während Neros Ermittlungen das Schwert ziehen und das Attentat ausführen solle (caedémque pataret), lautet im Drama: »Rufus/ sol ich durch den Dolch das Licht | Dem Löwen leschen aus?« [78] Auf die Frage Neros, warum Sulpitius Asper sich gegen ihn verschworen habe, antwortet dieser nicht einfach, anders habe man seinen vielen Untaten nicht beikommen können (Non aliter tot flagitiis eius subueniri posse), sondern:

Weil sonst kein Mittel war
So vieler Laster Meer am Nero zu erschöpffen. [79]

Selbst wo sich das Bild so stark in den Vordergrund schiebt, daß es, wie in dem letzten Beispiel, für den heutigen Leser das eigentlich Gemeinte eher verdeckt, wirkt es für einen mit der barocken Bildlichkeit vertrauten Leser, dem Eigentliches und Uneigentliches weithin als synonym gelten, durchaus erhellend. Offensichtlich kam es dem Dichter ähnlich wie bei vielen anderen Genitivkomposita darauf an, das abstrakt Gemeinte, in diesem Fall die Vielzahl der »Laster«, sinnlich konkret darzustellen. Demzufolge wurde dann auch die Bedeutung des Verbums »subueniri« allegorisch verändert. Indem das Uneigentliche zur Versinnlichung des Abstrakten dient, hat es keine wesentlich andere Aufgabe als die unmetaphorischen Alltagsbilder, von denen zunächst die Rede war. Nicht Metaphorik um ihrer selbst willen, sondern Sinnlichkeit erscheint als Lohensteins oberstes Stilprinzip, und zwar, bei einem Schauspieldichter nicht weiter verwunderlich, vor allem im optischen Sinne der Veranschaulichung.

Mögen die Metaphern noch so gesucht erscheinen, so sind sie doch, jedenfalls im Zusammenhang der von Tacitus übernommenen Stellen, immer als Gesten der Verdeutlichung gemeint, keineswegs als Versteckspiele. Diese Feststellung gilt, soweit ich sehe, auch für Lohensteins sonstige Metaphorik. Sicherlich greift er zu kühneren und konkreteren Bildern als Gryphius, wie etwa ein Vergleich der von den beiden Dichtern gebildeten Genitivkomposita zeigt [80], aber er betreibt die Versinnlichung kaum auf Kosten der Deutlichkeit, auf die er ja – man denke an die kommentierenden Zusätze – ebenfalls Wert legt, ja die überhaupt die Veranschaulichung erst rechtfertigt. Wenn Erdmann Neumeister 1695 Lohensteins Diktion als »obscurior« bezeichnete [81], wenn Johann Jacob Breitinger 1740 die »hieroglyphische und Rätzelmässige Dunckelheit« seines Ausdrucks tadelte [82], dann empfanden sie als unklar, was der Dichter durchaus eindeutig gemeint hat. Nicht die Absicht, etwas zu verschleiern, kann man ihm vorwerfen, sondern allenfalls die gelegentliche Diskrepanz zwischen eindeutiger Absicht und nicht ganz eindeutiger Wirkung. Dafür aber ist vor allem die Wissensschranke zwischen dem gelehrten Autor und dem weniger gelehrten späteren Leser verantwortlich. Die meisten scheinbar unklaren Stellen bei Lohenstein bezeugen keine Verdunkelungsabsicht, sondern nur eine profunde Kenntnis auch entlegener Dinge. Gottsched bewies seinen Blick für das Wesentliche, wenn er nicht die Verständlichkeit, sondern die sachliche Angemessenheit der sinnreichen Gleichnisse in den Tragödien Senecas und Lohensteins infrage stellte. [83] Lohenstein ist kein preziöser Dichter, der sich aus Scheu vor realistischen Bezeichnungen in rätselhafte Andeutungen flüchtet. Er benutzt die rhetorischen Mittel uneigentlicher Darstellung nicht als Ersatz, sondern zur Verstärkung des eigentlich Gemeinten. Seine Metaphern und Gleichnisse heben die vordergründige Wirklichkeit nicht auf, sondern stärker hervor, indem sie sie zusätzlich von analoger Warte aus beleuchten. Allerdings darf in diesem Zusammenhang nicht verschwiegen werden, daß Lohenstein bei der Überarbeitung seiner *Cleopatra* mögliche Unklarheiten selbst gespürt und bereinigt hat. Wo das Uneigentliche undeutlich wirkt, wie gleich zu Beginn dieses Stücks, ist es im Zuge einer realistischen Verdeutlichung in der Zweitfassung ausgemerzt. [84]

Doch zurück zu den von Tacitus übernommenen Texten. Hier findet der Verdacht der Undeutlichkeit schon deshalb wenig Nahrung, weil die Phantasie des Dichters durch die Vorlage gebunden ist. Stärker als sonst treten hier die rhetorischen Schmuckmittel hinter den realistischen Prinzipien der sachlichen Verdeutlichung, der Tendenzverstärkung und der noch zu besprechenden dialogischen Auflockerung zurück. Ablenkende Metaphern und Gleichnisse finden sich hier verhältnismäßig selten, und sie verhelfen noch eher den denkwürdigen Aussprüchen als den großen Reden zu sprachlichem Glanz. [85] Die dichterische Phantasie erscheint durch den historischen Respekt in ähnlicher Weise gezügelt wie anderswo durch notwendige Information, fortschreitende Handlung oder Strenge der Argumentation. Der Stil all dieser sachgebundenen Passagen unterscheidet sich auffallend von dem reinen Schmuck etwa der Werbungsreden, in denen sich Metaphern und Vergleiche häufen. Die anhand der übernommenen Tacitus-Stellen gewonnenen Erkenntnisse können also nicht ohne weiteres verallgemeinert werden. Für die sachlich nicht gebundenen, eher dekorativen Abschnitte gelten andere oder wenigstens zum Teil andere Gesetze. Wiederum wird deutlich, daß die von Walther Martin für Lohensteins Dramen entwickelten Stilkategorien einer stärkeren Differenzierung bedürfen. [86]

Lohensteins Konkretisierungstendenz erfaßt nicht nur die besprochenen nominalen und verbalen Aktionssignale, sondern gelegentlich auch interessante Dinge und Zustände. Dann übersetzt er das von Tacitus allgemein Gesagte nicht in eine konkrete Aussage, sondern entfaltet es in mehrere Details. So fächert er etwa die Angabe, daß Agrippina sich ihrem betrunkenen Sohn »comtam, et incesto para-tam« angeboten habe, in eine Reihe von Einzelheiten auf. [87] Auch sonst neigt er ja zu einer breiteren Darstellung des Erotischen. [88] Aber auch andere Dinge, wie etwa die »ligamenta«, die Scevin für eine mögliche Verwundung bei dem Attentat auf Nero für sich besorgen läßt, werden im einzelnen aufgeführt. [89]

Nicht zuletzt äußert sich das Bemühen um konkrete Zuspitzung in der Singulari-sierung Taciteischer Pluralformen, wie sie in Othos lobenden Worten über Poppäa und auch sonst manchmal vorkommt. [90]

Durch die Streckung und Verdeutlichung der übernommenen Texte arbeitet Lo-henstein nicht nur der Taciteischen »brevitas«, sondern auch dem Hang des Histo-rikers zu bloß andeutender Darstellung entgegen. Er macht sich die Quellenpassa-gen nicht wie vorfabrizierte Fertigteile zu eigen, sondern arbeitet sie systematisch um. Auch die wörtliche Wiedergabe besonders etlicher Substantive täuscht darüber nicht hinweg. Die Umformungen lassen sich weder durch Verszwang noch durch eine freiere Auffassung vom Übersetzen erklären. Die wirklichen Übersetzungen aus verschiedenen Sprachen, die Lohenstein in seinen Anmerkungen mehrfach bietet, folgen wesentlich strenger dem jeweiligen Original und geraten kaum länger als dieses. [91] Bei den besprochenen Stellen hingegen sind es eher nebensächliche Text-splitter, die wörtlich übersetzt erscheinen.

Am deutlichsten tritt der Bearbeitungscharakter bei den drei großen Reden zu-tage, die Lohenstein jeweils über fast eine ganze Szene hinzieht. Denn hier begnügt er sich nicht mit den aufgezeigten Mitteln der Streckung und Verdeutlichung. Er unterbricht die von Tacitus nach den Regeln antiker Kunstprosa en bloc stilisierten Reden vielmehr durch dialogische Einschübe, ein Verfahren, durch das er auch die Lebensgeschichte der Epicharis und die nach Mascaron gestaltete Rede des todesbe-reiten Seneca auflockert und das außerdem für die Selbstverteidigung der Epicharis in II d als Muster dient. Gemeint sind »der Agrippinen stattliche Schutzrede« in der Szene I d der *Agrippina* [92] sowie in der *Epicharis* »die stattliche Verantwortung des Scevin« in III e [93] und die Ermahnungen gegen Piso in III d. Bei der Aufsplitte-rung dieser Reden macht sich wieder Lohensteins Ordnungssinn bemerkbar. Denn er unterbricht die Reden nicht willkürlich, sondern zerlegt sie ihrer inneren Gliede-rung entsprechend, indem er die Einschübe zwischen den vorgegebenen Argumen-ten anbringt. Im Gegensatz zu diesen szenefüllenden Reden behält er die Geschlos-senheit der beiden Reden Poppäas in der Szene II a der *Agrippina* bei. Sie erscheinen nur als eingeschobene Teile und sind schon deshalb von geringerer Bedeutung. [94]

Lohenstein verändert die Struktur der szenefüllenden Reden indessen nicht nur, indem er sie in ihre Bestandteile auflöst. Er ordnet jeder der drei Reden eine zen-trale Aufgabe im Zusammenhang des jeweiligen Stücks zu. Diese zusätzliche, von Tacitus unabhängige bzw. abweichende Funktion soll im folgenden besprochen werden, und zwar im Zusammenhang mit der Aufteilung in dialogische Segmente; denn die Segmentierung läßt die Funktionsveränderung klarer hervortreten.

Am deutlichsten erscheint der Zusammenhang von Gliederung und neuem Zweck in der Verteidigungsrede Agrippinas. Ihren Argumenten folgt Lohenstein besonders treu, vielleicht weil es sich um die einzige wörtlich zitierte Rede im Umkreis der römischen Trauerspiele handelt. [95]

Bei Tacitus ann. 13,21 läßt die Rede fünf Punkte erkennen. [96] In den ersten drei Punkten setzt sich Agrippina mit den Zeugen ihrer angeblich gegen Nero gerichteten Verschwörung auseinander. Sie diffamiert diese Zeugen nun ihrerseits mittels ebenso einfacher wie wirkungsvoller Antithetik, indem sie der Unzucht und Verschwendung der anderen ihre eigene Mutterliebe entgegenhält. Im ersten Punkt wendet sie sich gegen Silana, dann gegen Iturius und Calvisius und drittens gegen Domitia und Atimetus. In den noch folgenden Punkten vier und fünf nimmt sie ironisch zu der Anklage Stellung. Sie fragt nach Indizien und, ob eine Verschwörung für sie überhaupt einen Nutzen gehabt hätte.

Tacitus zufolge begann Agrippina ihre Rede, *nachdem* Burrhus das angebliche Verbrechen und die Zeugen (crimina et auctores) genannt hatte und danach noch drohend gegen die Beschuldigte vorgegangen war. Lohenstein läßt Burrhus statt mit der konkreten Beschuldigung mit einem stichomythischen Verhör beginnen. Agrippina soll nicht nur gestehen, sondern auch die Einzelheiten der ihr bloß allgemein unterstellten »Verrätherey« [97] selbst nennen. Erst am Ende dieses Verhörs in Vers 375 wirft ihr Burrhus schließlich selbst den Komplott mit Rubellius Plautus vor. Damit sind allerdings nur die »crimina« genannt. Die Angabe der »auctores« und das »minaciter agere« spart Lohenstein für die Rede Agrippinas auf. Die Aktivität des Burrhus, nach Tacitus der Rede geschlossen vorangehend, hat Lohenstein also durch das anfängliche Verhör erweitert und im übrigen in kleinen Dosen der Rede Agrippinas parallel geschaltet. Anklage und Verteidigung werden so miteinander verzahnt.

Schon anfangs im Verhör deutet Burrhus der Kaiserin seine »Macht mit Schärff ihr auff den Halß zu gehen« an [98], aber erst sein »Dreuen« [99] nach dem zweiten Punkt der Verteidigungsrede erinnert ausdrücklich an das »minaciter agere«. Auch die »auctores« werden erst während der Rede genannt, allerdings nicht von Burrhus, sondern von Seneca, den Tacitus nur als Anwesenden verzeichnet und den Lohenstein zum dritten Akteur macht, indem er ihm den angenehmeren Teil von Burrhus' Rolle zuweist. [100]

Die fünf Punkte von Agrippinas Rechtfertigung und ihre Reihenfolge behält Lohenstein bei. Während allerdings in der geschlossenen Rede bei Tacitus die Reihenfolge von Agrippina selbst bestimmt scheint, wird sie ihr bei Lohenstein durch das Dazwischenreden von Seneca und Burrhus eher aufgedrängt. Das gilt vor allem für die Auseinandersetzung mit den Zeugen. Agrippina kennt sie nicht von vornherein alle wie bei Tacitus, sondern sie reagiert auf die von Seneca gleichsam ratenweise in die Debatte geworfenen Stichworte.

Nun zeigt aber Agrippinas Verteidigung bei Lohenstein eine stärkere Segmentierung, als die fünf Punkte des Tacitus erwarten lassen. Die Angeklagte wird von Seneca und Burrhus nicht viermal, sondern insgesamt achtmal unterbrochen, übrigens in symmetrischer Folge (SSBSBSBB). Die höhere Zahl der Einsprüche hat verschiedene Gründe. Die erste Unterbrechung, mit der Seneca Silane als Zeugin nennt (Vers 383), geht der Verarbeitung des Taciteischen Textmaterials bereits voraus, da Lohenstein zur Verdeutlichung den Inhalt der Anklage, das angebliche Bündnis mit Rubellius Plautus, und Agrippinas Auseinandersetzung mit diesem Vorwurf vorschaltet (375–382). Die Taciteische Agrippina geht – aus Schlauheit oder weil der Leser schon hinreichend informiert ist – auf diesen eigentlichen Inhalt der Anklage gar nicht ein, sondern versucht nur die Glaubwürdigkeit der Zeugen zu erschüttern. Die zweite überzählige Unterbrechung ergibt sich durch den doppelten Einschnitt nach Punkt zwei. Burrhus sucht hier, wie schon erwähnt, die Kaiserin einzuschüchtern (401–403), bevor Seneca mit den Namen Domitie und Atimetus die Losung für den anschließenden Punkt drei gibt (407–410). Die doppelt markierte Schneise macht auf die Wichtigkeit des Folgenden aufmerksam.

Die restlichen beiden überzähligen Unterbrechungen sind durch die Aufschwellung von Punkt drei bedingt. Im Gegensatz zu den anderen Punkten fächert Lohenstein die Polemik gegen Domitie und Atimetus auf, und zwar nicht nur in zwei, sondern gleich in drei Teile (411–418; 420–429; 433–450). Man könnte die Ursache in der erstmaligen Erwähnung der neuen Zeugen suchen. Ihre Namen wurden, wie die eingearbeiteten Angaben aus ann. 13,19,4 zeigen [101], bis jetzt aufgespart, während die von Silane, Iturius und Calvisius schon aus I b bekannt sind. Dieser Grund mag mitgespielt haben. Entscheidender dürfte jedoch Lohensteins Wunsch nach symmetrischem Aufbau der Rede gewesen sein. Den äußeren Mittelpunkt der Tacitus-Rede macht er zum gehaltlichen Zentrum. Die beiden Flügelstücke dieses Mittelteils bilden aufgrund ihrer Trikola (412–416; 445–450), den beiden einzigen dieser Szene, den engeren rhetorischen Rahmen. In dem eingeschobenen Mittelstück nennt Agrippina in Vers 425 und damit wiederum ziemlich genau in der Mitte ihr Hauptargument: »Es richte/ wer versteht/ was Mutter-Liebe kan«. Sie bezieht sich weniger auf die Tatsachen als auf die »Natur« [102], verneint nicht nur die Existenz, sondern schon die Möglichkeit eines Anschlags gegen das eigene »Kind«. [103] Das Biologische dieses Arguments wird durch das in den Versen 422–438 maßgebende Bild vom Baumstamm kräftig unterstrichen. Während die Flügelstücke auf Punkt drei der Taciteischen Rede basieren, entfernt sich Lohenstein mit dem eingelassenen Mittelstück exkursartig von seiner Vorlage. Anderseits rückt er die auch bei Tacitus – allerdings mehr gegen Silana als gegen Domitia – angeführten »matrum affectus« neu und verstärkt ins Zentrum. Auch die Abweichung dient letzten Endes also der Verdeutlichung eines schon in der Quelle – nur an anderer Stelle – erkennbaren Ansatzes.

Durch die Verstärkung des Mutter-Arguments bereitet der Dichter im übrigen den folgenden Auftritt vor, in dem sich Agrippina noch eindringlicher auf ihr Muttersein beruft. Das schon in der historischen Rede von I d aufgewertete Argument gibt in I e in Agrippinas neuer, nunmehr ununterbrochener Rede endgültig den Ton an. In den 60 Zeilen erscheint das Wort »Mutter« elfmal. Nero beginnt auch seine Antwort mit der Anrede »Frau Mutter«, und als Mutter dankt die Kaiserin schließlich für ihre Rehabilitierung. [104] Die Begegnung zwischen Mutter und Sohn, die bei Tacitus im Schatten der großen Rechtfertigungsrede steht und im Anschluß an diese nur kurz notiert wird, wertet Lohenstein also auf. Er ordnet sie der vorangehenden Verhörszene über oder zumindest gleich. Es scheint, als habe er die historische Rede in I d nicht nur aus realistischen Erwägungen zerstückelt, sondern auch, um die von ihm neu geschaffene Rede in I e noch darüber hinauswachsen zu lassen. Agrippinas Worte an Nero sind die längste ununterbrochene Rede des Stücks und, von Ambres Todesrede im *Ibrahim Sultan* abgesehen, der Dramen Lohensteins überhaupt. [105] Die erste Begegnung zwischen Mutter und Sohn wird dadurch bedeutsam intoniert.

Wie Lohenstein durch das Dazwischenreden von Burrhus und Seneca die Rechtfertigungsrede Agrippinas auflockert, so bringt er auch in den einzelnen Äußerungen der Kaiserin in I d den dialogischen Bezug zum Ausdruck. Die Taciteische Agrippina spricht ihre Inquisitoren nicht an. Lohensteins Agrippina dagegen wendet sich mehrfach an Burrhus und Seneca mit Bestätigung heischenden Imperativen. [106] Ihre Argumente, die weitgehend in obliquer Form erscheinen und zum Teil den Imperativen syntaktisch unter- und nachgeordnet sind [107], unterwirft sie mit rhetorischem Geschick scheinbar dem Urteil der beiden Männer. Diese indirekte Form der Dialogisierung dient indessen weniger einer Auflockerung als einer Wirkungsverstärkung der Rede und damit dem gleichen Zweck wie die früher erwähnte Verschärfung der polemischen Tendenz. Damit hängt auch zusammen, daß Agrippina sich selbst mit größerem Nachdruck als bei Tacitus einsetzt. Trotz ihres Lachens [108] demonstriert sie nicht die kühle Überlegenheit der Taciteischen Fürstin, sondern reagiert wenigstens zu Anfang überrascht, ja erschreckt. [109] Auch später wirft sie ihre persönlichen Belange stärker in die Waagschale als bei Tacitus. [110] Durch neue oder verstärkte Hinweise auf ihre Betrübnis, ihre Entbehrungen [111] und besonders, wie gesagt, auf ihr Muttergefühl appelliert sie an das Mitleid der sie Verhörenden.

Während Lohenstein die Rede Agrippinas zum Hort des für das ganze Stück zentralen Mutter-Arguments macht, rückt er die beiden einzigen Reden, die Tacitus im Zusammenhang der Pisonischen Verschwörung zitiert, auch äußerlich in den Mittelpunkt der *Epicharis*. Sie bestimmen die Szenen III d und e.

»Die stattliche Verantwortung des Scevin« in III e geht der Peripetie in eben dieser Szene unmittelbar voraus und ist dementsprechend nicht wie die Rechtfertigung Agrippinas in der Mitte verändert, sondern am Ende affektisch gesteigert. Das wurde schon bei der Besprechung der Rolle Corinnas erwähnt. [112] Im übrigen verfährt Lohenstein hier fast genau so wie bei Agrippinas Rede. Beide Verteidigungen, von Tacitus unter Aussparung des eigentlichen Verschwörungsvorwurfs als Widerlegung der Zeugen bzw. der Indizien zitiert und zu geschlossenen Reden stilisiert – Scevins Worte allerdings in indirekter Rede –, spaltet Lohenstein in der Reihenfolge der jeweils fünf Punkte in kleinere Blöcke auf, denen er beide Male eine Anklage vorausschickt. Wie Burrhus und Seneca gegen Agrippina, so treten Nero, Tigillin und vor allem Milichus gegen Scevin als Kläger auf. Wie der Rede Agrippinas, so läßt Lohenstein auch Scevins Verteidigung einen allgemeineren stichomythischen Dialog vorangehen, der zwar nicht mit dem Einsatz der Szene, jedoch noch kurz vor dem Auftreten des Hauptanklägers Milichus beginnt. Während allerdings in der *Agrippina* die Stichomythie mit Beginn der konkreten An-

123

klage aufhört, zieht Lohenstein sie hier noch in die Erörterung des ersten Anklage-
punktes hinein. Nero ist es, der in Vers 303 auf den Dolch hinweist und so die
Indizienbesprechung eröffnet. Tigillin bringt dann in Vers 316 f. die von Lohenstein erfundene Vergiftung des Dolches zur Sprache. [113] Die restlichen vier, nun
wieder Taciteischen Anklagepunkte trägt Milichus vor: daß Scevin sein Testament
gemacht (323 ff.), Sklaven freigelassen und beschenkt (335 ff.), ein reiches Mahl angeordnet (348 f.) und daß er die Beschaffung von Wundmitteln in Auftrag gegeben
habe (367 ff.). All diese Vorwürfe entkräftet Scevin ähnlich überlegen wie Agrippina. Erst Corinna bringt ihn dann zu Fall.

Die Reihenfolge, in der die Ankläger den Indizienbeweis antreten, entspricht ihrer
Rangfolge. Das gleiche gilt für das vorausgehende allgemeine Verhör. Nero eröffnet es (263), Tigillin setzt es fort (276), danach erst kommt Milichus hinzu (287).
Die zunehmende Polemik in Scevins Antworten spiegelt dieses hierarchische Ge-
fälle. Nach der Beschimpfung durch Nero gibt er sich eher zurückhaltend, Tigillin
gegenüber pocht er auf seinen Stand als Ratsherr, den Milichus beschuldigt er grob
als meineidig. Bei Tacitus ist von solch höfischer Rücksicht nichts zu spüren. Überhaupt erwähnt er Scevins Gegenspieler in Kapitel 55 nur am Rande, Tigillin überhaupt nicht. Seine Darstellung ist ganz auf den Beschuldigten und dessen Rede
konzentriert.

Von ganz anderer Art als die beiden Verteidigungsreden und dementsprechend
etwas anders behandelt sind die Mahnungen gegen Piso, die Lohenstein vorzieht
und der Peripetieszene voranschickt, während Tacitus sie erst in Kapitel 59 des 15.
Annalen-Buches behandelt.

Die an Piso herangetragenen Mahnungen und Gründe bietet Tacitus ebenfalls in
der stilisierten Form einer geschlossenen und sich zum Ende hin steigernden Rede,
obwohl es mehrere Männer waren, die dem unentschlossenen Hauptverschwörer
zuredeten. [114] Ihre Namen nennt Tacitus allerdings nicht. Der Aufforderung,
Piso solle sich an die Soldaten oder ans Volk wenden, folgen zunächst optimistische und dann besorgtere Argumente. Die Argumente gliedert Lohenstein, den Taciteischen Aufbau berücksichtigend, ähnlich wie die von Agrippina und Scevin in
mehrere, durch Einwände voneinander getrennte Redeblöcke. Nur kommen jetzt
nicht die Redeteile, sondern umgekehrt die Einwände aus dem Mund der zentralen
Person. Nacheinander versuchen Lateran, Quinctian, Lucan und schließlich Sulpitius
Asper, den ängstlichen Piso zu überzeugen, doch dieser winkt jedesmal ab.

Im Gegensatz zu den beiden Verteidigungsreden hält sich Lohenstein nicht ganz
an die Taciteische Reihenfolge. Dies dürfte an der andersartigen Struktur und letztlich an dem anderen Zweck liegen. Vielleicht spielt auch die Mitverwertung von
Tristans Szene IV b eine Rolle. [115] Während Agrippina und Scevin die gegen sie
vorgebrachten Vorwürfe nacheinander zerpflückten, sind in der Rede gegen Piso
nicht selbständige Argumente additiv aneinandergereiht, sondern die Redeteile erscheinen durch die Entwicklung der hortatio zur argumentatio enger miteinander
verwoben, zumal der fordernde Ton bis zum Schluß vernehmbar bleibt.

Nur in der zweiten, ernsteren Hälfte der Argumentation hält Lohenstein sich genauer an Tacitus. Daß die Verschwörung durch Folter sicherlich entdeckt werde und Piso dann sterben müsse, läßt er Lucan sagen (208–222). Die halb reflektierende, halb wieder mahnende Schlußüberlegung, wenn schon, dann solle Piso lieber ruhmvoll sterben, legt er dem zuletzt und am längsten redenden Hauptagitator Sulpitius Asper in den Mund (233–250), ergänzt durch eine optimistische Variante (251–254) und ein zusammenfassendes Fazit von Maximen aus den *Historien* des Tacitus (255–258).

Die Argumente der ersten, hoffnungsvollen Hälfte dagegen schichtet Lohenstein um. Bei Tacitus heißt es, einmal begonnen, werde der Aufruhr von selbst weiter um sich greifen; Nero sei völlig unvorbereitet und als Sänger nicht ernst zu nehmen; frisch gewagt sei halb gewonnen. Die Schlußsentenz (165) [116] und teilweise auch das sentenziös-spekulative Eingangsargument zum Verlauf der Verschwörung (167–169) zieht Lohenstein in den stichomythischen Dialog vor, den er auch hier der eigentlichen Redepassage voranschickt. So bleibt nur das konkrete Nero-Argument, dessen zwei Teile er, auf wachsenden Ernst bedacht, in umgekehrter Folge zur Sprache bringt. Lateran macht Nero zunächst als Sänger lächerlich (174–189), dann erst erläutert Quinctian, daß der Kaiser gegen eine Verschwörung nicht gerüstet sei (193–205). Dabei greift Quinctian das konditionale Eingangsargument wieder auf (199 f.). Indem Lohenstein das Nero-Argument zur ersten Hälfte des ganzen Redevolumens aufschwellt, verstärkt er den sachlichen Gegensatz der optimistischen und der ernsteren Hälfte der Taciteischen Rede durch eine personale Antithese und vereinfacht so das Verständnis: Die beiden ersten Redeblöcke sind jetzt auf Nero, die beiden anderen sind ohnehin auf Piso zugeschnitten. Das von Tacitus anfangs erwähnte und gleichrangig berücksichtigte Verhalten von Militär und Volk ordnet Lohenstein dem Nero-Argument unter (199–205).

Die konkreten Vorschläge zum Handeln, die Tacitus vor den Argumenten zitiert und die in der von Lohenstein benutzten Lipsius-Ausgabe durch noch nicht kursiven Druck von der eigentlichen Rede abgesetzt sind, hält auch Lohenstein von den größeren Redepassagen fern. Die vier Mahner machen Piso in ihren Reden keine Vorschläge, sie wollen ihn nur zu dem vorher abgesteckten Ziel überreden. Die Vorschläge selbst bringt Lohenstein vorher in dem stichomythischen Dialog zur Sprache, und zwar noch vor den ja ebenfalls vorgezogenen Sentenzen. Nur mißversteht er die »castra« als kaiserliche »Burg«. [117] Tacitus meint damit die von Tiberius erbauten castra praetoriana, also die noch heute in Ruinen erhaltene Kaserne der Leibgarde vor dem Viminalischen Tor, in der die neuen Kaiser auf den Schild gehoben wurden.

Wie den Verteidigungsreden Agrippinas und Scevins als Hort des Mutter-Arguments bzw. als Auftakt der Peripetie besondere Beachtung gebührt, so mißt Lohenstein auch den Ermahnungen an Piso eine über die Taciteische Rede hinausgehende Bedeutung bei, nicht nur dadurch, daß er sie der Peripetieszene vorschaltet, nicht nur, weil er sie damit genau in die Mitte der aus sieben Szenen bestehenden dritten Abhandlung rückt [118], sondern vor allem durch die gehaltliche Aufwertung. Er gestaltet die Szene nicht für sich, sondern bettet sie als Exemplum politischen Verhaltens in allgemeinere Bezüge ein. Die schon in die Taciteische Rede ein-

125

geflochtenen Sentenzen mögen ein solches Verständnis begünstigt haben. Den konkreten Vorschlägen geht der allgemeine des Sulpitius Asper voraus, »Daß man der Gefahr entgegen geh« (142), umgeben von einem ebenso allgemeinen Disput. Und Sulpitius garantiert auch am Ende den exemplarischen Charakter der Szene. Nicht umsonst nimmt Lohenstein auf seine Worte in der nächsten Abhandlung noch einmal Bezug. [119] Er macht seine Ausführungen zu einem Privatissimum politischer Taktik und Ethik zugleich. Für das ethische Moment sorgen die eingeschobenen, von Tacitus allenfalls angeregten Bemerkungen über Tugend und Tapferkeit inmitten seiner Rede (237–243), für die Betonung des Taktischen die Taciteischen Sentenzen, mit denen Lohenstein die Erwägungen des Sulpitius würzt und vor allem auch abschließt. [120]

Während er mit dem Einsatz Taciteischer Sentenzen sonst sehr sparsam ist – in der *Agrippina* findet sich keine einzige –, wendet er sie nunmehr gehäuft an. Auch Quinctian und Lucan, ja sogar Piso legt er ein Taciteisches Argument in den Mund. [121] Zu keiner anderen Szene seiner Dramen führt er so viele Taciteische Weisheiten an wie hier. [122] Im Gegensatz zu den von Tacitus übernommenen Texten des 13. bis 15. *Annalen*-Buchs zieht er diese von anderswoher bezogenen Sentenzen nicht in die Länge, sondern bewahrt ihren knappen Lakonismus. Die stoffgebundenen Passagen hat er bearbeitet, etliche Sentenzen dagegen sind wirklich übersetzt. Das gilt gerade für die von III d. [123]

Wie politische Grundsatzfragen den geistigen, so bildet das häufige Reden von drohendem Schiffbruch, besonders zu Anfang und Ende der Szene [124], den stilistischen Kontrapunkt des Geschehens. Fast noch deutlicher als Pisos Absage kündigt die barocke Hauptmetapher den mit der nächsten Szene erfolgenden Zusammenbruch der Verschwörung an. [125]

Es ist deutlich geworden, daß Lohenstein den Worten der historischen Personen in seinen Nero-Dramen Ehrenplätze einräumt. Othos wenige Worte über Poppäa macht er zum Kern einer ansonsten frei erfundenen Lobrede. Die anderen Aussprüche und Reden zieht er in die Länge, indem er sie breiter phrasiert und verdeutlicht, ihre Wirkung verstärkt, sie dialogisch auflockert, mit Weisheit ausstaffiert und gezielter einsetzt. Das bedeutet eine Erweiterung, aber keine grundsätzliche Veränderung der semantischen Substanz. Von dem Gespräch zwischen Seneca und Paulina abgesehen, das er nach Mascaron statt nach ann. 15,63 gestaltet, übernimmt er alle Taciteischen Zitate im stofflichen Umkreis der römischen Trauerspiele.

Ganz anders steht es mit den übrigen Teilen der Taciteischen Darstellung. Davon bildet er nur vereinzelte Stücke im Dialogtext nach, und nur solche, deren Inszenierung schwierig, wenn nicht gar unmöglich erscheint. Eher notgedrungen legt er sie seinen dramatischen Personen in den Mund. Während er die denkwürdigen Aussprüche vorwiegend gegen Ende seiner Szenen als wirkungsvolle Höhepunkte einsetzt und den großen Reden sogar eine ganze Szene einräumt, plaziert er die berichtenden Passagen lieber an den Szenenanfang und bringt schon dadurch ihre geringere Bedeutung zum Ausdruck. Die im Vergleich zu den Reden meist knappere und damit scheinbar wörtlichere Wiedergabe – eine Ausnahme bildet nur Actes Inzest-

126

bericht in der Szene IIIa der *Agrippina* – ist nicht etwa ein Zeichen größerer Texttreue, sondern eine Folge eben dieser geringeren Bedeutung.

Die Worte der historischen Personen konnte Lohenstein ohne gatttungsbedingte Schwierigkeiten übernehmen. Bei den berichtenden Texten führen der Sprecherwechsel oder auch der veränderte Zweck zu strukturellen Umgestaltungen. Den Schiffbruch Agrippinas, den Tacitus ann. 14,5 eindeutig als Attentat darstellt, muß Agrippinas Bote in IVd 235–254 vor Nero als Naturkatastrophe schildern. Was nach Tacitus »dato signo«, also auf ein verabredetes Zeichen hin, ins Werk gesetzt wurde, geschah nach den Worten des Boten »unversehns«. [126] Entsprechend bekundet dieser in dem anschließenden Verhör den Glauben der Kaiserin, »Daß ihr Fall ein bloßer Zufall sey«. [127] Die bei Tacitus ann. 13,45 eher tadelnde Charakteristik Poppäas schlachtet Lohenstein in Ia 93–99 des gleichen Stücks zum Zwecke reinen Lobes aus. Die abwägende Charakteristik Pisos verzerrt Lohenstein in der *Epicharis* Ib 375 ff. einseitig zum Schlechten, eine Tatsache, auf die schon bei der Besprechung von Pisos Rolle kurz hingewiesen wurde. [128]

Bei dem zuletzt genannten Text ist die Veränderung auf den ersten Blick kaum zu bemerken, zumal Lohenstein anmerkt: »Also beschreibet den Piso *Tacitus 15. Annal. 48.*« Es scheint sogar, als folge der Dichter hier weit getreuer der Vorlage als bei der Wiedergabe der Reden. Nur daß er die in Vorzüge und Nachteile deutlich zweigeteilte Beurteilung einem Fürsprecher und einem Widersacher Pisos in den Mund legt, fällt zunächst auf. Die Entsprechungen und die gleiche Reihenfolge der Gedanken bei Tacitus und Lohenstein erscheinen im übrigen frappierend. Bei genauerem Zusehen allerdings macht sich der unterschiedliche Ansatz doch bemerkbar. Tacitus lobt einige Eigenschaften Pisos, ohne dieses Lob durch die Kritik anderer Züge widerrufen zu müssen. Im übrigen sind die beiden Hälften der Charakteristik bei ihm gar nicht so scharf getrennt wie bei Lohenstein. Bereits im ersten Teil macht er eine kritische Einschränkung, wenn er bemerkt, Piso habe beim Volk seiner »virtus« oder wenigstens scheinbaren »virtutes« halber einen beachtlichen Ruf genossen. Demgegenüber zieht Lohenstein die zweiteilige, aber doch einsinnige Meinung des Historikers in zwei sich widersprechende Ansichten auseinander. In den Worten des Fürsprechers Scevin fehlt die kritische Einschränkung hinsichtlich der möglicherweise nur scheinbaren »virtutes«. Wie Lohenstein das Lob noch lobender macht, indem er es von jedem Zweifel reinigt, so gestaltet er den Tadel noch tadelnder, wenn er durch ihn das Lob in den Staub ziehen läßt. Sulpitius äußert nicht nur eine gegenteilige Ansicht, er sagt seinem »Freind« Scevin höflich, aber bestimmt, daß er sich geirrt habe. Der vorher ausgesparte Verdacht des Tacitus, daß Piso seine »virtutes« auch gespielt haben könnte, genügt Lohenstein, die Heuchelei dem Piso nun tatsächlich zu unterstellen. Mit diesem Argument eröffnet er die Erwiderung des Sulpitius. Die Verarbeitung der Charakteristik entspricht der grundsätzlichen Abwertung, die Piso bei Lohenstein erfährt, und bildet die Grundlage für den anschließend gegen Piso und zugunsten Senecas geschmiedeten Komplott. Scheinbar eine Übersetzung der Taciteischen Charakteristik, verschleiern die Verse Lohensteins eine vom Zweck der Szene gesteuerte totale Neubearbeitung des Materials. Die Umdeutung von Pisos Charakterbild könnte geradezu als Musterbeispiel

127

demagogischer Verzerrung dienen, wenn nicht die historische Entrücktheit des Gegenstandes eine solche Wirkung von vornherein ausschlösse.

Tacitus ist in seiner Darstellung um objektive Wahrheit bemüht. Aber erst seine immer wieder eingestreuten kommentierenden Bemerkungen machen seine Tatsachenberichte lesenswert, erst sie geben ihnen die nötige Würze und zugleich das typisch Taciteische Gepräge. Die kommentierenden Zusätze, der nervus rerum seiner Darstellung, sind für den Dramatiker ohne Zweifel noch schwieriger zu bewältigen als reine Sachberichte. Sie lassen sich noch weniger in Szene setzen und tauchen daher bei Lohenstein beinahe regelmäßig im Dialogtext auf, wenn das auch aufgrund ihrer Kürze, ihrer gelegentlichen Verstümmelung und ihrer öfteren Trennung von dem kommentierten Geschehen weniger auffällt.

Die mutigen Worte des Flavius gegenüber Nero nennt Tacitus ann. 15,67,3 das Härteste, was der Kaiser anläßlich der Verschwörung habe mitanhören müssen. Mit Verbrechen schnell bei der Hand, sei er es nicht gewohnt gewesen, sich diese vorwerfen zu lassen. Diesen Kommentar spricht bei Lohenstein Sulpitius Asper, unmittelbar nachdem Flavius und zusätzlich Asper selbst dem tyrannischen Fürsten die Meinung gesagt haben. [129] Der Kommentar ist also hier der Szene, auf die er sich bezieht, beigegeben. Abgesehen von dem Sprecherwechsel kommt es zu keiner größeren Veränderung.

In der Regel jedoch nimmt Lohenstein, durch die häufige Verstellung seiner dramatischen Personen gezwungen, die Kommentare aus der Situation, die sie erläutern, heraus. Die Schwermut Scevins in der Szene II b der *Epicharis* deutet er mit den Worten des Milichus II c 205–207 und 225–227 erst nachträglich, die Verhaftung der Epicharis in II d erst mit den Worten des Sulpitius in III b 77–82. Ähnlich klammert er die Motivierung von Othos und Poppäas Verhalten in den Szenen I a und II a der *Agrippina* aus und macht erst Paris in II b mit den Versen 213–215 bzw. 185–193 zum Interpreten ihres Verhaltens. Diese verschobenen Kommentare, Produkte der Heuchelei im Stück, verwendet Lohenstein, indem er sie nachträglich einsetzt, als Mittel der Spannungsführung. Die Szenen selbst erscheinen so als Rätsel, die erst durch die Kommentare dechiffriert werden. Nur für Agrippinas Inzestversuch in III b gibt Lohenstein die Gründe vorher bekannt, um das anstößige Geschehen vorweg zu entschärfen. Paris und durch ihn Nero erkennen auch hier das wahre Motiv erst nachher zu Beginn von III d, aber Acte und Burrhus haben Agrippinas »Ehrsucht« schon in III a durchschaut [130], und Agrippina selbst hat schon am Ende von II d ihre Eifersucht auf Poppäa als Motiv ihrer »Laster« dem Zuschauer kundgetan.

Tacitus gibt die hinter den Taten verborgenen Motive der historischen Personen und sogar die Taten selbst nicht immer eindeutig an, sondern wägt oft mehrere, meistens zwei Möglichkeiten kritisch gegeneinander ab. »Incertum an [. . .]« ist eine der häufigsten Formeln Taciteischer Darstellung. [131] Ob zum Beispiel Agrippina oder Nero den Anstoß zum Inzest gaben, weiß er nicht sicher zu sagen, wenn er auch die Initiative der Mutter für wahrscheinlicher hält. Nach Abschluß des von Cluvius übernommenen Berichts setzt er sich in ann. 14,2 mit Fabius Rusticus auseinander, der Nero die Hauptschuld zuschreibt. Er weist darauf hin, daß die übrigen Autoren und die mündliche Überlieferung dem Cluvius beipflichten, und meint dann, entweder sei also Agrippina schuld oder man habe ihr diese Ruchlosigkeit aufgrund ihrer Vergangenheit eher zugetraut. Diesen quellenkritischen Passus greift Lohenstein mit der Frage des Burrhus III a 36 auf: »Ist Agrippinen wol die Unthat zuzutraun?« Acte bejaht die Frage wegen der auch von Tacitus angeführten erotischen Ausschweifungen der Kaiserin aus früherer Zeit. Die Spuren der Taciteischen Quellenkritik sind also bei Lohenstein zu erkennen. Im übrigen kann er sich in der Sache selbst auf den Historiker berufen, da schon dieser den Zweifel bezüglich Agrippinas Initiative überwindet.

Interessanter erscheinen die Fragen, die Tacitus offenläßt. Denn hier muß sich Lohenstein entscheiden. Daß Nero die Leiche seiner Mutter betrachtet und ihre Schönheit gelobt habe, werde, so schreibt Tacitus ann. 14,9,1, von einigen Schriftstellern berichtet, von anderen bestritten. Wenn Lohenstein die makabre Geschichte in V c inszeniert, hat er die Frage mit Hilfe von Sueton und Xiphilinus entschieden, die sich weniger zweifelnd äußern. [132]

Häufiger als die Ereignisse taucht Tacitus die Beweggründe in das Licht seines Zweifels. Wo die Motivfrage für den Handlungsfortgang nebensächlich erscheint, klammert Lohenstein sie ganz aus, verfährt also ähnlich wie mit den unzweifelhaften Beweggründen der Verschwörer in ann. 15,49 f. Die Taciteische Überlegung etwa, ob Nero sich vor dem Schiffbruch so herzlich von seiner Mutter verabschiedete, um seine Heuchelei auf die Spitze zu treiben, oder ob der Anblick der todgeweihten Mutter selbst sein unmenschliches Herz rührte, ist im Drama nicht verwertet. [133] In anderen Fällen entscheidet sich der Dichter für die dramaturgisch einfachere oder wirksamere der beiden gebotenen Möglichkeiten. Tacitus läßt offen, ob der Denunziant Milichus von der Verschwörung seines Herrn Scevin schon vorher gewußt und bis dahin treu geschwiegen oder ob er erst durch dessen auffällige Befehle am Vorabend des geplanten Attentats davon erfahren habe; Lohenstein gibt der letzteren, unkomplizierteren Möglichkeit den Vorzug. [134] Tacitus ann. 15,56,2 weiß nicht, ob Natalis den Philosophen Seneca anzeigte, weil er wirklich zwischen ihm und Piso den Unterhändler abgegeben hatte oder weil er Nero nur einen Gefallen tun wollte. Die böswillige Alternative entfällt, da sie das Gespräch zwischen Seneca und Natalis in I c der *Epicharis* infrage stellen würde. Es scheint allerdings, als habe sich Lohenstein hier weniger entschieden als die Motivfrage einfach außer acht gelassen, so wie er auch die beiden anderen Motivfragen des gleichen Kapitels 56 beiseite läßt. Überhaupt beruht die Szene I c eher auf Kapitel 60,3. Auf die Entscheidung und gleichzeitige Verschiebung der Frage, ob Otho seine Frau Poppäa dem Kaiser aus leichtsinniger Verliebtheit oder aus Berechnung anpreist, wurde schon bei der Besprechung der *Agrippina* hingewiesen. [135]

Die hintergründige Skepsis der Taciteischen Kurzkommentare und damit die wohl bezeichnendste Besonderheit seiner Darstellung überhaupt geht – das lassen die gebotenen Beispiele zur Genüge erkennen – bei Lohensteins Dramatisierung verloren bzw. wird auf die Reize eines am Ende immer eindeutigen Versteckspiels beschränkt. Hier zeigt sich das gleiche Streben nach Klarheit und Verdeutlichung wie in der stilistischen Konkretisierung der übernommenen Tacitus-Texte. Die moralisch zwielichtigen Gestalten Lohensteins finden, jedenfalls hinsichtlich der Motivation ihres Handelns, eine durchaus eindeutige Darstellung.

### 3. Die Zurücknahme der Tischszenen und andere Abstriche
### an den Angaben des Tacitus

Die Aussprüche und Reden der historischen Personen, die Tacitus in seine Geschichtsschreibung einflicht, haben Lohenstein die Dramatisierung der beiden Nero-Stoffe sicherlich erleichtert und wohl auch zu seinem Entschluß beigetragen, sie überhaupt zu bearbeiten, aber sie dürften kaum den Ausschlag dazu gegeben haben. Schon gar nicht ging der Anstoß von den erwähnten berichtenden und kommentierenden Stellen aus, die der Dichter ja eher aus Verlegenheit übernahm. Der eigentliche Grund ist wohl in der situationsträchtigen Darstellungsweise des Tacitus zu suchen, genauer gesagt: in jenen Stellen, die Lohenstein nicht mehr oder weniger wörtlich übernimmt, sondern die er in Szene setzt.

Sieht man sich den Text des Tacitus auf solche Stellen hin an, so fällt allerdings auf, daß Lohenstein die im engeren Sinne szenischen Angaben eher vernachlässigt und sich auf die Auswertung der Gesprächsprotokolle konzentriert. Er löst das Gesprochene weitgehend aus der Situation, in der es laut Tacitus gesprochen wurde. Von der Verkürzung oder gar Aufhebung der Situation sind vor allem die von Tacitus häufiger angesprochenen Tischszenen betroffen, die im Drama kaum oder gar nicht mehr als solche erscheinen.

Das beste Beispiel bietet die Eingangsszene der *Agrippina,* von der in anderem Zusammenhang schon die Rede war.

*OTho,* welcher bei dem Käyser *Nero* zur Taffel war/ lobet dem Käyser beweglich die Schönheit und Anmuth seines Ehweibes *Sabina Poppaea,* verachtet hingegen des Käysers Gemahlin die Octavia. [136]

So skizziert Lohenstein den Inhalt der Szene. Während er Othos Worte über Poppäa, wie Tacitus ann. 13,46,1 sie zitiert, nahezu wörtlich übernimmt und im übrigen das darin enthaltene Lob über die ganze Szene entfaltet, wertet er die nach Inszenierung schreiende Angabe vom »conuiuium Caesaris« nur sparsam aus. Tafelgenüsse werden zwar in den Versen 49–60 erwähnt und in den Anmerkungen reichlich kommentiert, aber sie werden nicht als auf der Bühne sichtbar ausgewiesen und sind zusammen mit anderen, gewiß nicht sichtbaren Dingen genannt. Im übrigen dienen sie nur dazu, Poppäa im Vergleich zu ihnen noch kostbarer erscheinen zu lassen. Wichtiger aber ist, daß das Gastmahl zu Ende ist oder doch zu Ende geht. Das Präteritum der Inhaltsangabe spricht eine deutliche Sprache. Daß das Mahl nicht erst beginnt, zeigt auch der offene Eingang der Szene mit »SO ists!« Der einzige Schluck, von dem die Rede ist, wird gegen Schluß auf Poppäas Wohl getrunken. [137] Und schließlich treten neben Nero und Otho keine weiteren Personen auf.

In der Regel nahmen an einem römischen Gastmahl neun Personen teil. Sie lagen auf den drei um die mensa gruppierten lecti je zu dritt. Von dieser Tischordnung wissen wir vor allem aus den Speisezimmern in Pompeji, die Lohenstein noch nicht kannte. Entsprechendes verraten aber auch die Angaben des Horaz in seiner Satire 2,8,20 ff. über das Gastmahl des Nasidienus. [138] Die Gäste erschienen nicht allein, jeder brachte seinen Vertrauenssklaven mit, der dem Gastmahl in ständiger Bereitschaft der Befehle seines Herrn beiwohnte. [139] Erst recht dürfte Tacitus mit dem in Neros »domus aurea« zu denkenden »conuiuium Caesaris« eine größere Tischgesellschaft meinen. Daß Lohenstein die römischen Tafelsitten im einzelnen kannte, ist anzunehmen, sind sie doch in den von ihm vielfach benutzten *Antiquitates Romanae* des Rosinus breit entfaltet dargestellt. [140] Ob er sich Nero und Otho stehend, sitzend oder zu Tische liegend dachte, geht aus seinem Text nicht hervor; doch hätte die letztere, für ein hohes Trauerspiel ohnehin unwahrscheinliche Möglichkeit zumindest eines Hinweises bedurft. Während die Veränderung der Körperhaltung und die damit verbundene Absicht nicht klar zu beweisen sind, erscheint die Veränderung der Personenzahl bewußt geplant. Jedenfalls wirkt die Szene, auf deren »Intimität« auch Klaus Günther Just hinweist [141], gegenüber Tacitus viel privater, da sie nur auf die zwei von dem Historiker ausdrücklich genannten Personen zugeschnitten ist. Nicht die hier mögliche komödienhaft-burleske Freß- und Saufszene wird gezeigt, sondern die erregenderen Reize der Poppäa werden besprochen. Die Szene lebt nicht von der Schau, sondern vom Wort. Der Verzicht auf die unmittelbare Darstellung kulinarischer Drastik oder doch deren nur stilisierende Wiedergabe läßt die nur besprochenen erotischen Reize deutlicher bewußt werden.

Der Verzicht auf ein geselliges Gelage ist um so auffälliger, als es I a mit I b sinnvoll verschweißt hätte. Denn auch in Kapitel 20 des 13. *Annalen*-Buchs, das I b zugrunde liegt, ist von einem Gastmahl die Rede, und dort heißt es sogar, Nero sei angetrunken gewesen, als ihm zu nächtlicher Stunde die Nachricht von dem angeblichen Putschplan seiner Mutter durch Paris hinterbracht wurde. Bei Lohenstein erschrickt der Kaiser, aber betrunken wirkt er keineswegs.

»Als Zunder geiler Lust« ist ihm vor dem Inzestgeschehen in der dritten Abhandlung der Wein zu Kopfe gestiegen. Aber das vernimmt der Zuschauer nur aus Actes Bericht in III a. [142] Neros Worte in der anschließenden Blutschandeszene selbst lassen keinen »temulentus« erkennen.

Das gemeinsame Abendessen Neros mit Agrippina vor dem Schiffbruch, von dem Tacitus ann. 14,4,3–4 berichtet, entfällt im Zuge der in III e wirksamen Raffung.

Ähnliches läßt sich in der *Epicharis* beobachten. Scevins leichtsinniges Festmahl vor dem geplanten Attentat auf Nero bekommt der Zuschauer nicht zu sehen. Scevin ordnet es nur an. [143]

Daß Seneca mit seiner Frau und zwei Freunden zu Abend aß, als ihm der Todesbefehl überbracht wurde, übergeht Lohenstein völlig, wohl um das Bild des sterbenden Weisen nicht durch pralle Diesseitigkeit zu stören. [144]

Die Zurücknahme der Tischszenen ist ein augenfälliges Indiz für Lohensteins allgemeine Vernachlässigung der realistischen Details, die er in seinen historischen Quellen vorfand. Daß er, von einigen bedeutungsvollen Requisiten, wie Dolch und Bett [145], abgesehen, jedes im platten Sinne realistische Dekor und auch Geschehen mißachtet, wird deutlicher, wenn wir einen ergänzenden Blick auf Plutarchs Antonius-Biographie werfen, die Lohenstein als Hauptquelle zur *Cleopatra* diente. Denn während der um »gravitas« bemühte Tacitus selbst schon recht stark stilisiert, tritt der Unterschied gegenüber Plutarch deutlicher zutage. In Kapitel 76 berichtet dieser, Antonius habe sich auf die falsche Nachricht hin, daß Cleopatra tot sei, erstochen. Mit Kapitel 77 fährt er fort:

Als er erfuhr, daß sie noch lebte, befahl er seinen Dienern mit Eifer, seinen Leib aufzuheben, und wurde auf ihren Armen an die Tür des Grabmals getragen. Kleopatra ließ die Tür nicht öffnen, sondern man sah sie, wie sie aus einem Fenster Seile und Taue herabließ. Nachdem man Antonius an diese gebunden hatte, zog sie selbst und zwei Frauen, die sie als einzige mit sich in das Grabmal genommen hatte, ihn herauf. Keinen jammervolleren Anblick habe es geben können, sagen diejenigen, die dabei gewesen sind. Denn mit Blut bedeckt und mit dem Tode ringend, wurde er hinaufgezogen, während er im Schweben die Arme nach ihr ausstreckte. Denn es war für eine Frau keine leichte Arbeit, sondern mit schwerer Mühe nahm Kleopatra, indem sie mit beiden Armen zugriff und vor Anstrengung das Gesicht verzog, das Bündel herein, während die Leute unten ihr Weisungen erteilten und sich mit ihr ängstigten. [146]

Bei Lohenstein wird Antonius ohne alle diese Umstände einfach zu Cleopatra hineingetragen. [147] Ihm bleibt die unfürstliche Behandlung erspart, und Cleopatra braucht nicht wie eine Dienstmagd mit Hand anzulegen. Der Dichter läßt diese Details auch nicht berichten, wie es etwa der Franzose Benserade in seiner Tragödie *La Cleopatre* getan hatte. [148]

Ähnlich hat Lohenstein den Besuch des Augustus bei Cleopatra emporstilisiert. Nach Plutarchs Bericht in Kapitel 83 empfing sie ihn im Unterrock, »schrecklich verwildert an Kopf und Gesicht, mit zitternder Stimme und verweinten Augen«. [149] Von diesem kläglichen Zustand, durch den der Reiz ihrer Verführungskunst nur noch hindurchschimmerte, ist bei Lohenstein in der entsprechenden Begegnung am Schluß der vierten Abhandlung wenig zu bemerken. Cleopatra empfängt den Prinzeps zwar knieend wie bei Plutarch, letztlich aber in ungeschmälertem Glanz. Augustus begrüßt sie als »schönste Königin«. [150] Zwar weist sie auf ihren verhärmten Zustand hin [151], aber nur, um gleich danach ihre Reize um so deutlicher zur Schau zu stellen. Eine zerzauste Cleopatra paßt letzten Endes ebensowenig ins hohe Trauerspiel wie ein betrunkener Nero.

Lohenstein vermeidet es also, seine Figuren in einem Zustand, in dem sie ihrer nicht mächtig sind, oder auch nur in derben Alltagssituationen vorzustellen. Er gehorcht damit Martin Opitz, der, an die Regeln der Renaissancetragödie und letztlich an die antike Tradition anknüpfend, für die Tragödie verboten hatte,

das man geringen standes personen vnd schlechte sachen einführe: weil sie nur von Königlichem willen/ Todtschlägen/ verzweiffelungen/ Kinder- vnd Vätermörden/ brande/ blutschanden/ kriege vnd auffruhr/ klagen/ heulen/ seuffzen vnd dergleichen handelt. [152]

Auch der veränderte Tod der Epicharis ist wohl in diesem Zusamenhang zu sehen. Tacitus ann. 15,57,2 meldet, als sie am Tag nach ihrer ersten Folter zu denselben Qualen in einem Tragstuhl herbeigeschleppt worden sei, weil sie mit ihren verrenkten Gliedern nicht stehen konnte, habe sie ihren Büstenhalter hervorgezogen, dessen Band wie einen Strick an die Stuhllehne gebunden und sich darin erdrosselt. Bei Lohenstein befiehlt Nero, sie auf »Stul und Folterbanck« zu schrauben. [153]

Der Dichter macht also aus dem Tragstuhl (gestamen sellae), in dem sie herbeigeschleppt wurde, einen Folterstuhl, in den sie erst hineingezwängt wird. Entsprechend wird der Büstenhalter zur »Folter-binden«. [154] Mit der Veränderung des
Tragstuhls zum Folterstuhl will Lohenstein wohl weniger die Gebrechlichkeit der
Heldin überspielen – zu deutlich weist er durch Neros Mund darauf hin, daß ihr
»schon der Kopf zertretten«, »jedes Bein zermalmt«, »jedes Glied zerfleischt«
sei [155] – als vielmehr ihre Apathie verstärken und ihren Tod noch heroischer gestalten. Kein Anflug des Banalen darf dieses Heldentum stören.

Lohenstein streicht indessen nicht nur drastische Situationen und entwürdigende
Zustände, in denen sich seine Personen nach Ausweis der Quellen vorübergehend
befanden, er nimmt auch ihrem Charakter weitgehend die individuellen Züge. Er
entzieht seinem Stoff damit noch mehr Leben, als von den Gattungsgesetzen her
erforderlich wäre.

Zwar macht er Cleopatra und Poppäa körperlich noch schöner, als sie bei Plutarch bzw. Tacitus erscheinen [156], und das nach petrarkistischer Manier bildreich
entwickelte Klischee der einzelnen, wiederum vollkommen schönen Körperteile mag
einen starken Eindruck erwecken, aber genauer vorstellen können wir uns die schönen Frauen deshalb kaum. Von Cleopatra erfahren wir konkret nur, sie habe
schwarze Augen und gewelltes Haar, von Poppäa nicht einmal das. Aber nach
solchen körperlichen Details sucht auch der Plutarch- und Tacitus-Leser vergeblich.
Wichtiger ist, daß Lohenstein es bei der Beschreibung der körperlichen Schönheit be-
wenden läßt. Daß Plutarch und Tacitus gerade das Wesen der beiden Frauen genauer
erfassen, übergeht er fast ganz. Der Hinweis des Plutarch, eigentlich sei Cleopatra
gar nicht übermäßig schön gewesen, habe aber durch ihre reizvolle Art ungemein
gewonnen, geht ebenso unter wie die Taciteische Bemerkung vom »sermo comis«
der Poppäa, deren »Seelen-Liebreitz« Lohenstein nur ganz allgemein einmal andeutet. [157] Die in ihrer ganzen Vielseitigkeit porträtierten Frauengestalten der Quellen hat der Dichter, wie die direkt charakterisierenden Passagen zeigen, zu reinen
Bastionen männlicher Lust umgeformt. Durch ihr Handeln erweisen sie sich darüberhinaus als machthungrige Verstellungskünstlerinnen, aber auch dadurch gewinnen
sie kein schärferes Profil. Selbst Cleopatras heroischer Tod ändert daran wenig.

Die Männer sind kaum individueller gezeichnet. Die Charakteristik Pisos, die
einzige breitere, die sich neben der Poppäas im Quellenmaterial der römischen
Trauerspiele findet, ist zwar recht genau übernommen, wenn man nur die Eigenschaften und nicht ihre Bewertung berücksichtigt, jedoch keineswegs aktualisiert.
Von der Beredsamkeit und Freundlichkeit, die Scevin an Piso rühmt, läßt der eher
wortkarge und abweisende Piso des Stücks jedenfalls nichts merken. Davon war
schon in früherem Zusammenhang die Rede. [158] Was für Piso gilt, das gilt erst
recht für die meisten seiner Mitverschwörer. Die Gruppe dieser zwanzig Männer,
die Tacitus nach Charakter, Stand und vor allem nach dem persönlichen Verschwörungsgrund knapp und treffend in ihrer bunten Vielfalt umreißt, erscheint bei
Lohenstein weitgehend zu einem Kollektiv nivelliert, dessen Glieder sich nur im
Namen und allenfalls noch in der Sprechweise unterscheiden.

Und schließlich sind auch die Hauptgestalten wenig mehr als Allegorien von Ehrsucht, Wollust, Angst und Beständigkeit in historischer Maske. Wo einer dieser Beweggründe bei Tacitus auftaucht, wie z. B. in ann. 14,2 mehrmals die Ehrsucht der Agrippina, da greift Lohenstein begierig zu. Alle individuelleren Motive übergeht oder vernachlässigt er. Selbst Epicharis, deren Charakter er, an den Andeutungen des Tacitus gemessen, erweitert, ist nur eine schöne Kombination von Klugheit und Beständigkeit oder, um Lohensteins eigene Begriffe zu gebrauchen, von »Witz und Muth«.

Auf das im Vergleich zu den Quellen unrealistische Konzept Lohensteins gehen zum Teil wohl auch die ungenauen oder gar widersprüchlichen Zeit- und Ortsangaben zurück. Die von der französischen Klassik verordnete Zwangsjacke der 24-Stunden-Einheit will dem Autor situationsenthobener und damit im Grunde auch zeitenthobener oder doch tageszeitlich nicht fixierbarer Stücke nicht passen. In der *Agrippina* weiß man nicht genau, in welchem Haus oder gar in welcher Stadt die Akteure zu denken sind, die Räume sind mehr atmosphärisch als topographisch bestimmt. Und daß Lohenstein die Entwicklung von dem angeblichen Putschplan Agrippinas über Poppäas Liebesintrige, Agrippinas Inzestversuch, Planung und Durchführung des Schiffbruchs bis zur schließlichen Ermordung der Kaiserin zwischen zwei Nächte einspannt, läßt sich nur durch die sowieso unrealistische Konzeption entschuldigen. Während in der *Agrippina* aber immerhin klar ist, daß die beiden Anfangsszenen sowie die ganze vierte und fünfte Abhandlung zur Nachtzeit spielen, fragt man sich bei der Erstfassung der *Cleopatra* und bei der *Epicharis*, die beide von einem bis zum nächsten Morgen reichen, vergeblich nach der tageszeitlichen Verteilung und der Datumsgrenze. Liegt sie in der *Epicharis* zwischen der zweiten und dritten Abhandlung, mit deren Beginn Nero durch Milichus aus dem Schlaf gerissen wird? Dann wäre die Handlung ungleich verteilt. Die ersten beiden Abhandlungen nähmen einen ganzen Tag, die letzten drei nur den nächsten Morgen in Anspruch. Oder liegt sie, den Angaben von Tacitus entsprechend, zwischen den beiden Foltern der Epicharis, also etwa zwischen dritter und vierter Abhandlung, mit deren Beginn Epicharis aus ihrer Ohnmacht erwacht? Diese Frage ist ebensowenig eindeutig zu beantworten wie die nach Tages- und Nachtszenen. Auch der Helligkeitsgrad der Szenen erscheint mehr durch ihren atmosphärischen Wert als durch die Tageszeit bestimmt. Lohenstein handelte nur folgerichtig, wenn er 1680 mit der Zweitfassung der *Cleopatra* und mit der *Sophonisbe* auf die zeitliche und räumliche Fixierung am Ende des Personenkatalogs verzichtete, nachdem er sie schon 1673 beim *Ibrahim Sultan* gelockert hatte. [160]

Wir haben die Vernachlässigung der szenischen, charakterisierenden und letztlich überhaupt der historisch fixierenden Quellenangaben festgestellt, und man könnte fragen, mit welchem Recht angesichts dieser Auszehrung des geschichtlichen Materials Lohensteins Trauerspiele überhaupt noch die Bezeichnung »historisch« verdienen. Nun, im Sinne der heutigen, immer noch vom Historismus des 19. Jahrhunderts beeinflußten Geschichtsauffassung, die jede Epoche nach ihren eigenen Bedingungen beurteilt, mit Akribie nach der individuellen Kausalität der Ereignisse

forscht und jedes Detail sorgfältig verzeichnet, muß Lohensteins Dramatik so un-
historisch wie unrealistisch erscheinen. Anderseits verkörpert sie gerade deshalb die
Geschichtsauffassung seiner eigenen Zeit. Die Menschen des 17. Jahrhunderts sahen
in der Vergangenheit ein unerschöpfliches Arsenal von Präzedenzfällen für die
eigene Gegenwart. Die von Lohenstein vorgenommene Beschneidung mag uns Heutigen als Substanzverlust erscheinen, im Sinne des mehr analogen als kausalen Ge-
schichtsdenkens der Barockzeit hingegen läßt sie das eigentlich Historische erst richtig deutlich werden.

Worauf Lohenstein bewußt verzichtet oder was er, manchmal nur noch nicht
konsequent genug, vernachlässigt, kann im übrigen nur als Verlust erscheinen, solange man außer acht läßt, wie er dieses Defizit ausgleicht. Aus realistischen Situationen entbunden und auch von charakterlichen Zufälligkeiten weitgehend entlastet,
ist das Drama frei für die rhetorische Demonstration überindividueller Affekte, die
zum Wesen der in der Nachfolge Senecas stehenden barocken Tragödie gehört.

Die Tischszene in Scevins Haus am Vorabend des geplanten Attentats etwa hat
Lohenstein nicht einfach gestrichen, sondern deutlich in eine Affektszene umge-
wandelt. Scevin trifft hier jene leichtsinnigen Anordnungen, die zur Entdeckung
der Pisonischen Verschwörung führen. Fast beiläufig bemerkt Tacitus ann. 15,54,2,
Scevin sei traurig und sichtlich in ernste Gedanken vertieft gewesen, wenn er sich
auch, über dieses und jenes redend, heiter gestellt habe. Im übrigen erscheint er
bei ihm als ein äußerst geschäftiger Mann, der, gerade erst von einem langen Gespräch mit Natalis nach Hause gekommen, sein Testament macht, den Dolch für
das Attentat schleifen läßt, ein ungewohnt reichliches Abendessen beginnt, seine
Lieblingssklaven freiläßt, den anderen Geld schenkt und schließlich Verbandszeug
und blutstillende Mittel besorgen läßt. Lohenstein rollt die entsprechende Szene II b
der *Epicharis* nicht von den Ereignissen her auf, sondern von den Gedanken Scevins
her, die Tacitus, wie gesagt, nur am Rande erwähnt. Das handlungsintensive und
gesellige Bild, das sich uns in der Quelle bietet, formt er großenteils zu einer ein-
samen Monologszene um (133–175), die nur durch zwei kurze Befehle an Milichus
unterbrochen wird. Die von Tacitus berichteten Geschehnisse deutet er nur knapp
an. Das vorangehende Gespräch mit Natalis ist nicht einmal erwähnt, obwohl Nero
dem Scevin später vorwerfen wird, daß er »gestern [. . .] bis in die Nacht« mit Natal
zusammengewesen sei. [161] Das »conuiuium« bleibt dem Zuschauer wie immer
vorenthalten. Scevin ordnet es, wie bereits gesagt, nur an. Statt der vielen Freigelassenen und Sklaven ist nur der spätere Denunziant Milichus Zeuge von Scevins
auffälligem Gebaren, und auch er geht zwischendurch weg, um die Befehle seines
Herrn auszuführen, so daß Scevin, im Mittelteil der Szene (158–175) ganz allein,
nun offen über das geplante Attentat sprechen kann. Erst danach ist in gedrängter
Form einiges auf der Bühne zu sehen: die stimmungsvolle Siegelung des Testaments
mit Wachs und Licht, die Freilassung der nur kurzfristig hierzu erscheinenden
»Knechte« Lucius und Sejus, die beide einen »Hutt der Freyheit Merckmal« erhalten [162], und die Übergabe des Dolchs an Milichus. Das Schärfen des Dolchs
und die Beschaffung von Verbandszeug werden wieder nur befohlen.

Von den Zechgenossen und anderen Zeugen befreit, kann Scevin zeitweilig ohne Rücksicht die Wahrheit sagen. Aber nicht darauf kommt es Lohenstein an, sondern auf die offene Darstellung jener ernsten Gemütsstimmung, die Scevin nach Tacitus im geselligen Kreis durch gespielte Heiterkeit zu verdecken suchte. Wenn sich der »verzagte« [163] Ratsherr »knechtschen Aufschub« verbietet [164] und sich immer wieder Mut zuspricht, dann hat das auch mit der stereotypen Forderung der Epicharis, keine Zeit zu verlieren, im Grunde nur wenig zu tun. Es geht dem Dichter hier wohl weniger um die Selbstermunterung Scevins als um die Darstellung jener Melancholie, die Walter Benjamin als Grundgefühl der Barockzeit gekennzeichnet hat. [165] Anders ist die Häufigkeit, mit der Lohenstein später auf die »Schwermuth« Scevins zurückkommt, kaum zu erklären. [166]

Scevin läßt seine Schwermut offen erkennen. Was er zunächst, noch im Beisein des Milichus, verbirgt, ist nur der Beweggrund dieser Stimmung. Ja, da Lohenstein das gesellige Mahl ausspart, hat Scevin gar keine rechte Gelegenheit, seine Gefühle durch die Maske der Heiterkeit zu tarnen. So klingt es verwunderlich, wenn Milichus dann doch später sagt, Scevin stelle sich lustig, könne aber seine Schwermut nicht verbergen. [167] In Scevins Worten ist beim besten Willen nichts von Lustigkeit zu spüren. Vielleicht soll seine Aufforderung, die Knechte möchten »wen ihr meint/ zum Freymal zu mir laden«, so wirken. [168] Diese an Matthäus 22,9 erinnernde Einladung macht ihn noch großzügiger als bei Tacitus. Aber die Aufforderung zur Freude läßt ihn selbst kaum froh erscheinen. Lohenstein hat also die gesellige Tischszene in eine melancholische Affektszene verwandelt, ohne die Folgen dieser Veränderung auch über die Szene hinaus zu bedenken.

Das Zurücktreten historischer Details und damit im heutigen Sinne des Historischen überhaupt läßt sich nicht nur in privaten Affektszenen, wie der soeben besprochenen, sondern auch in den großen Leidens- und Bewährungsszenen beobachten, in denen Gericht, Folter und Tod das Geschehen beherrschen. Die magisch-kultischen Traum-, Geister-, Zauber- und Opferszenen sind in der Regel sogar schlicht erfunden. Auch in den für ihn bezeichnendsten Szenen, in denen sich Erotik und intrigante Verstellung mischen, macht sich Lohenstein von der historischen Vorlage weitgehend frei. [169]

Er begibt sich damit nicht der Realität schlechthin. Aber der Versuch Erik Lundings, ihn im Gegensatz zu dem »Idealisten« Gryphius als »Realisten« zu bezeichnen [170], muß nach allem Gesagten doch als zu pauschal erscheinen. Ein Realist im üblichen Sinne, der die Dinge um ihrer selbst willen auf die Bühne und zur Sprache bringt, ist Lohenstein jedenfalls nicht. Selbst von einem psychologischen Realismus kann man nur mit Vorbehalt sprechen. Wichtiger als die objektive Darstellung ist ihm die wirkungsstarke Inszenierung der Affekte.

# SECHSTES KAPITEL

## PSYCHOLOGIE UND POLITIK
## BEI TACITUS UND IN LOHENSTEINS TRAUERSPIELEN

### 1. Die Psychologie des Untergangs

Es ist deutlich geworden, daß Lohenstein die von Tacitus angegebenen realistischen Details reduziert und daß er die Affekte ausführlicher darstellt als der römische Historiker. Diese Unterschiede sollten allerdings nicht über die wichtigere Tatsache hinwegtäuschen, daß Tacitus für die Verlagerung der darstellerischen Energie vom äußeren Bereich der Fakten in den seelischen Bereich der Motive wichtige Vorarbeit geleistet hat. Schon er deutet die Tischszenen, die Lohenstein dann teilweise ganz ausspart, nur skizzenhaft knapp, gelegentlich nur mit einem Wort an, wie er auch sonst auf alles nur Pittoreske verzichtet. In der Literaturgeschichte von Martin Schanz und Carl Hosius heißt es, daß wir manches bei ihm vermissen. So seien seine Beschreibungen nicht auf Ortskenntnis gegründet, seine Schlachtberichte so unklar, daß Mommsen ihn den unmilitärischsten Schriftsteller habe nennen können. [1] Auch die Jahres- und Tageszeiten finden wir nur gelegentlich bei ihm fixiert. Stattdessen

legte er den Schwerpunkt seiner Darstellung vom Äußeren in das menschliche Herz. Seine Geschichtschreibung wird dadurch eine psychologisch-pragmatische; nicht die Ereignisse als solche erregen sein Interesse, sondern insofern ihre Träger Menschen sind. Überall ist daher sein Bestreben darauf gerichtet, die Gedanken der Handelnden zu erraten und einen Blick in ihre Seele tun zu lassen. Den guten oder bösen Triebfedern nachzuspüren, erachtet er als die vornehmste Aufgabe des Geschichtschreibers, der den Preis der Tugend und den Schimpf des Lasters zu verkünden habe, damit jene gepflegt, dieses gemieden werde. [2]

»Tacite a introduit l'homme dans l'histoire«, so hat es E. P. Dubois-Guchan zugespitzt formuliert. [3] Stärker als alle anderen antiken Historiker fragt Tacitus nach den Hintergründen insbesondere der katastrophalen Ereignisse, die er letztlich immer wieder in der menschlichen Psyche verankert. So weit wie möglich sucht er in die Zusammenhänge einzudringen. Die szenischen Beschreibungen und Redezitate, mit denen er etwa die Geschichte von Agrippinas Tod illustriert, haben nicht Selbstzweck, sondern dokumentieren die einzelnen Stufen der Entwicklung, die schließlich zu dem eigentlichen Mordereignis führte. Daß trotz oder gerade aufgrund des kritisch bohrenden Zweifels die Frage nach den seelischen Beweggründen vielfach offenbleibt und der Autor sich mit einem »incertum an [. . .]« der Entscheidung zwischen zwei möglichen Motiven entzieht, bestätigt nur die Sorgfalt seiner motivanalytischen Wahrheitssuche.

Die psychologische Feinfühligkeit der Taciteischen Geschichtsschreibung war auch den Lesern der Barockzeit bekannt. Schon im 16. Jahrhundert hatte der als Verfasser des ersten Emblembuches bekannte Mailänder Jurist Andrea Alciati im Vorwort seiner Tacitus-Ausgabe geschrieben, bei keinem anderen Historiker finde man so wie hier die den Taten vorausgehenden Gedanken (rerum gestarum consilia), die verschiedenen Regungen (varios motus) der Herrscher wiedergegeben. [4] Und Justus Lipsius, der Verfasser des bis heute berühmtesten Tacitus-Kommentars, fragt in der Vorrede seines Werkes:

Quae pars prudentiae est, militaris siue ciuilis; quis affectus hominum, etsi occultus; qui casus aut euentus rerum, quos iste non palàm aperit, aut sub velo ostendit? [5]

Die psychologische Kunst, mit der Tacitus hinter die geschichtlichen Ereignisse zurückfragt, dürfte Lohenstein, den »Psychologen« unter den deutschen Barockdramatikern [6], mehr als alles andere zu ihm hingezogen haben.

Tacitus kommt indessen nicht nur allgemein durch seine Neigung, die seelischen Hintergründe politischer Ereignisse aufzudecken, dem schlesischen Dichter entgegen, auch in der Auffassung der menschlichen Psyche zeigen sich die beiden Autoren verwandt. Beide sind weniger an den charakterlichen Besonderheiten ihrer Personen interessiert als an den überindividuellen Kräften, die in ihnen wirksam werden. Zwar führt Tacitus das Handeln seiner Gestalten nicht auf die wenigen allegorisch personifizierbaren Beweggründe zurück, die Lohenstein immer wieder angibt. Seine Palette ist reicher gestaffelt. Aber wie Lohenstein in seinen Stücken eine »transsubjektive Dynamik« entfaltet [7], so stellt auch Tacitus Typencharaktere vor. [8] Er läßt konkrete Details möglichst weg, sofern sie nicht in der Richtung der beabsichtigten Typisierung liegen, und beschreibt im Gegensatz zu Sueton nur verhältnismäßig wenig körperliche Erscheinungsformen. [9]

Eine weitgehende Übereinstimmung unserer beiden Autoren verzeichnen wir aber vor allem in der Auswahl und Beurteilung der seelischen Kräfte selbst. Die Beweggründe, denen Tacitus nachspürt, und die Gemütserregungen, die Lohenstein inszeniert, sind von gleichermaßen düsterer Natur. Zwar begeistern sich beide gelegentlich auch für das Edle und Vorbildliche, doch dient die Tugend der wenigen vor allem dazu, die Schlechtigkeit der meisten nur noch deutlicher hervortreten zu lassen. Im Mittelpunkt der Darstellung stehen die moralisch verwerflichen oder doch fragwürdigen Antriebe, die unglückbringenden und das Unglück begleitenden Affekte. Mit fast wollüstigem Pessimismus [10] schlagen beide in dem grausamen Spiel von Macht und Tod im wesentlichen die gleichen Töne an.

Nur rückt Lohenstein das Erotische stärker in den Vordergrund und stellt es dem Politischen gleichberechtigt an die Seite, so daß Klaus Günther Just Politik und Erotik als die beiden zentralen »Energien« der Lohensteinschen Trauerspiele bezeichnen konnte. [11] Die bedeutendste Rolle spielt das Erotische in den beiden afrikanischen Trauerspielen *Cleopatra* und *Sophonisbe,* szenisch kommt es am stärksten in der *Agrippina* zur Geltung. In der *Cleopatra* geht Antonius an »der Liebe Macht« zugrunde. [12] Sophonisbe, die den Sturz ihres ersten Mannes Syphax verschuldet, ist gar zur Zauberin erhöht, die »durch blossen Blick« die Männer behext. [13] Im Hinblick auf Agrippina weist Seneca den Verdacht wirklicher Zauberei zurück und nennt stattdessen in aufklärerischer Manier den weiblichen »Libreitz« schlechthin Zauberei. [14] Agrippina selbst bekennt allerdings später, daß sie »durch ärgste Zauber-kunst« die Frau des Claudius und damit Kaiserin geworden sei. [15] Indem Lohenstein die Anziehungskraft des Weibes zur Magie emporstilisiert, macht er die »Wollust« des Mannes zur beherrschenden Begierde und zur ersten Ursache geschichtlicher Katastrophen. Die Vernunft, die besonders der stoisch weise Scipio in der vierten Abhandlung der *Sophonisbe* propagiert, vermag sich nur mühsam gegen diese zerstörerische Naturmacht zu behaupten.

Eine so überragende Bedeutung haben das Erotische und die Frauen bei Tacitus sicherlich nicht. Aber auch in dieser Beziehung hat er Vorarbeit geleistet. Zwar steigert er die Frau nicht eigentlich zur Hexe und das Begehren des Mannes zur sexuellen Hörigkeit, doch stellt er mit den Cäsarenfrauen Livia, Messalina, Agrippina und Poppäa den Typus des dämonischen Machtweibes literarisch erstmals ausführlich dar [15 a], den Lohenstein dann in das deutsche Drama eingeführt hat. Die Frauen spielen bei Tacitus eine bedeutendere Rolle als bei allen anderen antiken Historikern. Die Faszination über das schwache und paradoxerweise zugleich gefährliche Geschlecht ist aus all seinen diesbezüglichen Äußerungen zu spüren. Das Adjektiv »muliebris« verwendet er, wie die im *Lexicon Taciteum* von Gerber und Greef angeführten Stellen erkennen lassen, meist in wertendem Sinne und dann immer pejorativ. Ja, »muliebre ac deterius« sind für ihn geradezu synonym. [16] Auch wenn er, wie er es gern tut, »muliebris« als typisierendes Attribut gebraucht – ein besonders guter Beweis für seine Neigung zu typenhafter Darstellung –, dann hat das Wort ebenfalls einen schlechten oder zumindest fragwürdigen Beigeschmack. Statt von der »fraus Plancinae« oder von der »fraus Messalinae« spricht er von einer »fraus muliebris«. [17] Als typisierendes Attribut setzt er »muliebris« auch ein, um die »cupido« der Livia [18], die »impotentia«, »superbia« und »illecebrae« der Agrippina zu kennzeichnen. [19] Auch mit dem Glauben, »deliciae«, »offensiones«, »aemulatio« und »eiulatus« seien typisch weibliche Attribute [20], entspricht er weniger der bis heute gültigen Volksmeinung vom schwachen Geschlecht als dem frauenfeindlichen Lakonismus neuzeitlicher Skeptiker vom Schlage eines Schopenhauer. Daß Tacitus einige Frauen, etwa seine eigene oder auch Epicharis, sehr lobt, besagt nichts gegen seine pessimistische Modellvorstellung. Die »constantia«, die er an Epicharis preist, ist ja, wie er selbst andeutet [21], gerade nicht typisch weiblich.

Lohenstein folgt in seiner Auffassung des weiblichen Geschlechtes [22] also durchaus den Spuren des Tacitus. Er tritt sie gewissermaßen nur breiter aus. Die Klischeevorstellung von der weiblichen »fraus« treibt er noch weiter, indem er etwa, wie schon früher erwähnt, die Verschlagenheit des Denunzianten Milichus in dessen Frau Corinna personifiziert. [23] Möglicherweise hat seine Tacituslektüre schon auf die *Cleopatra* abgefärbt. Daß er die ägyptische Königin weit gerissener darstellt als Plutarch, könnte allerdings auch auf literarische Zwischenquellen zurückgehen oder aber darauf hindeuten, daß er sein Frauenbild weniger von Tacitus bezog als bei ihm bestätigt fand.

Neben der »Wollust« [24] ist die »Ehrsucht« der entscheidende Motor in Lohensteins Dramen. [25] In seiner gereimten Widmung zur *Sophonisbe* bringt er das programmatisch zum Ausdruck. [26] Auch dieses Streben nach Macht und politischer Geltung spielt schon bei Tacitus eine gewichtige Rolle, besonders als Beweggrund der Frauen, die auch das Bett als Mittel zur Erreichung ihres Zieles nicht scheuen.

Mehr noch als für die primären Antriebe des politischen Lebens interessieren sich Tacitus und – von der überragenden Bedeutung der »Wollust« in seinen Dramen abgesehen – auch Lohenstein für die verwirrenden Folgeerscheinungen, genauer gesagt: für das Wechselspiel von Furcht und Verstellung, das offensichtlich in der frühen Kaiserzeit ebenso wie im Zeitalter des aufkommenden Absolutismus das Hofleben beherrschte.

Die Furcht, die Lohenstein unter den vier stoischen Hauptaffekten an erster Stelle nennt [27], durchzieht seine Trauerspiele ebenso wie das Geschichtswerk des Tacitus als bestimmendes Grundgefühl. Daß die Furcht im Zentrum des Taciteischen Affektspektrums steht, hat Jürgen von Stackelberg mit Hilfe des »Lexicon Taciteum« von Gerber und Greef ermittelt. [28] Daß sie bei Lohenstein besonders in den römischen Trauerspielen zum Ausbruch kommt, ist wohl eine unmittelbare Folge der Tacitus-Rezeption. Während Tacitus die Furcht mehr als Beweggrund neuen Handelns zur Sprache bringt, stellt Lohenstein sie hauptsächlich als Folgeerscheinung und um ihrer selbst willen in Form des Schreckens dar. Besonders in der *Agrippina* spielt sie eine überragende Rolle, wie bei früherer Gelegenheit gezeigt wurde. [29] Neros Angst, die sich in allmählicher Klimax bis zum Furioso des Schlußreyens steigert, übertrumpft schließlich sogar seine »Wollust«. In der *Epicharis* geht es weniger um die Angst des Tyrannen. Nur zu Beginn der dritten Abhandlung zeigt sich Nero, hier allerdings sogar ohne einen entsprechenden Hinweis des Tacitus, »Mit banger Furcht verstört«, als Milichus die ihm drohende Gefahr meldet. [30] Ansonsten beherrschen hier die Furcht der Verschwörer vor Entdeckung [31] und nachher die Feigheit, die bei einigen von ihnen bis zum Tode reicht, die Bühne, wirksam kontrastiert von der Furchtlosigkeit der Epicharis und Senecas. [32] Epicharis überwindet nicht nur die Furcht vor zukünftigem Schmerz, der die männlichen Denunzianten bereits bei bloß angedrohter Folter erliegen, sondern auch den Folterschmerz selbst und damit den nach stoischer Auffassung stärksten der Affekte, welche die Gemütsruhe des Weisen bedrohen. In den weiteren Umkreis der Furcht gehört auch die melancholische Schwermut Scevins.

Die Taciteischen und Lohensteinschen Personen fürchten meistens nicht offene, klar erkennbare Gewalt. In der Regel vermuten sie die auf sie zukommenden Gefahren nur. Mit argwöhnischem Mißtrauen beobachten sie ihre Gegenspieler, so wie sie ihrerseits von diesen belauert werden. Pendant und Basis der gegenseitigen Furcht ist eine ebenso gegenseitige Verstellung. Damit kommen wir zu der letzten und wichtigsten Gemeinsamkeit, welche das Menschenbild von Tacitus und Lohenstein verbindet, und wenden uns zugleich von dem eigentlich psychologischen Bereich der Affekte ab und dem der politischen Taktik zu.

Bei dieser Gelegenheit sei eine kritische Bemerkung erlaubt. Die in diesem Kapitel herausgearbeiteten und die noch auszumachenden Gemeinsamkeiten sollten nicht überschätzt werden. Sie tragen zum Verständnis der Trauerspiele Lohensteins bei.

Aber sie haben keine feste Beweiskraft im Sinne einer eindeutigen oder gar einmaligen geistigen Beziehung zwischen Tacitus und dem Dichter. »Die pathetische Geschichtsschreibung, die mit der Darstellung großer Charaktere und gewaltiger Ereignisse eine der tragischen verwandte ästhetische Wirkung erstrebt, hat eine lange Geschichte«. [33] Tacitus war nicht der erste, wenn auch sicherlich der wirkungsvollste Historiker dieser Art. Vor allem aber hat seine psychologische Durchdringung geschichtlicher Katastrophen nicht nur Lohensteins römische Trauerspiele, sondern auch andere Tragödien auf den Plan gerufen, für die – im einzelnen kann das hier nicht nachgeprüft werden – einige der besprochenen Gemeinsamkeiten in ähnlicher Weise Geltung haben. Nachdem Justus Lipsius das Geschichtswerk des Tacitus als »quasi theatrum hodiernae vitae« gepriesen hatte [34], bemühten sich im 17. Jahrhundert Dichter aller literarisch maßgebenden Länder darum, es wirklich auf die Bühne zu bringen, und im 19. Jahrhundert wiederholte sich dieser Vorgang in etwa. [35] Die Verbindung von dramatischer Darstellung und tragischer Geschichtsauffassung [36] weckt schon beim Lesen den Eindruck, daß Tacitus, vor allem bei Seianus und Nero, »vollkommene Tragödien« entwerfe [37], und so ist es kein Wunder, daß seine Bearbeiter vornehmlich Tragödiendichter waren.

## 2. Die Kunst der Verstellung

Tacitus versteht es, wie gesagt, die seelischen Hintergründe politischer Ereignisse aufzudecken. Er tut es nicht eigentlich aus Liebe zur psychologischen Vertiefung, sondern weil er dem äußeren Schein mißtraut. Bernd-Reiner Voss schreibt:

Geradezu symptomatisch sind die Antithesen und übrigen gegensatzbestimmten Formulierungen, deren eines Element der Begriff *species* (imago sim.) trägt. Der Gegensatz von Schein und Wirklichkeit, der in ihnen zum Ausdruck kommt, ist eines der ständigen Themen des Tacitus. [...] In all diesen Äußerungen geht es im Grunde um Entlarvung von *simulatio* und *dissimulatio*, um Zerstörung von Fassade, Vernichten falschen Anspruchs. [38]

Immer wieder dementiert oder bezweifelt Tacitus die gutartigen offiziellen Beweggründe als bloße Vorwände und zieht die schlimmen als die wahren Motive ans Licht. Ein gutes Beispiel im Zusammenhang der Pisonischen Verschwörung bietet Tacitus ann. 15,52,2–3, wo er die Begründung, die Piso gegen ein Attentat in seinem Haus geltend macht, höhnisch zerpflückt. Die Stelle ist allerdings zugleich ein Beispiel dafür, daß Lohenstein die von Tacitus hervorgezogenen Gründe durchaus nicht immer verarbeitet. Piso ist anscheinend so unwichtig, daß er nicht einmal das verdient.

Daß hinter der sich objektiv gebenden, angeblich »sine ira et studio« [39] gebotenen Diagnose des Tacitus ein programmatischer Zweifel am Werke ist, der Furcht und Mißtrauen der geschichtlichen Personen nicht selten als Ergebnis von des Autors eigenem Mißtrauen und die angebliche Verstellung gelegentlich als pure Unterstellung erscheinen läßt, braucht in unserem Zusammenhang nicht zu interessieren, weil erst die seit dem 19. Jahrhundert einsetzende kritische Geschichtsforschung mit Leopold von Ranke und Theodor Mommsen entscheidend darauf aufmerksam

gemacht hat. Sie konnte vor allem das Bild des Tiberius, den Tacitus als abgefeim-
testen aller Heuchler darstellt, durch den Nachweis korrigieren, daß der Autor
mit nicht selten böswilliger Dialektik selbst lobenswerte Taten dieses Kaisers ge-
hässig zu deuten weiß. Sein in ann. 15,64,2 anläßlich des Weiterlebens von Senecas
Frau Paulina geäußerter Vorwurf, das Volk glaube lieber das Schlechtere, fällt in
anderem Zusammenhang auf ihn selbst zurück. Diese Verzerrungen sucht man sich
hauptsächlich aus dem Domitianerlebnis des Tacitus zu erklären. [40]

Daß Tacitus auch dort Unrat wittert, wo keiner ist, hat die Zeitgenossen Lohensteins wenig gekümmert. Sie glaubten dem anerkannten Meister politischer Weisheit
im allgemeinen aufs Wort. [41] Daß sie sich seine skeptische Sicht der Kaiserzeit
dennoch nicht durchgehend zu eigen machten und vielfach zu einem ähnlich wohl-
wollenden Tiberius-Bild kamen wie die neuere Forschung, liegt zum Teil an dem
absolutistischen Wunschdenken der Zeit, das Tacitus als Lehrmeister ebenso für
sich in Anspruch nahm, wie die auf republikanische Freiheit bedachten Geister ihn
auf ihre Fahnen hoben. Jürgen von Stackelberg spricht von der »zweiseitigen Nutzbarkeit« des Tacitus für Herrscher und Untergebene. [42] Es liegt aber vor allem an
der breiten Billigung, welche die durch Tiberius repräsentierte Verstellungskunst
ganz unabhängig von der monarchischen oder republikanischen Einstellung der Be-
urteiler damals erfuhr. Die Theoretiker der Macht im Gefolge Machiavellis, die
diesen ihren eigentlichen Lehrmeister nicht zitieren durften, weil der Papst sein
Werk auf den Index der verbotenen Schriften gesetzt hatte, beriefen sich statt auf
ihn auf Tacitus, so daß in gewissem Sinne der »Tacitismus als Ersatz für den Ma-
chiavellismus« erscheint. [43] Die psychologischen Diagnosen des Tacitus wurden
zum Lehrbuch politischer Taktik. Ihn selbst begriffen die Tacitisten als Lehrmeister eben jener Verstellung, deren scharfsichtiger Kritiker er doch ist. Ob dieses
Mißverständnis beabsichtigt oder aber gar nicht mehr von den Autoren empfunden
wurde, läßt sich im Einzelfall kaum ausmachen.

Schon Antoine Muret, den Stackelberg den Initiator des Tacitismus nennt [44],
räumte ein, daß Täuschung und Verstellung für einen Herrscher oft notwendig, ja
empfehlenswert seien. [45] Scipione Ammirato, ein weiterer Wegbereiter des Tacitismus, häufig auch als dessen Begründer bezeichnet, las aus Tacitus gar »die unein-
geschränkte Empfehlung zur Heuchelei«. [46] Und auch Traiano Boccalini, der bedeutendste Vertreter des italienischen Tacitismus, mochte auf die Heuchelei nicht
verzichten, wenn er sie auch mit zwiespältigem Spott bedachte. [47] Boccalini war
nicht nur dem Andreas Gryphius, sondern auch Lohenstein bekannt. [48] Der für
ihn wichtigste Tacitist ist aber wohl der spanische Jesuit Baltasar Gracián, dessen
*El politico Fernando* er ins Deutsche übertrug. In seinen Werken, vor allem in dem
kleinen, von Schopenhauer übersetzten *Oráculo manual* (Handorakel), einer Sen-
tenzensammlung, finden sich auf Schritt und Tritt Anweisungen zu kluger Verstellung. [49] Neben dem Thema Staatsräson war das Thema Dissimulation – so lautet
das lateinische Wort für Verstellung – der zweite Brennpunkt, auf den sich die
politische Diskussion um 1600 konzentrierte. [50]

Daß man weniger an der Demaskierungskunst des Tacitus als an der von ihm
angeprangerten Verstellung Gefallen fand, ja daß es niemals so leicht erschien wie

damals, Kabalen gutzuheißen, hat nicht nur politische Gründe. Das Wort Dissimulation, »eine Zauberformel, die Tacitus' Namen heraufbeschwor« [51], ist über den politischen Bereich hinaus ein hermeneutischer Schlüssel zum Verständnis des damaligen Zeitgeistes. Die Verstellung, moralisch wenig angefochten, als Gebot der Klugheit eher allgemein für gut befunden, war weniger ein ethisches Problem als ein ästhetisches Phänomen. Die Neigung zu rhetorischer Uneigentlichkeit, die niemals so stark ausgeprägt war wie in dem damals in ganz Europa herrschenden Manierismus, das Vergnügen an doppelsinnigen Orakeln und Hermetismus, die Liebe zu Schäferdichtung, Schlüsselromanen und überhaupt zur Maskerade, die zum Gemeinplatz gewordene Auffassung der Welt und des menschlichen Lebens als eines schönen oder auch flüchtigen Spieles [52], die Blüte des Intrigendramas in dieser Zeit, all das hängt mit der Lust an politischen Ränken zusammen und macht die Versuche damaliger Jesuiten, sie kasuistisch zu rechtfertigen, zwar nicht entschuldbar, aber doch verständlicher. Dissimulation ist nicht nur das Ideal des politischen, sondern auch des gesellschaftlichen und literarischen Zeitstils. Dieses Wort bedeutet die ganze barocke Ästhetik in einer Nuß. Es ist kein Zufall, daß Schiller seine Intrigendramen in dieser Zeit spielen läßt, in der Mortimer »der Verstellung schwere Kunst« in jesuitischer Umgebung lernen konnte. [53]

Wer die politische Lüge oder auch nur das Verschweigen der Wahrheit nicht billigen mochte, durfte sich ohne moralische Skrupel an den Intrigen erfreuen, die damals die Theaterbühnen beherrschten und in Tragödien und Komödien gleichermaßen den Ton angaben. »Dissimulatio« bedeutet nicht nur Verstellung, sondern auch Ironie. [54] Die Diskrepanz zwischen der Unwissenheit der in Mißverständnissen befangenen dramatischen Personen und den durch Ironiesignale aufgeklärten Zuschauern bildet den Hauptreiz der tragischen wie der komischen Stücke dieser Zeit. Im Gegensatz zu dem ernstgemeinten Pessimismus des Tacitus blieb die Trauer der an ihn anknüpfenden Stücke weitgehend unverbindliches, gattungsbedingtes Spiel. Das tragische Ende einer historischen Fabel wurde selbstverständlich in ein glückliches umgemünzt, wenn der gleiche Stoff als Romansujet diente. Daß Trauerspiele von einem traurigen Dichter geschrieben wurden, war damals weniger wahrscheinlich als später. Erst in der zweiten Hälfte des 18. Jahrhunderts wurde die spätzeitlich-formbewußte Dissimulationsästhetik durch die Erlebnisdichtung und mehr ideologische Kunstauffassungen abgelöst.

Auch Lohenstein ist ein Kind seiner Zeit. »Man thut zum Scheine viel«. Dieser Ausspruch, den er in der Zweitfassung der *Cleopatra* der Titelheldin in den Mund legt [55], hat weniger historischen als aktuellen Bezug. Im einzelnen erscheint seine Haltung in dieser politischen Kernfrage zwiespältig und schwankend. [56]

Einerseits verurteilt er die Verstellung. »FRAUDE. FRAUS. CERUSSA. FONTE. FRUSTRATUR.« Betrug wird durch Betrug, Schminke durch Wasser zunichte. Das ist schon das Fazit der *Cleopatra* von 1661, wie Lohenstein es in seiner Widmung an den Breslauer Senat zum Ausdruck bringt. [57] Im Reyen der vierten Abhandlung dieses Stücks preisen die ägyptischen Schäfer und Schäferinnen – ähnlich wie die Hofjunker im ersten Reyen von Gryphius' *Papinianus* – ein einfaches Leben in ländlicher Idylle außerhalb des Hofes und ohne Heuchelei. In der ausführlichen Widmung zur *Sophonisbe* an Franz von Nesselrode kritisiert Lohenstein seine Zeit und preist den Adressaten, wenn er sagt:

Zwey Dinge sind in dir/ O Nestor! Wunders werth;
Daß Klugheit sich in dir mit Redligkeit vermählet/
Daß sie sich mit Betrug nie zu verhülln begehrt;
Daß Vorsicht ohne Falsch nie ihren Zweck verfehlet.
Da Arglist insgemein itzt Staats-verständig heist/
Und schlimm zu spielen sich die gantze Welt befleist. [58]

Auf der anderen Seite weiß Lohenstein:

Die gantze Welt geht itzt vermummt; und Tugend kan
Nicht ohne Larve gehn/ sol sie nicht Schifbruch leiden.

Zwar sagt das nur Cleopatra im Hinblick auf ihre Zeit [59], aber es ist ebenso auf die Zeit des Dichters gemünzt und zugleich seine eigene Meinung; denn in Vers 22 der eben erwähnten *Sophonisbe*-Widmung äußert er selbst fast die gleichen Worte. [60] Auch in der Anmerkung zu Vers III 510 der *Epicharis* hält er es für »eine Arth großer Vernunfft/ die Tugenden im Fall der Noth zu verstellen«.

Während er in moralischer Hinsicht die Verstellung nur für den Notfall zuläßt, schlachtet er die durch sie gegebenen dramaturgischen Möglichkeiten weidlich aus. Auf die Bedeutung der intriganten Elemente weist Klaus Günther Just in seiner Einleitung zu den afrikanischen Trauerspielen kurz hin. [61] Die Verstellung fasziniert den Dichter letztlich ebenso wie die ja ebenfalls von ihm offiziell verurteilte »Wollust«, so daß Just mit einigem Recht von einer Welt »jenseits von Gut und Böse« spricht. [62] Die Kunst der Verstellung, in den Trauerspielen des Andreas Gryphius verhältnismäßig sparsam angewandt, am stärksten noch durch Julia und Laetus im *Papinianus*, wird in Lohensteins Drama neben der Erotik zur zweiten tragenden Grundsäule des Geschehens. Die Politik, die Just als zweite »Energie« der Lohensteinschen Trauerspiele neben der Erotik herausstellt, äußert sich überwiegend als Verstellungskunst. Die Verstellung beherrscht vor allem die erste Hälfte der Dramen bis zur Peripetie. Da Lohenstein sie als besonderes Privileg der Frauen darstellt, macht er die beiden Hauptgefahrenherde seiner Stücke zu dem einen der geheuchelten Liebe. Die erotischen Szenen sind für den Dichter nicht so sehr deshalb bezeichnend, weil er den Exhibitionismus bis an die Grenze des damals Möglichen treibt, sondern vor allem, weil jede dieser Szenen zugleich einen Gipfelpunkt der Verstellung bedeutet. Meistens sind es die Frauen, die der blinden Leidenschaft und der plumpen Zudringlichkeit der Männer mit kluger Täuschung begegnen. Und wenn Augustus als einziger Mann »falsche Brunst« als »eine Herrschungs-Kunst« anwendet [63], dann eigentlich nur, um Cleopatra mit ihren eigenen Waffen zu schlagen. Wie gesagt: Fraude fraus frustratur. Die anderen Männer – so Nero gegenüber Poppäa, Volusius Proculus gegenüber Epicharis und Sultan Ibrahim gegenüber Ambre [64] – suchen allenfalls ihre Leidenschaft zu verbergen bzw. mit schönen Worten zu verbrämen.

Verstellung und Intrige sind eng miteinander verwandt, aber nicht identisch. Zur klassischen Intrigenkonstellation gehören drei Personen: der intrigante Ratgeber, der von ihm Verführte oder Beeinflußte und schließlich der Geschädigte, der

144

in der Intrigenszene nicht anwesend ist. In diesem Sinne sind die für Lohenstein charakteristischen Verstellungsszenen keine Intrigenspiele. Denn hier genügen zwei Figuren, die sich, wie Nero und Poppäa oder wie Proculus und Epicharis, gegenseitig etwas vorspiegeln, ohne daß dadurch unbedingt ein Dritter in Mitleidenschaft gezogen wird. Die Intrige ist damit nicht ausgeschlossen. Immerhin gibt Poppäa ja den Anstoß zu Neros Muttermord. Aber diese Intrige ist wichtiger für den weiteren Handlungsverlauf als für die einzelne Szene, auf die es dem Dichter zunächst und vor allem ankommt. Hier regiert das reine Verstellungsduell. Hier erscheint die gegenseitige Täuschung wichtiger oder zumindest wirkungsvoller als die möglicherweise intriganten Zwecke, denen sie dient. Aufs Ganze gesehen, spielt die Verleumdung Dritter in Lohensteins Dramatik nur eine untergeordnete Rolle. Darin unterscheidet er sich von Gryphius, der die Verstellung um ihrer selbst willen nicht kennt und seinen Papinian klagen läßt: »Verleumbdung hat allein diß Traur-Stück abgespilt.« [65]

Die Verstellung in ihrer geistvollen und gefährlichen Form als »handlungs-taktische Ironie«, wie Heinrich Lausberg sie nennt [66], beherrscht vor allem die *Cleopatra*, eine Tragödie aus lauter Täuschungen und Mißverständnissen. Die Titelheldin erscheint wesentlich durchtriebener als in Plutarchs Antonius-Biographie, die dem Dichter als Quelle diente. Während sie sich laut Plutarch aus Furcht vor der Wut des Antonius in ihr Grabmal einschloß und ihm sagen ließ, sie sei tot [67], tut sie es bei Lohenstein aus kühler Berechnung, da ihr Augustus das Leben schenken will, falls Antonius stirbt. [68] Die schon in der Antike verbreitete Meinung, »daß Afrika stets Treu und Glauben bricht« [69], hat diese Veränderung sicher nicht unmaßgeblich beeinflußt und wohl überhaupt zur Wahl afrikanischer Stoffe, auch der *Sophonisbe*, beigetragen. Die Afrikaner galten als ebenso verlogen wie die Kreter. [70] Besonders Cleopatra erscheint bei Lohenstein als Muster solch afrikanischer »fraus«.

Die Kunst der Verstellung bestimmt auch die *Agrippina*, doch führt sie hier nicht zu solch gegenseitiger Verstrickung der Täuschungen und Mißverständnisse wie in der *Cleopatra*. Nur die Verstellung jeweils einer Partei wirkt sich verwirrend aus. Während in der ersten Hälfte des Stücks Poppäa und Agrippina dem leidenschaftlich entbrannten und seine Erregung nur mühsam verbergenden Nero ihre Liebe vorgaukeln, kehrt dieser in der zweiten Hälfte den Spieß um und lockt mit Hilfe des schlauen Anicetus seine Mutter und deren Boten Agerinus in sein Netz. In der *Epicharis* verfehlt die Verstellung bereits ihre Wirkung, im übrigen dient sie hier eher im moralisch erlaubten Sinne zur Notwehr der Verschwörer. Scevins anfangs gelungene Verteidigung bricht am Ende durch die noch größere Schlauheit Corinnas zusammen, und Epicharis erreicht durch ihre kluge Rechtfertigung letztlich nur einen Aufschub der Katastrophe.

In der *Sophonisbe* tritt an die Stelle geistiger Verstellung die körperliche Verkleidung. Bezeichnend dafür sind die Anagnorisis-Szenen II d und e sowie III d. Auch der *Cleopatra,* in deren ursprünglicher Fassung von 1661 niemand sein Gesicht verbirgt, fügt Lohenstein mit der Überarbeitung von 1680 einige Verkleidungen bei.

[71] Im *Ibrahim Sultan* schließlich schlägt die durch petrarkistische Wortkostüme nur mühsam getarnte »Brunst« des türkischen Herrschers schnell in nackte Gewalt um.

Der Entwicklung von geistreich-gefährlicher Verstellung zu plumper Gewalt entspricht die größere moralische und auch stilistische Direktheit der späteren Stücke bzw. Fassungen. Während der jüngere Lohenstein sich mit moralischen Urteilen eher zurückhält und Cleopatra und in etwa auch Agrippina als faszinierende Gestalten jenseits von Gut und Böse erscheinen läßt, bestellt er den römischen Feldherrn Scipio in der *Sophonisbe* von 1680 zu einem beckmesserischen Moralprediger. [72] Im gleichen Maße, wie die kluge Verstellung an szenischer Bedeutung verliert, mehren oder verschärfen sich die abwertenden Urteile über sie. Der jüngere Dichter war von dem geistigen Versteckspiel offensichtlich so angetan, daß sein Interesse die Fragwürdigkeit des Gegenstandes übertönte. Als er später zu krasseren Mitteln und aufdringlicheren Wirkungen griff, wohl weil ihn die subtile, vorwiegend geistige Gefährlichkeit nicht mehr genug reizte, wurde er in seinem moralischen Urteil deutlicher.

Die größere stilistische Direktheit läßt sich etwa bei einem Vergleich der beiden *Cleopatra*-Fassungen erkennen. Zwar gerät die Neubearbeitung von 1680 beträchtlich länger als das ursprüngliche Stück, aber hauptsächlich durch die Hineinnahme kultischer und anderer Kuriositäten, also durch sachliche, nicht durch sprachlich-stilistische Aufschwellung. [73] Das Nachlassen der früheren manieristischen Verspieltheit und die Zunahme realistischer Momente beim späteren Lohenstein bedarf einer eigenen, hier nicht möglichen Untersuchung, die vielleicht auch den nüchterneren Stil des *Arminius*-Romans als nicht nur gattungsbedingt erweisen könnte.

Was die Verstellung seiner Figuren betrifft, bezieht Lohenstein sich so selten auf Tacitus [74], daß sich nicht sagen läßt, ob er in ihm mit den Augen der Tacitisten einen Lehrmeister höfischer Verstellung oder doch klugen Taktierens sah oder ob er ihn nur als neutrale Sachquelle anführt. Als Gegner der Verstellung jedenfalls bezeichnet er ihn nicht. In anderen politischen Fragen zeigt sich deutlicher, daß ihm die Auffassung der Tacitisten geläufig war. In ihrem Sinne nämlich zitiert er etliche Sentenzen des Tacitus.

### 3. DIE POLITISCHEN TACITUS-SENTENZEN IN DER »EPICHARIS«

Sentenzen, sprichwortartig zugespitzte Gedanken also, sind in der Barockliteratur häufiger und wichtiger als zu anderen Zeiten. Guicciardini und Montaigne, die ersten romanischen Moralisten, hatten dem scharfsinnigen Aphorismus schon im 16. Jahrhundert zu hoher Geltung verholfen. Graciáns *Oráculo manual*, die *Maximes* des Herzogs von La Rochefoucauld und Pascals *Pensées* bezeugen die noch größere Vorliebe von Lohensteins eigener Zeit für den geistvollen Spruch. So ist es nicht verwunderlich, daß im barocken Trauerspiel die dem Aphorismus verwandte, nur vielleicht weniger wirkungs- als sinnbezogene Sentenz eine bedeutendere Rolle spielt als zu anderen Zeiten. Sie vor allem garantiert tragische Höhe und Allgemeingültigkeit. »Die Lehr- und Dencksprüche sind gleichsam des Trauerspiels Grundseulen«, sagt Georg Philipp Harsdörffer in seinem *Poetischen Trichter*. [75] Das gilt nicht zuletzt für Lohensteins Dramen. Wie sonst hätte Johann Christoph Männling ihre sentenziösen Stellen herausschreiben und 1710 unter dem Titel *Lohensteinius sententiosus* veröffentlichen können?

Sowohl die rhetorischen Argumente, die den dramatischen Prozeß ankurbeln, als auch die abschließende »Moral« erscheinen im barocken Trauerspiel in vorzugsweise sentenziösem Gewand. Albrecht Schöne nimmt Harsdörffers Formulierung der »Lehr- und Dencksprüche« beim Wort und bezieht sie vor allem auf die zusammenfassende, deutende Sentenz, die einen ganzen Abschnitt, in reinster Form eine ganze Szene beschließt und als zu lernendes Fazit ausdrücklich angekündigt wird. [76] In solchem direkt oder indirekt an den Zuschauer gerichteten [77], stets allgemeingültigen Lehrspruch sieht er die emblematische »subscriptio« zur »pictura« des Bühnengeschehens. Um die lehrhaften Sentenzen brauchen wir uns hier jedoch nicht zu kümmern. Sie ergeben sich aus dem Stück und werden nicht zusätzlich durch Anmerkungen legitimiert, bedürfen einer solchen Stütze auch nicht. Häufiger als die ausschließlich belehrenden und in unserem Zusammenhang auch wichtiger sind die parteiisch argumentierenden Sentenzen, die Schöne in den stichomythischen Streitgesprächen vertreten sieht, die sich aber auch in längeren Reden finden. Sie ergeben sich nicht aus dem Stück, sondern sind fertige Weisheiten, die als Mittel zum jeweiligen Redezweck herbeigezogen werden. Nur diesen argumentierenden Sentenzen gibt Lohenstein manchmal durch eine Anmerkung mehr Gewicht.

In den Anmerkungen zu den meisten seiner Stücke bezieht er sich nur vereinzelt und kaum öfter als Gryphius [78] auf sentenziöse Textstellen. Zur *Epicharis* hingegen, seinem gedankenreichsten Stück, häufen sich solche Anmerkungen, insbesondere zu den Szenen I c, II b, III d und V a. [79]

In V a legt Lohenstein seiner Dramenfigur Seneca Merksätze über die Empfindungslosigkeit des stoischen Weisen in den Mund, die der historische Seneca niedergeschrieben hat. [80] Die mit Anmerkungen versehenen Weisheiten der übrigen drei Szenen sind politischer Art und gehen hauptsächlich auf Tacitus zurück. [81]

In zweien dieser Szenen dienen die Taciteischen Sentenzen als Regeln politischen Verhaltens oder, besser gesagt, Handelns. Wie in III d der zögernde Piso von seinen Mitverschwörern vergeblich zum offenen Aufruhr ermahnt wird, wurde auf S. 125 f. erläutert. Ähnlich spricht in II b der zaghafte Scevin mit Taciteischen Weisheiten sich selber Mut zu. [82] Vereinzelt liefert Tacitus auch für andere Stellen die politischen Argumente. [83] All diese Sprüche verdankt Lohenstein wohl kaum unmittelbar seiner eigenen Tacitus-Lektüre. Dafür sind sie zu sehr über die *Annalen* und vor allem auch über die *Historien*, die er außer zu allgemeinen politischen Fragen für die römischen Trauerspiele gar nicht heranzieht, verstreut. Er übernahm sie offensichtlich aus zweiter Hand, vielleicht aus einem der damals beliebten Florilegien. [84]

Er befragt den Historiker allerdings nicht nur als den Lehrmeister einer im Grunde wertfreien politischen Taktik, als der er von Monarchisten wie Republikanern gleichermaßen anerkannt war. Er zieht ihn auch zu der politischen Grundsatzdebatte der Szene I c heran, und hier werden die Spuren des Tacitismus vollends deutlich. Die bisher erwähnten Sentenzen beanspruchen trotz ihrer durch den Redezweck bedingten parteiischen Anwendung die Gültigkeit letztlich unanfechtbarer Sprichwörter, die zu I c verwendeten hingegen geraten nicht nur ins Kreuzfeuer kontroverser Lehrmeinungen, sie sind selber schon parteiisch.

Natalis und Seneca streiten, wie bereits auf S. 110 erläutert wurde, in einem allgemeinen stichomythischen Disput darüber, ob der Sturz eines Tyrannen erlaubt sei oder nicht. Natalis als Abgesandter der Verschwörer vertritt das Widerstandsrecht des Volkes, Seneca den strengen Standpunkt des absoluten Monarchismus, »Daß der Fürsten-Mord Niemanden rühmlich sey«. [85] Nach der Diskussion historischer Beispiele im ersten Drittel setzt mit Vers 529 das Sentenzengefecht ein, das den weiteren Verlauf der Auseinandersetzung bestimmt. Dazu beruft Lohenstein sich vornehmlich auf Tacitus, besonders auf hist. 4,74, woraus er dreimal zitiert. [86] Alle Taciteischen Argumente legt er dem Widerstandsgegner Seneca in den Mund. Im einzelnen sind das die folgenden Verse:

> 531 Man muß die Tyranney wie Hagel/ Mißwachs dulden.
> 541 Ein Unterthan erwirbt nur durch Gehorsam Ruhm.
> 555 Die Laster werden seyn/ weil [= solange] Menschen werden leben.
> 557 Wer auch den Besten wünscht/ muß leiden den Gott schickt. [87]
> 561 Der Herscher Grimm wird mehr durch Wiederwilln erregt.

Diese Sprüche stammen aus Reden, die Tacitus zitiert, geben also seine eigene Meinung gerade nicht oder jedenfalls nicht unbedingt wieder. Das Fehlen eines diesbezüglichen Vermerks entspricht, wie auf S. 4 gesagt wurde, der Gepflogenheit der monarchistisch gesinnten Tacitisten. Die Sentenzen selbst bringen sie als Paradestellen zur Empfehlung des Untertanengehorsams. Die beiden Stellen aus den *Historien*-Kapiteln 4,8 und 4,74 etwa, die Lohenstein zu Vers 531 anführt, hat schon Scipione Ammirato 1594 gekoppelt und mit der ähnlichen biblischen Ermahnung des ersten Petrus-Briefes zusammengebracht. [88] Die beiden gleichen Stellen und den zu Vers 541 angemerkten Satz aus ann. 6,8 zitiert Pierre Charron in seinem *Thresor de la Sagesse* von 1601 nacheinander. [89] Die *Historien-Stelle* 4,8, die in Vers 557 wiederkehrt, hatte – bei allerdings etwas abweichender Wiedergabe – schon Machiavelli als »goldene Sentenz« gepriesen. [90]

Lohenstein kennt und benutzt die Sentenzen des Tacitus also in der Weise der Tacitisten. Das bedeutet jedoch nicht, daß er deren politische Einstellung teilt. Den Worten seines Seneca stehen die nicht weniger gewichtigen Argumente des Natalis gegenüber. Seneca selbst läßt sich am Ende der Szene halb überreden und bringt durch seine »mittelmäßige Antwort« [91] sein Verständnis für die Widerstandskämpfer zum Ausdruck. Seine vorher bedingungslos kaisertreue Argumentation wird auch durch die beiden Nachbarszenen fragwürdig, wenn nicht gar aufgehoben, in denen die um Epicharis versammelten Verschwörer aus der gegenteiligen Einstellung handeln. Daß Lohensteins Sympathie eher ihnen gilt, wurde schon am Ende des vierten Kapitels (auf S. 104) gesagt.

Dieser Eindruck verstärkt sich noch angesichts der Quelle, auf die Lohenstein sich im ersten Drittel des Disputs, bei der Diskussion der historischen Exempla also, hauptsächlich bezieht. *Pro populo Anglicano defensio contra Claudii Anonymi, alias Salmasii, Defensionem Regiam*: so lautet der Titel dieser 1651 erschienenen Streitschrift, mit der der englische Dichter John Milton die zwei Jahre zuvor erfolgte Hinrichtung Karls I. von England gegen die Polemik des gelehrten französischen Royalisten Claude de Saumaise (Salmasius) verteidigt. Das Werk erschien in etlichen Auflagen und hat über ein Jahrhundert später auf die französische Revolution eingewirkt, wie die von Mirabeau besorgte Neuausgabe des Jahres 1789 erkennen läßt. Milton ist der einzige lebende Dichterkollege, den Lohenstein in den Anmerkungen zu seinen Trauerspielen namentlich erwähnt, ein hinreichendes Indiz für die Bedeutung, die auch er seiner Schrift beimaß. [92] Mit der Berufung auf Milton nimmt er im übrigen indirekt gegen seinen dramatischen Vorgänger Andreas Gryphius Stellung. Dieser hatte während seiner Leidener Zeit in persönlicher Verbindung mit Saumaise gestanden. Sein streng monarchistisches Trauerspiel *Carolus Stuardus* ist geradezu das dichterische Pendant zu dessen Polemik. [93] Insofern erscheint *Epicharis* als Gegenstück zu Gryphius, gegen dessen Vanitas-Denken es ja ebenfalls opponiert. [94]

Milton argumentiert, darin Saumaise folgend, hauptsächlich auf dem Boden der biblisch-christlichen Tradition. Nur im fünften Kapitel, auf das sich Lohenstein ausschließlich bezieht, behandelt er auch die heidnische Antike. In diesem Kapitel finden sich sämtliche Argumente, die Lohensteins Natalis in den Versen 508–523 vorträgt, und auch einige des späteren Sentenzenduells. [95] Senecas Worte im ersten Disput-Drittel geben zum Teil die von Milton widerlegten Argumente des Saumaise wieder. [96]

Miltons Propagandaschrift wäre indessen in unserem Zusammenhang nicht so wichtig, wenn sie nicht zugleich einen Hinweis für Lohensteins Tacitus-Verständnis böte. Sie läßt erkennen, daß Lohenstein nicht nur in seiner politischen Einstellung, sondern auch in seiner Auffassung des Tacitus von den Tacitisten abweicht. Daß er, der Tacitus-Kenner, der sonst die aus zweiter Hand übernommenen Tacitus-Stellen sorgfältig überprüft hat [97], hinsichtlich der Sentenzen auf die tacitistische Fehldeutung hereingefallen sei und den ihm geistesverwandten Historiker als fragwürdig oder gar als Gegner begriffen habe, erscheint ohnehin kaum vorstellbar. Miltons Werk aber enthält den Beweisgrund. In seinem fünften Kapitel im Rahmen eben jener Seiten, auf die Lohenstein sich bezieht, prangert Milton das tacitistische Vorgehen des Saumaise an, und zwar anhand jener Stelle aus Tacitus ann. 6,8, die Lohenstein zu Vers 541 anführt:

At *Tacitus*, inquis, *qui sub imperio unius floruit*, ita scripsit. *Principi summum rerum arbitrium dii dederunt, subditis obsequii gloria relicta est.* Nec dicis quo loco; tibi conscius nimirum insigniter lectoribus imposuisse; quod mihi quidem statim suboluit, etsi locum illum non statim reperi. Non enim Taciti haec verba sunt, scriptoris boni, et tyrannis adversissimi, sed apud Tacitum M. Terentii cujusdam equitis Romani, qui capitis reus, inter alia, quae metu mortis ab eo dicta sunt, sic Tiberium adulatur, annalium 6°. *Tibi summum rerum judicium dii dederunt, nobis obsequii gloria relicta est.* [98]

Lohenstein, der diese Stelle kaum überlesen haben dürfte, reicht also das tacitistische Mißverständnis weiter, ohne ihm selbst zu erliegen. Wahrscheinlich verschweigt er die wahren Zusammenhänge aus bloßer Nachlässigkeit. Für irgendeine Täuschungsabsicht seinerseits bietet sich jedenfalls kein Anhaltspunkt.

Die Tacitisten mögen Lohensteins Interesse an der Darstellung höfischer Dissimulation bestärkt oder gar geweckt, sie mögen ihm die Einsichten des Tacitus als Regeln politischen Verhaltens vermittelt haben, ihrer monarchistischen Umdeutung des Tacitus jedenfalls ist er nur scheinbar gefolgt. Daß ihm die in Wahrheit sehr kritische Einstellung des Tacitus zum Kaisertum nicht unbekannt war, läßt im übrigen nicht nur seine Lektüre von Miltons Schrift erkennen.

## 4. Das Freiheitsideal der Epicharis

»Nicht nur Nero/ hat es Anfangs gutt/ und hernach schlimm gemacht; sondern dis ist die gemeine Arth:« Dies merkt Lohenstein unter Rückgriff auf zwei Tacitus-Stellen zu Vers I 434 der *Epicharis* an. Der Vers gehört zu dem längeren, nur einmal unterbrochenen Plädoyer der Szene I b, mit dem die Titelheldin für republikanische Freiheit (391–417) und gegen die Inthronisierung Pisos (418–444) eintritt. Sie muß am Ende der Szene ihren Wunsch nach Abschaffung der Monarchie resignierend aufgeben. Aber wenn Lohenstein sie mehrfach das Ideal der Freiheit preisen, ja als »der Freyheit Gold« hinstellen läßt [99] und die fast schon stereotype Vorstellung von der »güldnen Freyheit« an anderen Stellen wiederholt [100], dann zeigt dies, wie sehr er selbst die Freiheit schätzt. Wenn er im gleichen Zusammenhang das Gespräch auf »die güldne Zeit« bringt [101], so assoziiert der Zuschauer über die bloße Wertschätzung hinaus den antiken, seit Hesiod lebendigen Traum von einem goldenen Zeitalter der Vergangenheit, gegen das die Gegenwart mit ihren Sorgen und Plagen eisern erscheint. Diese Assoziation wird durch die allegorische Deutung im Reyen der vierten Abhandlung bestätigt. Ein dort beschriebenes und von verschiedenen Tieren beschädigtes »güldnes Bild« [102] erweist sich als »der Freyheit güldnes Bild« [103] und wird von der Sibylla folgendermaßen gedeutet:

> Rom ist das Bild/ die Freyheit war das Gold/
> Itzt aber ist in Eisen es gewandelt;
> Nun Tyranney so schlimm mit dir gehandelt/
> Verstehstu nun; Was dis Gemälde wolt?
> Jedwedes grimme Thier/ das an dem Bilde nagt/
> Mahlt einen Fürsten ab/ der dich zeither geplagt. [104]

Als Künderin republikanischen Gedankenguts ist Epicharis dem heimlichen Republikaner Tacitus stärker geistesverwandt als dessen eigene Epicharis-Figur. Gewiß wurde Lohenstein zu dieser Auffassung seiner Heldin von Tristan L'Hermite angeregt, aber ihr Traum von der Freiheit atmet zugleich den Geist des Tacitus, in dessen Werk der Begriff »libertas« einen zentralen Platz einnimmt. [105] Der Anfang ihrer flammenden Freiheitsrede (I 391–395) erinnert an den Eingangssatz der *Annalen*, Rom hätten anfangs Könige beherrscht, Freiheit und Konsulat habe L. Brutus eingeführt. Denn auch Epicharis weist im Zusammenhang mit dem Freiheitsbegriff auf jenen – nicht mit dem Cäsarmörder zu verwechselnden – Brutus hin.

Wie das Lob der Freiheit durch den ersten Satz der *Annalen,* so erscheinen die Worte des Venetus Paulus, die Epicharis schließlich resignieren lassen (481–489), mit ihrer Revue der Diktatoren von Cinna bis Augustus von den anschließenden Äußerungen des Tacitus angeregt. Lohenstein selbst bezieht sich – zu den Versen 487–489 – auf die von Tacitus ann. 1,9 zitierte Ansicht der Augustus-Freunde, für das von Zwietracht zerrissene Land habe es kein anderes Heilmittel als die Herrschaft eines einzelnen gegeben.

## 5. Das unterschiedliche Augustus-Bild der beiden »Cleopatra«-Fassungen
### [106]

Wie gut Lohenstein neben der Interpretation der Tacitisten die wahre Meinung des Tacitus kannte, geht im übrigen schon aus einigen Anmerkungen zur Erstfassung der *Cleopatra* von 1661 hervor. In einer dieser Anmerkungen – zu Vers I 46 der ersten (= I 70 der zweiten) Fassung – spricht er über den Wechsel von der Republik zum Kaisertum und zieht dazu besonders den Anfang der *Annalen* heran:

Die Römischen Geschicht-Schreiber können nicht genungsam beschreiben/ wie bey Veränderung des Regiments zu Rom/ sich di Römer so Sklavisch erzeiget haben. Woher gehöret/ was *Tacitus lib. 1. Annal. cap. 2.* eben von des Keysers *Augustus* Zeit meldet: *Cum ferocissimi per acies aut proscriptione cecidissent: caeteri Nobilium, quanto quis servitio promtior, opibus et honoribus extollerentur: ac novis ex rebus aucti tuta et praesentia, quam vetera et periculosa mallent.* Welchem wol beizusetzen/ was er *lib. 3. Annal. c. 65.* meldet. *Memoriae proditur, Tiberium quoties curiâ egrederetur, graecis verbis in hunc modum eloqui solitum: ô homines ad servitutem paratos! scilicet etiam illum, qui libertatem publicam nollet, tam projectae servientium patientiae taedebat.* [107]

In der Zweitfassung von 1680 fehlt diese Anmerkung. Noch deutlicher ist die Anmerkung zu Vers I 225 der ersten Fassung:

M. Brutus und C. *Casfius* [!] waren di Häupter derselben/ welche den *Julium Caesarem* umbbrachten/ und di Freyheit der Stadt Rom bis auf den letzten Blutts-Tropffen vertheidigten. Dahero auch diese heimlich von denen Römern sehr hochgeschätzet worden.

Dann folgen zwei Tacitus-Zitate mit dem Nachweis, daß Cremutius Cordus den Cassius »*ROMANORUM ULTIMUM*« genannt hat. [108] Auch diese Anmerkung entfällt 1680, ebenso die zugehörige Aussage im Drama, daß »Cassius der Römer letzter war«. Das ist um so bemerkenswerter, als noch der vorangehende Vers übernommen wurde. [109]

Der junge Lohenstein hat offensichtlich mit den republikanischen Gedanken des Tacitus geliebäugelt. Jedenfalls war ihm die Kaiseridee nicht mehr so unproblematisch wie Dante, der in seiner *Divina Commedia* die Cäsarmörder in die Hölle versetzt, während er dem Ermordeten höchstes Lob spendet. [110] Daß Tacitus, ob seiner scharfen politischen Diagnosen als Lehrer der Staatskunst auch den absolutistischen Herrschern willkommen und von den Tacitisten entsprechend umgedeutet, als Kritiker der frühen Kaiserzeit zugleich und vor allem Argumente gegen die Monarchie bringt, war im übrigen nicht erst Milton und ihm bekannt. Der antike Streit um die ideale Staatsform, wie er noch heute fast jedem Lateinschüler aus

151

Ciceros *De re publica* geläufig ist, bot seit dem Humanismus neuen Anlaß zu wenn auch vorerst nur theoretischen Disputen. Schon Poggio Bracciolini und andere italienische Humanisten des frühen 15. Jahrhunderts hatten Tacitus als Kronzeugen republikanischen Denkens angeführt. [111]

Daß die beiden zitierten Anmerkungen in der zweiten Fassung der *Cleopatra* fehlen, die sich doch sonst gerade durch eine erhebliche Erweiterung auszeichnet, ist kein bloßer Zufall. Während die erste *Cleopatra*-Fassung und von den römischen Trauerspielen vor allem *Epicharis* politischen Zündstoff bieten, zur Auseinandersetzung herausfordern und neben den Experimenten etwa zur stichomythischen Form hin und wieder auch unkonventionelle Ansichten des Autors erkennen lassen, umgeht der spätere Lohenstein jede problematische Meinungsbildung und konzentriert sich zugunsten opernhafter Wirkungen mit Akribie auf das Kolorit entlegener Details. Die Geschichtsauffassung des Dramatikers Lohenstein wandelt sich, während gleichzeitig seine Experimentierlust nachläßt. Das politische Probleminteresse weicht dem kultisch-anekdotischen Sachinteresse.

Die politische Entschärfung, die im Grunde einer Entpolitisierung gleichkommt und für den Rückgang der Tacitus-Anmerkungen in den späteren Stücken mit verantwortlich sein dürfte, betrifft auch *Ibrahim Sultan* und die erhaltene Spätfassung der *Sophonisbe*. Sie läßt sich aber vor allem an der Neubearbeitung der *Cleopatra* beobachten, nicht nur im Hinblick auf die besprochenen Anmerkungen. Auf S. 145 f. wurde die abnehmende Darstellung und zunehmende Verurteilung der Verstellungskunst in den späteren Stücken bzw. Fassungen erwähnt. In der *Cleopatra* von 1680 verbindet sich diese strengere Moral mit einer loyaleren Einstellung zur Monarchie.

Ob Kaiser »Leopold/ der dem August es gleiche thut«, wie es im Schlußreyen beider Fassungen heißt [112], gegen das zwielichtige Augustus-Bild der Erstausgabe protestiert hat, ob der 1670 an die Familie Lohenstein verliehene Adel, des Dichters politische Mission in Wien 1675, seine im gleichen Jahr erfolgte Ernennung zum Kaiserlichen Rat oder ob die Tatsache, daß Schlesien nach dem Tod des letzten Piastenherzogs Ende 1675 an Habsburg fiel, den Anstoß zu Lohensteins Sinnesänderung gegeben haben, all das läßt sich kaum ausmachen. Jedenfalls erscheint Augustus, neben Cleopatra und Antonius die dritte Hauptfigur des Stücks, 1680 erheblich aufgewertet.

Die dem Prinzeps in der ersten Fassung von Antonius vorgeworfenen und von Lohenstein durch Sueton-Zitate belegten Laster, die der Augustus-Gesandte Proculejus wenig überzeugend bagatellisiert, entfallen nebst Anmerkungen oder werden nun stichhaltig entschuldigt. [113] So erklärt sich auch der Wegfall der Anmerkung zu Vers I 464 der ersten (= I 748 der zweiten) Fassung, die einen im Text anklingenden und auch in der Zweitfassung beibehaltenen Vorwurf gegen Augustus durch ein Tacitus-Zitat verstärkte. Andere Anmerkungen wirken dadurch milder, daß Lohenstein im Zuge einer auch sonst zu beobachtenden Objektivierung die einleitenden und manchmal abwertenden Floskeln wegläßt, die er früher den Quellenangaben vorausgeschickt hatte. [114]

Die Aufwertung, die der Charakter des Augustus erfährt, bleibt nicht ohne Rückwirkung auf die Handlungsführung und bedingt deren einzige entscheidende Veränderung: Augustus zeigt sich milder gegen Cleopatra. Allerdings ist die Veränderung nicht konsequent durchgeführt. Der Bruch zwischen idealem Denken und schließlich doch wieder fragwürdigem Tun wird mühsam überspielt und führt nur zu einem von Lohenstein gewiß nicht beabsichtigten Zweifel an der Macht des Prinzeps. Immerhin aber beugt sich Augustus, vom skrupellosen Intriganten zum fast schon ehrlichen Makler umgestaltet, nur widerwillig den Notwendigkeiten von Staatsräson und politischer Verstellung.

Das wird besonders in der Beratungsszene der vierten Abhandlung deutlich, die der Begegnung mit der ägyptischen Königin vorausgeht. Es handelt sich um die Szene IV d 211–268 der ersten bzw. IV d 211–308 der zweiten Fassung. Zu Beginn der Szene, wo Augustus in der Erstfassung triumphierte, das Wild im Garn zu haben (211–216), möchte er in der Fassung von 1680 in einem längeren stichomythischen Dialog an seinen der Cleopatra gemachten Versprechungen festhalten (211–252) und verdammt die »Staats-Klugheit/ die Treu und Bund heist brechen«. [115] Schloß er die Beratung früher mit dem moralisch zweifelhaften Fazit ab:

> Wol! laßt di Segel uns recht nach dem Winde richten.
> Man muß durch klugen Witz di schlaue List zernichten [116],

so macht er in der Zweitfassung neue Einwände (289–304), da Arglist und Betrug Kaisern nicht anstehe [117], und räumt erst nach weiterem Drängen seiner Ratgeber ein:

> Daß ihr/ jedoch mit Glimpf und Vorsicht an sie setzt;
> Doch/ daß ihr meinen Ruhm im minsten nicht verletzt. [118]

Mit dem ersten Prinzeps wird nicht nur eine einzelne Herrschergestalt, sondern das Kaisertum schlechthin und überhaupt die Monarchie aufgewertet. Das tertium comparationis der bloßen Machtfülle, das Augustus und Leopold in der ersten Fassung verband, ist nun, da Augustus sich an seine Versprechen gebunden fühlt, ins Moralische hinein erweitert.

Dementsprechend gibt Lohenstein die machiavellistische Synonymik von Herrschen und Verstellen auf. Die diesbezüglichen Meinungen der dramatischen Personen behält er zwar bei, aber die Anmerkungen zu den Versen II 403 und IV 84 der ersten (= II 551 und IV 84 der zweiten) Fassung entfallen. In der letztgenannten Anmerkung war der Wahlspruch Ludwigs XI. von Frankreich zitiert: »Qui nescit dissimulare, nescit regnare.« [119] Der Text des entsprechenden Dramenverses bleibt: »Wer sich nicht anstelln kan/ der taug zum Herrschen nicht.« Aber ohne die Rückendeckung der Anmerkung erscheint dieser Satz als bloße Meinung des sprechenden Ratgebers und weniger als objektive Wahrheit. An anderer Stelle mildert Lohenstein die gleiche Aussage auch im Drama. [120]

Zweifel oder gar indirekte Kritik an der Monarchie, wie sie die erste *Cleopatra*-Fassung im Zusammenhang mit dem fragwürdigen Verhalten des Augustus bestimmen, verstummen also 1680. Aber auch in anderer Beziehung ist diese Ausgabe entschärft. Wir haben die Veränderungen zu Beginn und am Ende der Beratungsszene IV d besprochen, aber noch nicht den Eingriff inmitten dieser Szene: Die abfällige Äußerung des Prinzeps über »das geile Weib« Cleopatra und die sentenziösen Sei-

153

tenhiebe zum weiblichen Geschlecht überhaupt, die Gallus daran anknüpfte, sind ersatzlos gestrichen, wohl nicht nur dem Kaiser Leopold, sondern auch den Frauen zuliebe. [121] Ihretwegen entfallen auch die Verse I 443 und 445 nebst der dazu angemerkten Meinung der »Politici«, »daß di Weiber meistentheils zum regieren nicht taugen.« [122] Doch hat Lohenstein hier wohl mehr den Ton als seine Ansicht geändert; denn in der mit der zweiten *Cleopatra*-Fassung gleichzeitig erschienenen *Sophonisbe* sagt der weise Feldherr Scipio immer noch, ein kluger Herrscher pflege »Für Weibern seinen Rath und Ohr zu schlüssen ein«. [123] Ausgemerzt wurden in der *Cleopatra* auch die Verse I 476 f. zur freien Liebe. Der blasphemische Unterton von I 145 ist in I 333 f. der Zweitfassung nicht mehr wahrzunehmen.

Für die Tacitus-Rezeption ergeben sich aus dem Vergleich der beiden *Cleopatra*-Fassungen folgende Feststellungen: 1.) Bevor Lohenstein als Dramatiker der römischen Trauerspiele Stoffe des Tacitus bearbeitete, kannte und schätzte er seine politischen Urteile. Dem stofflichen ging also das ideelle Interesse voraus. 2.) Mit der Aufwertung des Augustus und dem Glauben an eine auch moralisch verantwortliche monarchische Staatsführung rückt er in der zweiten Fassung indirekt von dem in beiderlei Hinsicht pessimistischeren Tacitus ab. Dem distanzierteren Verhältnis des älteren Lohenstein zu dem Historiker entspricht vielleicht auf andere Weise auch die nationalistische Tacitus-Kritik des *Arminius*-Romans.

# SIEBTES KAPITEL

## QUELLEN, AUFBAU UND TENDENZ DES »ARMINIUS« [1]

### 1. DIE HISTORISCHEN QUELLEN UND DIE »HISTORIA ARMINII« DES GEORG SPALATINUS

In dem nicht von Lohenstein selbst stammenden »Vorbericht an den Leser« des *Arminius*-Romans heißt es, daß

zwar zuweilen ein- oder die andern Umstände als ertichtet zu sein scheinen; doch aber/ daß sie nicht durchgehends vor blosses Fabelwerck zu halten sind/ entweder in der alten oder neuen Geschichte ihre gewisse Ursachen und die Wahrheit zum Grunde haben. Welches der in den Alterthümern und Geschichten bewanderte Leser leicht mercken/ die Räthsel auflösen/ und die rechten Trauben von den gemahlten zu unterscheiden wissen wird. [2]

Nun meint zwar Luise Laporte, wie schon eingangs erwähnt, es sei »ohne wissenschaftlichen und menschlichen Wert, den zahllosen Quellen des Romans im einzelnen nachzuforschen«. [3] Aber erstens sind die historischen Quellen des antiken Geschehens fast an einer Hand abzählbar – von den verschlüsselt wiedergegebenen Ereignissen der neueren Geschichte sehen wir hier ab –, und zum anderen wird die Gesamtkomposition des Romans durch nichts so deutlich wie durch eine Gegenüberstellung der historischen und der erfundenen Passagen.

Die Geschichte des Arminius ist eine Geschichte seiner drei Kriege gegen Varus, Germanicus und Marbod. Unser Wissen über die Varusschlacht verdanken wir hauptsächlich Velleius Paterculus (2,117–120) und Cassius Dion (56,18–23). Tacitus gedenkt dieses Ereignisses nur rückblickend anläßlich des Besuchs, den später Germanicus dem Schlachtfeld abstattete. [4] Einige Hinweise bieten auch Strabon (7,291 f.) und Florus (4,12,29–39). Weit ausführlicher sind wir über die Auseinandersetzung mit Germanicus unterrichtet, und zwar durch die beiden ersten *Annalen*-Bücher des Tacitus, die allerdings auch die einzige Quelle sind. Strabon berichtet an der eben genannten Stelle nur über den abschließenden Triumphzug des Germanicus in Rom und nennt einige der dort gezeigten Gefangenen. Tacitus ist auch der Hauptzeuge für den Krieg mit Marbod. Allerdings schreibt er darüber und dann auch über das Ende des Arminius längst nicht so viel wie über das Geschehen um Germanicus.

Georg Spalatinus (1482–1545), ein gelehrter Zeitgenosse, Landsmann und Mitstreiter Luthers, zog die genannten Quellen mit Ausnahme des Cassius Dion zu einer kurzen Geschichte des Arminius zusammen, die 1535 gedruckt wurde. Vielleicht hatte ihn Ulrich von Huttens 1529 posthum veröffentlichter Arminius-Dialog dazu angeregt. Die Schrift des Spalatinus, der eigentlich Burckhard hieß, wurde später in lateinischer Übersetzung in die Anthologie des Simon Schardius zur germanischen Frühgeschichte aufgenommen. So findet sie sich in der Ausgabe von 1574 und auch im *Schardius redivivus* von 1673. In diesem Jahr erschien auch *Ibrahim Sultan*, Lohensteins letztes Drama, wenn man von den späteren Überarbeitungen der afrikanischen Trauerspiele absieht. Es ist gut denkbar, daß der Dichter um diese Zeit den *Arminius* zu schreiben begann. Vielleicht wurde er sogar durch Spalatinus dazu angeregt. Jedenfalls wird in den seinem Roman beigegebenen, nicht von ihm selbst stammenden »Allgemeinen Anmerckungen« auf Spalatinus ausdrücklich verwiesen, und zwar mit den Seitenzahlen der Schardius-Ausgabe von 1673. [5]

In diesem Foliodruck, der auch Huttens Dialog enthält [6], erscheint die *Historia Arminii Germanorum contra Romanos Ducis* auf den Seiten 259–268. In den ersten neun seiner 33 kurzen Kapitel behandelt Spalatinus im Anschluß vornehmlich an Velleius Paterculus die Varusschlacht. Danach folgt er fast ausschließlich den *Annalen* des Tacitus. Die Kapitel 10–28 gelten dem Krieg gegen Germanicus, Kapitel 29 dem gegen Marbod, die Kapitel 30–32 dem Ende des Arminius. Im Schlußkapitel deutet Spalatinus die Irminsul als Arminius-Statue.

Lohenstein begnügt sich schon bei der Darstellung der Varusschlacht nicht mit den Angaben des Spalatinus. Er kennt auch Cassius Dion, an den vor allem die mehrtägige Dauer der Schlacht erinnert. Doch gerade der Anfang des Romans erscheint von Spalatinus inspiriert. Daß Lohenstein wie er mit der Varusschlacht beginnt, will noch nicht viel besagen. Daß die Deutschen sich aber gegen Varus erheben, weil er die Tochter des Sicambrerherzogs Melo geschändet und so zum Selbstmord getrieben hat, ist wohl eine Kontamination der beiden von Spalatinus als gegensätzlich referierten Begründungen. Spalatinus schreibt (in seinem ersten Kapitel auf S. 259):

Strabo Graecus Auctor, *lib. VII. Geographiae,* cladis hujus causam hanc fuisse commemorat. *Sicambri* qui nunc *Geldrenses* vocantur, instinctu Ducis sui Melonis rupta pace, ac fide violata bellum contra Romanos moverunt, cui etiam *Cherusci* se socios adjunxerunt. [...] Attamen Vellejus Paterculus et Florus memoriae tradiderunt, Romanorum Ducem *Varum Quintilium* non penitus culpa ejus cladis caruisse.

Zum Beleg der zweiten Begründung zitiert Spalatinus die von Paterculus gegebene Charakteristik des Varus und fährt dann fort:

Ex Floro colligi potest eum *libidinosum atque impurum hominem* fuisse. Eáne res vel alia Arminium contra Romanos commoverit, affirmare non habeo.


## 2. Die erste Romanhälfte: Geschichten zwischen Sieg und Hochzeit

Auch daß Lohenstein die Beziehungen zwischen Arminius und Thusnelda schon vor der Niederlage des Varus beginnen läßt und dem gespannten Verhältnis des Cheruskerfürsten zu Thusneldas römerfreundlichem Vater Segesthes so von vornherein ein privates Motiv unterstellt, erinnert an Spalatinus. Im Gegensatz zu dieser Darstellung heißt es jedenfalls in dem von P. v. Rohden verfaßten Arminius-Artikel der *Real-Encyclopädie der classischen Alterthumswissenschaft* von Pauly und Wissowa:

Wohl sicher erst nach der Varusschlacht (obwohl Tac. ann. I 58 *raptorem filiae meae ... apud Varum reum feci* dagegen zu sprechen scheint), wahrscheinlich kurz vor dem J. 15 n. Chr. (vgl. Tac. ann. I 55), raubte A. die einem anderen bestimmte Tochter des Segestes (Tac.

156

ann. I 55.58), mit Namen Thusnelda (*Thusnella? Thumella?* Strab. VII 292), anscheinend mit ihrer Zustimmung (vgl. Tac. ann. I 57: *mariti magis quam parentis animo*). Sie gebar ihm in der römischen Gefangenschaft im J. 15 n. Chr. einen Sohn (Tac. ann. I 57 f.), den Strabon (VII 292) Thumelicus nennt.

Angeregt durch Spalatinus oder auch unmittelbar durch dessen Gewährsmann Tacitus, hat Lohenstein die Verbindung zwischen Herrmanns Kriegstaten und seiner Liebe zu Thusnelda aufgegriffen und beträchtlich verstärkt. Tacitus erinnert sich in dem von Spalatinus zitatweise herangezogenen *Annalen*-Kapitel 1,55, Segestes habe dem Varus vor der berühmten Schlacht geraten, ihn selber sowie Arminius und die anderen germanischen Führer vorsichtshalber zu verhaften. Segestes sei dann durch die Erhebung des Volkes in den Krieg gegen die Römer mit hineingezogen worden, habe aber nach dem Tod des Varus weiter gemeutert. Ein privater Grund habe seinen Haß gegen Arminius verstärkt: dieser habe seine mit einem anderen verlobte Tochter geraubt gehabt.

Bei Lohenstein kann von einem Raub der Thusnelda durch Herrmann nicht die Rede sein. Dieser bringt sich zwar mehrfach in ihren Besitz, aber nur, um sie, die ihn schon lange liebt, aus den Händen ihres mit den Römern paktierenden Vaters und dessen Gesinnungsgenossen Marbod, dem sie zugedacht war, zu befreien. Diese vor der Varusschlacht gedachten Ereignisse erfährt der Leser später breit entfaltet aus der Erzählung von Herrmanns Lebensgeschichte im achten Buch des Romans.

Von dieser dem Herrmann zuliebe vorgenommenen Beschönigung abgesehen, bringt aber auch Lohenstein die Varusschlacht und die Liaison zwischen Herrmann und Thusnelda in engen Zusammenhang. Diese beiden Ereignisse flankieren und beherrschen die erste Romanhälfte, also die ersten neun der insgesamt achtzehn Bücher. Auch im Druck ist die erste von der zweiten Hälfte deutlich getrennt. Die Erstausgabe von 1689/90 hat zwei Teile, die zugleich den zwei Bänden entsprechen, von je neun Büchern, die manchmal ebenfalls zweibändige Ausgabe von 1731 vier Teile von fünf, vier, fünf und vier Büchern.

Die Varusschlacht schildert Lohenstein im ersten, die Hochzeit von Herrmann und Thusnelda und die anschließenden Feierlichkeiten im achten und neunten Buch. Beide Ereignisse, die Tacitus nur im Hinblick auf die Spannungen zwischen Arminius und seinem Schwiegervater in einem Atemzug nennt, zwingt er einigermaßen gewaltsam im übrigen schon im ersten Buch zusammen: Segesthes soll für seinen Verrat sterben; statt seiner bietet sich Thusnelda an; die Götter verzichten auf ihr Opfer, wenn sie Herrmann heiraten darf; Segesthes willigt grollend ein.

Zwischen Verlöbnis und Hochzeit liegen nur wenige Tage, welche die versammelten Fürsten mit dem Erzählen von Geschichten zubringen. In Buch I 4 werden zwei, in den anderen der Bücher I 2 bis 8 wird jeweils eine Geschichte erzählt. Selbst Buch I 8 steht also im Zeichen einer solchen Geschichte. Denn am Tag nach der verhältnismäßig kurz berichteten Hochzeit werden Herrmann und Thusnelda allein gelassen, und die anderen hören die Geschichte ihres Lebens. Erst in I 9 machen mit den Hochzeitsfeierlichkeiten die Erzählungen wieder den Ereignissen Platz.

Die erzählten Geschichten handeln zur Hälfte von den abenteuerlichen Erlebnissen der Anwesenden. Im einzelnen erfährt der Leser die Schicksale der in der

Varusschlacht gefangenen Armenierfürsten Erato und Zeno sowie der cheruskischen Brüder Flavius und Herrmann. Zur andern Hälfte gelten die Erzählungen der früheren Geschichte der Deutschen. Hier bietet Lohenstein Ereignisse des 17. Jahrhunderts und der österreichischen Kaisergeschichte in allegorischer Verkleidung. Abgesehen von diesen versteckten aktuellen Bezügen sind alle Erzählungen, die abenteuerlich-privaten noch mehr als die dynastisch-nationalen, frei erfunden oder lassen doch das historische Gerüst kaum noch durchscheinen. Eine Ausnahme bildet nur die wohl an Cassius Dion 54,32 f. anknüpfende Drusus-Geschichte in I 4.

Jede Geschichte nimmt einen Tag in Anspruch, Buch I 4 wegen seiner zwei Geschichten zwei Tage. Da die vorangehenden Geschehnisse im Zusammenhang der Varusschlacht in Buch I 1 von Vollmond bis Neumond [6 a] und die Hochzeitsfeierlichkeiten eine Woche dauern – nach dem Hochzeitstag und dem anschließenden Erzähltag in I 8 werden drei Tage übersprungen, am vierten Tag erzählt Herrmanns Mutter Asblaste kurz von ihrem Schicksal, dann folgen zwei ausführlich beschriebene Tage mit allegorischen Festspielen –, erstreckt sich die ganze erste Romanhälfte über nicht mehr als einen Monat. Mit absoluten Zeitangaben ist Lohenstein sparsam. Immerhin wird deutlich, daß die Ereignisse im Herbst des Jahres der Varusschlacht zu denken sind. Das historische Jahr ist dem gebildeten Deutschen bekannt. [7] Wenn er den Monat September nicht weiß, erfährt er ihn aus der Angabe, zu Beginn der Varusschlacht sei die Sonne in das Zeichen der Waage getreten. Man beachte übrigens das astrologisch bedeutsame Zusammenstimmen von Mond- und Sternbildwechsel.

Der zeitlichen entspricht die räumliche Beschränkung. Alle Vorgänge der ersten Romanhälfte spielen in Herrmanns Residenz Deutschburg oder deren näherer Umgebung, zu der besonders auch der Tanfanische Tempel gehört, jenes Heiligtum, das nach Tacitus ann. 1,51 später in dem Romanbuch II 6 von den Leuten des Germanicus zerstört wird. Auch die Varusschlacht erscheint in diesem Raum angesiedelt.

Daß im Roman Geschichten erzählt werden, ist keine Erfindung Lohensteins, sondern strukturelles Hauptkennzeichen der Gattung des heroisch-galanten Romans. Von Heliodor hatten die Romanciers des 17. Jahrhunderts den Einstieg in medias res gelernt, eine Bauform, die noch Wieland in seiner *Geschichte des Agathon* verwendet. Der Autor beginnt inmitten der Fabel und trägt deren ersten Teil später durch einen Zweiterzähler nach. In den französischen Romanen des 17. Jahrhunderts mit ihren weiter verzweigten Handlungen sind es in der Regel mehrere Geschichten, die von verschiedenen Erzählern nachgetragen werden. Weder die Tatsache noch die Vielzahl der Zweiterzählungen bei Lohenstein sind also sonderlich erwähnenswert. In der Gestaltung der Geschichten jedoch und in ihrer Verteilung weicht Lohenstein vom Klischee ab.

Die anderen Autoren dieses Genres setzen sie zur Abwechslung, zur darstellerischen Konzentration räumlich und zeitlich entfernter Vorgänge und zur Spannungsführung ein, indem sie die Vergangenheit zunächst verschweigen oder nur vielsagend andeuten. Inhaltlich staffieren sie die nachgetragenen Vorgeschichten kaum anders aus als die im Vordergrund stehende Haupthandlung. Eben das aber tut

Lohenstein. Er begnügt sich nicht mit den unterhaltsamen privaten Erfahrungsberichten, die von der Vordergrundhandlung nicht wesentlich abstechen, sondern streut daneben auch dynastisch-allegorische Staatsgeschichten mit ein.

Nicht üblich war es meines Wissens auch, die ganze erste Hälfte des Romans für Geschichten zu reservieren. Zwar wendet Heinrich Anshelm von Zigler und Kliphausen in seiner mit dem *Arminius* gleichzeitig erschienenen *Asiatischen Banise* von 1689 das gleiche Verfahren an – von den drei Geschichten, die er in dem drei Bücher umfassenden Roman bringt, läßt er zwei im ersten und die dritte in der ersten Hälfte des zweiten Buches erzählen –, aber er scheint diese Technik von Lohenstein gelernt zu haben. Es ist jedenfalls nicht ausgeschlossen, daß ihm »der unvergleichliche *Arminius* nebst seiner Durchlauchtigsten *Thusnelda* des weit berühmten und vortrefflichen Daniel Caspar von Lohensteins«, auf den er sich im Vorwort bezieht [8], schon vor dessen posthumer Veröffentlichung bekannt war, zumal Zigler auch Lohensteins Trauerspiele gut kennt. [9] Vielleicht spielt auch eine Rolle, daß er mit dem Dichter und Lohenstein-Freund Hans Aßmann von Abschatz weitläufig verwandt war. Der Onkel von Abschatz' Frau war mit einer Tante Ziglers verheiratet. [10]

Die Konzentration der Geschichten auf den ersten Teil, den man geradezu als Erzählhälfte bezeichnen kann, weist auf die unkonventionelle Gesamtkomposition des *Arminius*. Der normale höfische wie auch schon der spätgriechische Roman ist eine Aneinanderreihung von gefährlichen Episoden, die das von vornherein vermutbare glückliche Ende hinauszögern. Durch Auslassen, Hinzufügen oder Vertauschen von Abenteuern ändert sich in der Regel weder der Gesamteindruck noch ergeben sich Verständnisschwierigkeiten. Das Additionsschema wird auch durch die eingestreuten Geschichten kaum vertuscht, denn die hier berichteten Fabelteile sind nur verschoben und gehorchen im übrigen dem gleichen Prinzip der Reihung. Demgegenüber läßt der *Arminius* die Hand des Dramatikers erkennen. Nach der – von der Varusschlacht abgesehen – geruhsamen ersten Hälfte, die durch die sonst erst am Romanschluß übliche Hochzeit des Hauptliebespaars als abgeschlossenes Ganzes erscheint, spitzt sich die Handlung zum Ende hin immer mehr zu. Nicht Reihung, sondern Steigerung lautet die Devise. Die bisherige Forschung hat den Roman zu sehr als Ganzes genommen und die strukturellen Unterschiede zwischen der ersten Romanhälfte und den späteren Büchern außer acht gelassen. [10 a]

### 3. DIE HESSISCHEN VERWICKLUNGEN IM DRITTEN VIERTEL

Das Aufbauprinzip der allmählichen Zuspitzung zum Ende hin bestimmt auch die Differenzierung innerhalb der zweiten Romanhälfte. Den ernsthaften kriegerischen Auseinandersetzungen des letzten gehen die mehr persönlichen Verwicklungen des dritten Viertels voraus.

Während die ganze erste Romanhälfte im Zeichen der erzählten Geschichten steht und das Rahmengeschehen nur einen Monat dauert, überbrückt Lohenstein mit den Büchern II 1–5 die vier bzw. fünf Jahre [11] zwischen der Varusschlacht und dem von Tacitus beschriebenen Krieg des Arminius gegen Germanicus, auch dies, ohne dafür breiteres historisches Material zur Verfügung zu haben. Der in II 2 dargestellte und bis II 5 bestimmende Feldzug des Tiberius gegen die Germanen wird von Velleius Paterculus und danach von Spalatinus nur kurz erwähnt, und zwar als Racheakt gegenüber der Vernichtung des Varus. [12] Auch Sueton bringt in seiner Tiberius-Biographie dazu kaum kriegerische Einzelheiten. [13] Im übrigen reden die Quellen nur von einem Feldzug gegen die Germanen, nicht speziell gegen die Hessen. Der Einfall des Tiberius in Germanien dient Lohenstein nur als historische Kulisse. Den Kämpfen in II 2 folgt eine zu schnelle und ausgiebige Versöhnung. Wichtiger sind die privaten Verwicklungen, die sich vor diesem Hintergrund anspinnen.

Gleich zu Beginn von Buch II 1 ist etwa ein halbes Jahr seit der Varusschlacht vergangen. Mit dem Geburtstag Thusneldas fünf Tage vor Eintritt der Sonne in den Widder, also Mitte März, beginnt ein neues germanisches Jahr. An ihrem Geburtstag fühlt sich Thusnelda schwanger. Danach reist Herrmann für zwei Monate mit seinem Hof an die Paderquellen, also in das heutige Paderborn. Im Heumonat, d. h. im Juni, begeben sich die Frauen zu einem prophetischen Brunnen an die Diemel, wo sie mit einem Einsiedler sprechen. All das geschieht in Buch II 1. Das beschleunigte Erzähltempo behält Lohenstein auch weiterhin bei. Buch II 2 etwa, in dem er den späteren Kaiser Tiberius und neben ihm auch schon Germanicus mit den Deutschen zusammenstoßen läßt, führt er bis zur Geburt Thumelichs zur Zeit der längsten Nacht, also im Dezember des gleichen Jahres. Der Beschleunigung von Tages- zu Jahresspannen der einzelnen Bücher entspricht die räumliche Ausweitung von Westfalen in den rheinhessischen Raum mit einem kurzen Ausblick in II 3 – wie später erneut in II 6 und II 9 – sogar nach Rom, vor allem aber der Übergang von den friedlichen Erzählsituationen der ersten Hälfte zu nicht nur kriegerischen, sondern auch erotischen und diplomatischen Verwicklungen.

Zwar wird auch jetzt noch erzählt, aber wie in der ersten Hälfte die Ereignisse, so rücken jetzt die Geschichten an den Rand. In II 1 erzählt der in der Varusschlacht gefangene Königssohn Rhemetalces von seiner Heimat Thrazien, in II 5 trägt ein Barde die Lebensgeschichte des gothonischen Herzogs Gottwald vor. Aber die Geschichten rücken nicht nur an den Rand, sondern machen auch nur noch etwa die Hälfte des jeweiligen Buches aus. Die Geschichte, die Rhemetalces von Thrazien und besonders von seiner verworfenen Stiefmutter Ada erzählt – einen Auszug bietet Albrecht Schöne in seiner Barockanthologie [14] – erdrückt trotz ihrer Eindringlichkeit nicht mehr die Erzählsituation und degradiert sie nicht zum bloßen Kostüm, vielmehr erscheint jetzt umgekehrt die Geschichte von den umgebenden Ereignissen diktiert. Bevor Rhemetalces zu berichten beginnt, erfährt der Leser, daß Herrmanns Bruder Flavius die dem Armenier Zeno verlobte Erato und Herrmanns Schwester Ismene den Zeno liebt. Gleich zu Beginn der zweiten Hälfte schürzt Lohenstein also den Knoten, durch den die Bücher II 1–5 zum Eifersuchtsviertel des Romans werden und der, in II 6–8 außer acht gelassen, erst am Ende des letzten Buchs glücklich aufgelöst wird. Nach dem galanten Auftakt ist die Geschichte des Rhemetalces nicht zufälliges, auswechselbares Versatzstück, wie mehr oder weniger alle Geschichten der ersten Romanhälfte, sie illustriert vielmehr die gefährliche Macht der Erotik, die auch die deutsche Eintracht zu bedrohen beginnt. Da Ada ihre Reize rücksichtslos als Mittel politischer Macht einsetzt, bereitet Lohenstein zugleich mit dieser Geschichte die nachher von Adgandester und Sentia ausgelösten politischen Intrigen vor. Sentia, die von Lohenstein erfundene skrupellose Stiefmutter Thusneldas, die sich für die von Adgandester ausgeheckten und später von dem neuen Kaiser Tiberius geförderten Intrigen als Werkzeug hergibt und bereitwillig die Ehe bricht, erscheint geradezu als Wiedergeburt der thrazischen Ada und muß denn auch ähnlich wie diese ihr Treiben schließlich – am Ende des Romans – mit dem Tode büßen.

Adgandester selbst bürgt dafür, daß die der thrazischen Geschichte vorangehenden Eifersüchteleien und die später folgenden Intrigen nicht nur darstellerisch in der Erzählung des Rhemetalces, sondern auch in der eigentlichen Romanhandlung verbunden werden. Er ist die zwiespältigste, interessanteste und neben Herrmann und Thusnelda auch wichtigste Romanfigur. In der ersten Hälfte Herrmanns oberster Ratgeber und Haupterzähler [15], wird »der zum Unsterne Deutschlands gebohrne Adgandester« [16] mit Beginn der zweiten Hälfte zum berufsmäßigen Intriganten, und zwar weil seine Liebe zu Herrmanns Schwester Ismene erfolglos bleibt. Denn Herrmann hat, wie wir in II 1 gleich nach der Geschichte des Rhemetalces erfahren, Ismene dem Cattenfürsten Catumer zugedacht. Daß Ismene selbst in den Armenier Zeno verliebt ist, wurde schon gesagt. In II 3 bringt Adgandester Ismene in arge Bedrängnis, in II 4 sät er Zwietracht zwischen Herrmann und seinem Bruder Flavius. Wie Lohenstein den historischen Kriegsbüchern II 6 und 7 die Eifersuchtsbücher voranschickt, so macht er durch Adgandester auch handlungsmäßig Eifersucht und Intrige zum Mutterboden der kriegerischen Wirren.

Wie die Verbindung von Herrmanns Sieg und Hochzeit in der ersten Romanhälfte, so erscheint auch die Konzeption des dritten Viertels durch eine wiederum sehr kurze Notiz des Tacitus angeregt. In ann. 2,88,1 schreibt dieser, der Chattenfürst Adgandestrius habe den Römern angeboten, Arminius umzubringen, falls man ihm Gift schicke, Tiberius habe das jedoch abgelehnt. Aufgrund dieser Stelle – denn sonst ist Adgandester bei Tacitus nirgends erwähnt – schuf Lohenstein die Rolle seines Hauptintriganten. Dieser Stelle ist wohl auch die Verlagerung des Geschehens in das Land der Chatten oder »Catten«, wie Lohenstein sie nennt, das heutige Hessen, zu verdanken. Allerdings ließe sich der Besuch der Cherusker bei den Catten auch dadurch erklären, daß deren Land in den bevorstehenden Feldzügen des Germanicus einen Hauptkriegsschauplatz abgibt.

4. Die ersten beiden Bücher von Tacitus' »Annalen« als
Grundlage des Romans

Für die Deutschlandfeldzüge des Germanicus sind, wie schon gesagt, die ersten beiden *Annalen*-Bücher des Tacitus eine ausführliche und zugleich die einzige brauchbare Quelle.

Während Tacitus in den späteren *Annalen*-Büchern hauptsächlich stadtrömische Geschichte bietet und die Interessen des Reiches zum Bedauern neuerer Historiker vernachlässigt, handeln die beiden ersten Bücher gerade von den Schwierigkeiten an den Grenzen des römischen Imperiums, insbesondere in Germanien. Dem ebenso klugen wie tapferen Cheruskerfürsten Arminius steht auf römischer Seite der nicht minder sympathische Drusussohn Germanicus gegenüber. Nach seinen drei Germanienfeldzügen in den Jahren 14 bis 16 n. Chr. wird er von dem neuen Kaiser Tiberius in den Orient abberufen und stirbt dort, und zwar nach Meinung des Tacitus eines ähnlich unnatürlichen Todes wie Arminius, den seine Verwandten umbringen. Den Tod der beiden einstigen Gegner schildert Tacitus beziehungsreich nacheinander und schließt damit das zweite *Annalen*-Buch wirkungsvoll ab. Die Würdigung des toten Arminius im Schlußkapitel 2,88 betont noch einmal den außenpolitischen Charakter der Bücher 1 und 2.

Diese beiden Bücher sind die Hauptquelle von Lohensteins Roman. Der Dichter gibt die Ereignisse der Jahre 14 und 15, die das erste *Annalen*-Buch füllen, in seinem Romanbuch II 6 wieder, die des Jahres 16, die Tacitus im ersten Drittel des zweiten *Annalen*-Buches behandelt, in II 7. Einen genaueren Vergleich ermöglichen die synoptischen Angaben auf S. 230 ff.

Daß auch die ersten drei Viertel des Romans von den beiden *Annalen*-Büchern des Tacitus her entworfen sind, daß also das riesige Werk von vornherein als Ganzes geplant und nicht schrittweise in Fortsetzungen verlängert wurde, ist schon indirekt zum Ausdruck gekommen. Sowohl die Koppelung der Varusschlacht mit Herrmanns Hochzeit in der ersten Hälfte als auch die mit Adgandesters Namen verbundenen Verwicklungen des dritten Viertels erschienen von Tacitus angeregt. Die beiden zugrunde liegenden Tacitus-Stellen zitiert allerdings auch Spalatinus. Eine noch deutlichere Sprache sprechen jedoch die von Tacitus unmittelbar übernommenen, bei Spalatinus großenteils nicht aufgeführten germanischen Orts- und Personennamen, die Lohenstein von Anfang an verwendet.

Die Hauptschauplätze der ersten Romanhälfte, den Deutschburger Hain und den Tanfanischen Tempel, kennt er von Tacitus. Der »Teutoburgiensis saltus« ist ann. 1,60, das »templum Tanfanae« ann. 1,51 erwähnt. Auch der dritte schon in dem Romanbuch I 1 genannte Ort, das Lager Alison, in das sich die geschlagenen Truppen des Varus zurückziehen, findet sich bei Tacitus (ann. 2,7), allerdings auch bei Velleius Paterculus (2,120). Den ubischen Altar, der in dem Romanbuch II 2 von den Deutschen an die Römer abgetreten wird und hinfort als deren Brückenkopf eine wichtige Bedeutung erlangt, nennt Tacitus ann. 1,39 und 57. [17] Das hessische Mattium, in dem die Romanbücher II 3 und 4 spielen, gibt er ann. 1,56 an.

Auch die Namen der wichtigen und in der Mehrzahl von Anfang an beteiligten deutschen Fürsten entnahm Lohenstein den ersten *Annalen*-Büchern. Neben den Cheruskern Herrmann, Flavius, Ingviomer und Segesthes sowie dem Markomannen Marbod, die alle dort mehrfach erwähnt werden, sind auch die anderen bedeutenderen Stammesfürsten auf Tacitus zurückzuführen: Arpus (ann. 2,7), Chariovalda (2,11), Gottwald (als Catualda 2,62 f.), Jubil (2,63; in neueren Ausgaben Vibilius), Malovend (2,25) und Vannius (2,63). Weitere germanische Namen entlieh Lohenstein späteren *Annalen*-Büchern, so Bojocal (13,55 f.), Cruptorich (4,73), Gannasch (11,18 f. als Gannascus), Malorich (13,54). Je einmal nennt Tacitus die Cherusker Segimer, den Bruder (1,71), und Siegemund (1,57 als Segimundus), den Sohn des Segesthes. Den Sohn erwähnt auch Strabon, und zwar unter den Gefangenen beim Triumphzug des Germanicus in Rom. Die Namen von Thusnelda, deren Sohn Thumelich und Segimers Sohn Sesitach beruhen ausschließlich auf Strabon, ebenso der Name des schon früher erwähnten Sicambrerherzogs Melo. Melo ist der einzige der außercheruskischen Stammesfürsten, dessen Name nicht auf Tacitus zurückzuführen ist. Der Priester Libys, den Lohenstein zum Hüter des Tanfanischen Heiligtums und damit zum deutschen Oberpriester macht, trägt den gleichen Namen wie jener hessische Priester, den Strabon unter den Gefangenen des Triumphzuges aufführt. Die Namen der deutschen Frauen hat Lohenstein im wesentlichen erfunden. Tacitus nennt keinen einzigen, Strabon nur Thusnelda und Rhamis. Auch in den erzählten Geschichten sind den oft historischen Männern erfundene Frauen beigegeben. Die politische Männerwelt des von Tacitus dargestellten Germanenkriegs wird im Roman zur galanten Hofwelt, die ohne Frauen nicht vorstellbar ist.

Den schlagendsten Beweis dafür, daß Lohenstein seinen Roman von den Taciteischen *Annalen* her konzipiert hat, liefern allerdings nicht die deutschen Namen, sondern die der Gäste aus dem östlichen Mittelmeerraum. Die Fürsten aus Armenien und Thracien, die infolge der Varusschlacht an Herrmanns Hof geraten, deren Geschichten die ersten zehn Bücher des Romans mitbestimmen und die mit Beginn der zweiten Hälfte für erotische Verwicklungen sorgen, sind eben jene Herrschergestalten, die Tacitus neben den Germanenkriegen und unabhängig davon im zweiten *Annalen*-Buch nennt: Erato (Kapitel 4), Zeno (56 und 64) und Rhemetalces (67). Wo ihre Namen bei anderen antiken Historikern noch mitgeteilt werden, geschieht das ohne jeden Zusammenhang mit germanischen Belangen. [18] Lohenstein erhebt also das durch das annalitische Prinzip des Tacitus bedingte darstellerische Nebeneinander zu einem wirklichen Kontakt. [19] Die armenische Königin Erato und der spätere König Zeno alias Artaxias, die als Liebespaar eingeführt werden, in Wahrheit aber, wie sich am Ende herausstellt, Geschwister sind, sind dazu bestimmt, die Arminius-Geschwister Flavius und Ismene zu heiraten, eine Verbindung, zu der wohl die klangliche Entsprechung zwischen Arminius – bei Strabon, Florus und Cassius Dion heißt er gar Armenios bzw. Armenius – und Armenien beigetragen hat. [20] Auch daß Herrmanns Mutter, die Priesterin Asblaste, die Tochter eines Parthers ist, dürfte damit zusammenhängen. Die eheliche Verbindung zweier Geschwisterpaare ist in einem Roman nicht ungewöhnlich. Lohenstein kannte sie von Desmarets. Auch der dritte Erzähler aus dem Osten, der Prinz Rhemetalces aus Thracien, wird mit einer Deutschen glücklich. Er heiratet Zirolane, die Schwester des zeitweiligen Arminius-Verbündeten und Marbod-Gegners Gottwald und Tochter des gleichnamigen Barden.

Die großen Abschnitte des Romans und die Abhängigkeit des ganzen Werkes von den *Annalen* des Tacitus sind herausgearbeitet. Eine geraffte Inhaltsübersicht mag die gewonnenen Ergebnisse zusammenfassend veranschaulichen und die noch ausstehende genauere Besprechung des letzten Romanviertels vorbereiten. Wenn man das Werk im Zeitraffertempo überfliegt, wird seine Gesamtkomposition deutlicher als bei beschaulicher Lektüre. Die folgenden Informationen sind deshalb bewußt knapp gehalten und vereinfachen stark. Eine genauere Übersicht bietet Cholevius. [21] Noch weit ausführlicher sind die Inhaltsangaben, die im Roman selbst den einzelnen Büchern vorangestellt sind. Die Teil- und Buchzahlen entsprechen der Erstausgabe von 1789/90, die der zweiten und zugleich letzten Auflage von 1731 sind in Klammern beigefügt.

I 1  (I 1): Der römische Feldherr Varus hat sich an der Tochter des Sicambrerherzogs Melo vergangen. Unter Führung Herrmanns und in der Nähe von dessen Residenz Deutschburg wird er mit seinem Heer in einer mehrtägigen Schlacht besiegt und findet den Tod. Der mit ihm verbündete Deutsche Malovend, Herzog der Marsen, wird gefangengenommen. Segesthes, der mit den Römern paktiert hat, entgeht einer Bestrafung, als er in die Hochzeit seiner Tochter Thusnelda mit Herrmann einwilligt. Eigentlich hatte er sie Marbod zugedacht.

I 2  (I 2): Der Tenctererfürst Marcomir besucht in Deutschburg den gefangenen Malovend. Der pontische Herzog Zeno und der thrazische Herzog Rhemetalces, ebenfalls Gefangene der Varusschlacht, die aber eher als Gäste behandelt werden, gesellen sich hinzu. Tags darauf gehen die Fremden auf die Jagd. Beim Mittagsmahl erzählt Malovend die Geschichte der Cheruskerfürsten, die vor Herrmann regierten, eine versteckte Geschichte des österreichischen Kaiserhauses.

I 3  (I 3): In der Varusschlacht wurde auch die armenische Königin Erato gefangengenommen, die ebenso wie Thusnelda als Mann verkleidet gekämpft hat. Im Frauenzimmer erzählt ihre Gefährtin Salonine Eratos Lebenslauf und die Geschichte Armeniens. Als Herrmann mit anderen Fürsten eintritt, ist unter ihnen Zeno, Eratos verschollener Verlobter.

I 4  (I 4:) Am nächsten Tag begeben sich die Fürsten in den Tanfanischen Tempel, wo ein Bild des römischen Feldherrn Drusus als eines tapferen Feindes aufgerichtet wird. Adgandester erzählt von Drusus und seinen Kriegszügen in Germanien. Thusnelda und die Frauen, die sich zu einem Lustgarten begeben haben, werden unterdessen von Segesthes und Marbod geraubt, von Herrmann und seinen Leuten aber noch am gleichen Tag wieder befreit. Abends kehren die Fürsten nach Deutschburg zurück. Tags darauf erscheint Herrmanns Bruder Flavius, der nach der Varusschlacht Rom hat verlassen müssen. Er erzählt von seinem Leben in römischen Diensten, besonders von seiner Liebe zu der Afrikanerin Dido, einer Tochter Jubas und der jüngeren Cleopatra.

I 5  (I 5): Zeno ist bei dem Raub der Frauen verwundet worden. Die Fürsten und die Frauen versammeln sich um sein Bett, und er erzählt ihnen seine Geschichte, besonders seine Begegnung mit den Amazonen und seine Abenteuer im Dienste des Skythenkönigs Huhansien.

I 6  (II 1): Erdmuth und Rhamis, die Frauen der cattischen Fürsten Arpus und Catumer, treffen in Deutschburg ein. Adgandester erzählt »der Deutschen Geschichte/ und insonderheit die mit denen Römern und Griechen gehabte Vermengungen« [22] bis zur Zeit Cäsars.

I 7  (II 2): Malovend erzählt von den Taten der Deutschen zur Zeit Cäsars und des Augustus, dabei besonders auch von Marbod. Das Buch bietet eine verschlüsselte

Geschichte der nachreformatorischen Kriege. Marbods Aufstand gegen den Herzog Britton und dessen spätere Enthauptung deuten auf Cromwell und die Hinrichtung Karls I. von England.

I 8 (II 3): Herrmann und Thusnelda heiraten. Hierzu trifft auch Herrmanns längst tot-geglaubte Mutter Asblaste ein. Am Tag nach der Hochzeit erzählen Adgandester und die Fürstin von der Lippe die Geschichte Herrmanns und seiner Liebe.

I 9 (II 4): Asblaste erzählt von ihrem Schicksal, besonders von ihrer Begegnung mit der cimbrischen Fürstin Tirchanis und von deren Thronverzicht. Mit Tirchanis ist Christina von Schweden gemeint. An den beiden folgenden Tagen werden zur Feier der Hochzeit allegorische Kampfspiele aufgeführt.

II 1 (III 1): An Thusneldas Geburtstag im nächsten Frühling zeigt sich Flavius in Erato verliebt. Seine Schwester Ismene ist deren Verlobtem Zeno zugetan. Rhemetalces erzählt von seiner Heimat Thrazien, besonders von seiner verbrecherischen Stief-mutter Ada. Herrmann will Ismene mit dem cattischen Herzog Catumer, dem Sohn des Arpus, vermählen, was Adgandester verdrießt. Thusneldas Bruder Siegemund wirbt vergeblich um die marsingische Fürstin Zirolane, diese liebt den Rhemetalces. Auf die Nachricht von Kriegsvorbereitungen der Römer begibt sich Herrmann an den Rhein, nachdem er sich von der gerade schwanger gewordenen Thusnelda ver-abschiedet hat. Die Frauen bleiben an den Paderquellen.

II 2 (III 2): Tiberius und Germanicus setzen über den Rhein und greifen die Germanen an. Diese erobern nach wechselnden Kämpfen im Siegtal den Altar des Bacchus, das heutige Bacharach, wo sie über Gefahren und Vorzüge des Weines streiten und wo Herrmanns Sohn Thumelich zur Zeit der längsten Nacht geboren wird. Auf einer Rheininsel schließen Römer und Deutsche schließlich Frieden.

II 3 (III 3): Agrippina, die Frau des Germanicus, besucht Thusnelda in Bingen, wo die Deutschen ihr Lager aufgeschlagen haben. Auf Einladung des Tiberius feiern die deutschen Fürsten mit den Römern in deren Lager Mainz den Frieden mit höfischen Spielen. Den dabei verwundeten Zeno heilt Ismene und gewinnt so seine Liebe. Da-durch wird Erato für Flavius frei. Tiberius kehrt nach Rom zurück. Germanicus übernimmt den Oberbefehl. Der cheruskische Hof reist in das hessische Mattium. Herrmann drängt auf die Heirat Ismenes mit Catumer, den Flavius will er mit der chauzischen Herzogstochter Adelmunde verheiraten. In Wahrheit lieben sich Catu-mer und Adelgunde. Ismene, die sich weiterhin gegen eine Heirat mit Catumer sträubt, wird von den Druiden gotteslästerlicher Reden beschuldigt und muß sich durch ein Gottesurteil reinigen. Als sich herausstellt, daß der rachedurstige Adgan-dester hinter den Vorwürfen steckt, wird dieser von Herrmann des Hofes verwiesen.

II 4 (III 4): Adgandester verbindet sich mit Sentia, der verruchten Frau des Segesthes und Stiefmutter Thusneldas, und heckt neue Intrigen aus. Als Gesandter Marbods reist er nach Mattium und macht Flavius seinem Bruder Herrmann und der deutschen Sache abspenstig. Sein Versuch, Adelmunde durch Gifte einer Zauberin unfruchtbar zu machen, um ihre Hochzeit mit Catumer zu vereiteln, scheitert am Ende.

II 5 (III 5): Thusnelda und Agrippina treffen sich im Frühjahr in Bad Schwalbach. Dort-hin kommen auch die deutschen Fürsten. Die Gesellschaft besucht eine nahe gelegene Bardenschule. Der älteste Barde gibt anhand von Gartengewächsen einen Fürsten-spiegel. Zirolane erkennt in einem Edelknaben ihren Bruder Gottwald, umarmt ihn und wird von Rhemetalces verlassen. Der Barde Gottwald, ein von Marbod vertrie-bener gothonischer Herzog, erkennt in den wieder vereinten Geschwistern seine Kinder und stirbt vor Freude. Ein anderer Barde erzählt Gottwalds Lebensgeschichte. Adgandester und Sentia säen weiter Zwietracht. Der Tod des Kaisers Augustus wird gemeldet.

II 6 (IV 1): Augustus wird in Rom zu Grabe getragen. Tiberius wird Kaiser. Nach den pannonischen rebellieren auch die germanischen Legionen. Germanicus legt ihren Aufstand bei. Danach überfällt er die im Lippegebiet wohnenden Marsen und läßt den Tanfanischen Tempel verbrennen. Dessen Priester Libys macht den Römern

Angst. Im Winter halten die Deutschen Kriegsrat. Sentia verkauft sich an den Angrivarierfürsten Bojocal und gewinnt ihn so für die Römer. Nach der Winterpause flammt der Krieg wieder auf. Germanicus fällt in Hessen ein. Er befreit den Segesthes, der seine schwangere Tochter Thusnelda geraubt hat und daraufhin belagert worden ist. Bei einem weiteren Feldzug ins Emsland kommt es in der Gegend der Varusschlacht zu einem unentschiedenen Kampf. Beim Rückzug erleiden sowohl die von Germanicus selbst befehligte Flotte als auch das von Caecina geführte Landheer starke Verluste, erstere durch ein Schiffsunglück, letzteres durch die nachsetzenden Deutschen.

II 7 (IV 2): Bei einer Jagd in Hessen verirrt sich Malovend zu der Zauberin Wartburgis, die ihm von ihrer Rolle bei dem römischen Prozeß gegen Libo Drusus erzählt. Bei einem neuen Feldzug besiegt Germanicus die Deutschen an der Weser. Dabei kommt es zu dem denkwürdigen Gespräch Herrmanns mit seinem auf römischer Seite kämpfenden Bruder Flavius über die Weser hinweg. Nach einer weiteren Schlacht am Angrivarierwall, die den Deutschen Vorteile bringt, ziehen sich die Römer zurück und erleiden in der Nordsee schweren Schiffbruch. Nach einem neuen Einfall des Silius in Hessen und des Germanicus ins Gebiet der Marsen beziehen die Römer ihre Winterlager am Rhein. Die Semnonen und Langobarden fallen von Marbod ab und stellen sich unter Herrmanns Schutz. Verantwortlich für Marbods Politik ist sein Ratgeber Adgandester.

II 8 (IV 3): Auf Befehl des Tiberius kehrt Germanicus nach Rom zurück. Vorher erwirkt seine Frau Agrippina einen Frieden mit den Deutschen. Thusnelda und die anderen gefangenen Frauen ziehen mit nach Rom. Herrmanns Onkel Ingviomer reist an Marbods Hof und heiratet dessen Tochter Adelgunde. Adgandester, der dies zu verhindern suchte, wird des Landes verwiesen. Bei der Hochzeitsfeier gelangen drei mythologische Schauspiele zur Aufführung.

II 9 (IV 4): Germanicus feiert in Rom seinen Triumph. Bei einem Gastmahl des Tiberius trifft Rhemetalces, der nach Thrazien zurückgekehrt war und nun als Gesandter seines Vaters Rhascuporis auftritt, unter den deutschen Frauen seine Zirolane wieder. Thusnelda weist die Zudringlichkeiten des Tiberius zurück. Die deutschen Frauen fliehen aus Rom. Gesandte Marbods bitten Tiberius um Hilfe gegen Herrmann. Bei dieser Gelegenheit erfährt der Leser, daß Marbod und Ingviomer eine Schlacht an der Havel gegen Herrmann verloren haben. Sentia und Segesthes kommen um. Gottwald, von Adgandester angestiftet, vertreibt den alten Marbod und wird selber von Herrmann vertrieben. Dieser wird von den Markomannen in deren Hauptstadt Boviasmum zum König gekrönt. Bei einem ihm zu Ehren veranstalteten Fischer-Rennen auf der Mulda wird Adgandester erkannt, schluckt Gift und stürzt sich in den Fluß. Ingviomer zettelt einen Krieg an, bekommt Herrmann zu fassen und will ihn enthaupten lassen. Nach der Enthauptung wird Ingviomer im Land der Cherusker selbst besiegt, gefangengesetzt und zur Rechenschaft gezogen. Während des Gerichts treffen Flavius und Erato sowie Thusnelda und die anderen aus Rom über Armenien geflohenen deutschen Frauen ein, schließlich auch Herrmann. Es stellt sich heraus, daß Ingviomer auf den Rat seiner Frau Adelgunde hin nicht Herrmann, sondern nur einen bereits toten Ritter hat köpfen lassen. Herrmann zieht mit der nun allseits versöhnten Hofgesellschaft in Deutschburg ein. Erato erzählt, der als pontischer Prinz aufgewachsene Zeno, ihr einstiger Verlobter, sei als armenischer Thronfolger Artaxias und damit als ihr Bruder erkannt worden. Thusnelda erzählt von dem Orientfeldzug des Germanicus und daß Agrippina seinen Tod befürchtet habe. Ein armenischer Gesandter berichtet von den Hochzeiten des Zeno alias Artaxias mit Ismene und des Rhemetalces mit Zirolane sowie von dem Tod des Germanicus. Die Krone, die die cheruskischen Stände Herrmann antragen, schenkt dieser dem Flavius. An einem 15. April heiraten Flavius und Erato.

Die Veränderungen, die Lohenstein an dem geschichtlichen Stoff vornahm, erklären sich hauptsächlich aus der nationalen Tendenz dieses laut Titelblatt »Dem Vaterlande zu Liebe« geschriebenen Romans.

Schon als Dichter der Trauerspiele hatte Lohenstein seinen Patriotismus unter Beweis gestellt, nicht nur in den Ergebenheitsadressen an das österreichische Kaiserhaus. [23] Das zeigen einige Stellen der *Epicharis*. Bei Tacitus ann. 15,58,2 heißt es, nach Entdeckung der Pisonischen Verschwörung habe Nero die Stadtmauern besetzen lassen und so gewissermaßen die ganze Stadt in Haft genommen. Soldaten zu Fuß und zu Pferde hätten alles durchkämmt, »permixti Germanis, quibus fidebat Princeps quasi externis«. Entsprechend läßt Nero bei Lohenstein

> das Schloß mit Teutschen rings umbsätzen/
> Weil wir bey Römern uns nicht dörffen sicher schätzen. [24]

In IV a 126–128 informiert Maximus Scaurus seine Mitverschwörer über diesen Befehl. In der großen Tribunalszene IV b tritt »Die Teutsche Leibwache« schließlich selbst auf. Die deutlichste Spur hinterläßt der nationale Ehrgeiz allerdings in V b. Nach Tacitus ann. 15,61 f. schickte der Tribun Granius Siluanus zu Seneca einen namentlich nicht genannten und in seiner Nationalität nicht ausgewiesenen »centurio«, der ihm den Todesbefehl Neros überbrachte. Bei Lohenstein ist es »*Cotuald* ein deutscher Hauptmann«, der die grausame Botschaft ausrichtet. [25] Er trägt den gleichen Namen wie jener von Tacitus ann. 2,62 f. genannte Gothonenherzog Cotualda oder Catualda, den Lohenstein als den jüngeren Gottwald im *Arminius* eine wichtige Rolle spielen läßt.

Der Arminius-Stoff war Lohenstein nicht erst seit 1673 bekannt, als der Quellenauszug des Spalatinus wieder im Druck erschien, sondern – wenigstens in Umrissen – wahrscheinlich schon von der Schulzeit her. Jedenfalls zeigt er sich bereits 1661 als Dichter der *Cleopatra* so damit vertraut, daß ihm angesichts der Prophezeiung im Schlußreyen, Rom werde noch viele Adler einbüßen, die Varusschlacht und die darauf bezogenen Stellen aus den ersten beiden *Annalen*-Büchern des Tacitus einfallen. [26] Zu dem Gedanken, aus diesem Stoff eine Art Nationalepos zu formen, könnte ihn der befreundete Hoffmannswaldau angeregt haben. Dieser hatte ein *Epos de Bello Germanico* geschrieben, aber nicht veröffentlicht, sondern den Flammen übergeben. [27] »Das vornehmste/ was ich mir vor etlichen Jahren fürgenommen« [28], hat er so behandelt, wie einst Vergil seine *Aeneis* behandelt wissen wollte.

Zu welchen Veränderungen der geschichtlichen Stoffe die nationale Tendenz im *Arminius* führt, wird in den »Allgemeinen Anmerckungen« kurz umrissen, die ohne Angabe des Verfassers schon der Erstauflage des Romans beigegeben sind und noch immer die beste Interpretation des Werkes bedeuten. Darin heißt es zu der Absicht, dem Ruhm des Vaterlandes zu dienen:

Ja dieses gute Absehen wird gar leichtlich vor dem Richterstuhl der Billigkeit entschuldigen können/ daß die Teutschen fast in alle bekante Welt-Händel eingemenget worden/ so daß/

daferne man diese Helden-Geschicht vor die Richtschnur der Historischen Warheit halten müste/ niemand zweiffeln dürffte/ daß die *Römer/* insonderheit aber *Cäsar/ Pompejus/ Antonius/ Augustus/* nicht weniger die *Griechen/* vornemlich *Alexander der Grosse/* ingleichen der sieghaffte *Hannibal* mit seinen *Mohren/* die *Amazonen/ Samniter/ Lusitanier* und fast die gantze Welt nichts wichtiges ohne der Teutschen Rath und Hülffe ausgeführet hätten/ und also die Dienste der tapfferen Teutschen gleichsam allenthalben das Postement gewesen wären/ auf welchen die berühmtesten Europäer/ Asiaten und Africaner ihre Siege gegründet hätten und darauf aus mittelmäßigen Zwärgen zu ungeheuren Riesen erwachsen wären. [29]

Daß Lohenstein die Deutschen an allen größeren Taten der antiken Geschichte beteiligt, die in der ersten Romanhälfte erzählt werden, fällt schon demjenigen auf, der nur die den einzelnen Büchern vorangestellten Inhaltsangaben überfliegt, und ist von Luise Laporte kritisch beschrieben worden. [30] Daß der Autor auch die Ereignisse, an denen die Germanen wirklich beteiligt waren, insbesondere die nach Tacitus gearbeiteten Romanbücher II 6 und 7, zum »Lobe der Teutschen« [31] verändert, ist hingegen in der bisherigen Literatur nicht erwähnt. Wie gesagt, hält Laporte die Quellentexte pauschal für »unverarbeitet übernommen«. [32] Zu einem Vergleich eignen sich besonders die von Tacitus übernommenen Reden und Schlachtberichte.

Bei den Reden fallen weniger die sachlichen als die quantitativ-formalen Änderungen ins Auge. Tacitus zitiert die vier Reden des Arminius, denen er jeweils die Rede eines Gegenspielers an die Seite stellt, in indirekter Form. [33] Von den drei Ansprachen des Germanicus bringt er dagegen zwei in Form der direkten Rede. [34] Lohenstein arrangiert umgekehrt. Alle Reden Herrmanns bietet er direkt und beträchtlich erweitert, während er die erste Rede des Germanicus in der indirekten Form beläßt und die zweite, von Tacitus direkt zitierte gar in indirekte Rede verwandelt. [35] Nur die Ansprache des Germanicus vor der Weserschlacht [36] gibt Lohenstein als direkte Rede und zugleich stark erweitert wieder, allerdings nur, um durch das Eingeständnis des Germanicus, daß »die Deutschen nicht anders als durch Deutsche bezwungen werden können« [37], den Bagatellisierungsversuchen des Taciteischen Germanicus entgegenzuarbeiten und um diese Rede durch die dann folgende, um die Hälfte längere Herrmanns noch zu überbieten. Die übrigen Reden der *Annalen*, die Lohenstein übernimmt, ändern an diesem Bild nichts. [38]

Die in den *Arminius*-Roman aufgenommenen Taciteischen Reden sind anders bearbeitet als die der römischen Trauerspiele. Das zeigen gerade die beiden Reden vor der Weserschlacht. Während Lohenstein die Trauerspielreden gern dialogisch in Segmente zerlegt und den Taciteischen Text Satz für Satz aufschwellt, bietet er die des *Arminius* en bloc und übersetzt sie wirklich, wenn auch manchmal etwas nachlässig. Wenn er erweitert, dann nicht durch gleichmäßige Aufschwellung, sondern indem er das Übersetzte an das Ende der Romanrede rückt und einen größeren erfundenen Teil vorschaltet. Sowohl die Rede des Germanicus als auch die Herrmanns sind in dieser Weise angelegt, ebenso vorher Herrmanns Antwort an seinen Bruder Flavius. Die historische Ansprache Herrmanns an seine Soldaten vor der Weserschlacht macht nur gut ein Viertel der Romanrede aus. Die strukturell und

168

stilistisch unterschiedliche Bearbeitung der Dramen- und Romanreden erscheint im wesentlichen gattungsbedingt. Aber auch in Thema und Zweck heben sich die im rauhen Soldatenlager angesiedelten Romanreden von den höfisch-intriganten Trauerspielreden ab.

Noch deutlicher als die Reden zeigen die Schlachtberichte, daß Lohenstein die Deutschen begünstigt. Abgesehen davon, daß er ihre Taten viel breiter darstellt als die der Römer, scheut er auch nicht vor sachlichen Veränderungen zurück. Auf Schritt und Tritt ist das Bestreben zu erkennen, die Leistungen der Römer zu schmälern, die der Deutschen dagegen hervorzukehren und ihre Fehler zu retuschieren. Der Einfall in das Gebiet der Marsen, den Tacitus ann. 1,49–51 schildert, gelingt dem Germanicus bei Lohenstein nur deshalb, weil der Sicambrer Melo zusammen mit den Tenkterern den Römern Hilfe leistet. [39] Am Ende dieses Überfalls ziehen sie nicht frei ab wie bei Tacitus, sondern werden von den Deutschen verfolgt. Das Tanfanische Heiligtum wird zwar auch bei Lohenstein zerstört, aber der deutsche Priester Libys jagt den Römern solchen Schrecken ein, daß sie schließlich froh sind, mit heiler Haut davonzukommen. Ähnlich verhält es sich mit dem Hessenfeldzug des Germanicus. Nach Tacitus ann. 1,56 erfolgte er so plötzlich, daß Greise, Kinder und Frauen sofort gefangengenommen oder niedergemacht wurden und nur die kriegstüchtigen Männer sich über die Eder retten konnten. Nach Lohenstein

wurden die Römer und Sicamber zwar des Landes zwischen dem Sieg- und Lohn-Strome Meister/ ihre Siege aber erstreckten sich nicht weiter/ als über eine Menge Weiber und Kinder/ und etliche verlassene Schlösser/ welche den Sicambern eingeräumt wurden. [40]

Dem letzten und für die Deutschen gefährlichsten Feldzug des Germanicus läßt Lohenstein außergewöhnliche Anstrengungen der Römer und eine Mobilmachung selbst der Veteranen vorausgehen. [41] Dennoch verdanken die Deutschen ihrer schließliche Niederlage an der Weser nicht so sehr den Römern als vielmehr einem bei Tacitus ann. 2,17 nicht erwähnten

schrecklichen Sturm-Wind/ welcher den Deutschen die von Pferden und Menschen loßgetretene Erde gerade in die Augen wehte: daß sie nicht sehen/ weniger fechten konten. [42]

Für die Römer dagegen läßt Lohenstein widrige Umstände nicht gelten. Die durchs Moor führenden sogenannten langen Brücken, über die Caecina den Rückzug antreten muß und die Tacitus ann. 1,63 »ruptos vetustate« nennt, werden bei Lohenstein von den Deutschen zerstört. [43]

Der Dichter scheut sich auch nicht, einen Taciteischen Irrealis zugunsten der Deutschen zu realisieren. Die Verwandlung wird allerdings dadurch begünstigt, daß Tacitus seiner Gewohnheit entsprechend den semantischen Irrealis im Hauptsatz durch ein indikativisches Imperfekt bezeichnet. In dem eben erwähnten *Annalen*-Kapitel 1,63 heißt es, Teile des römischen Heeres wären in einen Sumpf getrieben worden (trudebantur), wenn nicht Germanicus die Legionen vorgeführt und in Schlachtordnung aufgestellt hätte. Anders bei Lohenstein. Das mit den Römern verbündete Kriegsvolk

ward von den Cheruskern in einen Sumpff getrieben/ worinnen die meisten entweder durch lange Spiesse erstochen wurden/ oder erstickten. [44]

Erst das Herannahen der Cherusker danach nötigt Germanicus, seine Legionen vor-
rücken zu lassen. Nach Tacitus ann. 1,65 wäre der von seinem erschossenen Pferd
gefallene römische Feldherr Caecina umzingelt worden (circumveniebatur), wenn
nicht die erste Legion sich den Germanen entgegengeworfen hätte. Lohenstein
schreibt, daß er

von der Cheruskischen Leibwache umringet ward. Das auf ihn gefallene Pferd diente ihm
zu allem Glücke so lange zum Schilde/ biß die zum Hinterhalt noch übrige erste Legion
herzu drang/ und den Römischen Feld-Hauptmann aus den Händen der Cherusker und des
Todes errettete. [45]

Die für die Römer günstigen Auspizien vor der Weserschlacht werden bei Lohenstein von Germanicus bestellt. [46] Auch hinter dem Auffliegen der Adler zu
Beginn der Schlacht wittert er Betrug:

Hierbey ereignete sich entweder ungefähr: daß acht Adler von der Weser her über das Römische Heer gegen das Deutsche/ und die darhinter gelegenen Wälder geflogen kamen;
oder daß sie im Lager von den Wahrsagern mit Fleiß waren aus ihren Behältnüssen gelassen worden. Germanicus war ein Meister so wol sich des Aberglaubens zu seinem Vor-
theil zu bedienen/ als zufällige Dinge zu Werckzeugen seiner Klugheit zu gebrauchen. [47]

Wie Lohenstein die historischen Fakten in deutsch-nationaler Weise umdeutet,
so versucht er insbesondere seinen Titel- und Tugendhelden Herrmann von jedem
Verdacht der Unlauterkeit oder auch nur der fehlenden Selbstbeherrschung reinzu-
waschen. Nur einmal in dem ganzen Roman gerät Herrmann wirklich außer sich,
und zwar als er von der Entführung seiner schwangeren Frau durch Segesthes und
die Römer erfährt. Tacitus schreibt ann. 1,59, von Natur aus schon leidenschaftlich, sei Arminius im Gedanken daran, daß seine Frau geraubt und ihre Leibesfrucht
der Sklaverei ausgeliefert sei, vollends rasend geworden. Diese Bemerkung nimmt
Lohenstein zum Anlaß für eine kleine Affektstudie, die als kurioses Dokument barocker Psychologie hier zitiert sei:

Der Feldherr erblaste und verstummete auf einmahl über dieser bösen Zeitung. Hernach
ward er Feuer-roth; seine Augen brannten/ er runtzelte die Stirne/ ließ die Augenbrauen
bald niederfallen/ bald zoh er sie wieder in die Höh/ die Haare stunden ihm zu Berge/ die
Nasenlöcher weit offen. Die Lippen schwollen ihm auf/ und zitterten. Er knirschte mit den
Zähnen/ schäumte mit dem Munde/ die Zunge ward ihm trocken; er redete nur verbro-
chene und unverständliche Worte; und weil er mit seinem Stammeln nicht fort konte/
seufftzete er nur. Die Adern lieffen ihm auf der Stirne und am Halse auf/ der Puls schlug
ihm starck und gefach/ und er muste noch einmahl so offt als sonsten Athem holen. Aus
welcher Verstellung leicht zu urtheilen war: daß dem sonst so freundlichen und unverän-
derlichen Fürsten wol sein Lebtage nichts schmertzlichers begegnet seyn müste. Und alle
diese Veränderung überfiel ihn in einem Augenblicke. Denn der Zorn kommet nicht nach
und nach/ sondern schlägt wie der Blitz unversehens/ daß Knall und Fall ein Ding ist. Die
Rachgier ergeußt sich wie ein feuriger Strom in alle Gedancken/ brennet wie eine fressende
Flamme in allen Adern/ scheinet aus den Augen und allen Gebehrden auf einmahl; indem
der Zorn alle Glieder auf einmahl zu seinem Werckzeuge gebrauchen wil. [48]

Von diesem verständlichen Zornausbruch abgesehen, ist Herrmann ein Muster
stoischer Selbstbeherrschung. Wenn in dem Streitgespräch mit Flavius an der Weser
sein Zorn noch einmal aufflackert, so liegt das wiederum an Tacitus, dem zu-

folge die beiden Brüder immer mehr in Wut gerieten. [49] Auf die Worte des Flavius reagiert Herrmann jedoch gelassener als bei Tacitus:

Dem Feldherrn stiegen diese Worte zwar tieff zu Gemüthe; Er mäßigte sich aber. [50]

Passen schon heftige Gemütserregungen nicht zu dem Bild des Helden, so steht ihm erst recht moralisch fragwürdiges Handeln nicht an. Tacitus berichtet ann. 1,61 über den Besuch, den Germanicus dem Schauplatz der Varusschlacht abstattete. Soldaten, die bei jener Niederlage mit dem Leben davongekommen seien, hätten gezeigt, von welcher Tribüne aus Arminius zu seinem Heer gesprochen, wieviel Galgen, was für Gruben für die Gefangenen es gegeben und wie er im Übermut über die Feldzeichen und Adler gespottet habe. Grausamkeit und Spott passen nicht zu Herrmann, und so entzieht Lohenstein die entsprechenden Angaben seiner Verantwortung:

Endlich wurden den Römern auch die Höhe/ wo der Feldherr nach erlangtem Siege zu dem Heere geredet/ wo man die heiligen Adler verspottet hatte/ gewiesen. Und in dem nechsten Heyne waren die aus Rasen gemachten Opffer-Tische/ darauf man die vornehmsten Gefangenen geschlachtet hatte/ die Gruben und andere Merckmaale noch kentlich. [51]

Tacitus berichtet ann. 2,17, Arminius habe kämpfend, rufend und verwundet die Weserschlacht zu halten versucht. Schließlich sei er durch eigene Anstrengung und das Ungestüm seines Pferdes den Römern entkommen, das Gesicht mit seinem Blut beschmiert, um nicht erkannt zu werden. Nach dem Bericht einiger sei er von den Chauken, die unter den römischen Hilfstruppen kämpften, erkannt und durchgelassen worden. Mit diesen Angaben ist Lohenstein nicht einverstanden. Zu seinem Helden paßt nur das offene Visier, und so schreibt er:

Der Feldherr ward wie ein verwundeter Löwe bey Erblickung seines Blutes so viel grimmiger/ und da ja hierdurch sein Antlitz unkenntbar worden wäre/ hätten ihn seine Thaten verrathen. Dahero nachmahls die Römer ohne Grund großsprachen: daß die Unkenntlichkeit ihn aus ihren Händen gerissen; oder die Chauzen ihn mit Fleiß hätten entkommen lassen. [52]

Dem guten Germanenfürsten Herrmann stehen die bösen Römer gegenüber, die vor allem durch ihre »Geilheit« gegenüber den deutschen Frauen auffallen. Gleich zu Beginn des Romans hat Varus die Tochter des Sicambrerherzogs Melo geschändet und damit seinen Untergang verdient. In der Lebensgeschichte Herrmanns in Buch I 8 erfahren wir, wie einst in Rom Augustus Herrmanns Mutter Asblaste und wie Tiberius der Thusnelda nachgestellt hat. Später in II 9 muß Thusnelda noch einmal ihre Keuschheit gegen Tiberius und dessen Helfershelfer Sejan verteidigen. Den Charakter des Tiberius brauchte Lohenstein übrigens nicht sonderlich zu verändern, da schon die Historiker wenig Gutes von ihm melden. Gemessen an den sexuellen Ausschweifungen, die Tacitus und besonders Sueton von dem alternden Kaiser berichten [53], ist er sogar bei Lohenstein noch vergleichsweise milde beurteilt. [54] Da Tiberius aufgrund der Taciteischen Darstellung im 17. Jahrhundert als Inbegriff politischer Verschlagenheit galt, bringt Lohenstein auch in dieser Beziehung nichts Neues. Neu ist nur die Projektion dieses Bildes auf das Verhältnis zu den Deutschen. Als römischer Kaiser ist Tiberius nicht nur für den Krieg, sondern letztlich auch für alle Intrigen gegen den guten Cheruskerfürsten verantwortlich.

Während Lohenstein den Personen seiner Trauerspiele, jedenfalls den Männern, eher gemischte und von Leidenschaft zerrissene Charaktere gibt, versucht er in seinem Roman außer den schon genannten Figuren auch die übrigen nach dem einfachen Prinzip eines nationalen und zugleich moralischen Dualismus zu gruppieren. Daß die Gleichungen vom guten Deutschland und vom bösen Rom nicht ganz aufgehen, liegt weniger an ihm als an den Quellen, deren er sich bediente, besonders also an Tacitus. Aber er räumt doch, so gut es geht, die historiographischen Widerstände aus. Einerseits lastet er die innerdeutschen Zwistigkeiten den Römern an, die Herrmanns Gegner, vor allem Segesthes und Marbod, begünstigen. Tiberius arbeitet mit den Intriganten Adgandester und Sentia zusammen. [55] Anderseits sucht Lohenstein den sympathischen Germanicus auf Umwegen zum geheimen Freund der Deutschen umzumodeln, nicht nur im Bewußtsein des Tiberius, den er argwöhnen läßt,

ob nicht Germanicus und Herrmann wider ihn zusammen heimliches Verständnüs hätten/ wenn sie schon einander die blutigsten Schlachten lieferten. [56]

Agrippina, die Frau des Germanicus, macht er geradezu zu Thusneldas Busenfreundin. Sie ist es, die vor der Abreise ihres Mannes einen Frieden mit den Deutschen zustande bringt. Germanicus selbst weiß die Tapferkeit seiner Kriegsgegner zu würdigen, wie seine Rede vor der Weserschlacht zeigt. In dem – allerdings nicht mehr von Lohenstein selbst verfaßten – Romanbuch II 9 wird er auf seiner Orientreise endlich zum wirklichen Freund und Helfer der in diese Gegend verschlagenen Deutschen.

In seinem Bestreben, die römische Geschichte des Tacitus zu einer deutschen Gegengeschichte umzufärben, beschränkt sich Lohenstein nicht auf die Umformung der Reden und Schlachtberichte und auf eine dualistische Gruppierung der Personen, er überbietet sogar römische Ereignisse und Figuren durch erfundene deutsche Pendants. So verbindet er die »Zeitung von dem falschen Agrippa« [57] mit der »Zeitung von dem lebendig gewordenen Thumelich«. [58] Vielleicht liegt hierin sogar der Grund dafür, daß er den von den Römern zum Schlachtopfer bestimmten Sohn Herrmanns um einige Jahre älter macht – er wird schon in II 2 geboren – und Thusnelda, die nach Tacitus ann. 1,58 als Schwangere in römische Gefangenschaft geriet, statt seiner einen zweiten Sohn, den kleinen Herrmann, bekommen läßt.

Noch bezeichnender ist die Zauberepisode in Buch II 7. Hier zeigt sich nämlich, daß die Deutschen nicht nur die besseren Kampf- und Tugendhelden stellen, sondern auch in dem fragwürdigen Metier der Zauberei die Römer überbieten. Im Anschluß an die Vorgänge, die Lohenstein in II 7 aufgreift, berichtet Tacitus ann. 2,27-32 ausführlich über den römischen Majestätsprozeß gegen Libo Drusus. Diesen Prozeß, in dessen Zusammenhang mehrfach von Magie die Rede ist und der die Hinrichtung des Magiers Pituanius zur Folge hat, nahm Lohenstein zum Anlaß, eine deutsche Zauberin Wartburgis zu erfinden, zu der sich der deutsche Fürst

Malovend bei einer Jagd in Hessen verirrt. Sie weiht ihn in die Geheimnisse der Wahrsagekunst ein und erzählt ihm von ihrem Aufenthalt in Rom, ihrer Rolle bei dem Prozeß gegen Libo Drusus und wie sie den Pituanius übertrumpft habe. [59]

## 7. DER ARMINIUS-ROMAN: EINE GESCHICHTSKLITTERUNG?

Lohensteins patriotische Gegengeschichte fordert zur Kritik heraus, zumal wenn man bedenkt, daß der soeben gebotene Überblick im wesentlichen auf die Romanbücher II 6 und 7 beschränkt blieb und die noch gröberen Versuche der ersten Romanhälfte, die Deutschen an allen Großtaten der alten Geschichte zu beteiligen, außer acht ließ. Nicht jeder wird, wie der Verfasser der »Allgemeinen Anmerckungen«, dieses Verfahren »gar leichtlich vor dem Richterstuhl der Billigkeit entschuldigen«. Luise Laporte tadelt »Lohensteins barocke Geschichtsklitterung« schon mit der Überschrift des ersten Kapitels ihrer Arbeit. Sie empfindet den Roman als »würdelosen Wust« und »verworrene Gerümpelkammer«, rügt die »aufdringliche Aeußerlichkeit« und »kasuistische Sophistik« [60] und tut das Ganze als »nationalen Größenwahn« ab [61], aber nicht etwa, weil sie dem Nationalen abhold wäre, sondern weil sie es »in seiner rettungslos überfremdeten und gedemütigten Zeit zur kläglichen Fratze« entartet glaubt. [62] Die »trockene Leere der Konstruktion« zeugt nach ihrer Meinung von

einer tiefen Verkennung deutschen Wesens und seiner Eigenart. Keine naturhafte Reaktion germanischen Blutes gegen romanisches, nicht zielsichere Agitation wie bei Hutten oder Kleist, sondern richtungslos verpuffende Gehässigkeit, listig-ohnmächtiges Gelehrtenressentiment gegen die offenkundige Uebermacht der romanischen Kultur. [63]

Richard Newald meint in seiner Literaturgeschichte, der *Arminius* rücke »in die peinliche Nähe von Rosenbergs Mythos und anderen sattsam bekannten Konstruktionen«, wenn er dann auch »diesen Unsinn mit Methode« hinsichtlich seiner Wirkung zu verstehen sucht. [64]

Angesichts solch einseitiger Polemik und solch peinlichen Verdachts verbietet sich allerdings jede weitere Kritik. Stattdessen erscheint eine Ehrenrettung des Romans angebracht.

Laporte selbst weiß, daß die nationale Umdeutung der historischen Quellen lange vor Lohenstein begann:

Diese allmähliche Ueberwucherung des Tacitus durch die patriotische Phantasie zeigt sich zuerst bei Celtis, in verstärktem Maße bei Bebel, in üppiger Blüte bei Aventin, besonders extrem und phantastisch bei Irenicus, der Deutschland als den rechten Herrn aller Völker bezeichnet. [65]

Es wäre wenig gerecht, wollte man in dieser Entwicklung nur »nationalen Größenwahn« am Werke sehen. »Diese ganze Konstruktion vom verkannten Deutschland«, wie Laporte sie nennt [66], ist nicht einfach aus der Luft gegriffen, sondern eine durchaus verständliche Gegenreaktion gegen die einseitig römische Berichterstattung des Tacitus bzw. seiner Zuträger. Das Mißverhältnis zwischen den letzten Endes erfolglosen Schlachten der Römer und ihren großartigen Siegesfeiern, auf das

Lohenstein hinweist [67], spürt auch der unvoreingenommene Historiker. [68] Und wenn Tacitus selbst in den Siegesjubel einstimmt und die Weserschlacht, die doch mit dem Abzug der Römer endet, ohne jeden ironischen Beigeschmack als »magna victoria« preist [69], dann tut er das wohl eher dem Germanicus als der Wahrheit zuliebe.

In Buch I 6 setzt Lohenstein sich durch den Mund der dort versammelten Fürsten grundsätzlich mit der römischen Geschichtsschreibung auseinander. Es geht um den Krieg des Marcus Furius Camillus gegen die Gallier, die unter Brennus Rom zerstört haben. In diesem Zusammenhang nennt Adgandester im Vergleich mit den angeblich objektiveren griechischen Geschichtsschreibern die Schwächen der römischen Historiker. Livius halte die Wahrheit zurück und sei zu pompejisch, Dion zu gut kaiserlich, Fabius zu römisch, Philinus (!) zu karthaginiensisch.

Es ist diß/ sagte Zeno/ der gröste Schandfleck eines Geschichtschreibers/ welcher/ wie köstlich er sonst ist/ hierdurch alleine die Würde gelesen zu werden einbist; und nicht unbillich einem Thiere vergliechen wird/ dem man die Augen ausgestochen hat. Daher auch die sonst so ruhmswürdige Liebe des Vaterlandes alleine in einem Geschichtschreiber verwerflich ist. Rhemetalces versetzte: Es ist freylich wol wahr; ich glaube aber: daß es so wenig Geschichtschreiber ohne Heucheley/ als Menschen ohne Maale gebe. Wolthat und Beleidigung zeucht uns gleichsam unempfindlich zu ungleichem Urtheil. [70]

Kurz danach sagt Adgandester:

Die denen Schlachten oder andern Staats-Händeln selten beywohnenden Geschichtschreiber sind noch ehe zu entschuldigen; als welchen selbst zuweilen entweder das unwahrhaffte Geschrey/ oder der Irrthum eines anbindet. Viel schädlicher aber ist es/ wenn ein Feldherr oder Volck entweder nichts ausrichtet; und gleichwol nach Römischer Gewohnheit grosse Siegs-Gepränge hält; oder gar seinen Verlust für einen grossen Gewinn in der Welt ausruffen läst. [71]

Tacitus darf in diesem Gespräch nicht genannt werden, weil er zur Zeit der Germanenkriege noch nicht lebte. Die gelegentliche Korrektur Taciteischer Stellen zeigt jedoch, daß Lohenstein den größten römischen Historiker keineswegs von dem Verdacht der Unwahrheit ausnimmt. Neben der auf S. 171 zitierten Stelle, in der er die Tarnung des Arminius abstreitet, finden sich noch einige ähnliche Eingriffe. Nach dem Einfall ins Lippegebiet im Jahre 14 zog laut Tacitus ann. 1,51 das Heer stolz über die letzten Erfolge ins Winterlager. Nach Lohenstein machten »die Römer von ihrer Verrichtung ein so grosses Wesen/ als wenn sie halb Deutschland bemeistert hätten.« [72] Zur »bellica gloria« des Germanicus, die Tacitus im anschließenden Kapitel erwähnt, bemerkt Lohenstein, daß »man/ wie von allen fernen Sachen ins gemein mehr glaubte/ als daran war«. [73] Nach Tacitus ann. 1,60 wurden die Brukterer von Stertinius in die Flucht geschlagen. Nach Lohenstein verloren sie zwar die Hälfte ihres Volkes, die Römer aber der Anzahl nach zwei mal so viel. »Gleichwol machte Stertinius hieraus ein so groß Wesen/ als wenn er der Bructerer gantzes Kriegs-Heer geschlagen hätte«. [74] Laut Tacitus ann. 2,25 beschloß Germanicus seinen letzten Deutschlandfeldzug als gefürchteter Sieger. Die Germanen sollen gesagt haben, die Römer seien unbesiegbar und von keinem Schicksalsschlag niederzuzwingen. Trotz des Verlusts von Flotte, Waffen, Pferden und Männern seien sie mit gleicher Tapferkeit in scheinbar noch größerer Zahl wieder in ihr Land eingebrochen. Dem entspricht bei Lohenstein folgender Passus:

Der mit aller Gewalt einbrechende Winter diente dem Germanicus zu einem scheinbaren Vorwandte: daß er sein abgemergeltes Kriegs-Volck theils in die am Rheine habende Festungen/ theils in die Städte Galliens legen konte/ und daß es ihm gelückt hatte durch den bey den Marsen und Catten gethanen Einfall seinem gerühmten von den Deutschen aber wiedersprochenen Siege eine Farbe anzustreichen. Silius/ Cäcina und andere Obersten erlangten auch vom Germanicus die Verstattung nach Rom zu schreiben/ ohne welche es sonst ein halsbrüchiges Laster im Römischen Lager war; also wusten sie die Bestürtzung der Deutschen meisterlich heraus zu streichen; welche dieses mahl allererst hätten glauben lernen: daß die Römer weder durch die Natur noch von Feinden überwunden werden könten/ als welche nach eingebüster Schiffs-Flotte/ nach verlohrnen Waffen/ und/ nach dem ihre Leichen und todten Pferde so viel See-Ufer bedeckt hätten/ gleichsam mit vermehrter Mannschafft/ mit vergrösserter Tapfferkeit die Marsen und Catten überfallen hätten. [75]

Daß Lohenstein, wie er es in all diesen Fällen tut, die Richtigkeit der Taciteischen Berichterstattung bezweifelt, wird ihm ein um Objektivität bemühter Historiker nicht verübeln können. Erst recht ist die Genugtuung seiner um das Ansehen Deutschlands bangenden Zeitgenossen zu verstehen. Christian Gryphius, der Sohn des Andreas, schreibt in seinem dem *Arminius* beigegebenen Ehrengedicht:

Und wenn ein *Tacitus* nicht redlich schreiben mag/
So wird ein *Lohenstein* durch Nacht und Wolcken brechen/
Dergleichen kluge Faust bringt alles an den Tag.

Wenn Lohenstein anstelle der fragwürdigen Angaben des Tacitus andere, oft genau gegenteilige Erklärungen bringt, so kehrt er im Grunde nur den Spieß um und ersetzt die römische Perspektive und Tendenz des Tacitus durch eine deutsche. Das wird schon in den »Allgemeinen Anmerckungen« erwähnt:

Ja unser Verfasser hat denen Römern ihr Kunststück wohl abgelernet/ da sie nemlich ihrer Widersacher Siege und ihre eigene Niederlagen zu verkleinern oder also zu beschreiben gewust/ daß die Uberwundenen mehr Ehre aus der Niederlage/ als die Sieger aus ihrem Triumph haben möchten. [76]

Nach zwei weiteren Sätzen heißt es:

Dergleichen Freyheit könte man nun zwar einem Historien Schreiber übel sprechen/ nicht aber dem *Verfasser* eines so genanten *Romans*/ als welcher/ eben so wohl als Mahler und Poeten/ Macht hat/ aus schwartz weiß/ und aus weiß schwartz zu machen. [77]

Damit ist das entscheidende Argument genannt, das der Verdächtigung des nationalen Größenwahns noch am ehesten den Boden entzieht. Nur wer den Roman als ernsthaftes Geschichtswerk mißversteht, kann dem Autor die erfinderischen Umdeutungen verargen. Die Heroisierung Herrmanns und die Verteufelung seiner Gegner erklären sich nicht oder jedenfalls nicht nur aus nationaler Engstirnigkeit, sondern auch aus dem Gattungsgesetz des Liebesromans, »weil in dergleichen *Schrifften* die Haupt-Person an Tugenden und Helden-Thaten/ nicht weniger als treuer Liebe/ vollkommen seyn muß« [78] und deren Gegner entsprechend böse. Selbst die Zweifel, die Lohenstein an der Glaubwürdigkeit der römischen Historiker anmeldet, sind, von ihrer gelegentlichen Berechtigung ganz abgesehen, wenigstens zum Teil vom Romanzweck her bedingt und werden dadurch in etwa wieder aufgehoben. Der *Arminius* ist zwar, damit hat Laporte durchaus recht, »nicht etwa als unverantwortliche Märchenfabelei gemeint« [79], aber ebensowenig nur als »ein Gegenmanifest gegen die römische Historiographie«. [80] Man darf die für dieses Werk typische zwitterhafte Mischung von romanhafter Fiktion und ernsthaftem nationalen Pathos bemängeln, nicht aber den gar nicht wirklich vorhandenen Wahrheitsanspruch. Angesichts der gattungsbedingten Aufhebung von Herrmanns historischem Tod am Romanende können auch die patriotischen Verschiebungen im Innern des Werkes nicht so ernst gemeint sein, daß sie den von Laporte erhobenen Vorwurf der Geschichtsklitterung rechtfertigen. [81]

## 8. DAS BÖHMISCHE ENDE

Nach der erzählerisch breiten ersten Hälfte des Romans und den hauptsächlich erotischen und intriganten Verwicklungen im dritten Viertel hat das Geschehen mit den nach Tacitus gestalteten historischen Kriegsereignissen in den Büchern II 6 und 7 an Eindringlichkeit gewonnen. Mit diesen Büchern, die die Deutschlandfeldzüge des Germanicus in den Jahren 14 bis 16 wiedergeben, ist jedoch der Höhepunkt noch nicht erreicht. Es stehen noch die Geschehnisse nach der Abberufung des Germanicus in den Orient aus, die Tacitus im weiteren Verlauf des zweiten *Annalen*-Buches mitteilt.

Was die Germanen betrifft, so berichtet Tacitus noch über die Kämpfe zwischen Arminius und Marbod im Jahre 17 (ann. 2,45 f.), über die Unterwerfung Marbods unter die Römer nach seiner Vertreibung durch den Gothonen Catualda zwei Jahre später (ann. 2,62 f.) und über den Tod des Cheruskerfürsten ebenfalls im Jahre 19 (ann. 2,88). Diese im wesentlichen innergermanischen Auseinandersetzungen stellt Tacitus, der als Tiberius-Gegner vor allem an den Taten des dem Tiberius nicht genehmen Germanicus interessiert ist, viel knapper dar als die Ereignisse vor dessen Abreise. So nimmt es nicht Wunder, daß der patriotische Lohenstein die Akzente vertauscht, die Abberufung des Germanicus zu Beginn des Romanbuchs II 8 verhältnismäßig schnell abtut und im übrigen zu einer breiten Darstellung der Kämpfe zwischen Herrmann und Marbod ansetzt.

Bevor Tacitus deren Zusammenstoß beschreibt, gibt er – zu Beginn von ann. 2,45 – zwei Veränderungen im innerdeutschen Machtgefüge bekannt: Die Semnonen und Langobarden seien von Marbod zu Arminius abgefallen. Dagegen sei Ingviomer mit seinem Anhang zu Marbod übergelaufen, nur deshalb, weil er seinem Neffen nicht habe gehorchen wollen. Den von Tacitus nur kurz notierten Gesinnungswechsel der Semnonen und Langobarden entfaltet Lohenstein in breiter Form. Im letzten Viertel seines Romanbuchs II 7 – auf gut 50 doppelspaltigen Seiten also – verwickelt er die beiden Stämme in innere Machtkämpfe, läßt sie von Marbod unterwerfen und bei Herrmann Schutz finden. Den von Tacitus ebenfalls nur in einem Satz festgehaltenen Frontwechsel Ingviomers streckt er gar über mehr als ein ganzes Romanbuch. Die Hochzeit Ingviomers mit Marbods Tochter Adelgunde in II 8 ist das phantasievolle Ergebnis, ohne daß sie schon ausdrücklich einen Keil zwischen

Ingviomer und Herrmann treibt. Nach dieser ausführlichen Grundlegung in II 7 und 8 scheint Lohenstein auf eine mindestens ebenso breite Ausmalung des Kampfgeschehens von ann. 2,45 und 46 zuzusteuern. Der Tod nahm ihm die Feder aus der Hand.

Das nach anfänglichen Bemühungen seines Bruders von dem jungen Leipziger Prediger Dr. Christian Wagner (1663–93) geschriebene Schlußbuch II 9 [82] führt den gewaltigen Romantorso nur notdürftig und gewaltsam zu Ende. Die Schlacht zwischen Herrmann und Marbod, deren Darstellung man im Zentrum des weiteren Romanverlaufs erwartet, weil sogar der in Sachen Germanien nun knappere Tacitus genauer darauf eingeht, wird nur nachträglich in Form einer ziemlich kurzen Rückblende berichtet, um die Ankunft von Marbods Gesandten in Rom und ihre Bitte um Hilfe verständlich zu machen. Eher würde man die im Vordergrund stehenden Vorgänge, den Triumph des Germanicus und das Gastmahl des Tiberius, untergeordnet erwarten, etwa aus dem Munde eines Zweiterzählers. Es ist auch nicht ganz auszuschließen, daß Lohenstein an mehr als achtzehn Bücher dachte, wenngleich das die jetzige Symmetrie der beiden Hälften beeinträchtigt hätte. Die Meinung des Cholevius, die Fortsetzer hätten »ohne Zweifel nach einem von Lohenstein hinterlassenen Plane« gearbeitet [83], erscheint jedenfalls allzu sicher formuliert. Möglicherweise zogen sie nur die aus dem bisherigen Romanverlauf erkennbaren Linien unter Benutzung des noch ausstehenden historischen Materials zu Ende.

Hinsichtlich dessen nationaler Umdeutung arrangieren sie ähnlich wie Lohenstein selbst. Den von Strabon 7,292 genannten deutschen Frauen wird die Schande erspart, im Triumphzug des Germanicus in Rom mitzumarschieren. Germanicus erlaubte, »etliche Weibesbilder mit verdecktem Gesicht im Triumph auffzuführen/ welche gantz Rom für die Deutschen Fürstinnen gehalten«. [84] Die Bitte Adgandesters um Gift zur Beseitigung Herrmanns lehnt Tiberius nicht aus edlen Motiven ab, wie bei Tacitus [85], sondern nur zum Schein. Sejan übermittelt Adgandester das Gift, wenn es dann auch nicht gegen Herrmann verwendet wird, sondern zu Adgandesters eigenem Ende beiträgt. Die Neigung des Tacitus, den Kaiser Tiberius zu verunglimpfen, setzt sich hier über Tacitus hinaus fort.

Daß auch Lohensteins Fortsetzer sich an Tacitus orientierten, wird vor allem im Zusammenhang mit Herrmanns historischem Tod deutlich. Auf die Bedeutung des Lobes, das Tacitus ann. 2,88 dem toten Cheruskerfürsten zollt, macht bereits der »Vorbericht an den Leser« aufmerksam, der, da er nicht von Lohenstein stammt, wohl ebenfalls seinen Fortsetzern zuzuschreiben ist:

Wir wollen aber den hochgünstigen Leser indessen an den grossen Lehrmeister und Fürsten der Staats-Klugheit/ den *Cornelius Tacitus* gewiesen haben/ und mit dem vergnügt seyn: daß derselbe als ein ausländischer Geschicht-Schreiber und Feind der Deutschen sehr wol geurtheilet/ wie man auch an seinem Feinde die Tugend loben müsse. Welch Zeugnüs denn um so viel mehr von der Heucheley und Laster der Dienstbarkeit entfernet/ umb wie viel verdächtiger auch der glaubwürdigsten Freunde Urtheil ist; als denen offt wider ihren Vorsatz/ wo nicht Heucheley/ doch allzügütige Gewogenheit anhänget. Diese hat Er auch damit bewehret: daß Er von unserm *Arminius* das herrlichste Zeugnüs von der Welt abgeleget und dabey gerühmet: Er habe Rom/ das Haupt der Welt/ da es in der grösten Blüte

177

seiner Macht gestanden/ und schon mit ausländischen Feinden fertig gewesen/ hertzhafft angegriffen/ keine Gefahr gescheuet/ und sich in allen Treffen dergestalt tapfer verhalten: daß Er niemals gäntzlich geschlagen/ noch überwunden worden. [86]

Im Roman selbst heißt es nach Mitteilung einer lobenden Grabschrift auf Herrmann:

So faßte auch der grundgelehrte Barde *Holenstein* den Vorsatz/ *das ruhmwürdige Leben des grossen Herrmanns/ der späten Nachwelt zum besten/ mit dem grösten Fleiß zu beschreiben und hierdurch ein solches Denckmahl zu stifften/ wodurch nicht nur dieser unvergleichliche Held/ sondern auch er selbst/ nach dem Tode unsterblich werden könte. Ja/ welches das wunderbahrste war/ so muste Rom/ nachdem es Herrmanns Absterben erfuhr/ diejenigen Tugenden an ihm in öffentlichen Schrifften rühmen/ vor denen es bey seinem Leben sich gefürchtet hatte. Allermassen sonderlich der Welt-kluge Atticus in seinen Jahr-Büchern ihm dieses höchst-verdiente Lob gab: Herrmann war ohne Zweiffel Deutschlands Erretter/ der nicht das Römische Volck in seinem ersten Alter/ wie andere Könige und Hertzoge ehemahls gethan; sondern das zu seiner grösten Vollkommenheit gelangete Käyserthum angetastet und in Feldschlachten zwar bißweilen zweiffelhafftig Glück gehabt/ doch niemahls durch einen Krieg das geringste verlohren hat.* [87]

Es ist das einzige Mal, daß im Text des Romans Lohenstein, und auch das einzige Mal, daß Tacitus genannt wird. [88] Durch die den Anachronismus überspielenden Anagramme erscheinen ihre Namen kaum getarnt. Überdies machen zwei Anmerkungen hierzu auf der »Buchstaben Versetzung« aufmerksam und nennen die richtigen Namen. [89] In der Tacitus betreffenden Anmerkung ist auch der Wortlaut der herangezogenen Tacitus-Stelle aus dem Schlußkapitel des zweiten *Annalen*-Buches zitiert. Die Anagrammtechnik übernahmen die Fortsetzer von Lohenstein selbst, der einige zeitgenössische Gestalten sogar in mehreren Wortkostümen mitwirken läßt, so die Königin Christine von Schweden als Canistria, Thinacris und Tirchanis. Näheres hierzu verraten die dem Roman beigegebenen »Allgemeinen Anmerckungen«. [90]

Daß Herrmann vor seinem historischen Ende im Roman König der Markomannen und damit Nachfolger des Königs Marbod wird, ist vielleicht von einem Satz des Tacitus angeregt, den Lohenstein dann allerdings umgedeutet hätte. Der Historiker schreibt ann. 2,88,2, Arminius habe nach dem Abzug der Römer und der Vertreibung Marbods das Königtum angestrebt, seine freiheitsliebenden Landsleute seien jedoch dagegen gewesen. Tacitus meint mit »regnum« offensichtlich ein cheruskisches Königtum, nicht Marbods Krone. Die letztere Möglichkeit kommt jedoch der allegorischen Gleichsetzung Herrmanns mit dem österreichischen Kaiser Leopold I. entgegen. Dieser Gleichsetzung ist auch die Verlagerung des Geschehens der letzten beiden Bücher in die Moldaustadt Maroboduum oder Boviasmum zuzuschreiben, mit der anscheinend das heutige Prag gemeint ist. Der österreichische Kaiser war zugleich König von Böhmen.

Mit dem Passus über Holenstein und Atticus endet der historische Teil des Romans. Die darin aufgenommene Würdigung des Tacitus, die schon Hutten zur Grundlage seines Arminius-Dialogs machte, hatte wohl auch Lohenstein zum Höhepunkt seines Romans ausersehen. Es ist zu bedauern, daß er diese Stelle, auf die hin das ganze Werk entworfen wirkt, nicht mehr selbst gestalten konnte, zumal sie sich gleichzeitig als Wendepunkt erweist. Denn was nun noch folgt, dient dem

glücklichen Ende, mit dem sich alle Verwicklungen der zweiten Romanhälfte auf-
lösen. Durch den Untergang von Sentia und Adgandester, welche die Intrigen ver-
ursacht hatten, ist dieser Ausgang schon vorher indirekt angekündigt. Jetzt, nachdem die historische Leistung Herrmanns gewürdigt ist, tritt dieser selbst wieder
auf, löst das Rätsel seines nur scheinbaren Todes und versöhnt sich großmütig mit
seinem Gegner Ingviomer. Sein Bruder Flavius wird König der Cherusker und
glücklicher Ehemann, und auch die anderen Liebespaare feiern Hochzeit.

Leo Cholevius schreibt, man habe in diesem Schluß die fremde Hand erkennen
wollen, welche dem Roman das letzte Buch hinzufügte. Diese Auflösung rühre jedoch ohne Zweifel von Lohenstein selbst her, denn sie entspreche dem ganzen Gan-
ge der Begebenheiten und werde auch einigermaßen durch die geschichtlichen Tra-
ditionen gerechtfertigt, da nach Tacitus Italicus, der Sohn des Flavius, das Cherus-
kerreich geerbt habe. [91] Damit hat Cholevius sicherlich recht. Es kommt noch
hinzu, daß Lohenstein bzw. seine Fortsetzer zur Umkehrung der historischen Katastrophe in ein glückliches Ende durch die Gesetze des heroisch-galanten Romans
geradezu gezwungen waren. [92]

## 9. Die Beziehungen zur französischen Literatur

Das Gattungsbild des Romans wurde im 17. Jahrhundert hauptsächlich von den
Franzosen bestimmt. Vor diesem Hintergrund verliert der *Arminius* noch mehr von
jenem Wahrheitsanspruch, der den Vorwurf der Geschichtsklitterung wachgerufen
hat. Denn die französischen Romanciers nehmen den Wettlauf mit der historischen
Wahrheit gar nicht erst auf. Geschichtliche Namen und Fakten dienen ihnen nur als
heitere Kulisse höfischen Denkens und Handelns. Die patriotische Tendenz des *Arminius*-Romans hat lange seine Einordnung in außerdeutsche Zusammenhänge
verhindert. [93] Dazu kommt, daß die deutsche Literaturwissenschaft über der Be-
schäftigung mit Grimmelshausens pikarischem Simplizissimus-Roman die für die
damalige Zeit viel repräsentativere Gattung des heroisch-galanten Romans auch
innerhalb des deutschen Bereichs vernachlässigt hat. Genauere Untersuchungen
hierzu blieben Werkmonographien. Eine Zusammenschau der deutschen Romane
dieser Art hat bisher nur Leo Cholevius versucht, und das mehr im Sinne der Inhaltsangabe als der Analyse. Eine fundierte Einordnung nicht nur des *Arminius,*
sondern auch der anderen deutschen Romane in den gesamteuropäischen Zusammenhang dieser Gattung fehlt bisher. Dabei weist die Gattungsbezeichnung der
»Staats- Liebes- und Helden-Geschichte«, die Lohenstein auf dem Titelblatt angibt,
recht eindeutig nach Frankreich. Madeleine de Scudéry war es, die den heroisch-
galanten Roman mit dem ursprünglich rein politischen und dann eher utopischen
Staatsroman verbunden hat.

Selbst zu dem Arminius-Stoff könnte Lohenstein vom Ausland her angeregt worden sein. »Am Anfang dieser Stoffgestaltung stehen merkwürdigerweise zwei französische Tragödien«, schreibt Elisabeth Frenzel in ihrem *Arminius*-Artikel. [94] Der
*Arminius* des Jean Galbert de Campistron (1656–1723), eines Racine-Nachahmers,

179

entfällt für unsere Betrachtungen, da das Stück erst 1684, also nach Lohensteins Tod, datiert ist. Hier dominiert nach Frenzels Angabe die Liebestragödie, die auch bei Lohenstein im Mittelpunkt steht. Von der Tragikomödie *Arminius ou les frères ennemis* (1644) des Georges de Scudéry, des Bruders der Madeleine, dürfte Lohenstein aber wohl gewußt haben, zumal er wie seine Zeitgenossen auch den *Ibrahim*-Roman der Schwester für ein Werk »des berühmten Herrn Scuderey« hielt. [95] Für die damals allgemeine Beliebtheit des Stoffes spricht auch die Oper *Germanico sul Reno* (Germanicus am Rhein) des italienischen Komponisten Giovanni Legrenzi (1626–1690) aus dem Jahre 1676.

Der Blick nach Frankreich läßt Lohensteins Roman und sein dramatisches Schaffen, die man leicht als zwei völlig verschiedene Bereiche empfindet, enger zusammenrücken. Aristoteles, der sich in seiner Poetik hauptsächlich mit den Unterschieden zwischen Tragödie und Epos beschäftigt, bemerkt im Schlußkapitel, das Epos sei stoffreicher und normalerweise aus mehreren Handlungen zusammengesetzt, so daß man aus einem Epos mehrere Tragödien machen könne. Die Basis dieser möglichen Verwandlung ebenso wie aller Unterscheidungen, die Aristoteles trifft, ist der beiden Gattungen gemeinsame Stoffkreis des antiken Heldenmythos. In ähnlicher Weise sind auch – und das zeigt gerade die französische Literatur – Tragödie und höfischer Roman, die beiden literarischen Großgattungen des 17. Jahrhunderts, aufeinander bezogen. In beiden wurden historische Stoffe vorwiegend aus der antiken, insbesondere aus der römischen Geschichte gestaltet. Wie die antiken Tragiker aus dem schier unerschöpflichen Reservoir des homerischen Epenzyklus schöpften, so ließen sich die Dramatiker des 17. Jahrhunderts, und zwar sowohl die Komödien- wie die Tragödiendichter, von den Romanen ihrer Zeit anregen. Weniger die Stoffe selbst, die ja weitgehend antiken Quellen entnommen waren, als vielmehr die Freiheit ihrer Verarbeitung strahlte auf das Drama aus. Besonders die Aufwertung des Erotischen ist weitgehend dem Einfluß der Romane zuzuschreiben. Bei Tristan L'Hermite, Quinault und Racine kann man das deutlich spüren. Tristan übernahm, wie wir gesehen haben, ohne Bedenken eine von Desmarets erfundene Romanszene in seine Tragödie. Der unterschiedliche Ausgang von Roman und Tragödie hat die wechselseitige Beziehung kaum gestört. Wie die Romanciers sich nicht scheuten, tragische Geschichtsstoffe zu einem glücklichen Ende zu führen – man denke nur an das Schicksal der Epicharis bei Desmarets –, so wenig zögerten die Tragödiendichter, dieses Glück wieder in Tragik zurückzuverwandeln, nachdem sie vorher in romanhafter Weise etwa mit der Vorstellung eines möglichen Liebesglücks ihrer Helden gespielt hatten.

Auch in Lohensteins Dramen ist der Einfluß der französischen Romane zu spüren. Erotik und Intrigen seiner Stücke sind ohne diesen Hintergrund schlecht zu verstehen. Seinen Erstling *Ibrahim Bassa* dramatisierte er nach dem von Zesen übersetzten Türken-Roman *Ibrahim ou l'Illustre Bassa* der Madeleine de Scudéry, an den nach Elisabeth Frenzel auch »eine Reihe französischer Dramatisierungen« anschließt. [96] Vielleicht hat er auch die *Roxane* von Desmarets aus dem gleichen Stoffkreis gekannt. Die Bedeutung von dessen *Ariane* für Lohensteins *Epicharis* ist ausführlich besprochen worden. Der Sophonisbe-Stoff war durch den – wiederum durch Philipp von Zesen übersetzten – Roman des François de Gerzan du Sonoy verbreitet. [97]

Wenn Lohenstein schon in seinen Dramen an französische Romane anschließt, so läßt sich erst recht sein eigener Roman ohne die Vorarbeit der Franzosen literarhistorisch nicht begreifen. Besonders bedeutsam ist ein Werk, das die gleiche Zeit wie der *Arminius* behandelt: die *Cleopatre* des Gautier de Costes de La Calprenède (1614–1663), die von 1647–1658 fortsetzungsweise in zwölf Bänden von je etwa 350 Seiten in Kleinoktavformat erschien. [98]

Schon mit seinem Trauerspiel »Cleopatra« hatte Lohenstein die Aktualität dieses Romans ausgenützt. Daß er im Gegensatz zu früheren Dramatisierungen dieses Stoffes auch die Kinder von Antonius und Cleopatra auftreten läßt, liegt wohl weniger an den antiken Quellen, in denen sie nur beiläufig erwähnt werden, als an dem Roman des Franzosen. Die jüngere Cleopatra ist dessen Titelheldin, ihre Brüder Ptolemaeus und Alexander spielen eine wichtige Rolle. Auch der von Lohensteins Cleopatra in der Zweitfassung des Stücks geäußerte Wunsch, ihr und Caesars Sohn Caesarion möge sich in die Obhut der äthiopischen Fürstin Candace begeben [99], gemahnt an La Calprenède, bei dem Caesarion und Candace ein Liebespaar werden. Cassius Dion, auf den Lohenstein sich beruft [100], nennt Candace zwar, aber nicht im Zusammenhang mit Caesarion.

Wie La Calprenède es sich zum Prinzip setzt »de ne m'esloigner point de ma Scene« [101], wie er an der ägyptischen Stadt Alexandria als einzigem Schauplatz des zwölfbändigen Geschehens festhält und diese doch zum Zentrum der Weltpolitik macht, indem er alle Fürsten des östlichen und südlichen Mittelmeerraums hier um den Hof des Augustus schart und ihre Liebesgeschichten erzählen läßt, so erhebt Lohenstein Deutschburg, die Residenz Herrmanns, zum Angelpunkt der Weltpolitik und in seiner ersten Romanhälfte auch zum einzig wichtigen Schauplatz. Wie bei La Calprenède spielen von den Ausländern auch bei Lohenstein die armenischen und thrazischen Fürsten eine herausragende Rolle. An die Liebschaft zwischen der Titelheldin des französischen Romans und dem mauretanischen König Juba fühlt sich der Lohenstein-Leser durch die unglückliche Romanze zwischen dem Arminius-Bruder Flavius und der Juba- und Cleopatra-Tochter Dido erinnert, die Flavius in Buch I 4 erzählt.

Als La Calprenède 1656 seinen Roman mit Band 10 abschloß, soll sich seine Braut geweigert haben, ihn zu heiraten, solange er nicht zwei weitere Bände hinzugefügt habe. [102] In diesen beiden letzten Bänden geht es hauptsächlich um »le vaillant Arminius« und seine geliebte Ismenie, die gegen Anfang des 11. Bandes auftreten und deren Schicksal von dem jetzt ebenfalls hinzukommenden Inguiomerus erzählt wird. Am Ende von Band 12 feiern die beiden zusammen mit den fürstlichen Liebespaaren des Orients in Alexandria Hochzeit. Den Namen der Braut gab Lohenstein der von ihm erfundenen Schwester Herrmanns. Nur wählte er die klassische Form Ismene.

Nicht nur der Praxis, sondern auch der Theorie des französischen Romans ist der *Arminius* verpflichtet, wenn wir dem »Vorbericht an den Leser« glauben dürfen. Dort heißt es über die Absicht, die Lohenstein mit seinem Werk verfolgte,

daß er der Welt dadurch einen guten Nutzen zu schaffen getrachtet; weil er vornehmlich angemercket: daß ins gemein junge Standes-Personen allzuzeitlich einen Eckel vor ernsthafften Büchern zu bekommen/ und lieber die mit vielen Eitelkeiten und trockenen Worten angefüllten Liebes-Bücher/ als den *la Motte/* oder den Spanischen *Saavedra/* da doch diese Bücher ihre Gelehrsamkeit und ihren Nutzen haben/ zu lesen pflegen. Dahero unser Lohenstein auf die Gedancken gerathen: ob man nicht unter dem Zucker solcher Liebes-Beschreibungen auch eine Würtze nützlicher Künste und ernsthaffter Staats-Sachen/ besonders nach der Gewohn- und Beschaffenheit Deutschlands/ mit einmischen/ und also die zärtlichen Gemüther hierdurch gleichsam spielende und unvermerckt oder sonder Zwang auf den Weg der Tugend leiten/ und hingegen ihnen einen Eckel vor andern unnützen Büchern erwecken könte. [103]

Hier klingt deutlich die Forderung an, die Pierre Daniel Huet (1630–1721) 1670 in seinem *Traité de l'origine des romans* an gute Romane gestellt hatte:

La fin principale des Romans, ou du moins celle qui le doit estre, et que se doivent proposer ceux qui les composent, est l'instruction des Lecteurs, a qui il faut toûjours faire voir la vertu couronnée; et le vice chastié. Mais comme l'esprit de l'homme est naturellement ennemy des enseignemens, et que son amour propre le revolte contre les instructions, il le faut tromper par l'appas du plaisir, et addoucir la severité du precepte par l'agrément des exemples, et corriger ses défauts en les condamnant dans un autre. Ainsi le divertissement du Lecteur, que le Romancier habile semble se proposer pour but, n'est qu'une fin subordonnée à la principale, qui est l'instruction de l'esprit, et la correction des meurs: et les Romans sont plus ou moins reguliers, selon qu'ils s'eloignent plus ou moins de cette definition et de cette fin. [104]

Wenn der »Vorbericht« drei Sätze später unterstellt, Lohenstein werde »die Lehre eines gewissen Ausländers beobachtet haben: daß dergleichen Bücher stumme Hofemeister seyn« [105], erweist sich die vermutete Anlehnung an Huet als sicher. Denn die Formulierung von den »precepteurs muets« findet sich in seinem Traktat. [106]

Ob Lohenstein selbst sich der moralisch verbrämten Ästhetik des späteren Bischofs gebeugt hat oder ob der »Vorbericht« nur eine Beschönigung seitens der Fortsetzer darstellt, läßt sich nicht eindeutig sagen. Ersteres ist jedoch wahrscheinlicher. Immerhin geht es in seinem *Arminius* gesitteter zu als in seinen Dramen und auch als in manchen frivolen Szenen französischer Romane. Die Laster der Römer und ihrer Helfershelfer werden mehr benannt als beschrieben und im übrigen rückhaltlos verurteilt. Daß der didaktische Zweck zumindest mitwirkt, zeigen mancherlei belehrende Referate und Problemdispute. [107]

Betrachtet man Lohensteins episches und dramatisches Werk insgesamt, so erweist es sich als eine einzige große Kontrafaktur zur französischen Literatur der Zeit. Der nationale Ehrgeiz, der in den ersten Jahrzehnten des 17. Jahrhunderts Dichter wie Weckherlin und Opitz bewegt hatte, den Wettstreit mit anderen Völkern aufzunehmen, ist auch für den spätbarocken Autor noch das Hauptmotiv seines Schaffens. Auch für ihn sind vor allem die Franzosen noch Gegner und Maßstab zugleich. Nur artikuliert er die Auseinandersetzung nicht wie die Früheren in programmatischer Form, vielmehr scheint er sie bewußt zu verstecken, so daß diese Plattform seiner Dichtung bis heute im wesentlichen unentdeckt bleiben konnte.

Daß Lohenstein keiner Quelle so verpflichtet ist wie den *Annalen* des Tacitus und daß umgekehrt Tacitus für keinen Dichter der Weltliteratur so wichtig wurde wie für Lohenstein, erscheint beinahe nebensächlich angesichts der mannigfaltigen Beziehungen zur französischen Literatur. Das dichterische Handwerk lernte er weitgehend bei den Franzosen. Im Geist und in der didaktisch-kritischen Zielsetzung besonders seines letzten Werkes bleibt er aber doch eher dem Römer verbunden. Eines der Gedichte zu seinem Tod, die der Sammelausgabe von 1685 beigebunden sind, feiert ihn in diesem Sinne als Nachfolger des Tacitus. Der anonyme Verfasser läßt die Lohe zur Oder sagen (zitiert nach der Auflage von 1701):

> Man wil vom Tacitus diß als ein Wunder schreiben/
> Daß man/ was heut geschieht/ bey ihm im Beyspiel findt:
> Doch nun wird Tacitus beym Römern müssen bleiben
> Weil ihm *Arminius* beyn Deutschen abgewinnt.

Es hat sich gezeigt, daß neben dem um 1660 in Deutschland wirksamen Tacitismus die Auseinandersetzung mit den Tacitus-Bearbeitungen französischer Literaten Lohensteins enge Bindung an den römischen Historiker erheblich mitbestimmt. In offenbar bewußtem Gegensatz zu den Franzosen hält er sich sehr eng an die Vorlage. Zwar gehorcht er den Gattungsgesetzen der Tragödie und des Romans, zwar hebt er seine Titelgestalten besonders heraus – Agrippina macht er gefährlicher, Epicharis einflußreicher, Arminius noch heroischer als Tacitus –, im übrigen aber erscheint die möglichst wahrheitsgetreue Nachzeichnung bzw. Restauration der geschichtlichen Ereignisse als eines seiner Hauptziele. Stoffliche Disposition, Handlungsgefüge und Personenkonstellation der beiden Nero-Dramen und weitgehend auch des *Arminius* sind durch Tacitus vorgeprägt. Ganze Textpassagen, vor allem Reden, wurden als historische Reliquien und wohl nicht nur der Einfachheit halber von ihm übernommen. Sie sind in den Trauerspielen verdeutlichend gestreckt und rhetorisch aufpoliert, in dem Roman durch nationale Zusätze oder auch Abstriche sachlich verändert.

Dennoch ist für Lohenstein die Geschichte nicht Selbstzweck. Das zeigen nicht nur die allegorischen Verknüpfungen mit der eigenen Gegenwart. Wie die Geschichtsdarstellung im *Arminius* der nationalen Tendenz, so erscheint sie in den römischen Trauerspielen dem Willen nach dramaturgischen Neuerungen untergeordnet. Die historische Treue dient hier der Beglaubigung eines entfesselten Theaters. Für die verfängliche Erotik und besonders die Inzestdarstellung in der *Agrippina* bot Tacitus ebenso ein Alibi wie in der *Epicharis* für die Umgehung der Ständeklausel, die Diskussion republikanischer Ideen, die Überschreitung der bisher gültigen Schauspielerzahl und die Häufung der Sterbeszenen und überhaupt des Schrecklichen.

Der Vergleich mit den Taciteischen *Annalen* diente vor allem einer klareren Erkenntnis der Bauweise von Lohensteins Werken. Darüberhinaus ergaben sich auffällige Übereinstimmungen zwischen den düsteren psychologischen Diagnosen des Tacitus und Lohensteins Charakterzeichnung. Die bloß andeutende Darstellung des Tacitus allerdings geht in Lohensteins letzten Endes immer durchsichtigen Verstellungsspielen verloren.

Von den stofflichen und psychologischen Parallelen abgesehen, ist Tacitus für Lohenstein wie für dessen Zeitgenossen vor allem der Lehrmeister politischer Taktik. Das ging aus den Sentenzen der *Epicharis* hervor. Schwerer war eine Beziehung in der Grundsatzfrage nach der besten Staatsform auszumachen. Der Dichter hat in jungen Jahren mit republikanischen Vorstellungen geliebäugelt. Wie er die bis heute umstrittene Einstellung des Tacitus beurteilte, läßt sich nicht eindeutig sagen. Hauptsächlich Kenner der *Annalen,* in denen der Prinzipat stark kritisiert wird, hat er in Tacitus jedoch wohl eher den Künder republikanischer Freiheit gesehen als den Fürstenfreund, mag er auch einige von den Tacitisten monarchistisch mißdeutete Sentenzen in deren Sinne zitieren. So gesehen, dürfte sich das kritischere Verhältnis des älteren Lohenstein zu Tacitus nicht nur aus der nationalistischen Tendenz des *Arminius*-Romans, sondern auch aus seiner eigenen Wandlung zum kaisertreuen Vasallen erklären, wie sie in der Streichung einiger revolutionärer Tacitus-Anmerkungen in der zweiten Fassung der *Cleopatra* zum Ausdruck kommt.

Auf einen Vergleich zwischen den fatalistischen Bemerkungen des Tacitus und Lohensteins Verhängnis-Glaube wurde aus mehreren Gründen verzichtet. Einmal sind die weltanschaulichen Äußerungen des Tacitus nicht einheitlich und bis heute ebenso wie die von Lohenstein umstritten. [108] Sodann bezieht Lohenstein sich in dieser Hinsicht nicht auf Tacitus, abgesehen vielleicht von der Anmerkung zu Vers II 540 der *Epicharis,* wo er Forstners Kommentar zu Tacitus ann. 3,18 erwähnt. Und schließlich entspricht Lohensteins Schicksalsglaube zunächst mehr den neustoizistischen Vorstellungen, wie sie etwa Justus Lipsius in *De constantia* entwickelt, als unmittelbar dem antiken, überdies nicht nur von Tacitus vertretenen Tyche-Denken. Aus ähnlichen Gründen erschien es nicht zweckmäßig, die bei beiden Autoren zwiespältige Einstellung zur Vorhersehbarkeit der Zukunft miteinander zu vergleichen. Die Prodigien und Orakelsprüche, die Tacitus aufgrund seiner Quellen erwähnt, übernimmt Lohenstein als wirkungsvolle Kuriosa oder als Mittel darstellerischer Vorausdeutung und Spannungsführung, ohne damit ein Bekenntnis zu Magie und Astrologie abzulegen, das man im übrigen auch bei Tacitus vergeblich sucht. [109]

# ANHANG

## ZUSAMMENSTELLUNG DER QUELLENTEXTE

Die im folgenden wiedergegebenen Quellen sind in der Art eines synoptischen Kommentars nach dem Verlauf des jeweiligen Lohensteinschen Werks geordnet. Die entsprechenden Werkpartien, meistens Szenen, werden vorher vermerkt, die entsprechenden Einzelverse nachträglich innerhalb der Quellentexte. Bei besonders enger Anlehnung an Tacitus sind die Verszahlen kursiv gesetzt. Nicht übernommene Stellen werden durch einen Gedankenstrich gekennzeichnet. Alle Eingriffe erscheinen auf Wunsch des Verlags in runden Klammern. Die ebenfalls runden Klammern einiger Tacitus-Parenthesen gehen auf die Ausgabe von Lipsius zurück.

Außer den Quellen sind die Passagen der »Asiatischen Banise« berücksichtigt, die Heinrich Anshelm von *Zigler und Kliphausen* nach der Szene II a von Lohensteins »Agrippina« gestaltete.

Zum »Arminius«-Roman werden nur die Zahlen der entsprechenden Tacitus-Kapitel angegeben. Ein Abdruck der Texte selbst erübrigt sich, weil Lohenstein anders als bei den Trauerspielen die Gedankenfolge innerhalb der Taciteischen Kapitel im wesentlichen beibehält. Auch sind die Romanquellentexte zu umfangreich, als daß sich eine Wiedergabe lohnen würde. Sie wäre überdies, da der Roman vergriffen ist, nur sinnvoll, wenn dessen entsprechende Stellen mit vorgestellt würden. Stellvertretend wird die Rede des Arminius vor der Weserschlacht im Wortlaut des Tacitus und Lohensteins zitiert.

### 1. Agrippina

*I a* (1–156)

Vgl. S. 113 f., 127, 130 f. – Wie Lohenstein, so leitet auch Gabriel *Gilbert* in der Eingangsszene seiner 1660 erschienenen Tragödie »Arie et Petus, ou les amours de Neron« von einer anfänglichen Tyrannenprahlrede Neros zu dem Lob einer nicht anwesenden Frau über. Dort ist der Kaiser in Arie, die Frau des Petus, verliebt. – Tacitus ann. 13,45:

Erat in ciuitate Sabina Poppaea, T. Ollio patre genita, sed nomen aui materni sumserat, illustri memoriâ Poppaei Sabini consulari et triumphali decore praefulgentis.

2  (93 f.) Nam Ollium honoribus nondum functum, amicitia Seiani peruertit. Huic mulieri cuncta alia fuere, praeter honestum animum. (–) Quippe mater eius aetatis suae feminas pulchritudine supergressa, gloriam pariter et formam dederat. (98 f.)

3  Opes claritudini generis sufficiebant. Sermo comis, nec absurdum ingenium modestiam praeferre, et lasciuiâ vti. (–) rarus in publicum egressus; ídque velata parte oris, ne satiaret aspectum, vel quia sic decebat. (96 f.) Famae numquam pepercit, marìtos et adulteros non distinguens: neque affectui suo, aut alieno obnoxia. vnde

4  vtilitas ostenderetur, illuc libidinem transferebat. (–) Igitur agentem eam in matrimonio Rufi Crispini equitis Romani, ex quo filium genuerat, Otho pellexit (II 200, 205) iuuentâ ac luxu, et quia flagrantissimus in amicitiâ Neronis habebatur. Nec mora, quin adulterio matrimonium iungeretur. (–)

Kapitel 46 schließt an:

1  Otho, siue amore incautus, (–) laudare formam elegantiámque vxoris apud Principem: (83–142) siue vt accenderet, ac si eâdem feminâ potirentur, id quoque vinculum potentiam ei adiiceret. (Vgl. II 213–215, 419–421) Saepe auditus est consurgens

186

è conuiuio Caesaris, (121 f.) se ire ad illam, (123–142) sibi concessam dictitans nobi-
2 litatem, pulchritudinem, vota omnium, et gaudia felicium. *(132 f.)* His atque talibus
irritamentis, non longa contatio interponitur. Sed accepto aditu, (152) (. . .)

Die Fortsetzung des Textes folgt zu II a.

I b (157–282)
Vgl. S. 29–31 und 40. – Tacitus ann. 13,19 (anschließend an den zu I c zitierten Text):
Statim relictum Agrippinae limen. Nemo solari, nemo adire, (vgl. I c) praeter paucas
2 feminas. amore an odio, incertum. Ex quibus erat Iunia Silana, (203–205) quam
matrimonio C. Silij à Messalinâ depulsam, suprà rettuli, insignis genere, formâ lasciua, (–) et Agrippinae diu percara. (205) mox occultis inter eas offensionibus, quia
Sextium Africanum nobilem iuuenem à nuptiis Silanae deterruerat Agrippina, impu-
dicam et vergentem annis dictitans; non vt Africanum sibi seponeret, sed ne opibus
3 et orbitate Silanae maritus potiretur. Illa spe vltionis oblatâ, (–) parat accusatores
ex clientibus suis Iturium et Caluisium, (anders: 198 f.) non vetera, et saepius iam
audita deferens, quòd Britannici mortem lugeret, aut Octauiae iniurias euulgaret: (–)
sed destinauisse eam Rubellium Plautum, per maternam originem pari ac Nero
gradu à diuo Augusto, ad res nouas extollere; (185–187) coniugióque eius etiam
4 imperio Rempublicam rursus inuadere. (193, vgl. 188 f.) haec Iturius et Caluisius
Atimeto Domitiae Neronis amitae liberto aperiunt. Qui laetus oblatis (quippe inter
Agrippinam et Domitiam infensa aemulatio exercebatur) Paridem histrionem libertum et ipsum Domitiae impulit ire properè, criménque atrociter deferre. (–)

Kapitel 20 schließt an:
1 Prouecta nox erat, (157) et Neroni per vinolentiam trahebatur. (–) Cùm ingreditur
Paris, (157) solitus alioquin id temporis lusus Principis intendere. (–) Sed tunc com-
positus ad maestitiam, (157, 159) expositóque indicij ordine, (185–208), ita audien-
tem exterret, (bes. 218, vgl. 222 f.) vt non tantùm matrem Plautúmque interficere,
sed Burrhum etiam demouere praefecturâ destinaret, tamquam Agrippinae gratiâ
2 prouectum, et vicem reddentem. (227–230) Fabius Rusticus auctor est, scriptos
esse ad Caeninam (!) Thuscum codicillos mandatâ ei praetoriarum cohortium curâ,
sed ope Senecae dignationem Burrho retentam. (231–238) Plinius et Cluuius nihil
dubitatum de fide praefecti referunt. sanè Fabius inclinat ad laudes Senecae, cuius
amicitiâ floruit. Nos consensum auctorum secuturi, quae diuersa prodiderint, sub
3 nominibus ipsorum trademus. (–) Nero trepidus, et interficiendae matris auidus,
non priùs differri potuit, quàm Burrhus necem eius promitteret, si facinoris coargue-
retur, (246, 277 f.) *Sed cuicumque, nedum parenti defensionem tribuendam.* (anderer
Sprecher: 243) *nec accusatores adesse, sed vocem vnius ex inimicâ domo afferri.*
(anderer Sprecher: 242) *Refutare tenebras, et vigilatam conuiuio noctem, omniáque
temeritati et inscitiae propiora.* (anders: 273–275)

Zu dem anschließenden Kapitel 21 vgl. I d.

I c (283–352)
*Tacitus* ann. 13,18:
2 At matris ira nullâ munificentiâ leniri; (–) sed amplecti Octauiam, (I c) crebra cum
amicis secreta habere. Super ingenitam auaritiam, vndique pecunias quasi in subsidium corripiens, tribunos et centuriones comiter excipere. Nomina et virtutes nobilium, qui etiam tum supererant, in honore habere: quasi quaereret ducem et par-
3 tes. Cognitum id Neroni, (–) excubiásque militares, quae vt coniugi Imperatoris
soli tum et vt matri seruabantur, (318) et Germanos super eundem honorem custo-
des additos digredi iubet. (313) Ac ne coetu salutantium frequentaretur, (–) sepa-
rat domum, matrémque transfert in eam quae Antoniae fuerat: (317) quoties ipse
illuc ventitaret, septus turbâ centurionum, et post breue osculum digrediens. (–)

187

Kapitel 19 schließt an:
1 Nihil rerum mortalium tam instabile ac fluxum est, quàm fama potentiae, non suâ vi nixae. (Motto des Stücks, I 291, V *113 f.*, vgl. S. 45) Statim relictum Agrippinae limen. Nemo solari, nemo adire, (287) praeter paucas feminas. (. . .)

Die Fortsetzung des Textes findet sich zu I b.

I d (353–502)
Vgl. S. 120–123. – *Tacitus* ann. 13,21:
1 Sic lenito Principis metu (vgl. I b) et luce ortâ, (vgl. I b 245) itur ad Agrippinam vt nosceret obiecta, dissoluerétque, vel poenas lueret. Burrhus iis mandatis, Senecâ coram, fungebatur. (I b 280–282, I d) Aderant et ex libertis, arbitri sermonis. (Personenverzeichnis I d) Deinde à Burrho postquam crimina (353–375) et auctores expo-
2 suit, (anders: 383, 393, 408 f.) minaciter actum. (403, vgl. 404) Agrippina ferociae memor, *Non miror*, inquit, *Silanam numquam edito partu, matrum affectus ignotos habere. Neque enim perinde à parentibus liberi; quàm ab impudicâ adulteri mutantur. (383–392) Nec si Iturius et Caluisius adesis omnibus fortunis, nouißimam suscipiendae accusationis operam anni* (statt anui!) *rependunt; ideo aut mihi*
3 *infamia parricidij, aut Caesari conscientia subeunda est. (393–400) nam Domitiae inimicitiis gratias agerem, si beniuolentiâ mecum in Neronem meum certaret. (412–416, vgl. ab 407) Nunc per concubinum Atimetum, (440 f.) et histrionem Paridem (–) quasi scenae fabulas componit.* (vgl. 439) *Baiarum suarum piscinas excolebat, cùm meis consiliis adoptio, et proconsulare ius, et designatio consulatus, et cetera*
4 *adipiscendo imperio praepararentur. (441–450) Aut existat qui cohortes in vrbe tentatas, (455–458) qui prouinciarum fidem labefactatam, (461) denique seruos vel*
5 *libertos ad scelus corruptos arguat. (459–460) Viuere ego Britannico potiente rerum poteram: at si Plautus aut quis alius Rempublicam iudicaturus obtinuerit; desunt scilicet mihi accusatores, qui non verba impatientiâ caritatis aliquando incauta, sed*
6 *ea crimina obijciant, quibus nisi à filio mater absolui non poßim. (467–480)* Commotis qui aderant, (481–484) vltroque spiritus eius mitigantibus, (–) colloquium filij exposcit. (499)

Die Fortsetzung des Textes folgt zu I e.

I e (503–588)
Vgl. S. 122 f. – *Tacitus* ann. 13,21,6:
(. . .) colloquium filij exposcit. (I d 499) Vbi nihil pro innocentiâ quasi diffideret, (522) nec beneficiis quasi exprobraret, disseruit, (–) sed vltionem in delatores (521) et praemia amicis obtinuit. (579, vgl. 561 f.)

Kapitel 22 schließt an:
1 Praefectura annonae Senio (Lipsius merkt an: Fenius illi nomen: atque ita semper infrà.) Rufo, (580) cura ludorum qui à Caesare parabantur Arruntio Stellae, (582 f.) Aegyptus C. Balbillo permittuntur. (581) Syria P. Anteio destinata, (582) et variis
2 mox artibus elusus, ad postremum in vrbe retentus est. (–) At Silana in exsilium acta. (585) Caluisius quoque et Iturius relegantur. (586) De Atimeto supplicium sumtum, (587) validiore apud libidines Principis Paride, quàm vt poenâ afficeretur. Plautus ad praesens silentio transmissus est. (–)

I Reyen (589–680)
–

II a (1–166)
Vgl. S. 18–24. – *Tacitus* ann. 13,46,2 (anschließend an den zu I a zitierten Text):
His atque talibus irritamentis, non longa contatio interponitur. Sed accepto aditu, (vgl. I a) Poppaea primùm per blandimenta et artes valescere, imparem cupidini se,

et formâ Neronis captam simulans: (bes. *36 f.*, vgl. *87–91*) mox acri iam Principis amore, ad superbiam vertens, (*54–58*) si vltra vnam alteramque noctem attineretur, (*100 f.*) nuptam esse se dictitans (*95*) nec posse matrimonium amittere, (*98–99*) deuinctam Othoni (*95 f.*) per genus vitae, quod nemo adaequaret. (–) Illum animo et cultu magnificum: (*96*) ibi se summâ fortunâ digna visere. (*97*) At Neronem pellice ancillâ, et assuetudine Actes deuinctum, nil è contubernio seruili, (*91–94*) nisi abiectum et sordidum traxisse. (vgl. 103–107)

Die Fortsetzung dieses Kapitels folgt zu II e. – *Tacitus* ann. 14,1:

1  GAIO Vipsanio, Fonteio Consulibus diu meditatum scelus non vltrà Nero distulit, vetustate imperij coalitâ  audaciâ, (–) et flagrantior in dies amore Poppaeae. (vgl. 120–123) quae sibi matrimonium, et dissidium Octauiae incolumi Agrippinâ haut sperans, (131–133, 139–140) crebris criminationibus, aliquando per facetias incusare Principem, (vgl. 137) et pupillum vocare, qui iussis alienis obnoxius non modò
2  imperij, sed libertatis etiam indigeret. (137–139) *Cur enim differri nuptias suas? formam scilicet displicere, (125–127) et triumphales auos? (128–130) An fecunditatem, (128) et verum animum timeri? (127) ne vxor saltem iniurias patrum, iram populi aduersus superbiam auaritiamque matris aperiat.* (–) *Quòd si nurum Agrippina non nisi filio infestam ferre posset, (140–141) reddatur ipsa Othonis coniugio.* (anders: 143) *ituram quoquò terrarum, vbi audiret potius contumelias imperatoris, quàm*
3  *viseret (145, 147) periculis eius immixta.* (anders: 146) Haec atque talia lacrymis (133 f.) et arte adulterae penetrantia, (II a überall) nemo prohibebat: cupientibus cunctis infringi matris potentiam, et credente nullo, vsque ad caedem eius duratura filij odia. (–)

Zu dem anschließenden Kapitel 2 vgl. III a, zu der Anregung durch Xiphilinus Lohensteins Anmerkung zu II 136.

Heinrich Anshelm von *Zigler und Kliphausen* läßt in seinem Roman »Die Asiatische Banise« den edlen Prinzen Balacin, die männliche Hauptfigur also, seine Liebe zu der Titelheldin, der hinterindischen Kaisertochter Banise, mit folgender Rede kundtun (zitiert nach der Ausgabe der Wissenschaftlichen Buchgesellschaft, Darmstadt 1965, S. 167):

Hochwerteste Prinzessin! Weiln ich es mir denn vor die höchste Ehre schätze, meine Pflicht jederzeit durch gehorsame Folge zu bezeugen: So breche demnach die Kette meiner schwachen Zunge, und bekenne aus innerstem Grunde seines Herzens, daß Balacin, Prinz von Ava, bereits mit dem einen Fuße das Grab berühre, wo ihn nicht die überirdische Leutseligkeit der himmlischen Banisen vom Tode errettet. (–) Denn wie die Sonne auch abwesende würket, und man den unsichtbaren Göttern die meisten Opfer gewähret, (*5 f.*) also schwere ich, daß mich Dero Schönheit auch in der Ferne verwundet, und die Strahlen Ihrer Tugend entzündet haben. (*3 f.*) Die Begierden haben durch Dero hohes Lob auch von weiten als ein Zunder Glut gefangen, welche aber nunmehro durch den Blitz gegenwärtiger Kraft vollkommene Flammen zeigen. Hemmet Sie nun nicht, unvergleichliche Banise, diese Brunst, und lässet die brennende Sonne sich nicht in ein güldenes Licht süßer Gegenhuld verwandeln, so muß Balacin zu Asche werden. (*7–11*) Ich erkühne mich nunmehro ungescheut zu sagen: (–) ich bin verliebt. Banise ist die Wende: Sie ist mein Nordstern, ich Ihr Magnet. Schönste Vollkommenheit! mein glühendes Herz zündet Ihr den Weihrauch reinester Liebe an, und ich schwere, auch mein getreues Leben aufzuopfern. (*19–24*) Weil nun der Götter Tempel dem offenstehet, welcher Sie zu verehren suchet: (*27 f.*) so eröffne Sie demnach Ihr himmlisches Heiligtum der Seelen, (*25 f.*) und verschmähe nicht das flammende Opfer Ihres ewig gewidmeten Balacins. (–)

Wie Balacins Liebesgeständnis nach Neros Werbungsrede gearbeitet ist, so diente die ganze Szene II a zusätzlich als Modell für die vergebliche Werbung des Tyrannen Chaumigrem um die von ihm gefangengehaltene Banise in der Mitte von Ziglers Roman (S. 254–

262 der erwähnten Ausgabe). Durch Verzahnung mit den Kommentaren Balacins und seines Dieners Scandor, die in einem Versteck lauschen, erhält diese Szene einen betont komischen Anstrich. Nur an dieser Stelle des Romans sind die vier Hauptpersonen gleichzeitig als Handelnde dargestellt. Auch hier finden sich wörtliche Entsprechungen zu der »Agrippina«-Szene. Auf S. 257 f. schreibt Zigler:

> »Nun ist es Zeit«, sagte der empfindliche Prinz, »nimmermehr lasse ich meine Prinzessin auch nur zu einem Kusse nötigen.« – »Gnädigster Herr«, tät ihm Scandor Einhalt, »wir werden durch solche Kleinigkeiten den Hauptzweck verrücken. Gesetzt auch, es liefe ein Kuß mit unter, so wackelt deswegen ja nicht flugs der Kranz.« – »Das ist ein Wahn des Pöfels«, antwortete der Prinz: »eine keusche Liebe aber soll auch im geringsten unbefleckt sein.« Hier legte ihnen auch diesesmal der Prinzessin ferneres Reden ein Stillschweigen auf. »I. M. lassen sich die Geduld besänftigen«, hörten sie sie reden. (–) »Denn ob ich gleich dieses zu rühmen höchst Ursache habe, daß I. M. das vermeinte Gold meiner Schönheit höher schätzen, als es würdig ist, und so gnädigst in mein Begehren gewilliget haben, so werde ich zwar meinen Geist hiervor zu dessen Dienst widmen, jedoch nur so weit, als es Tugend und Vernunft erlauben.« (37–41) Welche ungleiche Weigerung aber dem Chaumigrem fast einigen Verdruß erwecken wollte, den er auch durch diese Worte sattsam zu verstehen gab: (–) »Fürsten ist alles erlaubet, weil ihre Fehle der Purpur bedeckt. (41–43) Jedoch weiß ich nicht, was ein so kaltsinniges Bezeigen vor eine Bedeutung nach ziehen soll. Ich wünsche des Aufzugs entübriget zu sein.« Dahero die Prinzessin in nicht geringen Ängsten sich befande, und fast nicht mehr Worte ersinnen kunnte, wodurch sie weder dem Tyrannen zur Ungeduld noch dem Prinzen zu einigem Mißtrauen Anlaß geben möchte. (–)

In ihrer anschließenden Rede sagt Banise (auf S. 259):

> »(...) Ein verborgener Trieb entzündet mich, das muß ich gestehen, und ein innerlicher Zug heißet mich lieben, das kann ich nicht leugnen. (vgl. 87–91) Allein auf so verdammliche und Prinzessinnen unanständige Art der Liebe mich beflecken zu lassen, solche verhindere der Himmel durch meinen Tod, welchen ich selbst zu befördern beherzt genug bin.« Den Chaumigrem verlangete heftig, die eigentliche Meinung ihrer Rede zu vernehmen, und warf ihr diese verpflichte Worte ein: »Ich sterbe vor Verlangen, bald zu vernehmen, wohin doch Dero weitläuftige Reden zielen. (–) Auch mein Leben soll zu Ihrem Opfer dienen.« (120) Welche gnädige Versicherung sie sich bald ferner nütze zu machen wußte, und ihre Rede verfolgete: »Ist ja«, sagte sie, »des Kaisers Liebe so brünstig und dessen Vorgeben kein Fallbrett erdichteter Brunst, so beliebe er zu entdecken: (–) Warum er uns nicht durch den Tempel ins Bette führet. (anders: 121) Oder deutlicher zu sagen: (–) Warum machet er sich nicht meiner durch ordentliche Vermählung teilhaftig? Bin ich ihm zu häßlich? (125–127) Warum beschweret er sich denn, daß ich meine Schönheit entzünde? Bin ich ihm zu arm? so hat er sich meines Heiratsguts bereits selbst angemaßet. Daß also diese Heirat und meine rechtmäßige Wiedererstattung eine Versöhnung der Götter wegen allzu harter Grausamkeit sein könnte: wodurch das Reich in Ruhe und dessen Person durch solche Eroberung der Gemüter in erwünschte Sicherheit gesetzet würde. Ist nun solcher Vortrag, welcher aus einer verliebten Seele entspringet, angenehm und beliebt: (–) so sollen alsdenn dem Kaiser, die ersten Rosen meiner Liebe zu sammlen, mit Freuden erlaubet sein. (52) Sollte aber dessen Zweck auf andere und mir höchst nachteilige Art zu erlangen gesuchet werden; so wird zwar der Kaiser mein Herze, nicht aber den Willen brechen, mir zwar mein Leben, aber nicht die Ehre rauben können.« Soviel Worte, soviel Schwerter jagte sie dem Prinzen durch das Herze, welcher sich vor Eifersucht nicht mehr bergen kunnte. (–)

Aber der Diener Scandor vermag Balacin noch einmal zurückzuhalten. Danach heißt es (auf S. 260):

Weil nun diese Entrüstung nicht so gar ohne alles Gepolter abgehen kunnte, als hatte Chaumigrem, solches zu bemerken, seine Rede unterbrochen, jedoch hub er bald wiederum an, der Prinzessin vorgebrachte Rede zu beantworten: (–) »Ich schäme mich«, sagte er, »unbewußter Kälte bei so heftigen Liebesflammen, *(147 f.)* und rühme Ihre Tugend, welche mich um so viel mehr entzündet, daß ich entschlossen, (–) noch diesen Tag den Grundstein Ihrer Wohlfahrt und meiner Vergnügung durch braminische Hand zu legen, *(154 f.)* damit nicht mein loderndes Herze solches Versehen durch die Pein langer Geduld büßen müsse.« *(148 f.)*

An dieser Stelle erfolgt der einzige Absatz im Druckbild der Werbungsszene. Bis hierhin entsprechen Wortlaut und Redefolge weitgehend dem von Lohenstein gebotenen Muster; nach dem Absatz folgen nur noch knapp zwei Seiten, denen zufolge Banise einen Aufschub von drei Tagen erreicht. Die geheime Verstellung von Lohensteins Poppäa spielt Zigler durch den Bezug der Banise-Reden auf Chaumigrem und Balacin offen zu doppelsinniger Komik aus. Ein Teil des Zigler-Textes geht indirekt auf Tacitus zurück. Weiteres zu der Abhängigkeit Ziglers von Lohenstein siehe S. 23 f.

### II b (167–224)
Vgl. II e. – Bevor Paris zur Versetzung Othos nach Portugal rät, erweist er sich als kluger Interpret von Othos und Poppäas Verhalten. In seinen Worten trägt Lohenstein die vorher ausgesparten Motive nach. Zu den Versen 200, 205, 213–215 vgl. I a (ann. 13,45,4 und 46,1). Siehe auch S. 128.

### II c (225–326) *und* d (327–446)
Vgl. S. 18 und 32 f. Zu den stichomythischen Formen vgl. S. 108–110.

### II e (447–498)
*Tacitus* ann. 13,46,3 (anschließend an den zu II a zitierten Text):
> Deiicitur familiaritate suetâ, pòst congressu et comitatu Otho: et postremò, (–) ne in vrbe aemulatus ageret, (II b 219) prouinciae Lusitaniae praeficitur. (II e, bes. 450; vgl. II b 220–223) Vbi vsque ad ciuilia arma, non ex priore infamiâ, sed integrè sancteque egit, procax otij, et potestatis temperantior. (–)

Daß der Ehemann der von Nero geliebten Frau zum Statthalter einer fernen Provinz ernannt wird, daß ein kaiserlicher Ratgeber dies vorher empfiehlt und daß der Geehrte und zugleich Gestrafte vergeblich um die Erlaubnis nachsucht, seine Frau mitzunehmen, hat Lohensteins »Agrippina« mit der fünf Jahre älteren Tragödie »Arie et Petus, ou les amours de Neron« von Gabriel *Gilbert* gemeinsam. In der Eingangsszene dieses Stücks (auf S. 4 der Ausgabe von 1660) sagt Petrone zu Neron:
> Si le graue Petus y voit sa ieune Espouse,
> Son humeur trop austere en deuiendra ialouse,
> Il faut pour posseder vn bien si precieux
> Par vn honneste exil l'éloigner de ces lieux. (vgl. II b 219–223)

In der Szene I d bei Gilbert sagt Neron zu Petus (auf S. 14):
> Ie te veux tesmoigner l'amour, que i'ay pour toy;
> Et pour recompenser tes vertus heroiques,
> Ie te fais Gouuerneur des Isles Britanniques. (vgl. II e 447–450)
> (. . .)
> Pars pour dompter l'orgueil d'vne Reine Insulaire,
> Demain dés que le iour luira sur l'hemisphere. (vgl. 452–454)

In Gilberts Szene II d (auf S. 36) schneidet Neron dem Petus, der um Mitnahme seiner Frau bittet, das Wort ab:
> Petus sans repliquer fais ce que ie desire (vgl. 493)
> (. . .)

Va conquerir vn sceptre au lieu de soûpirer,
Obeis à mon ordre et pars sans differer. (vgl. 494 f.)

Mit diesen Worten endet Gilberts Szene. Die Ausführung des kaiserlichen Beschlusses wird schließlich durch den Tod von Petus und Arie verhindert.

Die Trennung des neuen Statthalters Otho von seiner Frau aus angeblich militärischen Gründen erinnert an die allerdings längst abgeschaffte Lex Oppia, die den Aufenthalt der Frauen bei ihren Männern im Krieg verbot, bzw. an den Streit, der um eine mögliche Neueinführung im Jahre 21 n. Chr. unter der Regierung des Tiberius im römischen Senat entbrannte. Auf den Bericht des Tacitus hierzu bezieht sich Lohenstein in der Anmerkung zu Vers 462: »Beym *Tac. 3. Ann. c. 33. 34.* streiten *Severus Caecina* und *Valerius Messalinus* heftig in zweyen Reden mit einander. Jener wil behaupten: Daß kein Landvogt seine Frau mit sich nehmen solle; Diser aber das Widerspiel.« *Lohenstein* legt die Rede des Caecina, der die Wiedereinführung des Gesetzes beantragte, dem Paris und die Gegenrede des Messalinus Otho in den Mund. Es ist das einzige Mal, daß er einen Tacitus-Text in eine andere historische Situation verpflanzt. In Kapitel 33 schreibt *Tacitus:*

1 Inter quae Seuerus Caecina censuit, (–) ne quem magistratum, cui prouincia obuenisset, vxor comitaretur: *(462 f.)* multum antè repetito, concordem sibi coniugem, et sex partus enixam: séque quae in publicum statueret domi seruauisse, cohibitâ intra Italiam, quamquam ipse pluris per prouincias quadraginta stipendia expleuis-

2 set. *Haut enim frustra placitum olim, ne feminae in socios aut gentes externas traherentur. (–) inesse mulierum comitatui, quae pacem luxu,* (465) *bellum formidine morentur,* (464 f.) *et Romanum agmen ad similitudinem barbari incessus conuertant. non imbecillem tantùm, et imparem laboribus sexum; (–) sed si licentia adsit,* (vgl. 465) *saeuum, ambitiosum, potestatis auidum. incedere inter milites, habere ad manum centuriones:* (466 f.) *praesedisse nuper feminam exercitio cohortium, decursu legionum.* (468 f.) *cogitarent ipsi, quoties repetundarum aliqui arguerentur, plura vxoribus obiectari.* (469–471) *his statim adhaerescere deterrimum quemque prouincialium: ab his negotia suscipi, transigi: duorum egressus coli, duo esse praetoria. peruicacibus magis et impotentibus mulierum iußis, (–) quae Oppiis quondam, aliisque legibus constrictae, nunc vinclis exsolutis,* (472 f.) *domos, fora, iam et exercitus regerent. (–)*

Kapitel 34 schließt an:

Paucorum haec adsensu audita; plures obturbabant, neque relatum de negotio, ne-
2 que Caecinam dignum tantae rei censorem. mox Valerius Messallinus, cui parens Messalla, ineratque imago paternae facundiae, (–) respondit. *Multa duritie* (!) *veterum meliùs et laetiùs mutata. neque enim, vt olim, obsideri vrbem bellis, aut prouincias hostilis esse.* (475–477) *et pauca feminarum neceßitatibus concedi, quae ne coniugum quidem penates, adeò socios non onerent. cetera promiscua cum marito, (–) nec vllum in eo pacis impedimentum.* (vgl. 477) *bella planè accinctis obeunda: (–) sed reuertentibus post laborem, quod honestius quàm vxorium leuamentum?* (479–
3 482) *At quasdam in ambitionem aut auaritiam prolapsas.* (483) *Quid ipsorum magistratuum, nônne plerosque variis libidinibus obnoxios? non tamen ideò neminem in prouinciam mitti.* (487–489, vgl. 484) *corruptos saepe prauitatibus vxorum mari-
4 tos: num ergò omnes caelibes integros? placuisse quondam Oppias leges, sic temporibus Reipublicae postulantibus: remissum aliquid postea, et mitigatum, quia expedierit. Frustra nostram ignauiam alia ad vocabula transferri. (–) nam viri in eo culpam, si femina modum excedat.* (485 f.) *porrò ob vnius aut alterius imbecillum animum, malè eripi maritis consortia rerum secundarum aduersarúmque; (–) simul sexum naturâ inualidum deseri, et exponi suo luxu, cupidinibus alienis.* (489 f.) *Vix praesenti custodiâ manere illaesa coniugia:* (491 f.) *quid fore, si per plures annos in modum dißidij oblitterentur?* (491) *Sic obuiam irent iis quae alibi peccarentur, vt flagi-
5 tiorum vrbis meminissent.* Addidit pauca Drusus de matrimonio suo. (…) Sic Caecinae sententia elusa. (–)

Die Argumente der beiden Reden übernimmt Lohenstein, von einigen Auslassungen abgesehen, in nahezu gleichbleibender Reihenfolge und stellenweise wortgetreu. Die Situation seiner Szene ist allerdings der Taciteischen geradezu entgegengesetzt. Der Disput, von dem der Historiker berichtet, fand im Senat vor vielen Zuhörern statt; der Auseinandersetzung zwischen Paris und Otho hört nur Nero zu. Bei *Tacitus* ist der ersten, bei *Lohenstein* der zweiten Rede der Erfolg versagt. Den Argumenten, mit denen Caecina seinen Antrag nicht durchzubringen vermag, ist im Munde des Paris durch Neros feststehenden »Schluß« die Wirkung vorab gesichert. Überzeugen können sie allerdings ebensowenig wie Othos Worte. Beide Reden, bei Tacitus von den Sprechern ernst gemeint, sind bei Lohenstein Ausdruck bloßer Spiegelfechterei. Otho wird nur »unterm Schein der Ehre« (II b 220) weggeschickt, und was er seinerseits dagegen einwendet, verträgt sich kaum mit den libertinistischen Ansichten, die er vorher in II d geäußert hat.

*II Reyen* (499–570)
–

*III a–c* (1–130; 131–264; 264–286)
Vgl. S. 24–27. Anhand der zentralen Szene III b erläutert *Just* (S. 76–95) Versform und Stiltendenzen von Lohensteins Trauerspielen. Bei *Hayn/Gotendorf* (Bibliotheca Germanorum erotica et curiosa, 3. Aufl., München 1912–14, Bd. 4, S. 325) heißt es zur »Agrippina«: »Bekanntlich gehört dieses Schauspiel zu den unzüchtigsten Schriften der gesammten deutschen Literatur. Die Scene, worin Agrippina ihren Sohn Nero auf offener Bühne zum Incest verleitet, hat nicht ihres Gleichen.« Tacitus ann. 14,2 (anschließend an den zu II a zitierten Text):

1 Tradit Cluuius (–) ardore retinendae Agrippinam potentiae eò vsque prouectam, vt medio diei, cùm id temporis Nero per vinum et epulas incalesceret, offerret se saepiùs temulento (5–7, 10–12; zu »saepiùs« vgl. 126) comtam, et incesto, paratam. (12–16) Iámque lasciua oscula, (18) praenuntias flagitij blanditias, annotantibus proximis, (27 f.) Senecam contra muliebres illecebras subsidium à feminâ petiuisse: immissámque Acten libertam, quae simul suo periculo, et infamiâ Neronis anxia, (111–114) deferret, peruulgatum esse incestum gloriante matre, (anders: 124–126, 269 f.) nec toleraturos milites profani Principis imperium. (123 f., 264, 267 f., vgl.

2 127 f., 271) Fabius Rusticus non Agrippinae, sed Neroni cupitum id memorat, (vgl. 36) eiusdémque libertae astu disiectum. Sed quae Cluuius, eadem ceteri quoque auctores prodidere; et fama huc inclinat, seu conceperit animo tantum immanitatis Agrippina, seu credibilior nouae libidinis meditatio in eâ visa est, quae puellaribus annis (–) stuprum cum Lepido spe dominationis admiserat, pari cupidine vsque ad libita Pallantis prouoluta, et exercita ad omne flagitium (37–40) patrui nuptiis. (–)

Zur Fortsetzung des Textes vgl. III d.

*III d* (287–386)
Vgl. S. 27 f. und 33–35. – *Tacitus* ann. 14,3 (anschließend an den zu III a–c zitierten Text): Text):

1 Igitur Nero vitare secretos eius congressus: abscedentem in hortos, aut Tusculanum vel Antiatem in agrum, laudare quòd otium lacesseret. Postremò vbicumque haberetur, (–) praegrauem ratus, interficere constituit: (auf fremden Rat hin: 315) hactenus

2 consultans, veneno, an ferro, vel quâ aliâ vi. (319–321) Plaucuítque primò venenum. (–) Sed inter epulas Principis si daretur, referri ad casum non poterat, tali iam Britannici exitio. Et ministros tentare arduum videbatur, mulieris vsu scelerum aduersus insidias intentae. (332–339) atque ipsa praesumendo remedia munierat corpus. (328–330) Ferrum et caedes quo nam modo occultaretur, nemo reperiebat; et ne

3 quis illi tanto facinori dilectus, iussa sperneret, metuebat. (326–328) Obtulit ingenium Anicetus (vgl. 352 f.) libertus, (–), classis apud Misenum praefectus, (vgl. 350)

193

et pueritiae Neronis educator, (vgl. 351, dazu S. 34) ac mutuis odiis Agrippinae inuisus. (–) Ergo nauem posse componi docet, cuius pars ipso in mari per artem soluta effunderet ignaram. (348, 353 f.) Nihil tam capax fortuitorum quàm mare; (356, vgl. bis 360) et si naufragio intercepta sit, quem adeò iniquum, vt sceleri assignet, quod venti et fluctus deliquerint? (360–362) Additurum Principem defunctae templum, et aras, et cetera ostentandae pietatis. (368–370, vgl. 363–371)

Kapitel 4 schließt an:

1  Placuit sollertia, (372, 382) tempore etiam iuta, quando Quinquatruum festos dies apud Baias frequentabat. (374–376, auch III e 399–401) Illuc matrem elicit, (vgl. 377 sowie III e) (...)

Zur Fortsetzung des Textes vgl. III e.

III e (387–446)
Vgl. S. 40 und 27. – Tacitus ann. 14,4 (anschließend an den zu III d zitierten Text):
Illuc matrem elicit (III e) ferendas parentum iracundias, et placandum animum dictitans; quò rumorem reconciliationis efficeret, acciperétque Agrippinam, (–; statt-dessen erotische Begründung: 402–409) facili feminarum credulitate ad gaudia ve-
2  nientem. (vgl. 410 f.) Dehinc obuius in litora (nam Antio aduentabat) excipit manu et complexu, ducítque Baulos: id villae nomen est, quae promontorium Misenum
3  inter et Baianum lacum flexo mari alluitur. (–) stabat inter alias nauis ornatior, (vgl. 439) tamquam id quoque honori matris daretur. Quippe sueuerat triremi, et classiariorum remigio vehi. Ac tum inuitata ad epulas erat, vt occultando facinori nox
4  adhiberetur. Satis constitit extitisse proditorem, et Agrippinam, auditis insidijs, (–) an crederet ambiguam, (vgl. 415 f.) gestamine sellae Baias peruectam. (–) Ibi blandimentum subleuauit metum, (438) comiter excepta, supérque ipsum collocata. Nam pluribus sermonibus modò familiaritate iuuenili Nero, et rursus adductus quasi seria consociaret, tracto in longum conuictu, prosequitur abeuntem (–) artiùs oculis et pectori haerens; (442) siue explendâ simulatione, seu periturae matris supremus aspectus, quamuis ferum animum retinebat. (–)

Zur Veränderung der Reisestrecke vgl. S. 36, zur Fortsetzung des Textes IV d. – Maßgebender als Tacitus erscheint für III e Xiphilinus, dessen Auszug aus Cassius Dion Lohenstein offensichtlich in einer zweisprachigen Ausgabe benutzte. Meistens zitiert er den griechischen Originaltext, wenn er nicht gar eine deutsche Paraphrase bietet, gelegentlich auch statt des griechischen Wortlauts (zu E I 548) oder zusätzlich (zu A IV 177) die lateinische Übersetzung. Zu S V 424 zitiert er eine Stelle lateinisch, eine andere griechisch. Im folgenden sowie zu V b und c ist – aus der ebenfalls zweisprachigen Ausgabe von 1752 – die lateinische Version wiedergegeben, weil sie schwerer zugänglich und leichter zu drucken ist. Darin heißt es auf S. 992 f. (zu Cassius Dion 61,13):
Quumque Baulos venisset, sumtuosissima convivia per multos dies egit. In his matrem amice accipiebat, (–) simulabatque se absentis ejus magno desiderio teneri: (vgl. 432 f.) praesentem nunc admodum osculabatur, petere jubebat, si quid vellet; eique multa non petenti largiebatur. Eo quum deducta res esset, post coenam, circa mediam noctem, (–) amplectitur eam, pectori admotam, atque oculos ejus et manus osculatus, dixit: »Mea mater, vale mihi ac salva esto: ego quidem certe in te vivo, et per te regno.« (442–444) Post haec eam tradidit Aniceto liberto, quasi is eam domum deducturus esset in navi, quam comparaverat. (–)

III Reyen (447–526)
Vgl. S. 37–39. Den zugrunde liegenden Tacitus-Text siehe unter IV d. Zur naturmagischen Überhöhung von Agrippinas Rettung vgl. auch Xiphilinus, der im Anschluß an den zu III e zitierten Text fortfährt (auf S. 993):

Sed enim futuram supra se tragoediam mare non tulit, nec mendacium de nefario facinore spargendum in se suscipere sustinuit. Quippe dissoluto navigio, Agrippina quidem in mare cecidit, non tamen mortua est.

*IV a* (1–62)
Die Szene ist erfunden. Vgl. S. 40 f.

*IV b* (63–130)
Zum Bericht des Paris (81–92) vgl. S. 32 und 39 f., zu den Versen 100–104 *Tacitus* ann. 14,5,3 (unter IV d), zu den Versen 105–107 ann. 14,6,1 (unter IV d), zu Neros Angst S. 40 f. – Die Szene beruht auf Tacitus ann. 14,7,1 f. (anschließend an den zu IV d zitierten Text):

1 At Neroni nuntios patrati facinoris opperienti, (anders wegen IV a: 72) affertur euasisse ictu leui sauciam, (99–102, vgl. 76) et hactenus adito discrimine ne auctor
2 dubitaretur. (–) Tum pauore exanimis, (bes. 105 ff., aber auch schon vor dem Bericht des Paris: 63 ff.; zu Neros »Erschrecknüs« vgl. auch IV c 131, 141) et iam iámque affore obtestans vindictae properam, siue seruitia armaret, vel militem accenderet, siue ad senatum et populum peruaderet, naufragium et vulnus, et interfectos amicos obiiciendo *(109–115*; vgl. S. 41) quod contra subsidium sibi? (121 f.) nisi quid Burrhus et Seneca expergiscerentur. quos statim acciuerat, (120) incertum an et antè ignaros. (–)

Zur Fortsetzung des Textes vgl. IV c. Neros Angst verstärkt Lohenstein auch dadurch, daß er dem Paris den Bericht über die öffentliche Wirkung von Agrippinas Rettung in den Mund legt, den Tacitus erst ann. 14,8,1 gibt (anschließend an den zu IV c zitierten Text):

Interim vulgato Agrippinae periculo, quasi casu euenisset, vt quisque acceperat, decurrere ad litus. (–) Hi molium obiectus, hi proximas scaphas scandere. *(85)* Alij quantum corpus sinebat, vadere in mare; quidam manus protendere. *(87)* Questibus, votis, clamore diuersa rogantium, aut incerta respondentium, omnis ora compleri: (83, 85) affluere ingens multitudo cum luminibus, (86) atque vbi incolumem esse pernotuit, (88) vt ad gratandum sese expedire, (89–92; dazu S. 39 f.) donec aspectu armati et minitantis agminis disiecti sunt. (vgl. 123–128)

Zur Fortsetzung des Textes vgl. V a.

*IV c* (131–220)
Vgl. S. 41 f. – Die Szene beruht auf *Tacitus* ann. 14,7,3 ff. Dort heißt es (anschließend an den zu IV b zitierten Text):

3 Igitur longum vtriusque silentium, ne irriti dissuaderent; (–) et eò descensum credebant, vt nisi praeueniretur Agrippina, pereundum Neroni esset. (vgl. 146–150) Pòst Seneca hactenus promtior, (vgl. 151) respicere Burrhum, ac si scitaretur, an mili
4 ti imperanda caedes esset? *(153 f.)* Ille praetorianos toti Caesarum domui obstrictos, et memores Germanici, nihil aduersus progeniem eius atrox ausuros respondit:
5 *(186–189)* perpetraret Anicetus promissa. (191 f.; dazu S. 115) Qui nihil contatus, poscit summam sceleris. (193) Ad illam vocem Nero, illo sibi die dari imperium, *(194 f.)* auctorémque tanti muneris libertum profitetur. Iret properè, (–) ducerétque
6 promtissimos ad iussa. (196 f.) Ipse audito, venisse missu Agrippinae nuntium Agerinum, (IV b 96) scenam vltrò criminis parat: (auf Rat des Anicetus: 200–220) gladiúmque dum mandata perfert, abiicit inter pedes eius. (206 f., IV d 262) tum quasi deprehenso, vincla iniici iubet: (IV d 273) vt exitium Principis molitam matrem, et pudore deprehensi sceleris sponte mortem sumsisse confingeret. (IV c 214 f., neu als Inhalt eines von dem Boten verlangten Geständnisses)

Die Fortsetzung des Textes siehe unter IV b (ann. 14,8,1). Kapitel 7 ist die dialogreichste *Tacitus*-Passage, die Lohenstein zu seinen Trauerspielen heranzieht. Zu dem stichomythischen Dialog Neros mit Burrhus und Seneca (131–142) vgl. S. 108, zu dem Disput zwischen

Seneca und Burrhus (153–177) S. 107 und 111, zu der erweiterten Rolle des Anicetus in den Versen 200 ff. vgl. S. 34.

*IV d* (221–316)
Vgl. S. 42 und 108 f. Die Szene beruht auf *Tacitus* ann. 14,7,6 (siehe unter IV c). Die Intrige gegen den Boten berichten auch *Sueton* (Nero 34,3) und *Xiphilinus*. Letzterer schreibt (zu *Dion* 61,13):
> Nero impotenti animo nuntium punivit, tanquam ad se interficiendum venisset.

Zu Beginn der Szene berichtet der Bote Agerinus, was Tacitus ann. 14,5 f. darstellt. Seine Einleitungsrede (221–231) beruht auf Kapitel 6, der eigentliche Botenbericht (235–254) auf Kapitel 5. Nach dem Reyen der dritten Abhandlung, der Geisterszene IV a, dem Bericht des Paris und der Vorankündigung des Boten durch Anicetus in IV b erfährt der Zuschauer nun zum fünften Mal von dem Schiffbruch Agrippinas. Dieser letzte Bericht ist zugleich der ausführlichste. *Tacitus* ann. 14,5 (anschließend an den zu III e zitierten Text):

1  Noctem sideribus illustrem, (III Reyen 474–476, IV d 239) et placido mari quietam, (III Reyen 466, 481, IV d 241) quasi conuincendum ad scelus, (III Reyen 482–484, IV a 47 f.) dij praebuere. (vgl. III Reyen 466) Nec multum erat progressa nauis, (anders: IV d 238; vgl. S. 36) duobus è numero familiarium Agrippinam comitantibus: ex quibus Crepereius Gallus haut procul gubernaculis adstabat, Aceronia super pedes cubitantis reclinis, poenitentiam filij et reciperatam matris gratiam per gaudium memorabat. (–) cùm dato signo, (anders: IV d 242; dazu S. 127) ruere tectum loci multo plumbo graue, pressúsque Crepereius, et statim exanimatus. (III Reyen 469 f., IV b 104, d 242 f.) Agrippina et Aceronia eminentibus tecti parietibus fortè
2  validioribus, quamuis oneri cederent, protectae sunt: nec dissolutio nauigij sequebatur turbatis omnibus, et quòd plerique ignari conscios impediebant. Visum dehinc remigibus, vnum in latus inclinare, atque ita nauem submergere. Sed neque ipsis promtus in rem subitam consensus; et alij contrà nitentes dedêre facultatem (–)
3  lenioris in mare iactus. (IV d 246, vgl. III Reyen 471 f.) Verùm Aceronia imprudens, dum se Agrippinam esse, et vt subueniretur matri Principis, clamitat, contis et remis, et quae sors obtulerat, naualibus telis (–) conficitur. (III Reyen 473, IV b 104, d 247 f.) Agrippina silens, eòque minus agnita, (–) vnum tamen vulnus humero excepit. (IV b 101 f. eher nach ann. 14,7,1) Nando, (III Reyen 499, IV a 51, b 81, 103, c 142, d 250) deinde occursu lembunculorum (anders: III Reyen 497–502, IV d 251; dazu S. 38 und 39) Lucrinum in lacum vectam, villae suae inferunt. (IV d 253 f., vgl. III Reyen 507–516)

Kapitel 6 schließt an:
1  Illic reputans, ideo se fallacibus litteris accitam, et honore praecipuo habitam, quódque litus iuxta non ventis acta, non saxis impulsa nauis, summâ sui parte, veluti terrestre machinamentum concidisset, obseruans etiam Aceroniae necem, simul suum vulnus aspiciens, (–) solum insidiarum remedium esse, si non intelligerentur: (vgl.
2  IV b 105–107) misit libertum Agerinum, qui nuntiaret filio, (221) benignitate deûm, et fortunâ eius euasisse grauem casum. (226 f.) orare, vt quamuis periculo matris exterritus, visendi curam differret. (227–229, vgl. 225) sibi ad praesens quiete opus. (vgl.
3  223, 230) Atque interim securitate simulatâ, (–) medicamina vulneri, et fomenta corpori adhibet. (vgl. 223 f.) Testamentum Aceroniae requiri, bonáque obsignari iubet. id tantum non per simulationem. (–)

*IV Reyen* (317–448)
–

*V a* (1–120)
Vgl. S. 42–45. Die Szene beruht auf *Tacitus* ann. 14,8,2–4. Dort heißt es (im Anschluß an den zu IV b zitierten Text):

2   Anicetus villam statione circumdat, (–) refractáque ianuâ, (105) obuios seruorum
    arripit, donec ad fores cubiculi veniret: (107) cui pauci adstabant, (–) ceteris terrore
3   irrumpentium exterritis. (vgl. 108) Cubiculo modicum lumen inerat, (vgl. 42) et
    ancillarum vna: magis ac magis anxiâ Agrippinâ (fast die ganze Szene) quòd nemo
    à filio, (–) ac ne Agerinus quidem. (90) aliam ferè litore faciem nunc, (–) solitudi-
4   nem (112) ac repentinos strepitus, (vgl. 105) et extremi mali indicia. (vgl. 91–95) Ab-
    eunte dehinc ancillâ, *Tu quoque me deseris*, prolocuta, (115) respicit Anicetum (. . .)

Die Fortsetzung des Textes siehe unter V b. Die Verse 96–104 beruhen auf *Tacitus* ann.
14,9,3. Dort heißt es (anschließend an den zu V f zitierten Text):
    Hunc sui finem multos ante annos crediderat Agrippina, (–) contemseratque. (vgl.
    99–104, dazu S. 44) Nam consulenti super Nerone, responderunt Chaldaei, fore vt
    imperaret matrémque occideret: atque illa, *Occidat*, inquit, *dum imperet*. (96–99)

Agrippinas Wahnbilder (42–63) erinnern an die Worte, die in der Schlußszene von Gabriel
*Gilberts* 1660 gedruckter Tragödie »Arie et Petus, ou les amours de Neron« (auf S. 84) der
Kaiser sagt:
    Mais ces Illustres morts, ces Espoux magnanimes,
    Dans mon esprit troublè rappellent tous mes crimes:
    Ils tirent de l'oubly tous les maux que i'ay faits,
    Et peignent à mes yeux mes enormes forfaits;
    Apres auoir commis vn acte si barbare,
    Ie sens que ma raison m'abandonne et s'égare:
    Ne voit autour de moy que des objets d'horreur:
    Sabine, pour troubler mon ame espouuantée,
    Vient plaindre dans ces lieux sa mort precipitée:
    Ie l'entends qui gemit dans l'ombre de la nuit,
    Et i'apperçoy de loing ma mere qui la suit.

Danach sieht Neron noch die Schatten von Britannicus, Octavie und Arie.


## V b (121–172)
Die Szene beruht auf *Tacitus* ann. 14,8,4 f. Dort heißt es (anschließend an den zu V a zitierten Text):
    respicit Anicetum trierarcho Herculeo et Oloarito centurione classiario comitatum.
    (121) Ac si ad visendum venisset, refotam nuntiaret: sin facinus patraturus, nihil se
5   de filio credere, non imperatum parricidium. (*122–125*) Circumsistunt lectum per-
    cussores, (vgl. 121: »ligt«, auch 128) et prior trierarchus fusti caput eius afflixit. (148;
    genauer: »Innhalt«, RT, S. 16) Nam in mortem centurioni ferrum distringenti, (151)
    protendens vterum, *Ventrem feri*, exclamauit: (154) multisque vulneribus confecta
    est. (viermal »Stoß«: 152–154, 159; genauer: »Innhalt«, RT, S. 16)

Zu den stichomythischen Versen 127–151 vgl. S. 108, zu der dabei verwendeten Sprechfolge
Kap. V, Anm. 14, zu dem von Anicetus gezogenen Fazit (160–168) S. 45. Agrippinas letzte
Worte hat Lohenstein, wie er in der Anmerkung zu Vers 122 selbst andeutet, nach *Xiphi-
linus* gestaltet. Dieser schreibt (zu *Dion* 61,13):
    Hos (= Anicetum cum nautis) ut vidit Agrippina, intellexit statim quamobrem venis-
    sent; ac repente de lecto exsiliens, discissa veste, (–) denudatoque ventre, ait: »Hunc
    tu percute, Anicete, percute, quoniam peperit Neronem.« (152–155)


## V c (173–279)
Im Anschluß an den zu V b zitierten Text schreibt *Tacitus* ann. 14,9,1:
    Haec consensu traduntur. (–) Aspexeritne matrem exanimem Nero, (174) et formam
    corporis eius laudauerit, (180 ff. mehr nach Sueton und Xiphilinus) sunt qui tradide-
    rint, sunt qui abnuant. (–) Cremata est nocte eâdem, (267) conuiuali lecto, (vgl. V f

518) et exsequiis vilibus. (268, vgl. V f 499) Neque dum Nero rerum potiebatur congestâ aut clausâ humo, (vgl. 271) mox domesticorum curâ, leuem tumulum accepit, viam Miseni propter, et villam Caesaris dictatoris, quae subiectos sinus editissima prospectat. (–; vgl. Lohensteins Anmerkung zu 267)

Den Rest des Kapitels 9 verwendet Lohenstein für die Szenen V f und V a, den größten Teil des Kapitels 10 für V e. Was *Tacitus* dann bis einschließlich Kapitel 12 berichtet, schaltet er imperativisch vorwegnehmend in V c zwischen Leichenschau und Begräbnisbefehl. Vgl. dazu auch S. 45. In Kapitel 10,3 schreibt Tacitus (anschließend an den zu V e zitierten Text) über Nero:

Neapolim concessit, (–) litterásque ad senatum misit, (202 f., vgl. 276–278) quarum summa erat, *Repertum cum ferro percussorem Agerinum, ex intimis Agrippinae libertis,* (226–228) *et luisse eam poenam eâ conscientiâ, quâ scelus parauisset.* (anders: 205–207, vgl. 277)

Kapitel 11 schließt an:

1  *Adiiciebat crimina longius repetita,* (vgl. 212), *quòd consortium imperij,* (215 f.) *iuraturasque in feminae verba praetorias cohortes, idemáque dedecus senatus et populi sperauißet: ac posteaquam frustra oblata sint,* (–) *infensa militibus patribúsque et plebi, dissuasisset donatiuum et congiarium,* (217 f.) *periculáque viris illustribus instruxisset. Quanto suo labore perpetratum, ne irrumperet curiam, ne gentibus exter-*
2  *nis responsa daret?* (–) Temporum quoque Claudianorum obliquâ insectatione, cuncta eius dominationis flagitia in matrem transtulit, (213) publicâ fortunâ exstinctam referens. (–) Namque et naufragium narrabat. (224) Quod fortuitum fuisse, quis adeò hebes inueniretur, vt crederet? aut à muliere naufragâ missum cum telo vnum,
3  qui cohortes, et classes Imperatoris perfringeret? Ergo non iam Nero, cuius immanitas omnium questus anteibat, (–) sed aduerso rumore Seneca erat, quòd oratione tali confessionem scripsisset. (vgl. 210 ff., 229, 276)

Kapitel 12 schließt an:

1  Miro tamen certamine procerum (vgl. 251 ff.: Anicetus und Burrhus) decernuntur supplicationes apud omnia puluinaria, (254) vtáque Quinquatrus, quibus apertae essent insidiae, ludis annuis celebrarentur. (258 f.) Aureum Mineruae simulacrum in curiâ, et iuxtà Principis imago statueretur. Dies natalis Agrippinae inter nefastos esset. (260 f.) Thrasea Paetus silentio vel breui assensu priores adulationes transmittere solitus, exitium senatui, ac sibi caussam periculi fecit, ceteris libertatis initium
2  non praebuit. Prodigia quoque crebra et irrita intercessere. Anguem enixa mulier, et alia in concubitu mariti fulmine exanimata. iam sol repentè obscuratus, et tactae de caelo quattuordecim vrbis regiones. quae adeò sine curâ deûm eueniebant, vt
3  multos post annos Nero imperium et scelera continuauerit. Ceterùm quo grauaret inuidiam matris, eáque demotâ, auctam lenitatem suam testificaretur; (–) feminas illustres Iuniam et Calpurniam, praefecturâ functos Valerium Capitonem et Licinium Gabolum sedibus patriis reddidit, ab Agrippinâ olim pulsos. (243 f.) Etiam
4  Lolliae Paullinae cineres reportari, sepulcrúmque exstrui permisit: (246–248) quósque ipse nuper relegauerat, Iturium et Caluisium poenâ exsoluit. (244 f.) Nam Silana fato functa erat, (anders: 248 f.) longinquo ab exsilio Tarentum regressa, labante iam Agrippinâ, cuius inimicitiis conciderat, vel tum mitigatâ. (–)

Die weiteren *Tacitus*-Kapitel berücksichtigt Lohenstein nicht.

Mit der makabren Leichenschau im ersten Teil der Szene schließt Lohenstein weniger an *Tacitus* an, der das Geschehen bezweifelt, als vielmehr an *Xiphilinus* und *Sueton,* auf die er sich in seiner Anmerkung zu Vers 180 auch bezieht. *Sueton* schreibt in Kapitel 34,4 seiner Nero-Biographie (Ausgabe von *Ihm*):

adduntur his atrociora nec incertis auctoribus: ad uisendum interfectae cadauer accurrisse, contrectasse membra, (–) alia uituperasse, alia laudasse, (vgl. 183–198) sitique interim oborta bibisse. (200 f.)

198

Bei *Xiphilinus* (zu *Dion* 61,14) heißt es:

> Nero, postquam accepit eam mortuam esse, non credidit: nimirum propter magnitudinem temerarii facinoris diffidentia ei suborta est. Itaque rei perpetratae ipsemet inspector esse cupivit, (–) et prorsus denudatam vidit: tum vulnera ejus contemplatus, (177) tandem magis nefariam vocem misit, quam ipsa caedes fuerat: (–) »Nesciebam,« inquit, »me tam pulchram matrem habere.« *(180–182)* Deinde pecuniam dedit praetorianis militibus, videlicet ut multa facinora ejusdem generis fieri optarent: (230–236) scripsitque ad senatum literas, in quibus cum caetera ejus enumerabat scelera, quorum erat conscius, (vgl. 212–224, im einzelnen nach Tacitus) tum ab ea ajebat sibi insidias esse factas, atque in eo deprehensam, (vgl. 225–228) mortem sibi conscivisse. (anders: 205–207)

Auf *Xiphilinus* beruhen also nicht nur Neros Worte angesichts der schönen Toten. Auch der Anschluß der Briefepisode (202–229) und darin die Aufzählung von Agrippinas Lastern in chronologischer Folge erscheinen von ihm angeregt, die Belohnung des Heeres (230–236) geht ausschließlich auf ihn zurück. Seine Angabe, Nero habe in dem Schreiben an den Senat Agrippinas Tod als Selbstmord ausgegeben – ähnliches berichtet *Tacitus* ann. 14,7,6 (unter IV c) –, weist *Lohenstein* durch den Mund des Ratgebers Paris wohl deshalb zurück (205–207), weil er den Erfolg dieser Version an das – von Nero nicht erreichte – Geständnis des Boten Agerinus geknüpft hat.


V *d* (279–378)
Vgl. S. 45. Über Neros Scheidung von Octavia, angeblich wegen deren Unfruchtbarkeit, berichtet *Sueton* kurz nach dem Muttermord in Kapitel 35 seiner Nero-Biographie, *Tacitus* erst gegen Ende des 14. »Annalen«-Buches in den Kapiteln 59–64.


V *e* (379–484)
Vgl. S. 45 f. Die Szene beruht wie V g und der Schluß-Reyen auf *Suetons* Nero-Biographie. In Kapitel 34,4 schreibt Sueton (anschließend an den zu V c zitierten Text):

> neque tamen conscientiam sceleris, quanquam et militum et senatus populique gratulationibus confirmaretur, aut statim aut umquam postea ferre potuit, (–) saepe confessus exagitari se materna specie (V e) uerberibusque Furiarum ac taedis ardentibus. (V Reyen) quin et facto per Magos sacro euocare Manes et exorare temptauit. (V g)

Mit dem Auftritt des Burrhus und seiner Hauptleute in Vers 460 ff. folgt Lohenstein *Tacitus* ann. 14,10. Dort heißt es (anschließend an den zu V a zitierten Schluß des Kapitels 9):

> 1 Sed à Caesare perfecto demùm scelere, magnitudo eius intellecta est: reliquo noctis, modò per silentium defixus, saepiùs pauore exsurgens, (–) et mentis inops lucem
> 2 opperiebatur, tamquam exitium allaturam. (469) Atque eum auctore Burrho prima centurionum tribunorúmque adulatio ad spem firmauit, prehensantium manu, gratantiúmque, quòd discrimen improuisum, et matris facinus euasisset. (bes. 479) Amici dehinc adire templa: et coepto exemplo, proxima Campaniae municipia victimis et legationibus laetitiam testari. Ipse diuersâ simulatione, maestus, et quasi in-
> 3 columitati suae infensus, ac morti parentis illacrymans; quia tamen non vt hominum vultus, ita locorum facies mutantur, obuersabatur maris illius et litorum grauis aspectus (–) (et erant qui crederent, sonitum tubae collibus circùm editis, planctusque tumulo matris audiri) (vgl. V e) Neapolim concessit, (. . .)

Die Fortsetzung des Textes siehe unter V c.


V *f* (485–584)
Vgl. S. 46, zur stychomythischen Form S. 108. Die Szene beruht auf *Tacitus* ann. 14,9,2. Dort heißt es (zwischen den zu V c und V a zitierten Teilen des Kapitels 9):

Accenso rogo (schon abgebrannt: 485) libertus eius, cognomento Mnester, ipse ferro se transegit: (575) incertum caritate in patronam, an metu exitij. (aus ersterem Grund: 563–567; vgl. aber auch 568 und 573)

V g (585–784)
Vgl. S. 46 f. Die Szene fußt auf der zu V e zitierten *Sueton*-Notiz.

V Reyen (785–856)
Vgl. S. 47. Die Szene beruht auf der zu V e zitierten *Sueton*-Notiz, der Auftritt der Geister des Orestes und des Alcmaeon auf der *Xiphilinus*-Stelle, die Lohenstein zu IV 177 heranzieht. Mit der Gewissensqual des Tyrannen Nero enden auch zwei französische Tragödien der Zeit, *Gilberts* »Arie et Petus« von 1660 (vgl. unter V a) und »La Mort de Seneque« von François *Tristan L'Hermite* aus dem Jahre 1645. Allerdings kommen dort die Gewissensbisse durch die Worte des Tyrannen selbst zum Ausdruck.


## 2. »EPICHARIS«

I a (1–362)
Zu der von *Tristan L'Hermite* angeregten Trümmerkulisse vgl. S. 58 f. Zu der Auseinandersetzung mit der an *Gryphius* erinnernden Vanitas-Resignation in den Versen 1–30 vgl. S. 102. Zu der nach *Desmarets* gestalteten Lebensgeschichte der Epicharis (Verse 103–338) vgl. S. 65–70. Der letzte Abschnitt ihrer Geschichte, in dem sie die Begegnung mit Proculus auf dessen Schiff erzählt, folgt weit ausführlicher als die früheren der Vorlage. Im vorletzten der 16 Romanbücher erzählt Epicharis ihren Freunden, was sie seit der Trennung von ihnen, also seit ihrer Abreise von Nicopolis, erlebt hat. In dieser »Histoire d'Epicharis« (Teil 2, Buch 7, S. 350 ff. der Erstausgabe von 1632) heißt es (auf den hier am Rand vermerkten Seiten):

351   Apres que i'eus esté sauuée des prisons de Trebace, par l'entreprise hardie de Palamede, ie l'attendis quelque temps au lieu où il m'auoit dit qu'il se trouueroit apres qu'il seroit sorty comme moy: mais voyant qu'il ne venoit point, (291 f.) ie creus qu'il se seroit esgaré à cause de l'obscurité de la nuict, et (...) i'allay au logis où i'auois demeuré auec vous, mais ie ne vous y trouuay point, et ne peûs auoir de vos nouuelles. De là ie me rendis sur le port ne sçachant que deuenir (293 f.) (...) De

352   fortune ie trouuay vn petit vaisseau qui alloit partir, dans lequel ie me mis sans m'enquerir quelle route il prenoit, (294–296) ne songeant alors qu'à fuïr nos ennemis. Ie ne sçaurois vous dire pour quel sujet ce vaisseau estoit venu en Epire, pource que ie parlois fort peu à ceux qui estoient dedans de peur de me descouurir: mais ils s'allerent rendre dans la flotte des galeres de l'Empereur qui est ordinairement au promontoire de Misene en Italie. (–) Il y auoit pres de deux iours que ie n'auois dormy, de sorte que lors que nous fusmes arriuez, ie fus contrainte de demeurer dans le vaisseau, pource que le sommeil m'assaillit auec trop de violence, et ie me couchay en vn lieu reculé. (298 f.)

Ie n'auois point quitté mes habits d'homme depuis que i'auois esté prise, et quelque indiscret me trouuant, lors que ie dormois fort profondemët (!), s'amusa à me considerer, et voyant quelque enflure en mon habit alendroit du sein, me despoüilla la gorge sans que ie le sentisse. Apres auoir recognu ce que i'estois, (299–302) il alla

353   aduertir ses compagnons qui se trouuerent aussi insolens que luy (...) (–) l'arriuay deuant leur Capitaine qui se nommoit Proculus, (302 f.) et i'auois plus de despit de ce qu'insolemment ils me descouuroient le sein pour luy faire voir ce que i'estois, que de crainte d'estre punie. Ie fus si heureuse que Proculus fut esmeu de pitié, et deffendit à ces hommes de me maltraitter: puis feignant qu'il me vouloit interroger à part, il leur commanda de s'en aller. Ils sortirent de sa galere, et alors il me mena dans vne chambre, (–) et me demanda pour quel sujet i'allois en cét habit. (303)

Ie ne sçay ce qui luy auoit pleu en moy, et il me faisoit parestre vne bienueillance

qui naissoit trop promptement pour estre fondée sur vn bon dessein: (–) mais pour luy oster l'esperance qu'il sembloit conceuoir d'obtenir de moy quelque chose contre mon honneur, (304 f.) ie me resolus de luy tesmoigner beaucoup de courage, et ie luy parlay ainsi. Ie sçay bien que ce desguisement est estimé vn crime, pource qu'il y
354 en a eu de mon sexe qui ont caché leur infamie sous cét habit, et s'en sont seruies pour continuer auec plus de liberté des actions indignes d'elles: mais il doit estre estimé loüable lors que l'on s'en sert pour vn effect tout contraire, (–) comme moy qui ait esté contrainte de le prendre pour conseruer mon honneur, et pour eschapper des mains de ceux qui me le vouloient rauir; (306 f.) et si ce moyen m'eut manqué, i'estois resoluë de perdre plustost la vie. Ce discours l'empescha de me faire parestre alors aucun desir deshonneste, et il me pria seulement de luy dire qui estoient ceux qui m'auoient voulu faire du desplaisir. (...) ie luy dis, qu'estant à Nicopolis i'estois tombée par malheur entre les mains de Trebace, Tribun des gardes de l'Empereur, qui cherchoit de la part de Neron à faire mourir quelques personnes auec qui i'estois: (–) que Trebace apres m'auoir long-temps tenuë aux fers m'auoit
355 menacée de mort, si ie ne luy declarois où estoient ceux qu'il cherchoit: mais qu'en fin voyant vne grande resolution en moy, il auoit conuerty sa rage en vne affection deshonneste, (308–312) que ie redoutay encore dauantage que le dessein qu'il auoit auparauant de me faire mourir; (–) et qu'ayant trouué moyen de sortir de ses mains par ce desguisement, ie n'auois pas esté depuis en lieu où ie peusse m'accommoder d'autres habits. (313–315) Proculus qui vouloit m'obliger, et qui n'estoit pas satisfaict de Neron, (–) me dit. O Dieux! iusques à quand ce Tyran trouuera-t'il des bourreaux pour faire tous ses massacres? voyez comme il est contraint de se seruir de meschans hommes pour exterminer tout le monde. Les charges sont à present les recompenses des crimes; (316–318) et l'on est esleué en honneur que selon la grandeur des meschancetez que l'on a commises, ou de celles que l'on est capable de commettre. Ces iours passez nous auions pour General de ces galeres vn Anicetus,
356 qui n'auoit eu ceste charge que pour auoir tué la mere de Neron. (319 f.) (...) Il y a long-temps que ie sers en la charge que i'ay icy sur quelques vaisseaux, sans auoir peu obtenir aucune grace pour mes seruices, sinon que l'on souffre que ie serue encore. (321) Consolez vous, belle fille, continua-t'il, vous n'estes pas seule à ressentir les cruautez de ceste tyrannie; et asseurez vous que si vous auez souffert quelque tourment, il y a vn nombre infiny de personnes qui gemissent, et qui n'attendent qu'vn homme qui ait le courage assez grand pour se faire leur chef, et deliurer le monde de tant de miseres. (322–324)

I'estois bien contente, poursuiuit Epicharis, de l'entendre parler de la sorte: car ie n'auois pas moins de ressentiment que luy contre Neron, (325 f.) à cause de la rage qu'il tesmoignoit contre Melinte et Palamede; et songeois en moy-mesme qu'ils ne seroient iamais en seureté tandis qu'vn si meschant Empereur viuroit: ie voulus l'animer encore dauantage, pour faire qu'il entreprit quelque chose, et qu'il nous deliurast d'vn si puissant ennemy. (–) Ie luy dis, que s'il n'estoit besoin que d'vne per-
357 sonne pour esueiller les autres, ie m'offrois d'aller dans Rome pour faire vne puissante coniuration contre Neron, et que ie sacrifierois volontiers ma vie pour le salut de tout le monde. (326–329) Courage, me dit-il, genereuse fille, commencez vn si beau dessein; (–) et soyez asseurée que ie vous seconderay bien. Si l'Empereur vient bien-tost icy, comme il prend souuent plaisir à se promener sur la mer, ie ne veux point employer d'autre homme que moy pour en deliurer la terre: (332 f.) si vous voulez aller à Rome, taschez à l'attirer icy par le moyen de quelques vns que vous prattiquerez, et vous cognoistrez que ie sçay bien executer ce que i'entreprens. Nous eusmes encore quelques propos ensemble de ceste sorte, par lesquels nous nous encourageasmes à ceste entreprise. Ie pris resolution de m'en aller dés le lendemain à Rome, pour attirer dans nostre coniuration les plus puissans; (–) ne doutant point qu'il n'y eut beaucoup d'hommes pleins de courage, qui ne demandoient que la mort de Neron, mais qui n'osoient fier à personne vn si hardy dessein, et qui ne

manqueroient pas de ioindre ensemble leurs forces, s'ils se pouuoient iamais communiquer leurs ressentimens. (vgl. 330 f.)

In Rom, erzählt Epicharis weiter, habe sie im Hause des befreundeten Maxime Wohnung gefunden und ihm von ihrer Unterredung mit Proculus erzählt. Maxime habe gesagt (S. 361),

> qu'il cognoissoit Proculus, et que c'estoit vn homme en qui il ne se falloit pas fier, pource qu'il estoit grand parleur, et d'vn esprit turbulent et volage. *(341 f.)*

> Le iour d'apres il me fit parler à deux ou trois Senateurs, et à quelques Cheualiers Romains, qui me receurent comme si i'eusse esté envoyée du ciel, *(340)* pour assembler ce qui restoit d'hommes de vertu et de courage, et par vn genereux effort se deliurer de la tyrannie. Ie fus bien aise de voir vn si heureux commencement: (–) mais ie rencontray dans la ville Proculus (. . .)

Die Fortsetzung des *Desmarets*-Textes folgt zu II a.

Den Bericht des *Tacitus* ann. 15,51,1–3, der der Schiffsszene des Romans zugrunde liegt, zieht Lohenstein nur beiläufig – am eindeutigsten zu Vers 334 – heran:

> 1 Interim contantibus prolatantibúsque spem ac metum, (vgl. 51–60) Epicharis quaedam, incertum quónam modo sciscitata (neque illi ante vlla rerum honestarum cura fuerat) (–) accendere, et arguere coniuratos: ac postremò lentitudinis eorum pertaesa, (I a 34–50, 75, 89, 358–360, d 604–606, II e 441–447, 463, IV a, bes. 117 f.) et in Campaniâ agens primores classiariorum Misenensium labefacere, et conscientiâ
> 2 illigare connixa est tali initio. Erat Chiliarchus in eâ classe Volusius Proculus, occidendae matris Neronis inter ministros non ex magnitudine sceleris prouectus, vt rebatur. Is mulieri olim cognitus, seu recens ortâ amicitiâ, dum merita erga Neronem sua et quàm in irritum cecidissent, aperit, adiicitque questus et destinationem vindictae, si facultas oriretur, spem dedit posse impelli et plures conciliare. (anders nach Desmarets, bes. in Vers 321) nec leue auxilium in classe; (98, 334) crebras occasiones, quia Nero multo apud Puteolos et Misenum maris vsu laetabatur. (333, ähnlich Desmarets) Ergo Epicharis plura, (anders nach Desmarets) et omnia scelera Principis
> 3 orditur. Neque senatui, quid manere, sed prouisum quo nam modo poenas versae Reipublicae daret: accingeretur modò, nauaret operam, et militum acerrimos duceret in partes, ac digna pretia exspectaret. (–) Nomina tamen coniuratorum reticuit. (vgl. II a)

Die Fortsetzung des *Tacitus*-Textes folgt zu II d.


I b (363–500)

Zum historischen Kern der Szene vgl. S. 91, zur Charakteristik Pisos S. 89 und 127, zu dem Streitgespräch um die beste Staatsform S. 103, zu dessen stichomythischer Form S. 111. – Tacitus ann. 15,65 (anschließend an den zu V b 415–438 zitierten Text):

> Fama fuit, (–) Subrium Flauium cum centurionibus occulto concilio, (I b) neque tamen ignorante Senecâ, (vgl. I c 599) destinauisse, vt post occisum ope Pisonis Neronem, Piso quoque interficeretur, (492–494) traderetúrque imperium Senecae, (496 f.) quasi insonti, claritudine virtutum ad summum fastigium dilecto. (494 f.) Quin et verba Flauij vulgabantur, *Non referre dedecori, si citharoedus dimoueretur, et Tragoedus succederet. (447–449)* quia vt Nero citharâ; ita Piso Tragico ornatu canebat. (–)

Ann. 15,48 (anschließend an das zum I. Reyen Zitierte):

> 1 Ineunt deinde consulatum Silius Nerua, et Atticus Vestinus, (–) coeptâ simul et auctâ coniuratione, (vgl. I a 62, 69–71, 361; entsprechend Tristan L'Hermite, MdS II b 427) in quam certatim nomina dederant, senatores, eques, miles, feminae etiam,
> 2 cùm odio Neronis, tum fauore in C. Pisonem. (–) Is Calpurnio genere ortus, ac multas insignésque familias paternâ nobilitate complexus, (375) claro apud vulgum ru-

3 more erat, (385) per virtutem (375) aut species virtutibus similes. (381–383) Namque facundiam tuendis ciuibus exercebat, largitionem aduersus amicos; et ignotis quoque comi sermone et congressu. Aderant etiam fortuita, corpus procerum, decora facies. (376–380) Sed procul grauitas morum, aut voluptatum parcimonia. (383 f.) Lenitati ac magnificentiae, et aliquando luxui indulgebat. (–) Idque pluribus probabatur, qui in tantâ vitiorum dulcedine summum imperium non restrictum, nec perseuerum volunt. (385 f., 389 f.)

Die Charakteristik Pisos wird III e 418–422 wiederaufgegriffen.

Das anschließende Kapitel 49 siehe unter I d.

I c (501–602)

Über die Beziehung zu der Seneque-Lucain-Szene bei *Tristan L'Hermite* vgl. S. 57 und 92, über das dahinter stehende *Desmarets*-Modell S. 63 f. Auch bei Lohenstein (vgl. I 357, 603 f.) wird das Gespräch belauscht. Lohenstein rückt das ahistorische Muster historisch zurecht, indem er Lucain durch Natalis ersetzt. Er inszeniert frühzeitig, was *Tacitus* erst nachträglich in Form des von Natalis abgegebenen Geständnisses berichtet. Die auf Tacitus beruhenden Verse 580–583 nimmt er in der Geständnisszene III e fast wörtlich wieder auf. Tacitus ann. 15,60 (anschließend an den zu IV d zitierten Text):

2 Sequitur caedes Annaei Senecae (vgl. V b) laetissima Principi, non quia coniurationis manifestum compererat, sed vt ferro grassaretur, quando venenum non processerat.

3 (–) Solus quippe Natalis, et hactenus promsit: (III e 489–502) missum se ad aegrotum Senecam, vt viseret (III e 489 f., inszeniert I b 353–355 und I c; aber Seneca ist nirgends krank) conquereretúrque, cur Pisonem aditu arceret? *(I c 580, III e 491)* melius fore si amicitiam familiari congressu exercuissent. (–) Et respondisse Senecam, sermones mutuos et crebra colloquia neutri conducere: *(I 581, III 501)* ceterùm salutem suam incolumitate Pisonis inniti. *(I 583, III 498 f.)*

Zur Fortsetzung des Textes vgl. IV c.

Zu dem Streit um die Rechtmäßigkeit des Tyrannenmordes vgl. S. 148, zu der stichomythischen Form S. 110.

I d (603–768)

Dieser Szene entspricht bei *Tristan L'Hermite* die zweite Hälfte von II b ab Vers 423. Vgl. dazu S. 59. Die primäre Quelle, auf die Lohenstein sich in den Anmerkungen zu den Versen 645 und 711 beruft, ist *Tacitus* ann. 15,52 f. In Kapitel 52 heißt es (anschließend an den zu II d zitierten Text):

1 Coniuratis tamen metu proditionis (III b 92 f.) placitum maturare caedem apud Baias, in villâ Pisonis: cuius amoenitate captus Caesar crebrò ventitabat, balneásque et epulas inibat omissis excubiis, et fortunae suae mole. (I d 644–649) Sed abnuit Piso, inuidiam praetendens, si sacra mensae diíque hospitales caede qualiscumque Principis cruentarentur. (654–657) Melius apud vrbem in illâ inuisâ et spoliis ciuium exstructâ domo, vel in publico patraturos, quod pro Republica suscepis-

2 sent. (664–667) Haec in commune: ceterùm timore occulto, ne L. Silanus eximiâ nobilitate, disciplináque C. Cassij apud quem educatus erat, ad omnem claritudinem sublatus, imperium inuaderet, promptè daturis operam qui à coniuratione integri

3 essent, quique miserarentur Neronem tanquam per scelus interfectum. Plerique Vestini quoque consulis acre ingenium vitauisse Pisonem crediderunt, ne à libertate moueretur, vel dilecto Imperatore alio, sui muneris Rempublicam faceret. Etenim expers coniurationis erat, quamuis super eo crimine Nero vetus aduersus insontem odium expleuerit. (–)

Kapitel 53 schließt an:

1 Tandem statuêre Circensium ludorum die, qui Cereri celebratur, exsequi destinata: (711) quia Caesar rarus egressu, domo aut hortis clausus, (709) ad ludicra Circi

2 ventitabat; promtiorésque aditus erant laetitiâ spectaculi. (712 f.) Ordinem insidiis
  composuerant, vt Lateranus quasi subsidium rei familiari oraret deprecabundus et
  genibus Principis accidens, prosterneret incautum premerétque, *(713–718)* animi
  validus, et corpore ingens. Tum iacentem et impeditum, tribuni et centuriones,
  et ceterorum vt quisque audentiae habuisset, (–) accurrerent, trucidaréntque: (718 f.)
  primas sibi partes expostulante Sceuino, qui pugionem templo Salutis in Etruriâ,
  *(720, 724–726)* siue, vt alij tradidere, Fortunae Ferentano in opido (–) detraxerat,
  *(725:* »abgelehnt« bedeutet also »weggenommen«) gestabátque velut magni operis
3 sacrum. (vgl. 726–729) Interim Piso apud aedem Cereris opperiretur, vnde eum praefectus Fenius et ceteri accitum ferrent in castra, (–) comitante Antoniâ Claudij Caesaris filiâ, (IV d 571 mit Pisos Frau verwechselt, die nach ann. 15,59,5 Arria Galla
  heißt, bei Tristan L'Hermite MdS IV b 1235 Arie) ad eliciendum vulgi fauorem.
4 quod C. Plinius memorat. Nobis quoquo modo traditum non occultare in animo
  fuit, quamuis absurdum videretur et inane, aut ipsi Antoniam nomen et periculum
  commodauisse, aut Pisonem notum amore vxoris, alij matrimonio se obstrinxisse:
  nisi si cupido dominandi cunctis affectibus flagrantior est. (–)

Zu dem anschließenden Kapitel 54 vgl. II b.

Die Vielzahl der Verschwörer, die nur in I d allesamt auftreten, beruht auf *Tacitus* ann.
15,49 f. Vgl. hierzu S. 94 f., zu den nicht berücksichtigten Angaben des Tacitus S. 98 f.
Zu dem stichomythischen Fluchchor am Schluß der Szene vgl. S. 111. In Kapitel 49 schreibt
Tacitus (anschließend an den zu I b zitierten Text):
1 Initium coniurationi non à cupiditate ipsius (= Pisonis) fuit. nec tamen facilè me-
  morauerim, quis primus auctor, cuius instinctu concitum sit, quod tam multi sum-
2 serunt. Promptissimos Subrium Flauium tribunum praetoriae cohortis, et Sulpicium
3 Asprum centurionem exstitisse constantia exitus docuit. Et Lucanus Annaeus, Plau-
  tiúsque Lateranus consul designatus, viuida odia intulere. Lucanum propriaè caus-
  sae accendebant, quòd famam carminum eius premebat Nero, prohibuerátque ostent-
  tare, vanus assimilatione. Lateranum consulem designatum, nulla iniuria, sed amor
4 Reipublicae sociauit. At Flauius Scevinus et Afranius Quinctianus, vterque senatorij
  ordinis, contra famam sui, principium tanti facinoris capessiuere. Nam Sceuino dissoluta luxu mens, et proinde vita somno languida. Quinctianus molli corpore in-
  famis, et à Nerone probroso carmine diffamatus, contumelias vltum ibat.

Die Namen und die größere Wichtigkeit der sechs nächst Piso genannten Verschwörer berücksichtigt Lohenstein (vgl. S. 95), die Angaben zu ihrem Stand sowie zu Motiv und
Charakter nur teilweise. Lucans Motiv bringt er I d 674 f., Scevins Stand nennt er III 127,
278, V 689, 700. Die Angabe von Laterans Stand IV d 629 beruht auf ann. 15,60,1. Zu Scevins Charakter (dissoluta luxu mens) vgl. V 690. Die historisch korrekte Schreibweise »Sulpicius« statt »Sulpitius« (bei *Cassius Dion* heißt er Συλπικιος) hat Lohenstein im Erstdruck
von 1665. Einen entsprechenden Hinweis bietet K. G. *Just* in seiner Ausgabe der »Römischen
Trauerspiele« Lohensteins auf S. 160 im Apparat. An den zitierten Text schließt Kapitel 50
an:
1 Ergo dum scelera Principis, et finem adesse imperij, diligendúmque qui fessis rebus
  succurreret inter se aut inter amicos iaciunt, aggregauere Tullium Senecionem,
  Ceruarium Proculum, Vulcatium Araricum, Iulium Tugurinum, Munatium Gratum,
2 Antonium Natalem, Martium Festum, equites Romanos: ex quibus Senecio è prae-
  cipuâ familiaritate Neronis speciem amicitiae etiam tum retinens, eò pluribus periculis conflictabatur. Natalis particeps ad omne secretum Pisoni erat. Ceteris spes
3 ex nouis rebus petebatur. Ascitae sunt super Subrium et Sulpicium, de quibus rettuli, militares manus, Granius Siluanus et Statius Proximus, tribuni cohortium praetoriarum, Maximus Scaurus et Venetus Paullus centuriones. Sed summum robur in
  Fenio Rufo praefecto videbatur: quem vitâ famáque laudatum, per saeuitiam impu-
  dicitiámque Tigellinus in animo Principis anteibat, fatigabátque criminationibus, ac

saepe in metum adduxerat, quasi adulterum Agrippinae et desiderio eius vltioni intentum.

Hier gilt ähnliches wie zu Kapitel 49. Nur die Namen berücksichtigt Lohenstein (vgl. S. 95), Motiv und Stand nur bei Fenius Rufus (I a 72–74). An die »scelera Principis« erinnern die Verse I d 607–614. *Tacitus* fährt fort:

> 4 Igitur vbi coniuratis praefectum quoque praetorij in partes descendisse, crebro ipsius sermone facta fides; (vgl. I a 72–74) promtiùs iam de tempore ac loco caedis agitabant. (vgl. I d 620, dazu auch Tristan L'Hermite, MdS II b 459) Et cepisse impetum Subrius Flauius ferebatur, in scenâ canentem Neronem aggrediendi, (I d 668– 670) aut cùm ardente domo per noctem huc illuc cursaret incustoditus. Hîc occasio solitudinis, ibi ipsa frequentia tanti decoris testis, pulcherrimum animum exstimulauerant: (–) nisi impunitatis cupido retinuisset, magnis semper conatibus aduersa. (anders: 679–694)

Zu dem anschließenden Kapitel 51 vgl. I a.


## I Reyen (769–804)

Neben dem Schiffbruchs-Reyen am Ende der dritten »Agrippina«-Abhandlung ist dies der einzige Lohenstein-Reyen, der auf einer historischen Quelle fußt. *Tacitus* ann. 15,47:

> 1 Fine anni (–) vulgantur prodigia imminentium malorum nuntia. (I Reyen) Vis fulgurum non aliàs crebrior, et sidus cometes, (770–774) sanguine illustri semper Neroni expiatum. (776–780) Bicipites hominum aliorúmve animalium partus abiecti in publicum, aut in sacrificiis quibus grauidas hostias immolare mos est, reperti. (783–
> 2 786) Et in agro Placentino viam propter natus vitulus, cui caput in crure esset. (793 –798) Secutáque haruspicum interpretatio: parari rerum humanarum aliud caput, sed non fore validum, neque occultum: (799–804) quia in vtero repressum, aut iter iuxta editum sit. (–)

Nur die vierte Reyen-Strophe, die die eigentliche Prophezeiung enthält, ist ohne Vorlage. Den »ager Placentinus«, die Gegend um das am Po gelegene heutige Piacenza, umschreibt Lohenstein durch eine Reminiszenz an den Sieg, den Hannibal in dieser Gegend an dem Fluß Trebia über die Römer errang. Das bei Tacitus anschließende Kapitel 48 siehe unter I b.


## II a (1–132)

Nach *Tacitus* ann. 15,51,3 hat Epicharis dem Proculus in Misenum die Namen ihrer Mitverschwörer verschwiegen. (Nomina tamen coniuratorum reticuit.) Den zusammenhängenden Text siehe unter I a. Da *Desmarets* und Lohenstein Epicharis erst nach ihrem Gespräch mit Proculus mit den Verschwörern zusammenkommen lassen, ergibt sich die Notwendigkeit einer zweiten Begegnung mit Proculus, damit sie die ihr erst jetzt bekannten Namen verschweigen kann. *Desmarets* läßt Epicharis im Anschluß an das zu I a Zitierte weitererzählen (auf S. 361):

> Ie fus bien aise de voir vn si heureux commencement: (vgl. I a) mais ie rencontray dans la ville Proculus qui m'auoit suiuie, et qui me cherchoit de tous costez, ne pouuant plus viure sans moy, à ce qu'il disoit. Apres auoir témoigné vne grande ioye de me reuoir, (vgl. II a 1–89) il me demanda si i'auois trauaillé à ce que nous auions
> 362 concerté ensemble: (92 f.) Ie fus bien empeschée comment ie me deuois conduire auec cét homme, ne voulant ny le mescontenter, ny luy donner part aussi en mon secret, pour suiure l'aduis de Maxime. (–) Ie me resolus en fin de luy dire que i'auois quitté le dessein que nous auions pris ensemble, et que les difficultez m'auoient fait peur. (102–108) Il voulut me rasseurer pour me faire poursuiure ceste entreprise; (109–127) mais ie luy dis que ie n'y voulois plus penser. (127) Apres quelques autres discours il m'obligea de luy dire où ie logeois; et depuis il vint assez souuent chez Maxime pour me voir: mais ie luy fis tousiours dire que ie n'y estois pas, pour éuiter de m'engager encore auec luy. (–)

205

Während *Lohenstein* den politischen Überredungsversuch des Proculus im letzten Szenen-drittel nach Desmarets gestaltet, hat er die Argumente der vorausgehenden, doppelt so langen Liebeswerbung im wesentlichen erfunden. Bei *Desmarets* hat sich Proculus schon auf dem Schiff (auf S. 358 f.) nach Abschluß des politischen Teils ihres ersten Gesprächs um die Liebe der Epicharis bemüht, ist von ihr aber auf die Zeit nach dem geplanten Attentat auf Nero vertröstet worden. Daran erinnern die Verse 90 f., durch die *Lohenstein* den eroti-schen und den politischen Verführungsversuch etwas mühsam verbindet. –

II a ist die einzige erotische Szene eines sonst eher spröden Dramas. Gegenüber dem sprachlichen und durch die beiderseitige Verstellung auch intellektuellen Glanz der Lie-beswerbung fällt der an Desmarets orientierte politische Schluß ziemlich ab. Der »Schein gefärbter Worte«, wie Epicharis die schon parodistisch anmutende Lobhudelei des sich rhetorisch überschlagenden Proculus in Vers 7 nennt, läßt erkennen, was der als schwülstig verschrieene Lohenstein selbst unter übertriebener, sprich unwahrhaftiger Rhetorik ver-steht.

## II b (133–204)

Vgl. S. 135 f. *Tacitus* ann. 15,54 (anschließend an den zu I d zitierten Text):

1  Sed mirum quàm inter diuersi generis, ordinis, aetatis, sexus, dites, pauperes, taci-turnitate omnia cohibita sint: (–) donec proditio coepit è domo Sceuini. (II b+c) Qui pridie insidiarum, (161, entsprechend II 574, III 100; dem widerspricht ange-sichts der 24-Stunden-Einheit I 710) multo sermone cum Antonio Natale, (erst III e 401 f. nach ann. 15,55,4 und 56,1) dein regressus domum, (–) testamentum obsigna-uit: (155 f., 176 f.) promtum vaginâ pugionem, de quo suprà rettuli, (191) vetustate obtusum increpans, (192, 194 f.) asperari saxo, et mucronem ardescere iussit. Eám-
2  que curam liberto Milicho mandauit. (193 f., vgl. 195) Simul affluentius solito con-uiuium initum. (nur angeordnet: 183) seruorum carissimi libertate, (181) et alij pecu-niâ donati. (189 f.) Atque ipse maestus, et magnae cogitationis manifestus erat, (ge-staltet: 133–154, 158–175; berichtet: II c 205–207, III e 325, 361, 402) quamuis laeti-
3  tiam vagis sermonibus simularet. (II c 225–227, III e 362) Postremò vulneribus liga-menta, quibúsque sistitur sanguis parare eundem Milichum monet: (197, 199, 201) (. . .)

Zur Fortsetzung des Textes vgl. II c. –

Zeitangaben finden sich bei Lohenstein nur selten. Wenn sie einander dann noch wider-sprechen, wie zu »pridie insidiarum« angedeutet ist, läßt dies aufhorchen. Bei der Festset-zung des Termins, zu dem die Handlung zu denken ist, dürfte Lohenstein die Notiz des *Lipsius* eingesehen haben, auf dessen Anmerkungen er sich sonst häufiger bezieht: »Qui dies pridie Idus Apriles, ita notatus Kalendario veteri: LVDI. CERERI. et biduo antè, LVDI. IN. CIRCO. (. . .)« Nach dieser Notiz zu ann. 15,53,1 (vgl. I d) war das Ceresfest am 12. April, die Zirkusspiele zwei Tage früher. Nun heißt es am Ende von Lohensteins Perso-nenregister: (RT, S. 159): »Das Trauerspiel beginnet den siebenden April des Morgens/ wehret den Tag und die Nacht durch bis wieder an den Morgen.« Offensichtlich denkt sich Lohenstein hier das Attentat für den 10. April geplant, also drei Tage nach den Ereignissen des Stückanfangs. Dazu stimmt Laterans Hinweis I d 710, daß »der dritte Tag« dafür gün-stig sei. Der Widerspruch zwischen dieser Zeitvorstellung und den Angaben der zweiten und dritten Abhandlung, denen zufolge das Attentat bereits »morgen« vorgesehen ist, deu-tet vielleicht auf zwei Phasen der Bearbeitung. Die erste Abhandlung nimmt ja auch sonst eine gewisse Sonderstellung ein. Im Erstdruck von 1665 fehlt sie, wie *Just* anmerkt (RT, S. 160). Der Handlungszusammenhang ist auch ohne sie gewahrt, wichtiger als die histo-rische erscheint die thematische Staffelung ihrer Szenen. Man denke auch an die auf S. 96 besprochene Zurückhaltung der Personennamen. Ob Lohenstein die erste Abhandlung län-gere Zeit vor den anderen oder erst nachträglich dichtete, läßt sich allerdings wohl nicht nachweisen.

*II c* (205–310)
Vgl. S. 80 f. *Tacitus* ann. 15,54 (anschließend an den zu II b zitierten Text):
  3  Postremò vulneribus ligamenta, quibúsque sistitur sanguis parare eundem Milichum
     monet: (vgl. II b) siue gnarum coniurationis, et hucusque (!) fidum, (–) seu nescium,
     et tunc primùm arreptis suspicionibus, vt plerique tradidere, de consequentibus.
  4  (205–257) Nam cùm secum seruilis animus (vgl. 286) praemia perfidiae reputauit,
     simúlque immensa pecunia et potentia obuersabantur, (vgl. 279, 298 f.) cessit fas, et
     salus patroni, et acceptae libertatis memoria. (276–303) Etenim vxoris quoque con-
     silium assumserat, muliebre ac deterius, (II c, ab 257) quippe vltrò metum intentabat,
     multósque astitisse libertos ac seruos, qui eadem viderint: nihil profuturum vnius
     silentium. at praemia penes vnum fore, qui indicio praeuenisset. (anders: 300–302)

Kapitel 55 schließt an:
     Igitur coeptâ luce (vgl. III a) Milichus in hortos Seruilianos pergit: (310) (. . .)

Zur Fortsetzung des Textes vgl. III a.

*II d* (311–420)
*Tacitus* ann. 15,51 (zwischen den zu I a und den zu I d zitierten Texten):
  4  Nomina tamen coniuratorum reticuit. (II a, vgl. auch II d) Vnde Proculi indicium
     irritum fuit, quamuis ea quae audierat ad Neronem detulisset. Accita quippe Epicha-
     ris, et cum indice composita, nullis testibus innixum facilè confutauit. (II d, bes.
     352 f., vgl. III b 70–75) Sed ipsa in custodiâ retenta est, (418; III b 39, 77) suspectante
     Nerone, haut falsa esse etiam quae vera non probabantur. (III b 80–82)

*Desmarets* gibt die Verhörszene kaum ausführlicher wieder als Tacitus. Er läßt (auf
S. 370 f.) Epicharis erzählen:
     vn soir ie fus estonnée que plusieurs soldats y entrerent, et me prirent pour me con-
     duire deuant Neron. Ie crus aussi tost que la coniuration estoit descouuerte, et me
     resolus à la mort: mais lors que i'y fus arriuée, ie trouuay que ce n'estoit autre chose,
     sinon que Proculus ayant eu dépit de ce que ie ne le voulois plus voir, auoit changé
     son affection en haine, et estoit venu declarer à l'Empereur que ie luy auois dit qu'il
     y auoit vne puissante coniuration contre sa vie. On me le presenta, et apres que
     i'eus oüy ce qu'il auoit denoncé, ie niay que ie luy eusse iamais communiqué aucune
     coniuration; ne voulant pas mesme luy dire qu'il m'en auoit parlé le premier, de
     peur que l'on ne me demandast pourquoy ie n'en aurois pas plustost donné aduis, et
     que cela ne fit soupçonner que i'auois eu depuis intelligence auec quelques vns. Ru-
     fus estoit present à costé de Neron, et auoit bien peur pour luy et pour moy, croy-
     ant que par foiblesse ie descouurirois tout le secret: mais ie demanday à Proculus
     surquoy il s'estois imaginé que ie luy auois parlé d'vne coniuration, et qu'il me
     nommast seulement vn homme que ie luy eusse dit qui eut part à ce dessein. Il ne
     peût alors en nommer vn seul, et on commença à se mocquer de luy de ce qu'il ne
     pouuoit mieux appuyer sa denonciation. Rufus fut bien satisfaict de ma constance;
     et cela augmenta l'affection qu'il auoit pour moy: mais bien que ie n'eusse pas esté
     conuaincue, l'on fut d'auis de me retenir prisonniere; pource que l'on considera que
     ce qui n'estoit pas bien aueré pourroit bien n'estre pas faux.

Neu ist die Beteiligung des Rufus, durch die Lohenstein zu seiner Szene II e angeregt worden sein könnte. In II d allerdings stützt er sich nur indirekt auf den Roman. Seine Hauptquelle ist hier *Tristan L'Hermite*. In der Szene III a von »La Mort de Seneque« ist *Desmarets'* Bemerkung, man habe sich über Proculus mokiert, zur geistigen Unterlegenheit
des Proculus gegenüber Epicaris ausgesponnen. Die Szene umfaßt die Verse 723–910 und
ist damit nach der Szene V a, in der Seneque sich zum Sterben anschickt, die längste des
Stücks. Die Auseinandersetzung zwischen Epicaris und Procule im Mittelteil hat Lohenstein im wesentlichen übernommen. Nur gruppiert er die Argumente um. Die erotischen
Erlebnisse, die Procule mit Epicaris gehabt haben will, streicht er bzw. deutet er mit Vers

327 nur kurz an. Das entspricht der Nichtberücksichtigung der Liebeswerbung, mit der Desmarets die Schiffsbegegnung von Proculus und Epicharis abschloß. Vgl. S. 206. Das Argument von Tristans Neron, warum Procule die Beschuldigte nicht sofort angezeigt habe, legt Lohenstein der Epicharis selbst in den Mund und läßt sie damit ihre Verteidigung wirkungsvoll abschließen. Im Mittelteil von Tristans Szene III a heißt es:

NERON.

775   Cognoy-tu cétuy-cy?

EPICARIS.
Ie le puis bien cognestre,
C'est vn des plus grands Fols que le Ciel ait fait naistre.

NERON.

Sçais-tu bien qu'il commande à deux mille soldats?

EPICARIS.

Ie sçais mieux qu'à l'Amour il ne resiste pas,
Et que cette foiblesse en amoindrist l'estime.

NERON.

780   Que fait à ce propos l'Amour?

EPICARIS.
Il fait mon crime.
NERON.

Parle plus clairement, dis de quelle façon. (–)

EPICARIS.

L'Amour fait son dépit, et cause ton soupçon:
Cet homme furieux piqué de mon visage,
Pour gagner mon esprit a mis tout en vsage:
785   Et voyant que ses soins ne pouuoient m'émouuoir
A changé dans son cœur l'amour en desespoir.
Voicy ce qu'a produit cette amoureuse rage,
Mais pardonne à Procule et perds tout cet ombrage. (362–366)

NERON.

Le fait est démenty, Procule est recusé.

PROCVLE.

790   Mais il est découuert, ce tison embrasé
Qui va de toit en toit pour y ietter les flâmes
Que la Rebellion allume dans les Ames.
Tu tiens entre tes mains le ressort principal
D'vn dessein qui sans moy t'alloit estre fatal:
795   Ses projets sont méchants, sa Cabale est puissante:
Cesar, ie la denonce, et ie te la presente.

EPICARIS.

Dequoy m'accuses-tu?

PROCVLE.
D'auoir voulu sonder
Vne foy que ie garde et que ie veux garder,
Vne fidelité qui ferme les oreilles
800   Et mieux le cœur encore à des noirceurs pareilles.

EPICARIS.

Ne me regarde point si tu veux reüssir;
Mes yeux ont vn éclat qui pourroit t'adoucir:
Leurs regards quelquesfois ont calmé ta furie.

208

PROCVLE.

Le fait dont il s'agit passe la raillerie,
805 Il ne se traite point icy de tes appas.

EPICARIS.

Dequoy s'agit-il donc? Mais ne te trouble pas. (–)

PROCVLE.

Voudrois-tu dénier qu'vn soir sur vne riue
Tu vins m'exagerer d'vne façon plaintiue
La peine imaginaire où se trouuoit l'Estat;
810 Les miseres du Peuple et celles du Senat,
Qui pressé de rigueurs et tout transi de craintes,
N'adressoit à Cesar que vœux au lieu de plaintes:
Bien qu'en son cœur timide il auroit desiré
De le voir dans le Tibre en morceaux dechiré?
815 Ne dis-tu pas encor que les plus grandes ames
Qui le voyoient plonger en des vices infames,
Attendoient seulement vn Chef pour atterrer
Celuy qui se plaisoit à se deshonorer. (vgl. 338–345)

EPICARIS.

Ne fust-ce pas vn soir où parlant de seruices,
820 De larmes, de soûpirs, de maux et de suplices,
Et voulant auancer ta bouche sur mon sein,
Tu receus à plain bravns soûflet de ma main?

PROCVLE.

Ce fut auparauant.

EPICARIS.

O surprise plaisante!
Vn auœu si naïf de tout soupçon m'exempte:
825 Il s'est trahy luy-mesme, ô Cesar, qu'en dis-tu!
M'en veut-il pour mon crime, ou bien pour ma vertu? (–)

NERON.

Procule a donc appris cette trame infidelle
Sans se saisir soudain de cette criminelle?
Il a continué mesme depuis ce iour
830 A luy rendre des soins et luy parler d'amour?
Ah! ie me souuiendray de cette procedure
Qui paroist fort ingrate, et que ie trouue dure.
I'en auray la raison.

PROCVLE.

Cesar, escoute-moy;
Tu discerneras mieux, et mon zele, et ma foy.
835 Ie suis rude et grossier; elle adroite et subtile: (vgl. 385–398)
Mais iuge de mon cœur, et non pas de mon stile;
Permets moy de parler et sans émotion,
Voy quel crime se trouue en mon intention.

NERON.

Parle.

PROCVLE.

Nous estions seuls lors que cette rusée
840 Me dit qu'elle ourdissoit cette horrible fusée:
Et i'apprehenday lors la saisissant ainsi,

Qu'elle deniast tout comme elle fait icy:
C'est pourquoy dans ce temps luy cachant ma pensée,
Bien que de son discours mon ame fust blessée,
845 Ie luy fis bonne mine, et d'vn air gracieux
Feignis n'estre blessé que des trais de ses yeux;
Taschant de l'embarquer auec ces artifices
A s'ouurir d'auantage et nommer ses complices. (–)

EPICARIS.

Nomme donc les Autheurs de ce mauuais dessein,
850 Dis à qui i'ay soufflé ces horreurs dans le sein.

PROCVLE.

Tu m'as celé leurs noms.

EPICARIS.

O tesmoin ridicule! (vgl. 332–334)

Pour me iustifier, il suffit de Procule.
Cet Esprit égaré, ce foible Delateur,
Qu'vn despit a changé d'Amant en imposteur:
855 Que l'on void de lumiere en tout ce qu'il depose. (–)

Neue Argumente zur Verteidigung der Epicharis bringt *Lohenstein* kaum. Nur erinnert er an die Schiffsbegegnung zu Misenum nicht im Sinne Tristans, sondern des *Desmarets*-Romans. Daher die Verse 339, 346–349 und 372–381. Das Argument von Vers 353 f., niemand dürfe zugleich Zeuge und Kläger sein, entnahm Lohenstein vermutlich der Verteidigungsrede Scevins bei *Tacitus* ann. 15,55,3. Für seine eigene Gestaltung von Scevins Rede verwendet er es nicht. Vgl. III e. Falls er es bewußt austauschte, deutet das auf die Korrespondenz seiner beiden Verhörszenen.

II e (421–472)
Vgl. S. 57 f., 87 und 207.

II Reyen (473–584)
–

III a (1–32)
Vgl. S. 81 f. – *Tacitus* ann. 15,55 (anschließend an den zu II c zitierten Text):
1 Igitur coeptâ luce (vgl. 2 und 23) Milichus in hortos Seruilianos pergit: (II c 309 f.) et cùm foribus arceretur, (–) magna et atrocia afferre dictitans, (vgl. 1) deductúsque ab ianitoribus ad libertum Neronis Epaphroditum, (vgl. 9, 17, 20, III c, IV d) mox ab eo ad Neronem, vrgens periculum, graues coniurationes, (1–4, vgl. 13 f.) et cetera quae audierat, coniectauerátque, docet. (–) Telum quoque in necem eius paratum ostendit, (8) acciríque reum iussit. (anderer Sprecher: 14)

Zur Fortsetzung des Textes vgl. III e, zu Epaphroditus S. 98 f.

III b (33–120)
Dieser Szene entspricht bei *Tristan L'Hermite* IV a. Vgl. dazu S. 58. Zur Rolle des Sulpitius vgl. S. 87, zu den Versen 77–82 S. 128, zu Vers 92 *Tacitus* ann. 15,52,1 (unter I d). – Als Pison auf die Nachricht von der Verhaftung der Epicaris in Klagen ausbricht, läßt *Tristan* seinen Lucain erwidern:
Finissez cette plainte;

Et ne vous troublez pas d'vne si grande crainte. (–)
La noble Epicaris durant cette rigueur
Ne manquera iamais, ny d'esprit, ny de cœur; (68–76)

1095   Sa constante vertu dans cette violence
Obseruera toûjours vn fidelle silence:
Sans qu'elle ouure la bouche on la verra perir. (–)

PISON.
La force des tourmens pourra luy faire ouurir. (anders zugeordnet: 92–98)

LVCAIN.
Vous la cognoissez mal de tenir ce langage;
1100   Elle est toute romaine en grandeur de courage.
Son Ame est genereuse et ferme au dernier point,
Et les feux ny les fers ne l'ébranleront point.
On la verra soû-rire au plus fort des suplices
Quand on la pressera de nommer ses complices;
1105   A l'objet de la mort, au plus fort des tourmens,
Elle conseruera ses nobles sentimens. (III f, bes. 580)
    Les lieux où souffrira cette fille constante
Seruiront de Theatre à sa gloire éclatante,
Les gesnes qui rendront son beau corps abbatu
1110   Ne feront seulement qu'exercer sa Vertu,
Et parmy tant de maux sa parole estoufée
Fera de sa Constance vn eternel Trophée. (vgl. V d 728–732)
Plaignons Epicaris, mais ne la craignons pas.
Elle s'en va souffrir vn glorieux trespas,
1115   Elle s'en va gagner vne Palme immortelle;
Cette digne Beauté va faire parler d'elle,
Et rendre de son nom tout son sexe jaloux;
Mais n'apprehendons point qu'elle parle de nous. (–)

Neu ist bei Lohenstein der Vorschlag des Sulpitius, Epicharis aus dem Kerker zu befreien (82–108). Zu diesem Zweck und nicht aus Angst, wie Tristans Pison, weist Sulpitius darauf hin, daß Epicharis bei der Folter gestehen könne. Immerhin ergibt sich ein leichter Widerspruch zu dem, was er vorher in den Versen 68–70 im Sinne von Tristans Lucain gesagt hat. – Über die Schlußverse 108 ff., die die folgende Verhaftungsszene einleiten, vgl. III c.


*III c* (121–136)
Zu dem Unterschied gegenüber *Tristans* Szene IV b vgl. S. 79, zur stychomythischen Form S. 112, zu Epaphroditus III a. *Tacitus* notiert ann. 15,55,2 über Scevin: »Is raptus per milites«. Den zusammenhängenden Text siehe unter III e. – Bei *Tristan L'Hermite* in IV b berichtet Rufus zunächst von der Folter der Epicharis und fährt dann fort:
Sur vn auis semblable on a pris Seuinus.

PISON.
Ce second coup m'accable: et i'en reste confus.

RVFVS.
Son Affranchy l'accuse auec tant d'asseurance
Que Cesar en ce fait trouue de l'apparence:
1145   Iusqu'icy toutefois il n'a rien declaré. (entsprechend Tac. ann. 15,59,1; anders: III c)

PISON.
O Cieux! tout est perdu, tout est desespéré!
Durant que nous parlons, possible auec main forte
Les soldats du Tiran frappent à nostre porte; (vgl. III b 108–111)
On mal-traite déja nos Amis affligez,
1150   Et déja nos Enfans sont possible égorgez! (–)

211

Anscheinend hat *Lohenstein* sich durch *Tristans* Verse 1146–1148 anregen lassen, die bei Tristan vorher nur berichtete Verhaftung zu inszenieren. Allerdings beziehen sich die Worte des Pison nicht auf den Tagungsort, sondern auf ein entferntes Zuhause.

*III d* (137–262)
Bei *Tristan L'Hermite* in IV b (vgl. auch unter III c) ruft Rufus den ängstlichen Pison vergeblich zum Handeln auf. Pison entschuldigt sich zuletzt mit der Liebe zu seiner Frau, die *Tacitus* erst später im Zusammenhang mit Pisons Tod und Testament nennt. Von den vorhergehenden Argumenten, die nur zum Teil auf *Tacitus* fußen, greift Lohenstein einige auf. Kurz nach den zu III c zitierten Versen verläßt Lucain die Bühne. Pison, nun mit Rufus allein, klagt weiter:

> Ah! Rufus, la chose est decouuerte! (vgl. 148)
1160   Vne cruelle Estoille, ardante à nostre perte,
>      A sans doute vaincu par ses malignitez
>      Les presages heureux dont nous estions flatez!
>      Les Cieux nous ont trahis pour proteger le crime,
>      Et tous les gens de bien vont estre sa victime!
>      (vgl. 146; dazu I 791 f., II 260–266, 438–440, 573–584, III 429 f., IV 48 ff., 558 f., V 739)

Über Seuinus sagt Rufus:
> La torture ébranlant toute sa fermeté,
> Fera faire naufrage à sa fidelité.
> S'il vient à nous nommer, par quelle diligence
1180  Pourrons-nous éuiter vne horrible vangeance? (vgl. 137)

> RVFVS.
> C'est vne conjoncture où ie voy peu d'espoir!
> Mais c'est en ces endroits qu'vn grand cœur se fait voir;
> Le peril apparant du fer et de la flâme
> Doit seruir de matiere à la grandeur d'vne Ame.
1185  C'est là que la Vertu se fait le mieux iuger: (–)
>      Iamais des grands dangers on ne sort sans danger;
>        *(150;* anderer Nachweis in Lohensteins Anmerkung)
>      Par fois d'vn desespoir accompagné de gloire,
>      Les vaincus, aux vainqueurs, ont osté la victoire.
>      Si tu veux paruenir au bien que tu pretens,
1190  Recueille ton courage, et ne perds point de temps;
>      Cours où sont les Vaisseaux, monte sur la Tribune,
>      Pour exciter le Peuple à suiure ta fortune;
>      Fais vn coup de partie, et marche promptement
>      Pour passer iusqu'au Trône, ou iusqu'au monument.
1195  Si peu que la Fortune assiste ton courage, (–)
>      Tu iettes l'anchre au Port, et Neron fait naufrage. *(183 f.)*
>      Que pourra ce Tiran t'opposer aujourd'huy
>      Qu'vn lâche Tigillin scelerat comme luy,
>      Qui n'est accompagné que d'impudiques femmes,
1200  De garçons desbauchez, et d'Eunuques infames?
>        (184–186; vgl. jedoch auch Tacitus)

Nach einer Unterbrechung durch Pison fährt Rufus mit Vers 1211 fort:
> Solicite le peuple, il entendra ta plainte,
> Et pourra s'assembler pour dissiper ta crainte; (–)
> Tu sçais bien que le Peuple ayme la changement, *(167;* vgl. auch Tacitus)
> Et que le bien public l'émeut facilement. (–)

Während Lohenstein die Argumente *Tristans* vorwiegend für den einleitenden stichomythischen Disput verwendet, greift er zur Gestaltung der dann folgenden längeren Redeteile unmittelbar auf *Tacitus* ann. 15,59,1–3 zurück. Vgl. dazu S. 124–126 und 89 f. In Kapitel 59 heißt es (anschließend an den zu IV b zitierten Text):

1 Fuere qui prodítâ coniuratione, dum auditur Milichus, dum dubitat Sceuinus, (anders durch unmittelbaren Anschluß an Scevins Verhaftung) hortarentur Pisonem
   pergere in castra, aut rostra escendere, studiáque militum et populi tentare: (154,
   161, 163) *si conatibus eius conscij aggregarentur,* (168 f.) *secururos etiam integros.*
   (vgl. 157, 199–205) *magnamque motae rei famam, quae plurimum in nouis consilijs*
2 *valeret.* (vgl. 167, dazu Tristan L'Hermite 1213) *Nihil aduersum hoc Neroni proui-*
   *sum.* (197 f.) *etiam fortes viros subitis terreri; ne dum ille* (187 f., vgl. ab 174) *sce-*
   *nicus, Tigellino scilicet cum pellicibus suis comitante; arma contra cieret.* (184–186;
   dazu Tristan L'Hermite 1197–1200) *Multa experiendo fieri, quae segnibus ardua*
3 *videantur.* (165) *Frustra silentium et fidem in tot consciorum animis et corporibus*
   *sperari. Cruciatu aut praemio, cuncta peruia esse.* (210–214; vgl. Lohensteins Anmerkung zu III b 97) *Venturos qui ipsum quoque vincirent, (–) postremò indignâ*
   *nece afficerent.* (vgl. 219–221) *Quanto laudabilius periturum,* (235 f., vgl. bis 243)
   *dum amplectitur Rempublicam dum auxilia libertati inuocat,* (244–246) *dum miles*
   *potius deesset, et plebes desereret,* (247) *dum ipse maioribus, dum posteris, si vita*
4 *praeriperetur, mortem approbaret?* (248–250) Immotus iis, (bes. 259 f.) (. . .)

Zur Fortsetzung des Textes vgl. IV d.

## III e (263–520)

*Tristan L'Hermite* gestaltet in III d die Verteidigung des Seuinus gegenüber den Anschuldigungen des Milicus, in IV c das Verhör über des Seuinus Gespräch mit Natalis, das von
dessen bereits vorliegender Aussage abweicht, und in IV d das Geständnis des Seuinus, der
nach Zusicherung persönlicher Straffreiheit dem Kaiserpaar eine Liste mit den Namen
seiner Mitverschwörer überreicht. Diese drei auf *Tacitus* ann. 15,55 f. beruhenden Szenen
zieht *Lohenstein* in III e zusammen. An Tristan erinnern Scevins Schimpfen über Milichus
(*Tristans* Seuinus nennt Milicus in den Versen 1045 und 1065 einen »imposteur«, in 1051
»ce denaturé, cet homme abominable«, in 1068 tadelt er seine »noire imposture«; vgl. bei
Lohenstein III 290, 294, 296, 298, 304, 308, 318, 328, 338, 370–376), die Segmentierung von
Scevins Verteidigung (bei Tristan allerdings nicht in der Reihenfolge der fünf Taciteischen
Argumente, sondern in deren Gruppierung 4-2-3-1-5), die Konkretisierung des von Tacitus
nur allgemein angedeuteten Widerspruchs in den Aussagen des Natalis und Scevin über ihr
Gespräch vom Vortage (bei Tristan entzündet sich der Widerspruch an der Frage, ob sie
über Lateranus, bei Lohenstein daran, ob sie über Piso gesprochen haben) und schließlich
die Denunziation Laterans durch Scevin sowie Neros Todesbefehl gegen Lateran (Tristan
1397–1402; Lohenstein III 477 und 481). Bei Tristan ist Lateranus neben Pison und Lucain
der einzige, dessen Namen Neron aus der Liste des Seuinus herausgreift. Bei Tacitus wird
er im Zusammenhang mit Scevins Geständnis nicht erwähnt. Im übrigen allerdings bezieht
sich Lohenstein unmittelbar auf *Tacitus*. In Kapitel 55 schreibt dieser (anschließend an den
zu III a zitierten Text) über Sceuinus:

2 Is raptus per milites, (III c) et defensionem orsus, *Ferrum cuius argueretur,* (III e 303)
   *olim religione patriâ cultum,* (313 f., vgl. 305) *et in cubiculo habitum,* (–) *ac fraude*
   *liberti subreptum* respondit. (304) *Tabulas testamenti saepius à se, et incustoditâ*
   *dierum obseruatione, signatas.* (333–335, vgl. ab 323) *Pecunias et libertates seruis*
   *et antè dono datas;* (341 f., vgl. ab 335) *sed ideo tunc largiùs, quia tenui iam re fa-*
3 *miliari, et instantibus creditoribus, testamento diffideret.* (344–347) *Enim verò libe-*
   *rales semper epulas struxisse, et vitam amoenam, et duris iudicibus parum proba-*
   *tam.* (351–354, vgl. ab 348) *Fomenta vulneribus nulla iussu suo;* (vgl. 367–370) *sed*
   *quia cetera palàm vana obiecisset, adiungere crimen visum, (–) se pariter indicem et*
4 *testem facere.* (vgl. II d 353 f.) Adiicit dictis constantiam. (vgl. z. B. 278) incusat

vltrò intestabilem, et consceleratum, tantâ vocis ac vultus securitate, (öfters ab 290, bes. 370 f.) vt labaret indicium, (370–378) nisi Milichum vxor admonuisset, (vgl. 379–398) Antonium Natalem multa cum Sceuino ac secretò collocutum, (385) et esse vtrosque C. Pisonis intimos. (*386 f.*)

Kapitel 56 schließt an:
1 Ergo accitus Natalis: (397) et diuersi interrogantur, quis nam is sermo, quâ de re fuisset. Tum exorta suspicio, quia non congruentia responderant. (399–428, 430–443, vgl. bis 454) Inditáque vincla. (–) Et tormentorum aspectum ac minas non tulere.
2 (459, 462, 475) Prior tamen Natalis (467) totius coniurationis magis gnarus, simul arguendi peritior, (anders: 466) de Pisone primùm fatetur. (471) Deinde adiicit Annaeum Senecam, (489 f., vgl. bis 520, ergänzt nach I c 580–583 bzw. Tacitus ann. 15,60,3) siue internuntius inter eum Pisonémque fuit (anders I c und III e 491–499) siue vt Neronis gratiam pararet, qui infensus Senecae, omnes ad eum opprimendum
3 artes conquirebat. (–) Tum cognito Natalis indicio Sceuinus quoque pari imbecillitate, (472–478) an cuncta iam patefacta credens nec vllum silentij emolumentum, (–)
4 edidit ceteros. (477 f.) Ex quibus Lucanus, Quinctianúsque, et Senecio (vgl. 478) diu abnuêre. (III g bis 669) Pòst promissa impunitate (III g 677 f.) corrupti, (III g 680–691) quo tarditatem excusarent, (–) Lucanus Atillam matrem suam. Quinctianus Glicium Gallum, Senecio Annium Pollionem amicorum praecipuos nominauere. (III g 699–703)

Kapitel 57 schließt an:
Atque interim Nero recordatus Volusij Proculi indicio Epicharim attineri, (III e 485–488) (. . .)

Zur Fortsetzung des Textes vgl. III f., zu Corinnas Rolle und zur Peripetie S. 82 f., zu Scevins Verteidigungsrede S. 123 f., zu den Versen 489–502 *Tacitus* ann. 15,60,3 (unter I c), zu 514–520 ann. 15,60,4 (unter IV c).

*III f* (521–592)
Zur Bedeutung der Folter vgl. S. 80 und 86. – *Tacitus* ann. 15,57 (anschließend an den zu III e zitierten Text):
1 Atque interim Nero recordatus Volusij Proculi indicio Epicharim attineri, (III e 485–488) ratúsque muliebre corpus impar dolori, (–) tormentis dilacerari iubet. (III f 539, 553, 555, 561, 563, 565, 567, 581, 585, 589 f.) At illam non verbera, (–) non ignes, (553, 561, 565; vgl. 540, 574–576) non ira eo acriùs torquentium ne à feminâ spernerentur, (–) peruicere quin obiecta denegaret. (bes. 569) Sic primus quaestionis dies contemtus. (–)

Zur Fortsetzung des Textes vgl. V d. – Maßgebender als *Tacitus* erscheint für die Gestaltung der Folterszene *Tristan L'Hermite*. In seiner Szene IV a 1102–1106 kündigt Lucain die Standhaftigkeit der Epicaris an. Vgl. dazu III b. Kurz darauf in IV b berichtet Rufus über die Folter:

Ce n'est pas l'accident qui nous doit estonner:
1130 Par vn ordre cruel on vien de la gesner,
Cette illustre Beauté dont l'ame est si fidelle;
Et par mille tourmens on n'a rien tiré d'elle.
Son merueilleux Esprit de son cœur soûtenu
A denié le fait; mais d'vn air ingenu,
1135 D'vne grace et d'vn front qui peuuent tout confondre;
Et déja son tesmoin ne sçait plus que respondre:
Elle a tout renuersé sur son accusateur,
Et Procule à Neron paroist vn imposteur.
Suiuant la verité, le Tiran prend le change;
1140 Mais il vient d'arriuer vn malheur bien estrange.

Vgl. auch in *Gryphius'* »Catharina von Georgien« die Verse V 61 ff. Hier wird die Folter der Titelheldin von ihrer Begleiterin Serena berichtet. Auch Catharina hat man mit glühenden Zangen zugesetzt und ihr, allerdings gleich zu Beginn der Folter, die Kleider vom Leib gerissen. In Ohnmacht ist jedoch nicht Catharina, sondern die zuschauende Serena gefallen.

## III g (593–720)

Zum Stellenwert der Szene vgl. S. 80, zu den Namen der von Lucan, Quinctian und Senecio angezeigten weiteren Verschwörer S. 96 f., zu Vestin S. 93. Die Szene fußt auf *Tacitus* ann. 15,56,4 (siehe unter III e) und 58,1 f. In Kapitel 58 heißt es (anschließend an den zu V d zitierten Text):

1 Non enim omittebant Lucanus quoque et Senecio et Quinctianus passim conscios edere, (705–708) magis magísque pauido Nerone, (vgl. 711–713) quamquam multi-
2 plicatis excubiis semet sepsisset. (–) Quin et vrbem per manipulos occupatis moenibus, (713–715) insesso etiam mari et amne, velut in custodiam dedit. Volitabántque per fora, per domos, rura quoque et proxima municipiorum pedites equitésque (–) permixti Germanis, quibus fidebat Princeps quasi externis. (715 f., aber als Burgwache, auch IV a 126–128)

Zur Fortsetzung des Textes vgl. IV b.

## III Reyen (721–768)

–

## IV a (1–164)

Mit der von Epicharis dreimal gestellten Frage »Wo bin ich?« erwacht bei *Gryphius* in Vers V 24 der »Catharina von Georgien« auch Serena, die angesichts der Folter ihrer Königin in Ohnmacht gefallen ist. Vgl. III f. Zur Funktion der Szene IV a vgl. S. 87, zur Rolle des Sulpitius S. 57 f., zur Polemik der Epicharis gegen die Götterkritik des Venetus (53 ff.) S. 76, zu ihrer Zurechtweisung des Scaurus S. 102.

## IV b (165–464)

Zu dem Unterschied zwischen den in III g angezeigten und den nun vorgeführten Verschwörern vgl. S. 97 f., zu Rufus, Flavius und Sulpitius S. 90 f., zur Charakteristik der Nebenfiguren S. 99–101, zu den Versen 449–452 S. 128. – *Tacitus* ann. 15,58 (anschließend an den zu III g zitierten Text):

3 Continua hinc et iuncta agmina trahi, ac foribus hortorum adiacere. (–) Atque vbi dicendam ad caussam introissent, laetatum erga coniuratos, (wohl mißverstanden: 165 ff.) si fortuitus sermo, et subiti occursus, si conuiuium, si spectaculum simul inissent pro crimine accipi: (–) cùm super Neronis ac Tigellini saeuas percontationes, (IV b) Fenius quoque Rufus violenter vrgeret, nondum ab indicibus nominatus, (nur 209, 274–281; vgl. III a 18) sed quò fidem inscitiae pararat (!), (–) atrox aduer-
4 sus socios. (209, 274–281) Idem Subrio Flauio assistenti, annuentíque an inter ipsam cognitionem distringeret gladium, caedémque patraret, retinuit, infregítque impetum iam manum ad capulum referentis. (269–271)

Zur Fortsetzung des Textes vgl. III d. In Kapitel 66 schreibt *Tacitus* (anschließend an den zu I b zitierten Text):

1 Ceterùm militaris quoque conspiratio non vltrà fefellit, accensis indicibus ad prodendum Fenium Rufum; quem eundem conscium et inquisitorem non tolerabant. (286–288) Ergo instanti minitantíque (209, 274–281) renitens Sceuinus, neminem ait plura scire quàm ipsum. (282) Hortatúrque vltrò redderet tam bono Principi vi-
2 cem. (anderer Sprecher: 318 f.) Non vox aduersum ea Fenio, non silentium, (–) sed verba sua praepediens, et pauoris, manifestus. (294 f., 332) ceterísque, ac maximè Ceruario Proculo (vgl. 290 ff., 315 ff., 322 ff.) equite, (–) ad conuincendum eum con-

nisis, (vgl. 290–326) iussu Imperatoris à Cassio milite, qui ob insigne corporis robur adstabat, corripitur, vincitúrque. (339, vgl. ab 333)

Kapitel 67 schließt an:

1 Mox eorum indicio Subrius Flauius tribunus peruertitur, (ab 346) primò dissimilitu-dinem morum ad defensionem trahens, neque se armatum cum inermibus effeminatis tantum facinus consociaturum. (380–385, vgl. 351–353) Dein postquam vrgeba-

2 tur, (konkretisiert: 398 f.) confessionis gloriam amplexus, (405–409, vgl. ab 400) in-terrogatúsque à Nerone, quibus caussis ad obliuionem sacramenti processisset: *(426 f.) Oderam te,* inquit, *(439, vgl. ab 437) nec quisquam tibi fidelior militum fuit, dum amari meruisti. (430 f.) odisse coepi (439) postquam parricida matris* (431 f.)

3 *et vxoris, (434) auriga, (436) histrio (433) et incendiarius extitisti.* (435) Ipsa rettuli verba, quia non vt Senecae, vulgata erant. Nec minus nosci decebat militaris viri sensus et incomtos et validos. (–) Nihil in illâ coniuratione grauius auribus Neronis accidisse constitit, qui vt faciendis sceleribus promtus, ita audiendi quae faceret,

4 insolens erat. (auch auf des Sulpitius Worte bezogen: *449–452)* Poena Flauij Veiano Nigro tribuno mandatur. (443)

Den Rest dieses Kapitels siehe unter V c. Kapitel 68 beginnt:

1 Proximum constantiae exemplum, Sulpicius Asper centurio praebuit. (ab 398) per-contanti Neroni, cur in caedem suam conspirauisset? *(444-446)* breuiter respon-dens: *Non aliter tot flagitiis eius subueniri posse. (446 f.)* Tum iussam poenam sub-iit. (458–464)

Daß *Lohenstein* die von *Tacitus* berichteten Gerichtsverfahren gegen einzelne Verschwö-rer zu einer Massenszene zusammenzog, in der die meisten der »sämtlichen Verschwornen« von I d erneut versammelt sind, beruht möglicherweise auf dem zu Kapitel 58,3 angedeu-teten Mißverständnis. Mit »laetatum erga coniuratos« – auf diese Stelle dürfte sich Lohen-steins Anmerkung zu Vers 165 hauptsächlich beziehen – ist nicht gemeint, daß Nero sich gegenüber den Verschwörern freundlich erwies. Die Unglaubwürdigkeit dieser Deutung hat Lohenstein selbst gespürt und so die wirkliche notgedrungen zu einer ironischen Freund-lichkeit verwandelt. Gemeint ist vielmehr, daß den Verhafteten *ihre* Freundlichkeit gegen-über den Verschwörern bei zufälligen Gesprächen sowie zufällige Begegnungen bei einem Gastmahl oder Theaterbesuch als Verbrechen angekreidet wurden. Die Vorgeführten wa-ren also, jedenfalls in der Mehrzahl, keine Verschwörer, sondern unschuldig Verdächtigte. Im übrigen ist »laetatum«, wie die Reihe der Konjekturen zeigt, umstritten und vielleicht selbst schon eine Konjektur. Der Codex Mediceus, die älteste und im allgemeinen glaub-würdigste Handschrift, hat »latatum«, ein Wort, das sonst nicht bekannt ist und daher kor-rupt erscheint.

Von den zu dieser Szene zitierten *Tacitus*-Stellen greift *Tristan L'Hermite* nur die in Ka-pitel 58,3 gemeldete Überführung des Rufus durch Sceuinus auf, und zwar in den Versen 1332 ff. am Ende seiner Szene IV c.

*IV c* (465–520)
Vgl. S. 110 f. – *Tacitus* ann. 15,60 (anschließend an den zu I c zitierten Text):

4 Haec ferre Granius Siluanus tribunus praetoriae cohortis, et an dicta Natalis, suáque responsa nosceret, percontari Senecam iubetur. (III e 517–519, vgl. ab 514) Is, fortè an prudens, ad eum diem ex Campaniâ remeauerat, quartúmque apud la-pidem suburbano rure substiterat. Illò propinquâ vesperâ tribunus venit, et villam

5 globus militum sepsit. Tum ipsi cum Pompeiâ Paullinâ vxore et amicis duobus epu-lanti mandata Imperatoris edidit. (–)

Kapitel 61 schließt an:

1 Seneca missum ad se Natalem, conquestúmque nomine Pisonis quòd visendo eo prohiberetur, se ratione valetudinis (–) et amore quietis, excusauisse respondit. (vgl. 468) *Cur salutem priuati hominis incolumitati suae anteferret, caussam non habuis-*

*se. (468 f.) nec sibi promtum in adulationes ingenium.* (vgl. 466 f.) *Idque nulli magis gnarum quàm Neroni, qui saepiùs libertatem Senecae, quàm seruitium expertus*
2 *esset. (470–473)* Vbi haec à tribuno relata sunt, Popaeâ et Tigellino coram, quod erat saeuienti Principi intimum consiliorum, (IV c; dafür tritt Poppäa in IV b erstmals auf) interrogat, an Seneca voluntariam mortem pararet? (475) Tum tribunus nulla pauoris signa, nihil triste in verbis eius aut vultu deprehensum confirmauit.
3 (476) Ergo regredi, et indicere mortem iubetur. (477, vgl. 520) Tradit Fabius Rusticus, non eo quo venerat itinere reditum, sed flexisse ad Fenium praefectum, et expositis Caesaris iussis, an obtemperaret interrogauisse: monitúmque ab eo, vt exsequeretur, fatali omnium ignauiâ. Nam et Siluanus inter coniuratos erat, augebátque scelera in quorum vltionem consenserat. Voci tamen et aspectui pepercit. intromisítque ad Senecam (–) vnum ex centurionibus, qui necessitatem vltimam denuntiaret. (vgl. V b)

## IV d (521–636)

Zum Kontrast von Pisos und Senecas Tod vgl. S. 91 f., zu Pisos feigem Sterben S. 89 f., zur Rolle des Scaurus S. 56 f. und 102, zu Lateran III e, zu Epaphroditus S. 98 f. – *Tacitus* ann. 15,59 (anschließend an den zu III d zitierten Text):
4 Immotus iis, (vgl. III d) et paululum in publico versatus, (–) pòst domi secretus, animum aduersum suprema firmat. (vgl. IV d bis 550) donec manus militum adueniret, (546) quos Nero tirones aut stipendiis recentes dilegerat. (anders IV d, Personenverzeichnis: »Etliche Soldaten von der Käyserlichen Leibwache«) Nam vetus miles
5 timebatur, tamquam fauore imbutus. (–) Obiit abruptis brachiorum venis. (566 f., 587) Testamentum foedis aduersus Neronem adulationibus, (vgl. 568–570) amori vxoris dedit, (vgl. 571) quam degenerem, et solâ corporis formâ commendatam, amici matrimonio abstulerat. (–) Nomen mulieris Arria Galla, (anders: 571; vgl. S. 204 zu ann. 15,53,3) priori marito, Domitius Silius: hic patientiâ, illa impudicitiâ, Pisonis infamiam propagauere. (–)

Kapitel 60 schließt an:
1 Proximam necem Plautij Laterani consulis designati Nero adiungit, (628–636, befohlen III e 481; zur Konsulwürde vgl. IV 629) adeò properè, vt non complecti liberos, (633 f.) non illud breue mortis arbitrium permitteret. (vgl. 626-630) Raptus in locum seruilibus poenis sepositum, (631 f.) manu Statij tribuni trucidatur, (nur abgeführt: 628–636) plenus constantis silentij, nec tribuno obiiciens eandem conscientiam. (vgl. 636)

Zur Fortsetzung des Textes vgl. I c.

## IV Reyen (637–746)

–

## V a (1–140)

Vgl. S. 76. *Tristan L'Hermite* legt seinem Seneque zu Beginn der Sterbeszene V a vor Eintreffen des Todesbefehls Gedanken aus den philosophischen Schriften des historischen *Seneca* in den Mund. Ähnlich verfährt hier *Lohenstein*. Nur bezieht er sich auf andere Seneca-Stellen. Vgl. Kap. VI, Anm. 80 auf S. 265.

## V b (141–438)

Zur Funktion der Szene vgl. S. 91–93, zu ihren Quellen S. 71–76, zu Cotualda S. 167. – Lohenstein folgt hier nicht der primären Quelle, *Tacitus* ann. 15,62–64, sondern hauptsächlich *Mascaron*. Die Ähnlichkeiten mit der entsprechenden Szene V a des *Tristan L'Hermite* erklären sich dadurch, daß auch dieser, allerdings weniger stark, auf Mascaron fußt. Nur daß der kaiserliche Hauptmann gegen Anfang in Vers 144 f. dem Philosophen die

Wahl der Todesart freistellt, erinnert unmittelbar an Tristan 1533–1535. Auch dort folgt gleich darauf das Verbot der Testamentsabfassung.

Die entlehnten Stellen werden im folgenden zur besseren Übersicht kleineren Gesprächsabschnitten zugeordnet. Am Rand der *Mascaron*-Texte sind die Seitenzahlen vermerkt.

### V b 152–176

*Mascaron* schreibt:

14    Le Capitaine ayant executé sa charge, Seneque sans s'estonner, demanda des tables testamentaires, soit pour y coucher ses dernieres dispositions, soit pour adjouster quelque chose par forme de codicille, à celles qu'il auoit desia faites, ce que le Capitaine luy ayant refusé, il se tourna vers ses amis, que ce pitieux spectacle faisoit fondre en larmes et en regrets, ausquels il parla de la sorte.

»    PVIS qu'on ne me permet pas, mes chers amis, de vous faire part de mes biens,
»dont ie n'auois desiré de disposer librement que pour auoir moyen de reconnoistre
15    »vostre affection, et que la fortune me veut faire voir en ce dernier iour qu'elle con-
»serue encore son Empire sur les choses qu'elle ma donnees, laissons cette proye à
»l'auidité de Neron, et des sangsuës qui l'enuironnent: (–) Souffrons qu'il reprenne
»auec iniustice ce qu'il m'auois donné, ou que i'auois acquis iustement, (152) et qu'il
»me traitte auec plus de rigueur que les victimes publiques à qui l'on n'oste pas les
»bouquets lors qu'on les veut immoler. (163 f.) Ie voy bien qu'il en vse de la façon
»pour m'accorder la priere que ie luy en ay faite assez souuent, (–) ou peut estre
»pour obseruer l'vsage, qui veut que la despoüille du condamné appartienne au
»bourreau: (165) Et n'ayant differé de presser l'esponge, que pour attendre qu'elle
»fust mieux remplie de l'humeur qu'il en vouloit espeindre. (159–161) Ie luy en sçay
16    »bon gré pourtant, (vgl. 166) (...) Aussi bien la prouision est inutile lors que le
»voyage est acheué, (167) et ie suis bien ayse d'aprendre par experience, ce dont
»i'estois desia persuadé par raison, (–) que cette abondance satisfait seulement ceux
»qui la mesprisent, que le meilleur vsage des richesses, c'est de les sçauoir quitter
»sans regret, (175 f.) et quelles ne sont matiere de tourment, qu'à ceux à qui elle
»sont matiere de perte. La cruauté des Tyrans ne peut rien sur ce qui me reste, (–)
17    »ny la fortune me rauir ce quelle ne ma pas donné; (vgl. 166) Receuez-donc (...)

### V b 177–208

*Mascaron* fährt fort:

17    »Receuez-donc ce qu'il m'est permis de vous laisser comme vn gage de mon affec-
»tion, et pour vn dernier tesmoignage de l'estime que ie fay de vostre vertu.
19    »    C'est, mes chers amis, l'image de ma vie que ie vous laisse, (177 f.) (...) Dans
»la mienne (vie), mes chers amis, vous n'auez pas veu esclater de grandes
»vertus, mais seulement vn soin perpetuel de les acquerir; (179 f.) Ie ne sçay si mes
»forces ont esté trop petites, ou mes annees trop courtes, (–) mais aussi vous n'igno-
»rez pas qu'en pareilles choses le seul effort est loüable, et que ceux qui desirent
»ardemment d'y paruenir, n'en sont pas beaucoup esloignez. (181–183)
20    »    Mes plus ordinaires occupaions (!) ont esté apres l'estude de la Sagesse, dans
»laquelle si i'ay fait quelque progrez, i'en suis redeuable en partie aux lumieres que
»vostre conuersation m'a donnees. (185 f.) Et pleust à Dieu qu'il m'eust esté permis
»de n'abandonner iamais cette occupation, et qu'on ne m'eust point tiré de la soli-
»tude où ie m'aimois, pour m'introduire dans les Cours des Princes, et dans la con-
»duitte de leurs affaires; (187–190) Si mon nom ne leur eust esté conneu que comme
»à Caligula, par mon stile, et par ma façon d'escrire qu'il mesprisoit, ma vie en
»auroit esté plus tranquille: Ie n'aurois ressenti ny la haine de Messaline, ny la bru-
»talité de son mari, j'aurois euité les inquietudes que l'Ambitieuse et inesgale humeur
21    »d'Agrippine m'a si souuent donnees; (191–196) Et la peine que le mauuais naturel
»de Neron m'a fait souffrir pendant que ie l'ay retenu, (197) n'auroit pas esté suiuie

»de la honte que ses desbordemens m'ont causee, apres auoir donné de bonnes espe-
22 »rances de sa domination. (–) (...) Si le vice a eu pour luy plus de charmes que la
»vertu, si la complaisance de Poppee et de Tigillin a preualu sur la seuerité de Bur-
23 »rhus et de Seneque, (202–204) l'on ne m'en doit rien imputer: (vgl. 199 f.) (...) Et
»n'ayant dissimulé quelquefois les petits maux que pour en éuiter de plus grands; si
»i'ay souffert qu'il joüast de la harpe, ou qu'il chantast deuant le peuple, ç'a esté de
»peur qu'il ne s'auisast de joüer du couteau, ou qu'il ne luy prist enuie de
»le faire pleurer. (201 f.) Ie ne desauoüe pas non plus qu'il ne m'ait pour lors départi
»de grands biens, et qu'il n'ait donné beaucoup à vn homme qui se contentoit de
»fort peu, mais i'ay sujet de croire qu'en cela, il a eu pour obiet, son interest plus-
»tost que le mien, et qu'ayant deslors formé le dessein de reprendre vn iour ce qu'il
»me donnoit, (vgl. 206) il a voulu s'enrichir de sa propre liberalité, et ne m'a choisi
24 »que comme vn depositaire pour conseruer entre mes mains, ce qui entre les siennes
»auroit esté desia la proye de ses garces et de ses affranchis. (206–208)

Auf S. 20 vermerkt *Mascaron* in seiner Randglosse:
Caligula mesprisoit le stile de Seneque, et di soit (!), que ce n'estoient que pieces rap-
portées et sans liaison. *Vide Sueton. in Caio.*

Vgl. Lohensteins Anmerkung zu Vers 191 f.


## V b 235–249
Im nächsten Abschnitt schreibt *Mascaron:*
»(...) Mourons doncques, puis que Neron le veut, et que les Dieux le souffrent;
»(235 f.) Cette nouuelle ne me surprent nullement, ie ne trouue pas estrange que la
»mort s'adresse enfin à moy, apres auoir rauagé tout à l'entour, quelle me frappe
»apres m'auoir menacé; Et son abord n'est pas si farouche que ie voulusse me des-
25 »tourner d'vn pas pour l'euiter: (–) Son image a paru dans tous mes diuertissemens;
»(vgl. 237–239) Mes sestins ont tousiours ressemblé à ceux des Egyptiens, où le der-
»nier mets est vn Squelette, et la cendre a esté mon plus riche ornement parmy toutes
»les pompes de ma fortune. (240–243) Que si mes ouurages durent iusques à vn
»autre siecle, et qu'ils meritent la curiosité de ceux qui viendront apres nous, ils n'y
»trouueront rien à leur goust, dont la mort ne soit l'assaisonnement: Et toutes les
»matieres que i'y traitte sont comme les lignes, qui des diuers endroits de la circon-
»ference viennent aboutir au mesme centre. (243–245) La posterité n'y verra point
»de lumieres qui ne luy descouurent l'obscurité de la mort out du neant; ny de
»fleurs que ie n'employe à parer les tombeaux: (247–249) Et comme il n'y a point
26 »de si petit ruisseau qui ne conduise à la mer, c'est aussi des suiets les plus esloignez
»que ie rameine l'esprit à cette importante pensée. (–)
» En effet, mes chers amis, (...) (–)


## V b 249–252
Laut »Vita Senecae« wandte sich Seneca nach den Worten an die Freunde seiner Frau Paulina zu und sagte:
tempus illud iam uenisse, quo illa sanctissimae philosophiae suae praecepta iam non
disputando, sed fortiter faciendo comprobaret, nullaque alia re meliorem posse
immortalitatem consequi, quam ubi mori necesse esset, non solùm aequo animo,
sed etiam auido complecti.

Entsprechend heißt es in *Montaignes* Essay II 35 (ed. *Armaingaud,* Bd 4, S. 454), Seneca
habe zu seiner Frau gesagt,
que l'heure estoit venue où il auoit à montrer, non plus par discours et par disputes,
mais par effect, le fruict qu'il auoit tiré de ses estudes, et que sans doubte il embras-
soit la mort, non seulement sans douleur, mais avecques allegresse.

Vgl. S. 75. *Mascaron* hat die entsprechende Stelle erst auf S. 66. Vgl. S. 223.

*Mascaron* setzt die oben zitierte Rede des todesbereiten Philosophen fort:

26 » En effet, mes chers amis, si la mort est vn passage à quelque chose de meilleur,
»il ne faut pas apprehender vn changement qui rend nostre condition plus heu-
»reuse; (vgl. 251 f.) Et si c'est vn aneantissement de nostre estre, ce repos eternel et
»paisible, à qui toute la rage des bourreaux de Neron ne sçauroit donner la moindre
»inquietude, n'est-il pas bien doux et bien desirable. (anders: 253) Soyez asseurez

27 »(...) que ce dernier moment (...) n'a rien de rude que la crainte qui le precede;

29 »(254 f.) (...) Et s'il est permis de craindre les euenemens douteux, l'attente et la
»resolution doiuent du moins preuenir ceux qui sont ineuitables. (vgl. 255 f.)

» S'il est donc vray que la loy de nos destins soit inuiolable; si par cette maxime
»certaine, que ce que nous executons le dernier, est le premier dans nostre dessein,

30 »(–) dés le iour de nostre naissance nous tirons tousiours vers la fin: (257) (...) Que
»si c'est estre hebeté que de trouuer estrange ce qui arriue chaque jour, c'est estre
»delicat que de se plaindre d'vne loy generale: (...) Celuy qui m'a fait commander
»de mourir, receura des destins, mesme commandement, (–) et leur patience ne

31 »doit pas durer beaucoup dauantage, s'ils ne veulent passer pour complices des cri-
»mes, dont ils souffrent si longuement l'autheur auec impunité. (vgl. 264) Ie croy
»pourtant, mes chers amis, que Neron n'est pas reserué à vne fin si douce que la
»mienne, (267) et qu'à peine celuy qui a fait perir par le fer, ou par le poison, tout
»ce qu'il auoit de plus cher et de plus digne d'estre aymé, finira sa vie (–) parmy les
»vœux et les larmes de ses amis. Au lieu des fauorables deuoirs que vostre con-
»stante amitié me rend en cette derniere heure, (269) la sienne ne sera chargee que
»d'imprecations funestes. (–) Les furies qui l'agitent dés maintenant, (268) et luy
»rameinent auec horreur l'image d'Agrippine et de tant d'autres, redoubleront sans

32 »doute pour lors la rigueur de leurs gesnes; et luy feront souffrir dans son horrible
»mort, autant de bourreaux que d'objects autant de supplices que de pensees. (270 f.)
»Ne regretez point la mienne, mes chers amis, (273) elle est plus digne d'enuie que
»de pitié; (–) Ie meurs lors qu'on ne doit plus viure; dans vne saison en laquelle il
»faut faire les injustices, ou les souffrir; Estre coupable, ou mal-heureux; seruir
»d'instrument ou d'object à la cruauté. (273–275)

36 » (...) Le monde n'est pas vn seiour agreable lors qu'il est en proye aux meschans;
»Maintenant qu'on n'y entend plus que le bruit des chaisnes, les cris des mourans,
»ou les plaintes de ceux qui demeurent; Que l'on n'y voit que carnage et sang res-
»pandu, comme si nous estions soubs l'Empire des Tigres et des Lyons: (275–278)
»Et de moy ie croirois violer les Loix de l'amitié que ie vous ay iurée, si ie n'estois
»sensiblement touché des miseres qui menacent vostre fortune. (280)

» Pour vous, MA PAVLINE, (...)

» Pour vous, MA PAVLINE, chere compagne de ma vie, auec qui i'ay partagé
»toutes mes ioyes, et toutes mes infortunes, i'ay peine d'aprouuer, et n'oserois pour-

37 »tant condamner (–) vos larmes, que vostre perte rend en quelque façon legitimes,
»et vostre sexe excusables; (283) (...) Vous ne deuez pas pourtant vous y aban-
»donner sans resistance comme les ames vulgaires, mais bien tesmoigner en cette oc-
»casion, que vous auez profité des preceptes, que ie vous confirme par mon exem-
»ple: (vgl. 289 f.) Faites par raison, ce que les autres sont par le temps, (282) (...)

39 »bien que la statuë change de baze et d'appuy, elle ne doit pas changer de posture.
»(285 f.) Ie sçay pourtant que vostre preuoyance ne s'est iamais endormie dans le
»sein des prosperités; (–) Que vous n'auez pas voulu vous fier au calme de cét ele-
»ment, que le moindre vent irrite, et qui fait briser les vaisseaux, au mesme lieu où
»ils se sont ioüez peu auparauant; (288) (...)

40 »Ie ne sçay pas si Neron vous laisse la vie comme vne grace, ou comme vn supplice;
»Mais le Sage est tousiours maistre de son destin: Vsez bien des maux qu'il vous
»fera, (–) et quoy que ce soit fort peu de chose à celuy qui a esgorgé sa mere, de per-
»secuter vne femme; (anders: 309–312; Tacitus ann. 15,62,2 bezieht Neros frühere
»Morde auf Seneca) s'il est lasche iusques à ce point, ce ne sera pas peu de gloire à

41 »vous d'auoir souffert ses injustices; Viuez contente comme ie meurs, plustost glo-
»rieux qu'innocent, et ne regrettez pas Seneque, puis que par sa mort, il ne fait point
»de honte à sa vie

    Apres que Seneque eut parlé de la façon, il appella l'vn de ses esclaues pour luy
couper les veines: Mais Pauline, qui ne faisoit pas dessein de suruiure à vn tel
mary, s'adressant à luy, apres l'auoir tendrement embrassé, (–) luy dit auec vne
constance incroyable.

42 » (...) Faut-il parler de la vie à Pauline, lors que Seneque l'abandonne? (292)
»n'est-ce pas luy peindre la lumiere auec vn charbon, (302) (...) Pourquoy, MON
»CHER SENEQVE, offencez-vous si sensiblement ma fidelité que ie n'ay iamais
»violée? (–) ou plustost pourquoy vous faites-vous ce tort à vous mesme que de

43 »douter de la force de vos instructions, et de vos exemples? (vgl. 298) (...) il semble
»qu'en ce qui me regarde vous changiez d'auis, et qu'apres auoir fortifié mes resolu-
»tions pendant vostre vie, vous vous efforciez de les affoiblir en mourant, et de me
»fermer à present (–) vne porte, que vous m'auez tousiours monstrée ouuerte à la

44 »liberté. (305) (...) Nous ne sçaurions ni viure, ni mourir par moitié comme les In-
»sectes; (299 f., vgl. 293) (...) Ne vous souuient-il pas de m'auoir dit assez souuent?
»que le sommeil estoit l'image de la mort, et le lict celle du tombeau; Mais la verité
»dementiroit la figure, si apres auoir esté vnis en l'vn, nous estions separez en
»l'autre, (–) et si nos cendres n'estoient pas entremeslées, apres auoir bruslé d'vne

45 »flamme commune. (296) (...) Du moins ie ne sçaurois m'imaginer que vous me
»reseruiez pour introduire la seruitude dans vostre maison, et pour traisner vne vie
»precaire, sous le bon plaisir de celuy qui vous l'auroit rauie: (–) Que si l'hoste de

46 »Silla ne la voulut iamais receuoir, du meurtrier de ses concitoyens, (318 f.)
»pourrois-je bien estre redeuable de la mienne, à celuy qui a fait esgorger sa mere,
»et son Precepteur mon mary? et obligée à baiser des mains sanglantes qui me
»feroient vn present, apres m'auoir deschiré les entrailles? (316 f., vgl. 311) (...) Aussi

47 »ma vie ne seruiroit plus qu'à grossir les miseres, qui rendent hideuse la face de ma
»Patrie, elle augmenteroit le nombre des Spectres qui agitent cette ame criminelle,
»(–) et Neron se resoudroit bien-tost à me tirer du monde, pour se tirer luy mesme
»des inquietudes que ma presence luy causeroit; (vgl. 309–312, dazu auch Mascaron,

48 »S. 40) (...) Ie n'abandonne pas pourtant la vie, pour la crainte des maux dont la
»mienne est menacée; Ie ferme en cette occasion les yeux à toute sorte d'interest, et
»proteste deuant les Dieux immotels (!), (–) que Pauline ne meurt, que parce qu'elle
»ne soit pas suruiure à Seneque. (322)

Damit ist die Rede der Pauline beendet. Nach einem kurzen Zwischenbericht *Mascarons*,
der die folgenden Ereignisse großenteils schon vorwegnimmt, folgt eine zweite Rede des
Philosophen (S. 53–88), auf S. 52 angekündigt als »les belles paroles que prononça ce grand
homme dans les derniers moments de sa vie«.

Senecas neue Rede beginnt:

53 » IE VOVS ay proposé la vie, CHERE PAVLINE, de la mesme façon que les
»meres offrent aux enfans qu'elles veulent feurer, la mammelle imbuë de drogues
»ameres afin qu'ils s'en desgoustent d'eux-mesmes, et si ie vous en ay monstré les
»biens, et les maux, ç'a esté pour rendre vostre choix plus libre et plus glorieux.

54 »(323–328) (...) Quelque égalité pourtant qu'il y ait dans nostre destin, (–) vostre

»mort aura beaucoup d'auantages sur la mienne: Vous sacrifiez les plus belles an-
»nées de vostre aage, et ie n'en offre que l'esgout; celuy qui me commande de mou-
»rir, vous permet de viure, et cette liberté adjouste des ornemens à vostre resolu-
»tion que la mienne n'a pas; Ie reçoy ce que vous allez rencontrer; Ie perds la vie,
55 »mais vous la fuyez, et l'on dira que Seneque a supporté constamment ce qu'il ne
»pouuoit éuiter, mais que Pauline a poursuiui la mort qui s'esloignoit d'elle, et aban-
»doné volontairement dans vn aage vigoureux, ce que les autres ont peine de quitter
»dans vne extréme vieillesse. *(329–332)*

### V b 333–349
56 » Mais il est temps de mourir, Pauline, *(333)* (. . .) Approche Dyphax, *(333)* (. . .)
57 »De tous les seruices que tu nous as rendus pendant ta vie, aucun ne nous fut iamais
»plus agreable que celuy que tu nous vas rendre; ce dernier doit couronner tous les
»autres, *(336)* et te donner cét auantage par dessus tout tes esgaux d'auoir affranchi
»ton Maistre: *(338)* Coupe hardiment ces liens qui nous attachent à la vie; *(337)* Fay
»sortir de ces veines l'humeur qui l'entretient. (–) Mais quoy tu trembles Dyphax, ta
»main nous refuse cette assistance; Et ce pasle visage *(334 f.)* nous fait bien con-
»noistre, qu'elle attenteroit plus volontiers sur ta vie, que sur la nostre: *(339)* Ta
»foiblesse m'aprend, que pour estre heureux l'on n'a besoin que de soy-mesme;
»*(340f.)* Que nostre felicité est tousiours en nostre pouuoir, et qu'il ne seroit pas
»moins honteux à Seneque de demander la mort à vn autre, que de luy demander
58 »la vie. (–) Rends moy doncques ce poignard, *(342)* dont ta main me paroist plus-
»tost embellie, qu'armée; (–) Et pour te faire voir qu'il est moins aceré que mon
»courage, (vgl. 342) regarde dans ces playes, si ie sçay m'ouurir le chemin au repos,
»ou à l'immortalité. *(349)* Ie te le remets Pauline, *(346)* (. . .)

Auf S. 56 vermerkt *Mascaron* am Rand: »Dyphax l'vn des esclaues de Seneque.«

### V b 352–360
An die »BRAVES PRETORIENS« gewandt, sagt Seneca bei *Mascaron*:
60 » (. . .) Rome qui vous cherissoit alors comme les depositaires du salut du Prince,
61 »*(354 f.)* et de la felicité des sujets, (–) vous regarde maintenant comme les protec-
»teurs de ses crimes, et les ministres de sa fureur. *(358)* (. . .) Mais s'il reste encor à
62 »vos ames quelque genereux mouuement, sçauriez-vous voir sans honte vos Aigles
»Romaines, soumises à vn corbeau, et souffrir à la teste de vos legions cét effeminé
»Tigillin, *(355–357)* plus aiusté que les garces publiques, ausquelles seulement il est
»digne de commander? (–) Pouuez-vous receuoir de cette infame bouche (à qui la
»femme de chambre d'Octauia fit vn si honteux reproche,) les ordres militaires (. . .)?
»*(359 f.)*

Zu S. 62 vermerkt *Mascaron* in einer Randglosse:
La femme de chambre d'Octauia qu'on vouloit forcer par les tortures d'accu ser (!)
sa Maistresse d'Adultere, répondit à Tigillin qui la pressoit par des interrogats, que
les parties naturelles d'Octauia estoient plus chastés que sa bouche. *Tacit. Annal.
l.14.*

### V b 363–376
*Mascaron* setzt die Rede des Philosophen fort:
64 » Il semble pourtant que la nature me vueille retenir par force, et boucher les
»canaux par où ma vie doit s'escouler; *(363)* ce sang qui ne sort pas de mes veines
»ouuertes, est ennemy de sa liberté, mais plus encore de la mienne, (–) Il ne vient
65 »que goutte à goutte *(364)* bien que mes desirs le pressent, *(373)* (. . .) Ce n'est pour-
»tant ni la crainte ni l'embonpoint qui luy donnent de l'obstacle, et si la peur ne
»l'arreste pas, l'abondance n'en a pas bouché le passage; *(363)* c'est plustost que
»mon corps desseiché par l'âge, et par les chagrins que m'a causez la mauuaise vie
»de ce Prince, *(365)* n'a que fort peu de sang à verser, et si le ruisseau ne peut couler,

»il ne faut pas croire que le cours en soit diuerty, mais que la source en est tarie.
»(363 f.)

» Vous n'auez donc rien à regretter dans ma mort. Mes chers amis, il me restoit
»si peu à viure, que Neron n'a preuenu la nature, que de fort peu de iours; Il a ietté
66 »par la fenestre, celuy qui alloit estre accablé soubs les ruines de sa maison; (–) Il
»a fait eschoüer vn vaisseau brisé, et esteint vn flambeau qui n'auoit plus d'aliment
»pour faire durer sa lumiere. (366 f.) S'il luy arriue de finir ses iours par vne mort
»violente, comme il est apparent que l'horreur de ses crimes le conduira bien-tost
»dans quelque fin tragique, ie m'asseure qu'il ne se treuuera pas en la peine où
»ie me voy, (–) et que ne s'estant nourry que de sang, il ne sera pas mal-aisé d'en
»faire sortir de ses veines. (368 f.) Peut-estre mes chers amis, que le Ciel le permet
»de la sorte, afin qu'en ce dernier iour, ie vous confirme la verité des discours que
»ie vous ay tenus assez souuent; (vgl. 249 f.; dazu S. 75) qu'il n'y a qu'à brauer la
»mort pour la faire fuir deuant nous; qu'à luy monstrer vn visage asseuré, pour luy
»faire tourner le dos; et qu'elle craint tous ceux qui ne la craignent pas. (371 f.) (...)
67 » Mais ie voy bien que cecy m'arriue comme vn effet assez ordinaire dans la na-
»ture, (–) qui ne permet pas à la liqueur enfermée, de sortir si quelque autre ouuer-
»ture ne donne l'entree à l'air qui luy doit succeder; Puis doncques qu'elle m'en
»enseigne le remede, ce poignard (374–376) qui ne rougit que du sang de Pauline,
»comme s'il auoit honte d'auoir blessé vne femme, apres auoir fait inutilement les
68 »premieres ouuertures en ma personne, fera les dernieres auec effect. Tout insen-
»sible qu'il est, il a pitié de Neron, (–) et le voyant trauaillé d'vne soif enragée, il luy
»ouure des sources où sa cruauté pourra se desalterer dans le sang qui est son
»breuuage ordinaire. (368 f.)

Am Rand von S. 68 vermerkt *Mascaron:* »Seneque se coupe les vei nes (!) des cuisses et
des jambes.«

*V b 376–386*
69 » I'auois, mes chers amis, assez de resolution pour me tirer d'vn seul coup des
»douleurs que ces playes me font souffrir; (vgl. 376–378) Ie pouuois comme beau-
70 »coup d'autres aualer cette drogue sans la mascher; Mais pour choisir vn genre de
»mort qui me donnast le loisir d'en gouster toutes les amertumes, (379–381) i'ay
»voulu brusler à mon aise de ce feu qui Deifie, et qui fait peut-estre des Heros à
»mesure qu'il destruit des hommes. (385) Dans ce rauissement où mon ame est
»esleuée, (383) elle n'entend les plaintes de mes sens trauaillez, que comme les re-
»dites d'vn Echo qui frappent l'oreille, mais ne touchent pas la raison; (–) Ou plus-
»tost comme vn vainqueur entend les gemissemens des captifs, (384) parmy la ioye
»et les acclamations de son Triomphe. Quelques cruelles que soient les douleurs que
»i'endure, elles ne me touchent non plus que si ie les souffrois dans vn corps em-
»prunté, (–) et ie considere les ruines du mien de la mesme façon que Neron regar-
71 »doit naguieres l'embrazement de Rome, en chantant celuy de Troye, et à trauers
»vne esmeraude, qui d'vn accident si funeste faisoit l'obiet de son plaisir. (386)

*V b 387–390*
71 »C'est à vos douleurs seulement, Chere Pauline, que ie me trouue sensible; (387)
72 «(...) Vous me faites de la peine, Chere Pauline, quelque genereuse que vous soyez,
»vous m'estes vn obiet de compassion; (vgl. 388) (...) Outre que i'aprehende extre-
»mement d'augmenter vos angoisses par ma presence, et que ce constant amour qui
»n'a iamais souffert de diuision entre vous et moy, ne vous surcharge encore des
»peines que i'endure. (389) Permettez donc, Pauline, que pour nostre commune
73 »satisfaction l'on vous tire d'ici, (390) (...) Adieu, chere Pauline, ce depart me tou-
»che iusques au cœur; (–) Vostre silence parle assez bien de vostre douleur, (390)
»et me fait bien connoistre qu'ayant perdu l'vsage de la voix vous ne tarderez pas

223

»à perdre celui des autres sentimens, et que vous estes à cette heure entre les bras
»de la liberté, bien que des esclaues vous emportent. (–)

### V b 391–394

74 » (. . .) En quoy est-ce, Grand Dieu, que i'ay attiré sur moy vostre colere? Par
76 »quels crimes ay-ie merité de vous vn traitement si rude? (*391*) (. . .) l'auois regardé
»fixement et sans peur ce funeste visage de la mort, dont les hommes ne peuuent
»souffrir la peinture, mais ie ne sçauois pas qu'elle fust vn objet de frayeur (–) lors
77 »qu'elle tourne le dos, et que son esloignement fust à craindre apres auoir mes-
»prisé ses approches. (*393 f.*)

### V b 394–410

80 » (. . .) L'Amour vertueux est tousiours pere, bien que quelquefois il ressemble à
»vn Tyran; Quelque traittement qu'il fasse, c'est tousiours le mesme mouuement
»qui le fait agir, (–) et contribuë aussi volontiers à la perte de son objet qu'à sa con-
»seruation, (vgl. *399*) lors que la raison l'ordonne de la sorte. Les peres n'ont pas
»refusé pareils offices à leurs enfans, ny les enfans à leurs peres; Les femmes l'ont
»rendu à leurs maris, comme vn tesmoignage de leurs plus tendres affections, et
81 »vous en auez veu presentement l'exemple en la personne de Pauline: (–) Elle pour
»qui seule la vie m'estoit aimable, a receu de mes mains le poignard qui peut-estre
»luy a desia rauy la sienne, et ie ne pense pas luy auoir iamais tesmoigné plus
»d'amour qu'à lors que ie luy ay conseillé de ne demeurer plus au monde. (*405 f.*)

Zu S. 80 notiert *Mascaron* in einer Randglosse:
Egnatius Pere et fils durant le Triumvirat se voyant poursuiuis prindrent chacun vne
espee, et se tuerent l'vn l'au tre (!). Arria et Cecinna Petus du temps de l'Empereur
Claudius firent quelque chose de semblable. (*400–404*)

Auf S. 81 ff. wendet sich der sterbende Philosoph an seinen Arzt und Freund »Stace Année«.
Das Gift, das er auf seine Bitte hin erhält, preist er auf S. 83 als
»ce sacré breuuage qui merite mieux le nom d'vn Nectar, que d'vn poison. (*410*)

### V b 411–414

87 » (. . .) si ie ne puis atteindre Socrate ie le suiuray de veuë, et comme ces grands
»exemples ostent l'esperance à mesure qu'il font naistre le desir de les imiter ce sera
»bien assez d'aller par vn chemin qu'il a frayé, et de suiure des traces qu'on doit
»adorer: Que si ma mort ne peut auoir ces beautez interieures et ces exquis orne-
»mens qui embellissent la sienne, elle en aura du moins les dehors et les apparences:
»Ie braue ce qu'il a mesprisé; sa vie a esté le joüet de la corruption et de l'iniustice,
88 »et la mienne est le butin de l'ingratitude et de la cruauté: (–) Et si ie ne l'imite en
»autre chose, ce sera bien assez d'auoir finy ma vie par le mesme poison qui luy a
»rauy la sienne. (*413 f.*) Vous sçauez, mes chers amis, qu'apres auoir admiré les ori-
»ginaux l'on ne laisse pas d'estimer les copies; Aussi ne manquerons nous iamais de
»graces et d'ornemens, si peu que nous ressemblions à ces grands hommes, (–) puis
»que le moindre de leurs rayons fait vn astre, (vgl. *412 f.*) et que d'vn seul trait de
»leurs visages il se forme vne beauté parfaite. (–)

Mit diesen Worten ist Senecas lange Rede beendet.

### V b 415–438

Da Lohenstein hier in mehreren Punkten von *Mascaron* abweicht, sind im folgenden auch
die übrigen Darstellungen angegeben, die als Quellen infrage kommen. *Mascaron* stützt
sich auf *Montaigne* und zum Schluß auf *Tacitus,* Montaigne auf die »Vita Senecae« und
diese auf Tacitus. Im einzelnen ist die Zeit von der Einnahme des Giftes bis zu Senecas
Tod folgendermaßen dargestellt. *Tacitus* schreibt ann. 15,64,3 f.:

allatúmque (venenum) hausit frustrà, frigidis iam artibus et clauso corpore ad-
4   uersum vim veneni. Postremò stagnum calidae aquae introiit, (anders: 415–418)
respergens proximos seruorum, (–) additâ voce, *Libare se liquorem illum* IOVI *libe-*
*ratori.* (anders: 437 f.) Exin balneo illatus, et vapore eius exanimatus, sine vllo fune-
ris sollenni crematur. Ita codicillis praescripserat, cùm etiam tum praediues et prae-
potens, supremis suis consuleret. (–)

Zur Fortsetzung dieses Textes vgl. I b. – In der »Vita Senecae« heißt es:
   quod (uenenum) datum ad cor ex debilitate membrorum transire non potuit. Fecit
   itaque sibi fieri balneum de consilio Statij aquarum plus quam mediocriter cali-
   darium, (416–418), in quod cum intrasset, audita sunt uerba, licet pauca iam uoce
   attenuata sua immortalitate dignissima. Sentiens deinde mortem appropinquare,
   quo magis ostenderet eam sibi leuiorem esse, nec homini timendam, primo uelut
   ridens suos circumspexit, (vgl. 428–436) deinde aquam illam accepit sanguine mix-
   tam, et super se respersit, inquiens, Hunc liquorem sanguine et aqua mixtum Ioui
   liberatori consecro, (437 f.) per quem, ut arbitror, uerum deum intelligens, quo dicto
   paulo post migrauit. (–)

Nach *Montaignes* Essay II 35 (ed. Armaingaud, Bd 4, S. 456 f.) erhielt Seneca von seinem
Arzt »Statius Anneus« (die Schreibweise »Anneus« hat auch *Lohensteins* Vers 394)
   un breuvage de poison, qui n'eust guiere non plus d'effect, car, pour la foiblesse et
   froideur des membres, elle ne peut arriver jusques au cœur. Par ainsin on luy fit
   outre-cela aprester un baing fort chaud; (416–418) et lors, sentant sa fin prochaine,
   autant qu'il eust d'haleine, il continua des discours tres-excellans sur le suject de
   l'estat où il se trouvoit, (vgl. 419–425) que ses secretaires recueillirent tant qu'ils
   peurent ouyr sa voix; et demeurerent ses parolles dernieres long temps despuis en
   credit et honneur és mains des hommes (ce nous est une bien facheuse perte qu'elles
   ne soyent venues jusques à nous). (–) Comme il sentit les derniers traicts de la mort,
   prenant de l'eau du being toute sanglante, il en arrousa sa teste en disant: Je vouë
   cette eau à Juppiter le liberateur. (vgl. 428–438)

*Mascaron* schreibt im Anschluß an die von ihm erfundene lange Rede Senecas:
88   Aussi-tost que Seneque eut acheué de parler il auala le poison, ayant à peine eu
   assez de force pour le porter iusques à la bouche; (–) ce fut pourtant sans effet,
   parce que la froideur de ses membres glacez par la perte d'vn peu de sang l'empes-
89   cha d'aller iusques au cœur. Mais Année pour le tirer de toutes ces peines s'auisa
   de le faire entrer dans vne cuue pleine d'eau chaude (415–417) pour faciliter la sortie
   du sang, (anders: 418) en humectant les playes qu'il auoit faittes sur sa personne:
   (–) Et bien que Seneque apres auoir inutilement humé ce poison, commençast à se
   plaindre de ce que toutes choses s'opposoient à sa mort, (vgl. 424 f.) ayant conneu
   neantmoins par quelques defaillances que sa vie tiroit vers la fin, (vgl. 428) il tes-
   moigna combien il estoit content d'y estre arriué: (vgl. 434) Et apres auoir braué
   la mort, esleué son ame vers le Ciel, et inuoqué Dieu selon la portée de la foible
   connoissance qu'il en auoit, par des discours qui n'auoient rien de la foiblesse d'vn
   homme mourant, quoy qu'il ne parlast qu'à hoquets, et à reprises, il perdit enfin
   l'vsage de la voix, (–) (...)

Das erhabene Gebet des Philosophen bringt *Mascaron* auf den folgenden Seiten. An dessen
Ende heißt es:
98   »   Mais, Grand Dieu, vostre bonté s'offence de mes peines, ie sens vostre main
99   »fauorable qui m'en retire; (–) Neron ne m'a rien laissé pour vous offrir en action de
   »graces que cette liqueur rougie de mon sang: Receuez-la doncques.
   »IE L'OFFRE A IVPITER LIBERATEVR. *(437 f.)*
      A ces mots Seneque ietta de l'eau sanglante à ceux qui estoient les moins esloi-
   gnez de sa cuue, et cette langue qui auoit instruit les Princes, et raui les peuples
   ayant perdu l'vsage de la parole, il commença de souffrir les conuulsions d'vn

225

mourant: Pour le tirer bien-tost de peine. Année le fit porter dans vn bain qui estoit à costé de la salle, où les vapeurs l'estoufferent dés qu'il y fut entré. (–)

Die letzten, von Lohenstein nicht aufgenommenen Sätze beruhen auf *Tacitus* ann. 15,64,4. Vorher sowie nachher mit dem Bericht über Paulinas Rettung folgt Mascaron *Montaigne*. Im Gegensatz zu Tacitus ann. 15,61,4 f. meldet dieser ihr Weiterleben, das die »Vita Senecae« ganz verschweigt, erst nach Senecas Tod.

## V c (439–500)

Vgl. S. 91. – *Tacitus* ann. 15,67,4 (anschließend an den zu IV b zitierten Text):
Poena Flauij Veiano Nigro tribuno mandatur. (IV b 443) Is proximo in agro scrobem effodi iussit, (–) quem Flauius vt humilem et angustum increpans, (V c 492) circumstantibus militibus: *Ne hoc quidem,* inquit, *ex disciplinâ.* (vgl. 493) admonitus fortiter protendere ceruicem: *Vtinam,* ait, *tu tam fortiter ferias.* (497 f.) Et ille multum tremens, (anders: 499) cùm vix duobus ictibus caput amputauisset, (500) saeuitiam apud Neronem iactauit, (–) sesquiplagâ interfectum à se dicendo. (500)

Kapitel 68,1 schließt an:
Proximum constantiae exemplum, Sulpicius Asper centurio praebuit. percontanti Neroni, cur in caedem suam conspirauisset? breuiter respondens: *Non aliter tot flagitiis eius subueniri posse.* Tum iussam poenam subiit. (vgl. IV b) Nec ceteri centuriones in perpetiendis suppliciis degenerauere. (–; vgl. allenfalls den Tod des Scaurus in IV d) At non Fenio Rufo par animus, sed lamentationes suas etiam in testamentum contulit. (V c, bes. 484)

## V d (501–752)

Vgl. S. 84–87. – *Tacitus* ann. 15,57 (anschließend an den zu III f zitierten Anfang des Kapitels):
2  Sic primus quaestionis dies contemtus. Postero (vgl. S. 134) cum ad eosdem cruciatus retraheretur gestamine sellae (anders: 522 f., vgl. 572, 720) (nam dissolutis membris insistere nequibat) (vgl. 516 f.) vinclo fasciae quam pectori detraxerat, in modum laquei ad arcum sellae restricto, (anders: 735) indidit ceruicem, et corporis pondere connisa, tenuem iam spiritum expressit: (735–737) clariore exemplo libertina mulier in tantâ necessitate alienos ac propè ignotos protegendo, cùm ingenui et viri et equites Romani senatorésque intacti tormentis, carissima quaeque suorum pignorum proderent. (vgl. II e 421–427, III g 666, IV b 87–89, 389 f.)

Zu den Veränderungen hinsichtlich des Todes der Epicharis vgl. S. 132 f., zu der Antithese am Schluß des Kapitels 57 S. 78, zu deren Umschichtung S. 86, zur Fortsetzung des Textes III g. – Nach dem Tod des Rufus (vgl. V c) schildert Tacitus in den Kapiteln 68 und 69 das Ende des Konsuls Vestinus, an das Lohenstein mit III g 706 f. und 720 nur kurz erinnert. In Kapitel 70 schreibt er:
1  Exin M. Annaei Lucani caedem imperat. (anders: 574) Is profluente sanguine, (577) vbi frigescere pedes manúsque, (vgl. 603) et paulatim ab extremis cedere spiritum, (vgl. 601 f.) feruido adhuc et compote mentis pectore intelligit; (–) recordatus carmen à se compositum, quo vulneratum militem per eiusmodi mortis imaginem obiisse tradiderat, (598 f., vgl. ab 593) versus ipsos rettulit. (600–602, freie Übersetzung der in der Anmerkung zu Vers 598 gedruckten »Pharsalia«-Verse 3, 638–640, die vermutlich von Justus Lipsius übernommen sind; in dessen Tacitus-Ausgabe sind sie mit der Einleitung »Sunt haud dubie isti« angemerkt) eáque illi suprema vox
2  fuit. (603 f.) Senecio posthac (615, 667–682) et Quinctianus, (660–666) et Sceuinus, (684–713) non ex priore vitae mollitiâ, (vgl. 670–673, 689 f.) mox reliqui coniuratorum periere, nullo facto dictóve memorando. (–)

Aus dem anschließenden Kapitel 71 werden hier nur die Schicksale der schon vorher von

*Tacitus* im Rahmen der Pisonischen Verschwörung erwähnten Personen herausgegriffen, die auch *Lohenstein* sonst berücksichtigt:

 1 Sed compleri interim vrbs funeribus, Capitolium victimis: alius filio, fratre alius, aut propinquo, aut amico interfectis, agere grates deis, ornare lauru domum, genua ipsius aduolui, et dextram osculis fatigare. Atque ille gaudium id credens, (–) Antonij Natalis et Ceruarij Proculi festinata indicia impunitate remuneratur: (714) Mi-
 2 lichus praemiis ditatus, (718 f.) Conseruatoris sibi nomen (740) Graeco eius rei vocabulo assumsit. E tribunis Granius Siluanus quamuis absolutus, suâ manu cecidit: Statius Proximus veniam quam ab Imperatore acceperat, vanitate exitus corrupit.
 3 (...) et Glitio Gallo atque Annio Pollioni infamatis magis quàm conuictis, data ex-
 5 silia. (...) At illa mater Annaei Lucani, sine absolutione in supplicio dissimulata. (–)

Kapitel 72 schließt an:

 1 Quibus perpetratis Nero, et concione militum habitâ, (–) bina nummûm millia viritim manipularibus diuisit; addiditque sine pretio frumentum, (742; zur Einbeziehung des Volkes vgl. die Anmerkung zu Vers V 685 der »Cleopatra«) quo antè ex modo annonae vtebantur. Tum quasi gesta bello expositurus vocat senatum, et triumphale decus Petronio Turpiliano consulari: Cocceio Neruae praetori designato, Tigellino praefecto praetorij tribuit; (–) Tigellinum et Neruam ita extollens, vt super triumphales in foro imagines, apud palatium effigies eorum quoque sisteret. (teilweise: 741) (...)

Den Rest des Kapitels 72 und Kapitel 73 berücksichtigt Lohenstein nicht. In Kapitel 74, dem letzten des 15. »Annalen«-Buches, schreibt *Tacitus:*

 1 Tum decreta dona et grates deis (752) propriusque honos Soli, cui est vetus aedes apud Circum, in quo facinus parabatur, qui occulta coniurationis, numine retexisset: (749 f.) vtque Circensium cerealium ludicrum pluribus equorum cursibus celebraretur: (748) mensísque Aprilis Neronis cognomentum acciperet: (743) templum
 2 Saluti exstrueretur, eo loci ex quo Sceuinus ferrum promserat. (747) Ipse eum pugionem apud Capitolium sacrauit, inscripsítque IOVI VINDICI. (746) (...)

Den Schluß dieses Kapitels verwertet Lohenstein nicht.

*Tristan L'Hermite* stellt das Ende der Epicaris in seiner Szene V c dar. Als das gute Zureden des Seuinus nichts hilft, schlagen Neron und zwischendurch auch Sabine Popée einen schärferen Ton an:

     NERON.
Pren-tu quelque plaisir à te faire gesner?
     EPICARIS.
Beaucoup moins qu'vn Tiran n'en gouste à l'ordonner.
     SABINE.
1715 L'impudente, la terre est-elle bien capable
De porter vn moment ce Monstre insuportable?
     EPICARIS.
Elle peut sans horreur porter Epicaris,
Puis qu'elle porte bien la femme aux trois maris.
     SABINE.
Ta langue pour ce mot sera bien-tost coupée.

Auch *Lohenstein* wägt die Gefühle des Tyrannen und seiner Opfer gegeneinander ab, allerdings übertrumpft die Empfindungslosigkeit der Gequälten Neros Sadismus (581–583, 604, 721–723). Die Auseinandersetzung der beiden Frauen gestaltet Lohenstein etwas anders als Tristan in den Versen 555–570. Tristans Vers 1719 hat ihn möglicherweise zu IV b 264 inspiriert, wo Nero dem Gratus die Zunge auszureißen befiehlt. Beide Dichter lassen Epicaris auf Neros Ende anspielen, Tristan in Vers 1748 (»Possible que ton sort quelque iour sera pire.«), Lohenstein in Vers 733. Die Anweisung, »Qu'on la face mourir du plus cruel suplice«, die der Tyrann bei Tristan kurz vor dem Ende der Heldin in Vers 1751 gibt, beherrscht bei Lohenstein die ganze Szene.

Die beigegebenen Zahlen bezeichnen die Art des jeweiligen Tacitus-Textes. Es bedeuten:

1 = Bericht des Tacitus, den Lohenstein einer dramatischen Person in den Mund legt,

2 = Kommentar des Tacitus, den Lohenstein einer dramatischen Person in den Mund legt,

3 = zitierte Rede, die im Drama von der betreffenden Person selbst vorgetragen wird,

3 a = zitierte Rede, die im Drama von einem Zeugen berichtet wird,

4 = zitierte kürzere Äußerung, die im Drama von der betreffenden Person selbst vorgetragen wird,

5 = Maßnahmen Neros, die Tacitus berichtet und die der Kaiser im Drama selbst anordnet,

6 = Protokoll einer Gesprächssituation oder dergleichen, das Lohenstein in Dialog zurückverwandelt.

| Art | Agrippina | Tac. ann. | Inhalt |
|---|---|---|---|
| 1 | I a 93–99 | 13,45 | Charakteristik Poppäas |
| 4 | I a 132 f. | 13,46,1 | Othos Lob auf Poppäa |
| 1 | I b 185–187, 193 | 13,19,3 | Anzeige gegen Agrippina |
| 6 | I b 227–238 | 13,20,1 f. | Zweifel an Burrhus |
| 6 | I b 246, 262–278 | 13,20,3 | Treueversicherung des Burrhus |
| 1 | I c 287, 291 | 13,19,1 | Agrippinas Einsamkeit |
| 3 | I d 384–480 | 13,21 | Agrippinas Rechtfertigung |
| 6 | I e 521 f., 561 f. | 13,21,6 | Agrippinas Racheforderung |
| 5 | I e 580–587 | 13,22 | Maßnahmen zugunsten Agrippinas |
| 6 | II a 36 f., 58 f. | 13,46,2 | Poppäas Spiel mit Nero |
| 3 | II a 91–107 | 13,46,2 | erste Rede Poppäas |
| 3 | II a 125–147 | 14,1 | zweite Rede Poppäas |
| 3 | II e 462–492 | 3,33 f. | Für und Wider der Mitreise von Ehefrauen in den Krieg |
| 1 | III a 5–28 | 14,2,1 | Agrippinas Inzest mit Nero |
| 2 | III a 36–40 | 14,2,2 | Gründe für Agrippinas Initiative |
| 4 | III a 123–128 | 14,2,1 | Senecas Auftrag an Acte |
| 4 | III c 264–271 | 14,2,1 | |
| 6 | III d 319–321 | 14,3,1 | Beratung über Mordmittel |
| | 326–339 | 14,3,2 | |
| 3 | III d 348–371 | 14,3,3 | Vorschlag des Anicetus |
| 6 | III d 372–377 | 14,4,1 | Billigung dieses Vorschlags |
| 6 | III e 442 | 14,4,4 | Neros Abschied von Agrippina |
| 1 | III Reyen 469–476, 481–484 | 14,5 | Schiffbruch |
| 1 | IV b 83–92 | 14,8,1 | Auflauf am Strand |
| 4 | IV b 101 f. | 14,7,1 | Meldung von Agrippinas Rettung |
| 3 | IV b 109–115 120–122 | 14,7,2 | Neros Angst |
| 4 | IV c 154 | 14,7,3 | Senecas Frage an Burrhus |
| 4 | IV c 186–192 | 14,7,4 | Antwort des Burrhus |
| 4 | IV c 194–197 | 14,7,5 | Neros Dank an Anicetus |
| 3 | IV d 221–231 | 14,6,2 | Botschaft des Agerinus |
| 1 | IV d 235–254 | 14,5 | Bericht über den Schiffbruch |

| | | | |
|---|---|---|---|
| 6 | V a 90 | 14,8,3 | Agrippinas Angst |
| 1 | V a 96–99 | 14,9,3 | Prophezeiung der Chaldäer |
| 4 | V a 115 | 14,8,4 | Agrippina zu ihrer Magd |
| 4 | V b 121–125 | 14,8,4 | Agrippina zu ihren Mördern |
| 4 | V b 152–155 | 14,8,5 | Agrippinas letzte Worte (vgl. Xiphilinus) |
| 6 | V c 212–229 | 14,10 f. | Brief an den Senat |
| 5 | V c 243–250 | 14,12,3 f. | Begnadigung von Agrippinas Feinden |
| 6 | V c 251–261 | 14,12,1 | Sonstige Maßnahmen |
| 6 | V e 469–479 | 14,10,2 | Treueversicherung der Prätorianer |

| | *Epicharis* | *Tac. ann. 15* | |
|---|---|---|---|
| 2 | I a 72–74 | 50,3 | Beweggrund des Rufus |
| 2 | I a 95–99 | 51,2 | Beweggrund des Proculus |
| 1 | I b 375–390 | 48 | Charakteristik Pisos |
| 4 | I b 448 f. | 65 | Scevin über Piso als möglichen Nachfolger Neros |
| 4 | I c 580–583 | 60,3 | Senecas Gespräch mit Natalis (vgl. III e) |
| 6 | I d 644–649 | 52,1 | Vorschlag von Pisos Villa als Attentatsort |
| 4 | I d 654–657 664–667 | 52,1 | Pisos ablehnende Antwort |
| 6 | I d 668–670 | 50,4 | Vorschlag des Flavius |
| 6 | I d 711–729 | 53,1 f. | endgültiger Attentatsplan |
| 1 | I Reyen 769–786 793–804 | 47 | schlimme Vorzeichen |
| 6 | II b 192–195 197, 199, 201 | 54,1 54,3 | Scevins Befehle an Milichus |
| 2 | II c 205–208 225–227 | 54,2 | Scevins Schwermut |
| 6 | III a 1–16 | 55,1 | Milichus bei Nero |
| 2 | III b 77–82 | 51,4 | Haft der Epicharis |
| 3 | III d 165 | 59,2 | Mahnungen an Piso |
| | 184–188 | 59,2 | Mahnungen an Piso |
| | 197 f. | 59,2 | Mahnungen an Piso |
| | 210–214 | 59,3 | Mahnungen an Piso |
| | 235 f. 244–250 | 59,3 | Mahnungen an Piso |
| 3 | III e 304, 313 f. | 55,2 | Scevins Verteidigungsrede |
| | 333–354 | 55,2 f. | Scevins Verteidigungsrede |
| 4 | III e 489–493 498–501 | 60,3 (vgl. 56,2) | Natal über sein Gespräch mit Seneca (vgl. I c) |
| 6 | III g 699–703 | 56,4 | weitere Geständnisse |
| 6 | III g 713–716 | 58,2 | Wachverstärkung |
| 6 | IV b 269–271 | 58,4 | Zorn des Flavius |
| 4 | IV b 282 | 66,1 | Entlarvung des Rufus |
| 2 | IV b 286–288 | 66,1 | Grund der Entlarvung |
| 1 | IV b 294–296 | 66,2 | Reaktion des Rufus |
| 4 | IV b 317–319 | 66,1 | Aufforderung an Rufus zum Geständnis |
| 4 | IV b 380–385 | 67,1 | Versuch des Flavius, sich zu verteidigen |
| 4 | IV b 426–439 | 67,2 | Vorwürfe des Flavius an Nero |
| 4 | IV b 444–446 | 68,1 | Sulpitius Asper zu Nero |
| 2 | IV b 450–452 | 67,3 | Schwere der Vorwürfe |
| 3 a | IV c 466–474 | 61,1 | Senecas Worte an Granius Sylvanus |

| | | | |
|---|---|---|---|
| 4 | IV c 475–477 | 61,2 | Neros Befehl an Granius Sylvanus |
| 6 | IV d 628–636 | 60,1 | Laterans Ende |
| 4 | V c 492, 497–500 | 67,4 | Enthauptung des Flavius |
| 1 | V d 598–604 | 70,1 | Lucans Tod (mit Zitat aus »Pharsalia«) |
| 5 | V d 714, 718 f. | 71,1 | Gnadenerweise Neros |
| 1 | V d 735–737 | 57,2 | Tod der Epicharis |
| 5 | V d 740 | 71,1 | Ehrentitel für Milichus |
| 5 | V d 741 f. | 72,1 | weitere Maßnahmen Neros |
| 5 | V d 743, 746–752 | 74,1 | weitere Maßnahmen Neros |

## 4. Stellenverzeichnis der in den Arminius-Roman übernommenen Tacitus-Texte

Im folgenden sind die »Annalen«-Kapitel des *Tacitus* den entsprechenden Romanstellen zugeordnet. Die Seitenangaben beziehen sich auf die Erstausgabe des Romans von 1689/90, a und b bedeuten die Spalten.

*Lohenstein* hält die Reihenfolge der Taciteischen Kapitel recht genau ein. Auf weite Strecken gibt er auch ihren Wortlaut so getreu wieder, daß wir von einer regelrechten Übersetzung sprechen können. Passagen, welche die deutschen Belange nicht oder nur zum Teil berühren, läßt er weg oder bespricht er in geraffter Form, so etwa den Aufstand der pannonischen Legionen (ann. 1,16–30). Umgekehrt reichert er die spezifisch deutschen Stellen mit eigenen Zugaben an. Solche breiter entfalteten Stellen sind durch ein Rufzeichen kenntlich gemacht. Unter Punkt 5 wird die wörtliche Anlehnung an *Tacitus* an einem Textbeispiel veranschaulicht.

Die inhaltlichen Hinweise dienen nur einer ersten Orientierung. Sie beziehen sich deshalb in der Regel auf eine größere Gruppe von Stellen. Der Hinweis erfolgt zur ersten Stelle einer solchen Gruppe. Zusätzlich angegebene Einzelheiten erscheinen eingerückt und in Klammern.

| *Arm. II 5* | *Tac. ann. 1* | |
|---|---|---|
| 932 a, b | 5 | Tod des Augustus. Vgl. auch Sueton (Aug. 97 u. 99, Tib. 22) |
| 934 b | 6 | Ermordung Agrippas |
| *Arm. II 6* | *Tac. ann. 1* | |
| 943 a–b | 3,7 | Zwischen Tod und Beisetzung des Augustus. Vgl. auch Sueton. |
| 943 b–944 a | 4 | |
| 944 a–b | 7 | |
| 945 a–947 b | 8 | |
| 947 a | 7,3 | |
| 947 b–948 a | 9 | |
| 948 a–949 a | 10 | |
| 949 a–975 a | – | Beschreibung des Leichenzuges und der Bestattung |
| 976 a–b | 11 | Regierungsantritt des Tiberius. Vgl. auch Sueton. |
| 976 b–977 b | 12 | |
| 977 b–978 a | 13 | |
| 978 a | 14 | |
| 979 a–980 b | 16–30 | Aufstand der pannonischen Legionen |
| 980 b–981 b | 31 | Aufstand der germanischen Legionen, von Germanicus beigelegt |
| 981 b | 32 | |
| 989 a–b | 34 | (Rede des Germanicus) |
| 989 b–990 a | 35 | (Rede des Germanicus) |

| | | |
|---|---|---|
| 990 a–b | 36 | |
| 990 b–991 a | 37 | |
| 991 a–b | 38 | |
| 991 b–992 a | 39 | |
| 992 a–b | 40 | |
| 992 b | 41 | |
| 992 b–993 a | 42 | (Rede des Germanicus) |
| 993 a–b | 43 | (Rede des Germanicus) |
| 994 a–b | 44 | |
| 994 b | 46 | |
| 994 b–995 a | 47 | |
| 995 a | 45 | |
| 995 a–b | 48 | |
| 995 b | 49,1–2 | |
| 996 a | 49,3–4 | Einfall des Germanicus ins Lippegebiet, Überfall auf die Marsen |
| | | |
| 996 b–997 a | 50 | |
| 997 a | 51,1 | |
| 997 b–1000 b! | 51,1 | (Zerstörung des Tanfana-Tempels) |
| 1000 b–1006 a! | 51,2–4 | (Angriff der Germanen) |
| 1006 a | 52 | |
| 1006 a–1032 b | – | Winterpause (Sentia umgarnt Bojocal) |
| 1033 a–1034 a | 55 f. | Einfall des Germanicus in Hessen |
| 1034 a–1036 b | 57 | Befreiung des Segesthes von seinen cheruskischen Belagerern durch Germanicus |
| | | |
| 1036 b–1037 b | 58 | |
| 1039 a–1042 b! | 59,1 | |
| 1042 b–1043 a | 59,2–6 | (Rede des Arminius) |
| 1052 a–1055 b | 60 | Emsfeldzug des Germanicus u. Caecinas |
| 1056 b–1057 b | 61 | |
| 1057 b | 62 | |
| 1058 a–1060 a! | 63,1–2 | (Schlacht gegen Arminius) |
| 1062 b | 63,3 | |
| 1065 b–1066 b | 70 | |
| 1067 a | 63,4 | Rückzug Caecinas mit Kämpfen im Moor |
| 1067 a–1068 b! | 64 | |
| 1068 b–1070 a | 65 | |
| 1070 a–b | ´66 | |
| 1070 b–1071 a | 67 | |
| 1071 a–1073 b! | 68 | |
| 1074 a–1075 a | 69 | |
| 1075 b | 71 | |
| 1075 b | 72,1 | |
| – | 72–81 | Römische Innenpolitik |
| | | |
| *Arm. II 7* | *Tac. ann.* | |
| | | |
| 1095 a | 2,5,3 | Aufrüstung des Germanicus |
| 1095 b–1096 a | 2,6 | |
| 1122 b–1124 b | 2,2 | Unruhen in Parthien und Armenien |
| 1124 b | 2,3 | |
| 1125 b | 2,4 | |
| 1126 a | 6,33–35 | |
| 1144 a–1145 a | 2,39 f. | Nachricht vom falschen Agrippa |

| | | |
|---|---|---|
| 1151 a–b | 4,3 | Sejans Intrige gegen den Tiberius-Sohn Drusus (erzählt von der Zauberin Wartburgis) |
| 1152 a–1154 b | 2,27–32 | Prozeß gegen Libo Drusus (erzählt von der Zauberin Wartburgis) |

*Arm. II 7*     *Tac. ann. 2*

| | | |
|---|---|---|
| 1162 a–1164 b! | 7 | Weserfeldzug des Germanicus |
| 1165 a–1167 a! | 8,1–3 | |
| 1167 b–1169 b! | 8,4 | |
| 1170 b–1171 b! | 9 | (Die feindlichen Brüder) |
| 1171 b–1175 a!! | 10 | (Die feindlichen Brüder) |
| 1176 b–1178 b! | 11 | |
| 1179 a–1180 b! | 12 | |
| 1180 b–1182 a | 13 | |
| 1183 b | 14,1 | |
| 1183 b–1185 a! | 16,3 | (Schlachtordnung der Römer) |
| 1186 b–1187 b | 14 | (Rede des Germanicus vor der Weserschlacht) |
| (vgl. ab 1185 b) | | |
| 1187 b | 15,1 | |
| 1188 b–1190 a | 16,1–2 | (Schlachtordnung der Germanen) |
| 1192 b–1193 a | 15 | (Rede des Arminius vor der Weserschlacht) |
| (vgl. ab 1190 a) | | |
| 1198 a–b | 17 | (Weserschlacht) |
| 1210 a–1211 b | | |
| (vgl. 1195 a– 1212 a) | | |
| 1212 b, 1215 a | 18 | |
| 1215 b | 19,1 | |
| 1217 b–1221 a! | 19,1 | |
| 1221 b–1222 b | 19,2 | |
| 1222 b–1225 a! | 20 | (Schlacht am Angrivarierwall) |
| 1225 a–1226 b! | 21 | |
| 1227 b–1228 b! | 22,1 | |
| 1228 b–1229 a | 22,2 | |
| 1232 b–1233 b | 23 | |
| (vgl. ab 1230 a) | | |
| 1233 b–1237 b! | 24 | |
| 1239 a–1241 a | 25 | |
| 1241 a | 26,1 | |

Zu dem Frontwechsel der Semnonen und Langobarden im anschließenden letzten Viertel des Romanbuchs II 7 vgl. S. 176.

*Arm. II 8*     *Tac. ann. 2*

| | | |
|---|---|---|
| 1319 a–1321 a | 26,2–4 | Rückberufung des Germanicus durch Tiberius |

Zu dem Frontwechsel Ingviomers, der sich mit dem Romanbuch II 8 anbahnt, vgl. S. 176 f.

*Arm. II 9*     *Tac. ann. 2*

| | | |
|---|---|---|
| 1478 a–1479 a | 41 | Triumph des Germanicus. Vgl. Strabon 7,291 f. |
| 1480 a–1481 a | 64 f. | Bruderzwist in Thrazien (Vgl. auch Buch II 1 des Romans.) |
| 1512 a | 65,5 | |
| 1513 a–b | 45 | Schlacht zwischen Arminius und Marbod (Rede des Arminius) |
| 1514 a–1516 a | 46 | (Rede Marbods und Schlacht) |

| | | |
|---|---|---|
| 1518 b–1519 a | 46,5 | (Ablehnung von Marbods Hilfegesuch an Tiberius) |
| 1519 b–1520 b | 88,1 | Adgandesters Angebot, Arminius zu vergiften |
| 1571 b–1576 b! | 62 f. | Vertreibung Marbods und Catualdas |
| 1593 b–1594 b | 88,2–3 | Würdigung des Arminius |
| 1620 a–1625 a | 56 | Nachrichten aus dem Osten |
| 1624 a | 65,4–5 | |
| 1624 b–1626 b | 66 | |
| 1626 b–1627 b | 67 | |
| 1633 b–1634 a | 57–59 | |
| 1634 a–b | 68 | |
| 1634 b–1635 a | 69–75 | (Ende des Germanicus) |

## 5. Herrmanns Rede vor der Weserschlacht in Lohensteins Roman und bei Tacitus

Die in Klammern beigefügten Zahlen deuten die Entsprechungen im einzelnen an. Am Rande sind die Seiten- bzw. Paragraphenzahlen vermerkt. Die historisch verbürgte Rede macht nur einen Teil der Romanrede aus. Die ersten drei Viertel der Romanrede, in denen den Zuhörern das ihnen bei einem römischen Sieg drohende Schicksal vor Augen gestellt wird, sind nicht zitiert, ebensowenig der Appell gegen Ende, die germanischen Hilfstruppen der Römer zu schonen.

In Buch II 7 seines Romans beschreibt *Lohenstein* die Schlachtordnung der Deutschen und fährt dann fort:

1190 a Nach der also gemachten Schlacht-Ordnung redete so wohl Hertzog Ingviomer
1192 b als der Feldherr das Kriegs-Volck folgenden Innhalts an: (1) (. . .) Die älteren Römer aber sind eine Uberbleibung vom Varus/ welche/ um nicht mehr wider die Deutschen zu streiten/ sich durch Aufruhr des Krieges zu entbrechen bemühen/ (2) oder Flüchtlinge des vorigen Jahres/ (–) welche die Narben ihrer von euch empfangenen Wunden noch auf dem Rücken tragen/ und theils von euren Streithämmern/ theils von Sturmwinden und den Meeres-Wellen verstimmet sind; (3) also ohne einige Hoffnung des Sieges (4) so wol wider das erzürnte Verhängnüs/ als ihre schreckliche Feinde zu fechten gezwungen worden sind. (–) Sie haben das Hertze nie gehabt geraden Weges zu Lande gegen die Cherusker aufzuziehen/ sondern sie haben aus Furcht/ daß wir sie auf der Gräntze bald übel bewillkommen würden/ durchs Meer und Umwege sich in unser Land gespielet. (5) Heute aber wird ihnen weder Segel noch Ruder/ sondern alleine der Degen dienen/ (6) und unsere Weser wird sie zwingen festen Fuß zu halten. (–) Heute wird die Erfahrung
1193 a euch lehren: daß sie nicht so rüstig zum Kampffe/ als zu Lastern sind. (7) (. . .) Mit einem Worte: bezeuget euch heute als Deutsche/ (–) und bedencket: daß/ wenn ihr heute nicht Männer seyd/ ihr und eure Nachkommen ewig werden Knechte seyn müssen. (8)

Bei *Tacitus* ann. 2,15 heißt es:

Nec Arminius, aut ceteri Germanorum proceres omittebant suos quisque testari. (1) *Hos esse Romanos Variani exercitus fugacißimos, qui ne bellum tolerarent, seditionem induerint:* (2) *quorum pars onusta vulneribus tergum, pars fluctibus et procellis fractos artus, infensis rursum hostibus, aduersis odiis obiiciant,* (3) *nullâ boni*
2 *spe.* (4) *classem quippe et auia Oceani quaesita, ne quis venientibus occurreret, ne pulsos premeret:* (5) *sed vbi miscuerint manus, inane victis ventorum remorúmque*
3 *subsidium.* (6) *meminissent modò auaritiae, crudelitatis, superbiae:* (7) *aliud sibi reliquum quàm tenere libertatem, aut mori ante seruitium?* (8)

Von Grausamkeit und Hochmut der Römer hat Herrmann in dem ersten, hier nicht wiedergegebenen Teil seiner Romanrede ausführlicher gesprochen.

## 6. Karte der Gegend von Baiae

Die Karte neben S. 240 wurde aus dem im Literaturverzeichnis näher angegebenen Buch des Italieners *Mazzella* aus dem Jahre 1596 fotokopiert. Sie illustriert die auf S. 36f. gebotene Besprechung von Agrippinas Schiffbruch. Die beiden Schiffsrouten habe ich eingetragen, die historische von Baiae in Richtung Bauli gestrichelt. Bauli (vgl. auf der Karte: DDD) liegt zwischen Baiae und Misenum. Lohenstein läßt die Kaiserin nicht von Baiae aus in See stechen, sondern von Puteoli (Pozzolo) nach Baiae segeln.

# ANMERKUNGEN

## Einleitung

1 Vgl. das Literaturverzeichnis bei *Szyrocki*, S. 129 f., oder auch *Mannack*, S. 42 und öfter. Beide nennen mehrere Quellenuntersuchungen zu Gryphius.

2 Näheres dazu folgt in Kap. III, Anm. 67. Der 1891 von *Andrae* und neuerdings – ohne Bezug auf diesen – von *Skrine* unternommene Versuch, Lohenstein mit dem Flamen Willem van *Nieuwelandt* in Verbindung zu bringen, überzeugt nicht recht. Skrine kann zwar darauf hinweisen, daß sich von dessen sieben Tragödien drei, nämlich »Claudius Domitius Nero« (1618), »Aegyptica, ofte Aegyptische Tragoedie van M. Anthonius en Cleopatra« (1624) und das »Treur Spel van Sophonisba Aphricana« (1635, 1639), mit Lohensteins römischen und afrikanischen Trauerspielen stofflich berühren, aber die gleichen Stoffe sind auch von französischen Dichtern bearbeitet worden, die Lohenstein zeitlich näher standen. Auch die im einzelnen vorgebrachten Argumente stechen nicht. Andrae weiß nur anzuführen, daß Lohenstein wie Nieuwelandt seiner »Sophonisbe« den Inhalt der fünf Abhandlungen vorausschicke und den Abhandlungen jeweils allegorische Reyen folgen lasse, Beobachtungen, die auch auf Gryphius zutreffen. Schon im stofflichen Arrangement entspricht Lohensteins »Sophonisbe« mehr den französischen Bearbeitungen von Mairet (1634) und Corneille (1663), die ebenfalls mit der Belagerung von Cyrtha einsetzen, während Nieuwelandts Stück viel weiter ausholt. Die von Skrine vorgebrachten Parallelen erscheinen kaum stichhaltiger. Die von ihm aufgewiesenen Anklänge sind zu spärlich und vage, abgesehen höchstens von der reimlichen und inhaltlichen Entsprechung zwischen C² I 35 f. und einem Alexandrinerpaar aus Nieuwelandts »Aegyptica«. Aber diese Stelle fügte Lohenstein erst seiner zweiten Fassung der »Cleopatra« bei. Zumindest tritt bei ihm – im Gegensatz zu Gryphius – der niederländische hinter dem französischen Einfluß zurück. – Keinerlei fremden Einfluß auf Lohenstein weist der Pole *Ligacz* nach. Er begnügt sich mit allgemeinen Andeutungen und Vermutungen.

3 *Cholevius*, S. 375 f.

4 *Cholevius*, S. 376.

5 *Laporte*, S. 4. Ähnlich hatte sich *Passow* (S. 11) über die Trauerspiele geäußert.

6 *Laporte*, S. 5. Dort ist auch von der »Ueberwucherung des Tacitus durch die patriotische Phantasie« schon seit Celtis die Rede, die Laporte mit *Joachimsen* als »Tacitus-Erweiterung« klassifiziert.

7 RT, S. 297 ff. Nicht berücksichtigt sind die Erstfassung der »Cleopatra«, die vorwiegend alttestamentlichen Bibelstellen und die Zitate aus römischen Gesetzbüchern, wie *Verhofstadt* (Untergehende Wertwelt, S. 18) bemerkt.

8 *Just*, S. 30. Vgl. RT, S. XII und XVII.

9 Vgl. das Literaturverzeichnis.

10 *Just*, S. 123.

11 *Just*, S. 123, Anm. 5. Vgl. auch *Verhofstadt* (Untergehende Wertwelt, S. 121 f.), der feststellt, »daß Lohenstein die ›Annales‹ fortwährend benutzt hat« und »daß kein anderer Historiograph Lohenstein so viel Tatsachenmaterial geliefert hat«.

12 Nach *Adam* (Bd 2, S. 319) haben 17 der 32 Tragödien, die Corneilles Zeitgenossen von 1643 bis 1648 herausgaben, römische Stoffe, von den 1637 bis 1642 erschienenen 45 Stücken dagegen nur 9.

13 P. *Corneille*, Œuvres, hrsg. von Ch. Marty-Laveaux, 6. Bd, Paris 1862, S. 571.

14 Das Stück wurde 1669 uraufgeführt und 1670 gedruckt.

15 J. *Racine*, Œuvres, hrsg. von Paul Mesnard, 2. Bd, Paris 1865, S. 250 f.

16 Vgl. die Artikel »Nero« und »Tiberius« bei *Frenzel*.

17 Formulierung nach Ludwig *Bieler*, Geschichte der römischen Literatur, Bd 2 (Die Literatur der Kaiserzeit), Berlin 1961, S. 101 f.

18 *Flemming* (Das schlesische Kunstdrama), S. 43.

19 *Stackelberg*, S. 33–35.

20 *Stackelberg*, S. 33.

21 *Schanz/Hosius*, 2. Teil, S. 641.

22 Die Anmerkungs- und Seitenzahlen des *Lipsius,* die Lohenstein zu E I 744, V 437, 500 und 701 angibt, entsprechen der Amsterdamer Ausgabe von 1600. In der Ausgabe letzter Hand von 1607, die für die späteren Auflagen maßgebend wurde, finden sich mehr Anmerkungen. Die Anmerkung Nr. 110, auf die sich Lohenstein zu E I 744 bezieht, erhält zum Beispiel dort die Nr. 114.

23 *Forster* (Lipsius), S. 23.

24 *Stackelberg*, S. 106.

25 In der Vorrede an den Leser und zu Vers III 182 (Ausgabe *Szyrocki/Powell,* Bd 4, S. 255 und 260).

26 In der unpaginierten Vorrede seiner Gedichtsammlung »Blumen« von 1680 ist »der stachlichte Boccalin« genannt.

27 *Stackelberg*, S. 132.

28 *Stackelberg*, S. 132 f.

29 *Stackelberg*, S. 9.

30 In seiner Vorrede an den Leser schreibt *Lipsius:* »Non est in Graecis aut Latinis, et fidenter dicam non erit, qui prudentiae omnigenae laude huic se comparet: adeò non veremur, nequis anteponat.«

31 Traiano *Boccalini,* Ragguagli di Parnaso e Scritti minori, hrsg. von Luigi *Firpo,* Bd 3, Bari 1948, S. 207.

32 Baltasar *Gracián*, Agudeza y arte de Ingenio, Discurso 26, in: Gracián, Obras completas, hrsg. von Arturo del Hoyo, Madrid 1960, S. 354 a.

33 In der Anmerkung zur dritten Abhandlung seines »Papinianus« (Ausgabe *Szyrocki/Powell*, Bd 4, S. 260).

34 Anmerkung zu Vers III 240 der ersten »Cleopatra«-Fassung (AT, S. 230).

35 *Stackelberg* spricht von der »gleichsam zweiseitigen Nutzbarkeit« des Tacitus (S. 92). Einige Sentenzensammlungen nennt *Etter*, S. 92, Anm. 29.

36 Nach *Stackelberg* (S. 136) entspricht dies tacitistischer Gepflogenheit.

37 Vgl. *Forster* (Lipsius), S. 25 f.

38 Zuletzt vor allem durch die Arbeiten von *Stackelberg* und *Etter*. Else-Lilly *Etter* behandelt allerdings auch die Bedeutung des Tacitus für die Niederlande und auf S. 149–168 die Verfasser von Tacitus-Kommentaren im deutschen Reich. Nach dieser Darstellung erreichte der politische Tacitismus in Deutschland seinen Höhepunkt erst nach dem Dreißigjährigen Krieg. Die Kommentare von Cyriacus *Lentulus* und Christoph *Forstner,* die nach Etter (S. 166) das letzte Glied in der fast hundertjährigen Geschichte tacitistischer Schriften bilden, bestimmten den Büchermarkt besonders in der ersten Hälfte der sechziger Jahre, also in der Zeit, als Lohenstein seine römischen Trauerspiele entwarf. Vgl. die Zeittafel bei Etter auf S. 214. 1661 gab Forstner, der die »Annalen«-Bücher 1 bis 13 schon früher kommentiert hatte, seine »Notae politicae« zu den letzten drei Büchern heraus, in denen auch die in Lohensteins Nero-Dramen behandelten Stoffe dargestellt sind. Ein Jahr später wurde die Gesamtausgabe von Forstners Kommentar gedruckt, auf die Lohenstein sich in den Anmerkungen zur »Epicharis« mehrfach bezieht.

39 Den einzigen Hinweis auf eine mögliche Beziehung zwischen Lohenstein und Tristan fand ich bei *Skrine,* S. 68, Anm. 3. Aber dort heißt es: »Though Epicharis plays an

important part in Tristan l'Hermite's Mort de Sénèque (1645), the text of the French play seems to bear not the slightest resemblance to Lohenstein's tragedy.«

40 Zur Begründung vgl. S. 12.

41 Eine spezielle Untersuchung über Lohensteins Marinismus liegt nicht vor. Bisher wurde nur Hoffmannswaldau mit Marino genauer verglichen. Vgl. die Angaben bei *Rotermund,* bes. auf den Seiten 42, 48 f. und 60 f. Erst recht fehlt eine Arbeit über die petrarkistische Motivik der erotischen Werbungsreden in Lohensteins Trauerspielen. Seine »Tendenz zum Pressen und Ballen«, die ihn gegenüber der rhetorischen Breite des Gryphius lakonisch erscheinen läßt, hat *Martin* untersucht.

## Erstes Kapitel

1 RT, S. 297 ff.

2 *Kirchers* »Oedipus Aegyptiacus« war Lohenstein schon für die Erstfassung der »Sophonisbe« bekannt. Er hatte das Buch 1665 für die Zauberszene am Schluß der »Agrippina« herangezogen. Zu *Bocharts* »Hierozoicon« entsprechen Lohensteins Seitenangaben der Londoner Ausgabe von 1663, zu Bocharts »Geographia sacra« der Frankfurter Ausgabe von 1674, zu *Seldens* Buch »De dis Syris« der Leipziger Ausgabe von 1672. Falls frühere Ausgaben nicht die gleiche Paginierung aufweisen, kann Lohenstein die beiden letztgenannten Werke erst zur Schlußfassung der »Sophonisbe« herangezogen haben. Die Anmerkungen, in denen er diese Titel nennt, häufen sich zu S I e 366–495, III b 101–114, III c 174–193 und V a 10–29. Das sind vorwiegend kultische Passagen. Vielleicht hat Lohenstein einen Teil dieser Anmerkungen nachträglich einem bereits fertigen Dramentext hinzugefügt oder die bereits vorhandenen Anmerkungen jeweils ergänzt, ein Verfahren, das er auch für die Zweitfassung der »Cleopatra« anwendet. Aber in einigen Fällen erscheint der Text doch so sehr von der zugehörigen Anmerkung abhängig, daß auch eine Erweiterung des Dramentextes vermutet werden darf. Dafür spricht gerade die Analogie zur »Cleopatra«. Denn deren nur ergänzende Anmerkungen werden von den Anmerkungen mit neuem Dramentext um ein Vielfaches an Umfang übertroffen. Da ein Großteil des neuen »Cleopatra«-Textes ebenfalls kultischen Charakter hat (III 1–10, 164–228, 347–378, 443–467, V 15–57, 87–94, 677–740), ja die Inszenierung der kultischen Details den Hauptunterschied zur Erstfassung ausmacht, ist nichts wahrscheinlicher, als daß Lohenstein das gleiche Verfahren auch bei der »Sophonisbe« anwandte. Die Opferszene I e und die Vermählungsszene III b haben wahrscheinlich in der Erstfassung ganz oder großenteils gefehlt. Die meisten Anmerkungen zu III b beziehen sich auf eine zusammenhängende Passage bei Selden (S. 284–318), den Lohenstein andernorts (C II 112, S I 382) als »hochgelehrt« preist. Alle sonstigen Autorennachweise der Anmerkungen zu III b 75–111 sind auf den erwähnten Seiten bei Selden zu finden. Auch viele der zu I e aufgeführten Stellennachweise sind von Selden übernommen, in der Anmerkung zu Vers 383 allein zehn. Vgl. dazu die Seiten 168–182 bei Selden. Für die spätere Datierung der Szene I e spricht auch, daß die hierzu herangezogene »Arca Noae« des *Hornius* erst 1666 erschien. Vielleicht ist auch der prophetische Ausblick von Didons Geist auf die Geschichte des Hauses Österreich in V a 145 ff. neu, zu dem sich Lohenstein viermal auf Hornius beruft.

3 Die Zahlen stützen sich auf *Justs* Register (RT, S. 297 ff.). Mehrfache Nennungen eines Autors in einer Anmerkung, die gerade in bezug auf Tacitus öfter vorkommen, sind nur berücksichtigt, wenn die Belegstellen verschiedenen und getrennt registrierten Werken, wie den »Annalen« und »Historien«, entstammen.

4 Zur ersten »Cleopatra«-Fassung wird *Plutarch* nur lateinisch zitiert, auch in der in die Zweitfassung nicht übernommenen Anmerkung zu I 320. Dagegen ist etwa Xiphilinus auch griechisch zitiert. Alle lateinischen Plutarch-Zitate der zweiten Fassung (zu I 906, II 388, IV 583) sind aus der ersten übernommen. Neu herangezogene Stellen (zu III 1, V 554, 660, 678) werden nur griechisch zitiert. Besonders interessant ist die Anmer-

kung zu V 619 (früher V 383): Der Dramentext, der auf dem lateinischen Zitat der ursprünglichen Anmerkung beruht, wird in der neuen Anmerkung durch Rückgriff auf den griechischen Urtext korrigiert. Daß Lohenstein zur Zweitfassung der »Cleopatra« eine andere Plutarch-Ausgabe benutzt, ergibt sich auch aus den wechselnden Seitenzahlen in den einander entsprechenden Anmerkungen. Nur zu C² V 350 (= C¹ V 222) behält er die frühere Seitenangabe bei. Zu C² V 286 (= C¹ V 182) notiert er die Paginierung der griechischen und der lateinischen Ausgabe nacheinander: »Plutarch d. l. p. 954. fol. 464.« Vgl. auch Anm. 7.

5 Vgl. bes. S. 295, wo *Curtius* folgende manieristische Epochen nennt: die alexandrinische, die dem Asianismus gleichzusetzen ist, sodann die der späten Kaiserzeit und schließlich den mittellateinischen Manierismus, der sich durch das ganze Mittelalter, ungestört durch Renaissance und Klassik, verfolgen lasse und zuletzt im 17. Jahrhundert vor allem in Spanien wiederauflebe. »Den Manierismus des 17. Jahrhunderts von seiner zweitausendjährigen Vorgeschichte abzutrennen und entgegen allen historischen Zeugnissen als spontanes Produkt des (spanischen oder deutschen) Barock auszugeben, ist nur möglich durch Unwissenheit und pseudokunstgeschichtlichen Systemzwang.« Auf S. 305 merkt Curtius an: »Der Manierismus der *metaphysical Poets,* Marinos und der Marinisten, der zweiten schlesischen Schule wäre auf dem Hintergrund des spanischen neu zu untersuchen. Die französischen Varianten (Preziosität usw.) sind weniger interessant.«

6 Schon *Gryphius* gab seinen späteren Trauerspielen »Carolus Stuardus« und »Papinianus« wesentlich mehr Anmerkungen bei als dem »Leo Armenius« und der »Catharina von Georgien«. Die Anmerkungen zu *Lohensteins* Stücken haben, gemessen an den Seitenzahlen der von Just besorgten Ausgabe, folgenden Umfang: »Agrippina« 28, »Epicharis« 24, »Ibrahim Sultan« 40, »Cleopatra« 55, »Sophonisbe« 58. Die Anmerkungen zur Erstfassung der »Cleopatra« würden etwa 24 gleichformatige Seiten füllen.

7 Nur die Anmerkung zu C² I 275 (= C¹ I 243) findet sich auch schon in der ersten Fassung. Die Stellenangabe »Dio. lib. 47« könnte Lohenstein jedoch anderswoher übernommen haben. Der Dion-Exzerptor *Xiphilinus* ist dagegen schon 1661 öfters zitiert. Daß Cleopatra dem Augustus in der Schlußszene der vierten Abhandlung Bild und Liebesbriefe Caesars zeigt, eine Tatsache, die Dion berichtet, hat Lohenstein von Xiphilinus übernommen (vgl. seine Anmerkung zu C² IV 485 = C¹ IV 365). Auf *Dion* selbst gehen etliche Neuerungen der Zweitfassung zurück. Sie betreffen das Handlungsgefüge besonders der ersten beiden Abhandlungen. Die neuen Szenen I c (571–634) und II a (bes. 24–89) fußen hauptsächlich auf ihm, außerdem die Partien I 71–120, 181–185, 218–265, 295–302, 679–693, II 169–172, V 288–295. In den Versen II 417, V 83 und 240 ändert Lohenstein aufgrund der Dion-Lektüre einzelne Wörter. – Von den 67 *Plutarch*-Anmerkungen finden sich 45 erst in der zweiten Fassung, davon 43 zu neuem Dramentext. Auf der intensiveren Ausschöpfung Plutarchs beruhen folgende neue Partien, die sich zum Teil mit den durch Dion angeregten Stellen decken: I 31–48, 71–114, 218–265, 409–421, 428–456, 725–740, 771–774, II 524–540, III 443–467, IV 417–430, V 512–520. Zu kleineren Änderungen kommt es durch Plutarch in den Versen I 782, 861 und V 488. Zu Plutarch vgl. auch Anm. 4.

8 Ansätze bei *Verhofstadt* (Untergehende Wertwelt, S. 283) und *Szarota* (Lohenstein und die Habsburger, S. 264 ff.). Zum Unterschied der beiden »Cleopatra«-Fassungen vgl. Kap. VI, Anm. 106.

9 Der Dramentext ist von 3080 auf 4236 Verse erweitert, die Anmerkungen wachsen von etwa 24 auf 55 Seiten mit durchschnittlich 43 Zeilen. Vgl. Anm. 6.

10 Zu A I a 120, 132, b 157, d 386, e 580, II a 92, 127, e 462, III a 79, d 348, e 442, Reyen 469, IV b 81, V a 90, 115, b 122, c 180, 212, 229, 243, 256, 267, e 469, f 575; E I a 73, 95, b 375, 449, 494, c 580, d 645, 668, 675, 711, Reyen 783, II b 155, d 352, III a 10, d 163, e 304, IV b 165, 270, 282, 346, 446, c 466, d 554, V b 148, c 492, d 598, 718, 735, 740, 741, 743.

11 Vgl. die Anmerkungen zu A V 401 und 484. Zu A V 122 und 180 zieht Lohenstein

neben Tacitus noch Xiphilinus, zu dem letztgenannten Vers und zu A III 348 noch Sueton heran. Auf Xiphilinus beruft er sich auch zu A II 136, III 79, 442, V 848.

12 Xiphilinus wird zu C² IV 485 (vgl. Anm. 7), Plutarch zu C² II 219, III 599, 741, IV 6, 511, V 157, 286, 350, 578 und 615 herangezogen. Zu diesen bereits in C¹ vertretenen Plutarch-Anmerkungen kommen später einige hinzu, die sich aber im wesentlichen auf den ursprünglichen Text beziehen, und zwar zu IV 49, 424, V 62, 299. Der »Cleopatra« liegen die Kapitel 73–86 der Antonius-Biographie zugrunde.

13 S I 219, 297.

14 S I 156, II 115, IV 20.

15 IS I 123, 168, 240, 266, 401, II 113, III 71, V 811. Zum Tode Kiosems nach Abschluß des Trauerspiels vgl. die Anmerkung zu IV 311, in der Lohenstein sich auf Ricaut bezieht.

16 z. B. zu A I 13, 14, 16, 19, 22, 26, 36, 63, 117, 181 usw.; E I 32, 237, 352, 614, 616, 680 usw. Die zugehörigen Textstellen dienen vorwiegend der Exposition des allgemeinen historischen Hintergrunds.

17 Zu C² I 143, 752, V 547 (= C¹ I 67, 468, V 323). Die Anmerkung zu C¹ I 464 (= C² I 748) entfällt später.

18 Vorrede an den Leser in den Anmerkungen zur Erstfassung der »Cleopatra« (AT, S. 221).

19 C² I 143, 784, 830, II 87, III 324, 599, IV 49, 147, 202, 346, 425, V 341, 444, 445, 685. Nicht in die Zweitfassung übernommen wurden die Anmerkungen zu C¹ I 46, 145, 225.

20 E I a 57, b 389, 402, 431, 434, 446, 480, 487, c 531, 541, 555, 561, II a 121, b 144, 147, 150, 170, 174, III b 97, d 150, 165, 206, 232, 234, 255, 257, e 510, IV d 545.

21 A I b 200, II b 220, c 303, d 416, e 468, 494.

22 S II 115.

23 IS V 235.

24 Maßgebend zu politischen Fragen erscheinen vor allem die häufiger genannten Forstner, Matthieu, Milton, Saavedra und Silhon. Auch Gracián und Grotius sind mehrfach erwähnt.

25 C² I 289, 485, 504, 537, 651, III 581, 734, V 217, 535, 795. Mit Ausnahme der zweitletzten sind diese Anmerkungen schon in der Erstfassung vertreten.

26 S III 36, IV 182, V 64, 246, 248, 550.

27 A III 196, V 506.

28 C² I 289, V 341, 824, 828 (alle auch zur Erstfassung); A I 313, V 610, E I 480; S I 378, 383, 442, IV 323.

29 RT, S. 297.

30 Zu den im folgenden verzeichneten Autoren konnte Lohenstein, wie eine Reihe von Stichproben ergab, die Stellennachweise aus Büchern übernehmen, auf die er sich in der betreffenden oder einer benachbarten Anmerkung ebenfalls bezieht. Die Verfasser dieser Bücher sind in Klammern beigefügt, wo es nötig erscheint, mit der Seitenzahl des Buches und Lohensteins Anmerkungszahl. Ein Rufzeichen hinter ihrem Namen bedeutet, daß Lohenstein die Entnahme selbst eindeutig vermerkt. Die folgenden Autoren zitiert Lohenstein aus zweiter Hand: Abenephi (Kircher!), Abenezra (Kircher!), Apion (Kircher!), Apulejus (A V 652: Kircher 440; C I 489 und V 520: Kircher!; S V 185: Bochart 172), Artemidorus (Dempster zu Rosinus 3,18; auch Bochart 172), Aurelius Victor (Julius Capitolinus!) Avicenna (Bochart!), Benjamin (Selden 171), Berneggers Sueton-Kommentar (Schildius 10), Callisthenes (Kircher, Oedipus Aegyptiacus 440), Celsus (Schildius 171 f.), Codinus (Dempster zu Rosinus 5,36), Corippus (Dempster zu Rosinus 5,36), Damascius (Vossius lib. 2. c. 4), Davila (Forstner), Eupolemus (Bochart), Firmicus Maternus (Kircher!), Ben Gorion (A V 633: Kircher!; S IV 305: Bezug auf die gleiche Stelle), Gregoras (Dempster zu Rosinus 5,36), Gyraldus (Dempster zu Rosinus 2,12), Horus (Bochart 172), Junius (Taubmann zu Vergil, Aeneis 1,371), Kimchi (S I 383: Selden 172; S II 496: Bochart), Latinus Pacatus (Lipsius, Admi-

randa sive de magnitudine Romana, lib. 4. cap. 7), Leo Africanus (C V 742: Schildius 172 f. zu Sueton, Augustus 18; S IV 131: Bochart!), Lucilius (Taubmann zu Vergil, Ecloga 8,71), Maimonides (S I 378: Kircher!; S V 22: Selden!), Mendoza (Eyndius ab Hæmstede), Minutius Felix (A II 87: Schildius 459 zu Sueton, Caligula 27; S I 366: Vossius), Modestinus (Thysius zu Velleius Paterculus, lib. 1. cap. 12), Nascimbenus (Taubmann zu Vergil, Aen. 1,371), Obsequens (Dempster), Philo (Bochart), Pindarus (S III 193: Bochart 536; S V 185: Bochart 162), Ramirez de Prado (Taubmann zu Vergil, Aen. 6,524), Salomon Jarchi (S I 383: Selden 170; S III 113: Selden 312), Schegkius (Thysius zu Velleius Paterculus 2,82), Smyrnaeus (Bochart 162), Symmachus (Schildius 10 zu Sueton, Caesar 7), Theophylactus (Selden 178), Tostatus (Kircher!), Turnebius' Vergil-Kommentar (Taubmann zu Vergil, Aen. 4,515), Tze(t)zes (A II 539: Schildius 658 zu Sueton, Galba 1; A V 749: Kircher; C III 1: Bochart 3; C III 492: Hofmann unter »Pharos«; S II 433: Bochart), Valerius Flaccus (Taubmann zu Vergil, Aen. 4,513). Zu einer Reihe weiterer Autoren übernahm Lohenstein zumindest mehrere Stellen aus zweiter Hand. Dazu gehören (in Klammern ist der bisher gefundene Anteil vermerkt): Aelianus (6/9), Aristoteles (4/13), Athenaeus (2/4), Clemens Alexandrinus (2/4), Eusebius (6/9), Eustathius von Antiochien (2/3), Galenus (3/4), Herodotus (5/15), Horatius Flaccus (4/8), Lucanus (4/8), Martialis (2/5), Ovidius Naso (5/14), Pausanias (2/9), Pomponius Mela (2/3), Porphyrius (3/4), Propertius (3/5), Servius Honoratus (2/5), Silius Italicus (3/10), Strabo (4/21), Suidas (2/4). – Auffällig ist der hohe Anteil bei den lateinischen Dichtern, deren Zitate Lohenstein offensichtlich in der Regel nur weiterreicht. Nur *Vergil*, den er für das Auftreten von Didos Geist in der Szene V a der »Sophonisbe« heranzieht, kennt er genauer. Selbst einige *Tacitus*-Zitate übernahm er aus anderen Quellen. Die zu C² I 289, A I 22, II 516 und 539 angegebenen Stellen stammen aus dem Kommentar des *Schildius* zu den in den betreffenden Anmerkungen mit verzeichneten Sueton-Stellen. Das gleiche gilt für den Satz aus Tacitus ann. 13,41, den Lohenstein zu C² V 685 heranzieht. Das zu C² V 444 herangezogene Tacitus-Zitat bringt Schildius in der zu der Sueton-Stelle, die Lohenstein in seiner vorhergehenden Anmerkung nennt. Die Tacitus-Stellen zu C² I 485 und S III 36 stammen von den dort erwähnten Seiten des Bochart. Abgesehen von der letztgenannten Stelle gibt Lohenstein Tacitus allerdings genauer wieder als seine Mittelsmänner. Schildius bringt in den besprochenen Fällen entweder nur den Wortlaut oder die Kapitelzahl, Lohenstein hingegen beides. Im Gegensatz zu den oben genannten Autoren wurden also die Hinweise auf Tacitus von dem Dichter überprüft. Ähnlich verfährt er bei *Sueton*, dessen Text er – trotz der andersartigen Paginierung zu C² V 548 (Schildius bringt die dortige Sueton-Stelle auf S. 172) – in der Regel der kommentierten Ausgabe von Schildius entnahm. Jedenfalls sind etliche der Autoren, die Lohenstein zusammen mit Sueton nennt, bei Schildius verzeichnet, ohne daß Lohenstein auf diesen verweist, z. B. zu C² I 289, 292, IV 517, V 444, 473, 742, 749. Besonders interessant und bezeichnend für Lohensteins Arbeitsweise ist in diesem Zusammenhang die Schilderung der römischen Tafelgenüsse in A I a 49–63. Als wichtigste Quelle hierzu diente anscheinend *Lipsius*, Admiranda sive de magnitudine Romana, Buch 4, Kapitel 7, worauf sich Lohenstein zu den Versen 52 und 60 bezieht. Das Kapitel handelt laut Überschrift »de luxu Romano«. Hier fand Lohenstein seine Angaben zu Lampridius (Anmerkung zu Vers 55), Latinus Pacatus (55), Petron (49) und Plinius (52, 55) sowie in etwas entstellter Form die zu den Versen 51 und 60 angemerkten *Sueton*-Zitate. Vermutlich hat er diese dann in der *Schildius*-Ausgabe eingesehen. Dort wurde er zusätzlich auf das Caligula- Kapitel 22 verwiesen. Suetons Nero-Kapitel 27 kannte er als unmittelbare stoffliche Vorlage. Im Kommentar zu den Sueton-Stellen fand Lohenstein die Hinweise auf Augustinus (55), Horaz (60), Martial (51, von da aus vermutlich 53) und Plinius (51 und 60).

31 AT, S. 228.

32 Vorrede der Anmerkungen zur Erstfassung der »Cleopatra« (AT, S. 222).

33 Anm. zu C¹ II 505 (AT, S. 229).

34 Anm. zu C¹ III 240 (AT, S. 230).

35 Anm. zu S II 511 (AT, S. 372). Der Hinweis auf die beiden Übersetzer sowie die bei-gefügte eigene Guarini-Übertragung sind auf jeden Fall eine spätere Zutat und waren in der verlorenen Erstfassung von 1666 noch nicht vertreten. Die Übersetzungen bei-der Freunde wurden erst in den siebziger Jahren gedruckt. Zu der Schreibweise »Hoffmannswaldau« vgl. Franz *Heiduk,* Das Geschlecht der Hoffmann von Hoff-mannswaldau, in: Schlesien 12, 1967, S. 31–41.
36 Vgl. etwa *Verhofstadt* (Untergehende Wertwelt), S. 182, Anm. 1: »Es ist oft enttäu-schend festzustellen, daß vielen Schriften, die uns über Lohensteins Lebensanschauung Auskunft geben könnten, nur einzelne, irrelevante Bemerkungen entnommen werden«.
37 Ausgabe *Szyrocki/Powell,* Bd 5, S. 93.
38 Georg Phillipp *Harsdörffer,* Poetischer Trichter, Nürnberg 1647, III 27. (Zitat nach *Laporte,* S. 25.)
39 AT, S. 221 f.
40 P. *Corneille,* Œuvres, hrsg. von Ch. *Marty-Laveaux,* 1. Bd, Paris 1910, S. 104 f.
41 Ausgabe *Szyrocki/Powell,* Bd 4, S. 140.

## Zweites Kapitel

1 Ausgabe *Szyrocki/Powell,* Bd 4, S. 260.
2 II 40–46, 477, 479, III 2, 431, 449–468, IV 41 f., V 83–86.
3 Zu I 24, 69, II 40, 46, III 2, 182, 431, 461, 493, IV 41.
4 Sämtliche Anmerkungen, in denen Gryphius den »grossen Geschicht-Schreiber« (Anm. zu IV 41) erwähnt (zu I 24, 69, II 46, III allgemein, III 182, 461, 493, IV 41), beziehen sich auf Neros Regierungszeit. In den Anmerkungen zu allen übrigen Dramen des Gryphius ist Tacitus nur einmal erwähnt, und zwar zur »Felicitas«, V 267. Von Taci-tus stammt auch eines der beiden Mottos zum »Papinianus«.
5 III 2.
6 II 479, auch II 40–46.
7 Anm. zu I 69.
8 V 83.
9 I 462.
10 In: Lohenstein, »Hyacinthen«, 1680, S. 27.
11 *Tacitus* ann. 14,1–13. *Sueton,* Nero 34. Ähnliches sagt Gryphius in der Anmerkung zu Vers III 461 seines »Papinianus«: »unangesehen *Agrippina* habe eines und andere begangen das nicht zu loben; war doch minder zu entschuldigen was ein leiblicher Sohn an seiner Mutter/ die jhn zu dem Throne befördert/ verwürcken dörffen.«
12 ann. 14,3–8.
13 Vers 68.
14 II 248, ähnlich II 237.
15 *Just* in RT, S. XIII f.
16 *Aurelius Victor,* Liber de Caesaribus 5,2.
17 J. *Racine,* Œuvres, hrsg. von Paul *Mesnard,* 2. Bd, Paris 1865, S. 251.
18 Hier. *Cardani* Neronis Encomium, Amsterdam 1640. Zu dieser Zeit war das Werk, das der als Erfinder der Kardanwelle bekannte Verfasser schon im 16. Jahrhundert geschrieben hatte, wieder aktuell. Der Franzose Mascaron hatte sich 1637 polemisch damit auseinandergesetzt. Seine Polemik gegen Cardanus zitiert Lohenstein in der Anmerkung zu E V 111.
19 In der Ausgabe von 1640 heißt es z. B. auf S. 60: »Si igitur Nini filius matrem Semi-ramidem ob id solum occidit, quod illius concubitum quaesisset: quam inuremus in-famiam Neroni, quod eandem ob causam matrem occiderit?« Ähnlich äußert sich Lohenstein in Vers III 310 f. Vgl. auch schon I 2. Der Vergleich mit Ninus und seiner Mutter Semiramis läßt Lohensteins »Agrippina« weniger gewagt und schockierend er-scheinen. Die Verbindung von Mutter-Sohn-Inzest und Ermordung der Mutter kenn-

zeichnet auch den Semiramis-Stoff, der im 17. Jahrhundert von italienischen, spanischen und französischen Dramatikern mehrfach bearbeitet wurde. Vgl. den Artikel »Semiramis« bei *Frenzel.*

20 ann. 14,3,1. Vgl. bes. das Wort »postremò«.

21 Agrippina spricht insgesamt 583 Verse, davon 389 1/2 bis einschließlich III c. Von Neros 584 1/3 Versen fallen 313 1/6 in die zweite Hälfte (ab III d). Gegenüber dem insgesamt fast genau gleichen Pensum der beiden Hauptfiguren stehen die übrigen Personen weit zurück. Der nur in den beiden ersten Abhandlungen agierende Otho spricht 216 Verse, der nur in der Schlußszene auftretende Zauberer Zoroaster 194, Paris als wichtigste Nebenfigur 176 1/2, Seneca 138, Poppäa, die neben Nero und Agrippina wichtigste Gestalt, nur 132 Verse, die anderen noch weniger.

22 Das von *Tacitus* ann. 14,4,1 erwähnte Fest dauerte vom 19. bis 23. März. Dementsprechend datiert Lohenstein sein Stück auf den 18. März (RT, S. 18).

23 Johannes *Xiphilinos,* ein Neffe des gleichnamigen Patriarchen von Konstantinopel, (in *Justs* Register mit diesem verwechselt: RT 316) schrieb im 11. Jahrhundert einen Auszug aus dem Geschichtswerk des Cassius Dion, das die sonst verlorenen Bücher 61–80 des Cassius ersetzt. Zu Agrippinas Ermordung vgl. Buch 61,11–14.

23aC. *Heselhaus* hat die »Catharina« als eine Abfolge von Leidenschafts- (erste Hälfte), Märtyrer- (Ende des 3. bis Anfang des 5. Akts) und Rachedrama interpretiert (in: B. v. *Wiese,* Das dt. Drama, Bd 1, 1958, S. 35 ff.).

24 Vgl. Lohensteins Anmerkung zu Vers II 136.

25 Vers 159.

26 Besonders II b 225–260.

27 II d 444.

28 Vgl. II c 285 f.

29 II c 256, d 364. Vgl. dazu III b 145.

30 II c 233.

31 II d 435 und 441.

32 II d 435–438.

33 II c 304, 308 und 310.

34 II b 213–215.

35 II d, bes. 419–421.

36 Vgl. Anm. 21.

37 Ähnlich verfährt er in der Szene IV b der »Epicharis«.

38 ann. 13,47–58.

39 ann. 14,1,2: »reddatur ipsa Othonis coniugio.«

40 II a 143.

41 II a 137–139.

42 »acris Principis amor« (ann. 13,46,2).

43 Er spricht 96 1/2 Verse, sie 69 1/2.

44 II a 28–30.

45 II a 54.

46 Vgl. II a 58.

47 II a 73.

48 II a 120–123.

49 ann. 13,46,2.

50 II a 100.

51 II a 59.

52 II a 47.

53 II a 48–51.

54 Vgl. vor allem die 1584 erschienene Schrift »De constantia« von Justus *Lipsius.* Ein Faksimiledruck der deutschen Übersetzung des Andreas *Viritius* wurde 1965 von Leonard *Forster* im Metzler-Verlag herausgegeben.

55 II a 41.

56 II b 185–193.
57 II a 121.
58 Vgl. den Textauszug auf S. 189.
59 *Stachel*, S. 318.
60 *Pfeiffer-Belli*, S. 93.
61 Vgl. den Textauszug auf S. 190 f.
62 Diese von Antonius gesprochenen Verse (C² I 943–950 = C¹ I 659–666), die *Breitin-ger* später zitierte, um den Widerspruch zwischen Einsicht und Handeln von Lohen-steins Dramenfiguren klar zu machen (vgl. dazu *Schöne*, S. 126 f.), legt *Zigler* in den Mund von Chaumigrems Ratgeber Rolim, der dem Tyrannen von weiterer Wollust gegenüber Banise abrät. Rolim sagt in seiner Rede (zitiert nach der Ausgabe der Wissenschaftlichen Buchgesellschaft, Darmstadt 1965, S. 274 f.): »(. . .) Denn die Liebe ist eine Phantasie und ungewisser Zweck. Es fühlet zwar ein jeder ihren ätnagleichen Brand, jedoch weiß sie keiner mit ihrem Namen recht zu nennen. Sie ist blind, und dennoch siehet sie schärfer als ein Luchs. Sie bauet ihren Thron in den Herzen, und ist doch ein unbegreifliches Wesen. (–) Ich weiß auch gar wohl, daß sich die Liebe durch Klugheit nicht binden lasse. Denn ein Vogel siehet den Leim, und die Mücke das Licht, dennoch läßt sich jener kirren, und diese verbrennet sich selber, das schnelle Rehe schauet das Garn, und der Schiffer kennet die Fahrt der ankerlosen See: Doch kann jenes das Sehen nicht klug, noch diesen die Gefahr verzagt machen. So rennet auch der, der da liebet, sichtbar in das Verderben, indem er nur zwei Hafen vor sich siehet, entweder die Wollust oder den Tod. (C² I 943–950) Wie nun diesen zu meiden, jene allerdings zu fliehen ist, also sichere, daß nichts mehr schädlich, als die Wollust den Gemütern.« – Nach der Beschreibung von Cleopatras Schönheit (C² I 919–930 = C¹ I 635–646) gestaltet Zigler in ähnlicher, wenn auch etwas lockererer Weise die erste Beschreibung von Banises Schönheit (auf S. 133 f. der erwähnten Ausgabe). Der Diener Scandor, der davon erzählt, betont den Gegensatz zwischen diesen Vorzügen und den fragwürdigen Reizen der in ihn verliebten Hofdame Eswara, deren »häßliche Schön-heit« er kurz vorher (auf S. 129) dargestellt hat.
63 Die Schauplätze sind zu Beginn der Szenen angegeben (RT, S. 39 und 60).
64 Vers 121.
65 Vers 145.
66 II a 41.
67 III a 66.
68 »Innhalt«, RT, S. 15.
69 Er spricht 27 Verse, sie 106 1/2.
70 z. B. zu V c 180.
71 III a 36.
72 III a umfaßt 130, III b 133 1/2 Verse.
73 Mit III a 98 und III b 237.
74 RT, S. 15.
75 III a 7 und 46.
76 III a 37.
77 III a 90.
78 III a 28.
79 III a 78.
80 Vgl. bes. die Verse 83–88.
81 Vgl. S. 193.
82 III a 28.
83 III b 233–236.
84 III b 236.
85 III e 404.
86 III e 406. Im Zuge dieser Motivation sind auch die Abschiedsgesten unter Rückgriff auf Xiphilinus und Sueton erotisiert. Vgl. Lohensteins Anmerkung zu III e 442.

87 II d 444.
88 II Reyen 556–562.
89 III d 309.
90 III d 292–308.
91 III d 313 f.
92 II b 185–193.
93 II b 213–215, bestätigt durch Otho II d 419–421.
94 II c 286.
95 RT, S. 14 f.
96 ann. 13,19–22.
97 ann. 13,27.
98 Vgl. S. 188.
99 I b 157 und 159.
100 II b und e.
101 RT, S. 14.
102 I b 199.
103 Zu I b 203.
104 I b 177–183.
105 I b 203–208.
106 I d 384.
107 I b 198.
108 I b 241.
109 Lohensteins Anmerkung zu I d 386.
110 I e 563.
111 V a 73–78.
112 IV b 83–92.
113 IV b 83, 125 f., c 145.
114 IV b 123–128.
115 III a 123 f., c 266–268, 275 ff.
116 I b 225 f.
117 ann. 13,20,1 (exterret) und 3 (Nero trepidus) sowie ann. 13,21,1 (lenito Principis metu). Vgl. S. 187 f.
118 I b 211 und 225 f.
119 I b 217 und 228 f.
120 II c 309.
121 II d 356: »Des Thäters Blutt wäscht nur das Brandmal ab der Ehren.«
122 Vers 46.
123 I b 225 f.
124 Vgl. II a 159.
125 RT, S. 17.
126 III d 374 ff.
127 IV c 193, V b.
128 IV c 203–217. Vgl. IV d 262.
129 III d 347, IV c 201.
130 *Tac.* ann. 14,3,3.
131 Besonders I 316 f., daneben I 166, II 1. Vgl. auch I 67, 123, 147, 158.
132 RT, S. 15.
133 III d 350.
134 I 443, III 376, 399, 457, IV 33, 57. Vgl. auch Vers I 645 der »Epicharis«.
135 IV 83, 125, 145.
136 IV 254.
137 IV 112, 147, V 203, 263.
138 Vgl. *Sueton*, Caligula 19,1: »trium milium et sescentorum fere passuum spatium«.
139 III e 407.

140 IIIe 399 und 413.
141 III Reyen 457.
142 ann. 14,5,1: »Nec multum erat progressa nauis«. Zum Kontext vgl. S. 196.
143 IVd 238: »wir sahn schon Baje ligen«.
144 Zu I 54, III 404, 497.
145 Dem von Lohenstein zu III 497 angegebenen *Mazzella*-Kapitel 15 entspricht in der Ausgabe von 1596 das Kapitel 14. Die zu III 404 mit Bezug auf die Kapitel 20 und 21 zitierte *Faëtano*-Stelle findet sich in der Mazzella-Ausgabe von 1596 in Kapitel 19.
146 Vgl. das Literaturverzeichnis.
147 Kapitel 2 (Del Porto), S. 36 der Ausgabe von 1596.
148 S. 115 f. der Ausgabe von 1596.
149 497–500.
150 III Reyen 501–504.
151 III Reyen 511–514.
152 III Reyen 463.
153 III Reyen 461–464.
154 III Reyen 467–496.
155 IIIa 81, von Agrippina Va 48 bestätigt.
156 III Reyen 525.
157 III Reyen 469–473.
158 Albrecht *Schöne* (Emblematik und Drama im Zeitalter des Barock, München 1964, S. 156–179) ordnet Abhandlung und Reyen dem emblematischen Formprinzip zu und erklärt den Reyen als eine Art »subscriptio« zur »pictura« des Bühnengeschehens.
159 Zu Beginn des Reyens (RT, S. 70).
160 *Schöne*, S. 180.
161 IVd 239–241.
162 IVd 251 f.
163 IVb 87.
164 IVb 88–92.
165 Personenangabe zu Beginn der vierten Abhandlung (RT, S. 73).
166 IVb 73.
167 IVc 131, 141.
168 IVb 63–67, 73, 75, 77, 93 f., 97, 103, 105–119, 129 f., c 144–150.
169 *Aristoteles,* Politik, bes. 1313 ff.
170 Lohenstein erwähnt »Furcht/ Hofnung/ Freude/ Zorn« in der Vorrede zur »Sophonisbe«, Vers 207. Vgl. die Besprechung dieser vier Affekte bei *Cicero,* Tusculanae disputationes 4,6.
171 IVc 154. *Tac.* ann. 14,7,3. Vgl. S. 195.
172 IVc 142.
173 Auch Neros ängstliches Schweigen nach dem Muttermord (*Tac.* ann. 14,10,1; vgl. S. 199) übergeht Lohenstein.
174 IVc 151.
175 IVc 211 f.
176 IVc 216 f.
177 Angabe zu Beginn der fünften Abhandlung.
178 Va 105.
179 RT, S. 16.
180 Va 42.
181 Va 2.
182 Personenverzeichnis, RT, S. 17.
183 Va 35.
184 Va 44.
185 Va 68.
186 Va 45.

245

187 V a 65–67.
188 *Schöne*, S. 181. Zu Gryphius' »Carolus Stuardus« vgl. *Flemming* (Andreas Gryphius), S. 146.
189 Vgl. S. 186, 191 f., 197 und 200.
190 C² III 552 ff.
191 V a 2, 10, 43.
192 V a 84 und 91.
193 V a 113 f.
194 RT, S. 11.
195 I c 291, V b 160–168.
196 V b 160–168.
197 V d 330.
198 V e 380.
199 Vgl. Lohensteins Anmerkung zu V 469.
200 Vgl. Lohensteins Anmerkungen zu V 624 und 848.
201 Vgl. Lohensteins Anmerkungen zu V 401 und 484 sowie den auf S. 199 zitierten Text.
202 Vgl. S. 19.
203 III a 80.
204 Vers 562.
205 V e 437.
206 V e 441.
207 V e 465.
208 V f 493.
209 V f 495.
210 RT, S. 16.
211 Angabe zu Beginn von V f (RT, S. 101).
212 V f 563 f.
213 Zu dem Namen Zoroaster bemerkt der von Lohenstein öfters zitierte Athanasius *Kircher* (Obeliscus Pamphilius, Rom 1650, S. 12): »Fuit igitur hoc nomen commune omnibus ijs, qui abstrusarum rerum scientiam, ac magiam exercebant, (...) ita plures fuêre Zoroastres, id est omnes ij, qui magicarum artium, aliarumque secretiorum scientiarum inventores, cultoresque primis ijs seculis fuerunt«.
214 V g 775.
215 V g 777.
216 Vgl. in Lohensteins »Sophonisbe« die Verse I 492 und III 339 f., im »Arminius« Teil 2, Buch 1, S. 109 der Ausgabe von 1689/90 (auch in: Das Zeitalter des Barock, Texte und Zeugnisse, hrsg. von Albrecht *Schöne*, München 1963, S. 428), in Gryphius' »Papinianus« Vers III 619. In Gryphius' »Cardenio und Celinde« II 138 braucht die Zauberin Tyche das Herz des toten Marcell, um ihn ins Leben zurückzurufen. In Shakespeares »Kaufmann von Venedig« verlangt der Jude Shylock das Herz seines Schuldners.
217 V f 497. Vgl. III Reyen 517.
218 V f 503.
219 Vgl. S. 12. Auch der Holländer *Hooft* liebte solche Szenen.
220 III a 78.
221 Vgl. Anm. 217 und 218.
222 V e 429–432.
223 V e 434.
224 *Schaufelberger* (S. 36) und *Just* (AT, S. XX) sprechen von einer Welt »jenseits von Gut und Böse«.

### Drittes Kapitel

1 Zur Reihenfolge der beiden Stücke vgl. *Just* in RT, S. 147 f.
2 *Lunding*, S. 123.
3 *Lunding*, S. 120.

4 RT, S. 147.

5 Martin *Opitz*, Buch von der Deutschen Poeterey, nach der Edition von Wilhelm *Braune* neu hrsg. von Richard *Alewyn*, Tübingen 1963, S. 20.

6 Eine Ausnahme bilden nur Scevins Worte in II b. Vgl. dazu S. 135 f.

7 ann. 15,49,1, zitiert auf S. 204.

8 RT, S. 154.

9 I c 602.

10 N.-M. *Bernardin*, Un précurseur de Racine. Tristan L'Hermite. Sa famille, sa vie, ses oeuvres. Slatkine Reprints, Genf 1967. Das Original erschien 1895 in Paris.

11 Vgl. Einleitung, Anm. 12.

12 Jacques *Madeleine* in der Einleitung zu seiner Ausgabe von »La Mort de Seneque«, S. VIII.

13 *Madeleine*, ebenda, S. IX: »il reste en tout cas certain que *La Mort de Seneque* fut la première ›nouveauté‹ que donnèrent les Béjarts, Molière, et consorts.«

14 *Madeleine*, ebenda, S. X: »Cela, nous le savons par Tallemant des Réaux qui en l'*Historiette* de *Mondory et autres comédiens*, dit de ›la Béjard: Je ne l'ay jamais veûe jouer; mais on dit que c'est la meilleure actrice de toutes ... Son chef d'œuvre, c'estoit le personnage d'Epicharis, à qui Neron venoit de faire donner la question‹.«

15 Daniela dalla *Valle* (Il teatro di Tristan L'Hermite saggio storico critico, Turin 1964, S. 249) nennt das Stück »il secondo capolavoro di Tristan«.

16 *Adam*, Bd 1, S. 371. Wieweit schon für Hoffmannswaldau, der sich 1640 in Paris aufhielt, ein Einfluß der preziösen Dichtung des Hôtel de Rambouillet infrage kommt, ist umstritten: »es wurde sowohl direkte Entlehnung als auch eine allgemeine innere Verwandtschaft behauptet« (*Rotermund*, S. 8).

17 Tristans Szene II b.

18 Szene V c.

19 In der Szene III d sagt Seneque zu seinem Neffen Lucain:
»Mais l'execution ne doit pas estre lente
Faisant vne entreprise et haute et violente;
Hâtez vostre dessein, ie trouue vn grand hasard
A garder vn secret où tant de gens ont part.
Il se faut depécher de peur de quelque traistre.« (MdS 661–665)
Vgl. dazu Lohensteins Vers I c 602.

20 *Just*, S. 155.

21 *Rehm*, S. 37: »Man muß sich entschließen, das deutsche barock-klassizistische Drama der Gryphius und Lohenstein als ein zeitliches, wenn auch vielleicht nicht ebenbürtiges Seitenstück zum französischen zu sehen, das sich wesentlich unabhängig von Frankreich herausgebildet hat.« *Bobertag* (Kunsttragoedie, S. 161) meinte, von einem Einfluß der französischen Klassik auf die schlesische Tragödie könne »so gut wie gar nicht die Rede sein«.

22 S. 10 der von *Madeleine* besorgten Ausgabe. Die Inhalte der folgenden Akte stehen auf den Seiten 30, 58, 82 und 104 dieser Ausgabe.

23 Sabine Popée sagt hierzu:
»L'Oncle de son Amant l'instruit sans doute ainsi,
Seneque a fabriqué cette haine mortelle,
C'est vn grand artisan.« (MdS V c 1754–1756)

24 Plautius Lateranus (II b 465, 474, d 653, IV c 1309, d 1397, V c 1690), Natalis (II d 656, IV c 1289, 1310, d 1407, 1417), Asper (II b 473, d 653), Flaue le Capitaine (II b 473, d 653, V c 1693), Scaurus (II b 473, d 656, V c 1689), Proxime (II b 473, d 656), Tulle (= Senecio) (II b 474).

25 IV c 1310 bzw. V b 1695.

26 MdS V c 1731–1743. *Tacitus* ann. 15,67,2 (zitiert auf S. 216).

27 Tristans Drama zählt 1868, Lohensteins »Epicharis« 3654 Verse. Abgesehen von Lo-

hensteins Reyen und dem lyrischen Eingang von Tristans fünftem Akt, verwenden beide Dichter Alexandriner.

28 Thyrsos, den *Plutarch* im 73. Kapitel seiner Antonius-Biographie als Boten des Augustus an Cleopatra erwähnt, wird in Vers IV 391 der ersten und in dem entsprechenden Vers IV 511 der zweiten »Cleopatra«-Fassung als Thyraeus genannt und tritt in der zweiten Fassung zusätzlich als Thyrsus auf, und zwar zu Beginn der zweiten Abhandlung.

29 MdS V c 1687–1690.

30 Vers 1693.

31 Aus der von Seuinus überreichten Liste der Verschwörer entnimmt Sabine Popée: »Pison est Chef de part, et Lucain le seconde.« (MdS IV d 1380)

32 MdS IV a 1094.

33 E III b 75.

34 II e 441, 463, IV a 29, 32. Sonst spricht Epicharis nur die sterbenden Lucan (V d 578) und Senecio (V d 674) je einmal namentlich an.

35 58–60,1; 66–68.

36 Die frühen Stücke »Ibrahim Bassa« und »Cleopatra« spielen, von den Reyen abgesehen, ausschließlich in Innenräumen, seien diese nun Zimmer, Gemächer und Säle oder, was seltener vorkommt, Zelt, Gruft oder Kerker. In der »Agrippina« weicht nur die »wüste Einöde« am Schluß von dieser Regel ab. In der »Epicharis« sind außer der Eingangsszene der Lustgarten in II a, d und e und III a sowie »der Verurtheilten Mord-Platz« in V c im Freien zu denken. Die zweite Abhandlung der »Sophonisbe« beginnt im Innenhof des königlichen Palastes, die zweite Abhandlung des »Ibrahim Sultan« im Vorhof der Sophienkirche, die dritte Abhandlung in einem Lustgarten.

37 E I a 4.

38 E I a 28–34.

39 MdS II a 317.

40 II a 403–412.

41 I d 657–661. Zu der letztlich zugrunde liegenden *Seneca*-Stelle vgl. Kap. VI, Anm. 95 sowie Lohensteins Anmerkung zu E I 530.

42 *Just,* S. 150, Anm. 13.

43 Verse 549–552.

44 II d 617–624.

45 Daß »Flaue et Rufus« tot seien, kommentiert sie mit den Worten: »Comme eux Brutus est mort, mais son nom ne l'est pas.« (V c 1694)

46 E III d 150 erinnert deutlich an MdS IV b 1186, E III d 167 an MdS IV b 1213, E III d 183 an MdS IV b 1196. Vgl. die Nachweise auf S. 212. Auch Lohensteins Szenen II d, III b und c klingen an Tristan an. Vgl. dazu S. 208–211.

47 Vgl. S. 217 f.

48 Auf einen Vorwurf der Epicaris antwortet Neron:
    »Seuinus, adoucis cet animal farouche
    Qui n'a que du poison et du fiel dans la bouche.«
(MdS V c 1655 f.) Vgl. damit E V c 516–519. Zu dem Streit mit Poppäa vgl. S. 227.

49 »Possible que ton sort quelque iour sera pire.« (MdS V c 1748) Vgl. E V d 733.

50 IV a 1107–1112. Vgl. auch S. 211.

51 »Osman«, Szene II b. IS I 360.

52 »Osman«, Szene II c.

53 IS II c 167.

54 »Osman«, Szene I c. IS I e 583–588.

55 In dem Sonett »La béveüe«. (*Tristan L'Hermite,* Les amours et autres poésies choisies, avec une préface et des notes par Pierre *Camo,* Paris: Garnier 1925, S. 27 f.).

56 Szene V d, S. 91 in dem von Edmond *Girard* besorgten Nachdruck.

57 Szene V d, S. 93 ebenda.

58 IS II 407. Vgl. auch Sekierperas Vorwand zugunsten Ambres: IS III 96 f.

59 Vgl. IS I 621.

60 *Just* in TT, S. XLIII.

61 TT, S. 102.

62 *Lunding*, S. 136. Vgl. auch *Just*, S. 97 f.

63 Vgl. Friedrich *Lucae*, Schlesiens curieuse Denckwürdigkeiten . . ., Frankfurt a. M. 1689, S. 195 f.

64 *Sansovino/Bisaccioni*, S. 517–522.

65 Vgl. IS II 418.

66 *Lupton*, S. 221–234.

67 Dieser Abschnitt entstand vor meiner Kenntnis des 1967 veröffentlichten Aufsatzes von Gerhard *Spellerberg* und mag in seiner ursprünglichen Form stehenbleiben, da er das gleiche Material etwas anders vorstellt und in gegensätzlicher Weise auswertet. Spellerberg nimmt seinen wertvollen Fund zum Anlaß, um in nicht überzeugender Form gegen die Annahme von Klaus Günther *Just* zu polemisieren, die römischen Trauerspiele seien »von vornherein als sich ergänzende Kunstwerke konzipiert worden« (RT, S. IX). Er wendet sich in diesem Zusammenhang gegen die von Just behauptete Ebenbürtigkeit der Titelfiguren Epicharis und Agrippina. In seine Argumentation schleichen sich zwei Fehler ein. »Diese Ebenbürtigkeit zu erweisen, soll die Funktion des Lebensberichtes der Epicharis sein«: so gibt er (auf S. 145) eine von Just gar nicht vertretene, meiner Ansicht nach aber trotzdem richtige Meinung wieder. Justs Behauptung, »nur so« habe »ein der Agrippina konträrer und zugleich ebenbürtiger Frauentyp geschaffen werden« können (RT, S. XV f.), bezieht sich nicht auf seinen folgenden Satz, sondern auf den vorhergehenden, in dem von der führenden Rolle der Epicharis bei der Verschwörung die Rede war. Folgenschwerer ist Spellerbergs zweiter Fehler. Auf S. 148 schreibt er in bezug auf Epicharis: »Indem die ihr im Roman zugeschriebene hohe *ankunfft* selbst nicht angedeutet wird, ist auch die Annahme hinfällig, daß diese zu erweisen die Haupthandlung des Romans rekapituliert werde.« Hinfällig ist die Folgerung Spellerbergs, weil die Prämisse nicht stimmt. Die Verse 111–121 deuten die adlige Abstammung der Epicharis an.

68 F. J. *Schneider*, Japeta (1643). Ein Beitrag zur Geschichte des französischen Klassizismus in Deutschland, Stuttgart 1927.

69 Richard *Newald*, Die deutsche Literatur vom Späthumanismus zur Empfindsamkeit, 5. Aufl. München 1965, S. 214.

70 *Spellerberg* geht von der 1644 in Leiden gedruckten deutschen Übersetzung des Romans durch Georg Andreas Richter aus und verweist auf eine entsprechende Angabe bei *Hayn/Gotendorf* (Bibliotheca Germanorum erotica et curiosa, Bd 2, München 1913, S. 31 f.). Er erwähnt auch das der Übersetzung beigegebene Geleitgedicht des Andreas Gryphius »Auf die deutsche Übersetzung der *Ariane*« (jetzt in der Ausgabe von *Szyrocki/Powell*, Bd 3, S. 176–179). Nimmt man noch »Eine Sinnreiche Comoedie von der Ariana« hinzu, die nach Hayn/Gotendorf 1651 in Breslau »im Perfertischen Buchladen« erschien, dann wird deutlich, auf welch bekannten Stoff Lohenstein mit der Lebensgeschichte der Epicharis zurückgreift. *Borinski* (Gracian, S. 115) schreibt, daß Christian *Weise* im Bericht zum »Politischen Näscher« (XVII s. 28) nur die »Ariane« neben Barclays »Argenis« empfiehlt und daß *Bobertag* »Argenis«, »Ariane« und Loredanos »Dianea« eine kanonische Dreiheit nennt. Lohenstein dürfte eher das französische Original als die Übersetzung eingesehen haben. Darauf deutet jedenfalls seine Namengebung. Er spricht von Ariane statt Ariana, von Melint, Palamed und Aristid statt von Melintes, Palamedes und Aristides. Zu den französischen Namen vgl. Anm. 103.

71 *Adam,* Bd 1, S. *569.*

72 »Ariane«, 2. Teil, S. 363 und 367. Hier und im folgenden ist nach der anonymen Pariser Erstausgabe von 1632 zitiert. Sie hat zwei Teile zu je acht Büchern. Das Gespräch zwischen Lucain und Seneque findet sich im vorletzten Buch auf den Seiten 363–367.

73 MdS II c 578.

74 MdS II a 317.

75 Vgl. auch seine Worte an Lucain: »l'excuse en vous à la verité ceste amour pour la republique. l'auoüe que si ie n'estois Seneque, ie serois le premier à donner la mort à Neron.« (»Ariane«, 2. Teil, S. 365)

76 MdS II d 599–602. »Ariane«, 2. Teil, S. 364.

77 MdS II d 606–610. »Ariane«, 2. Teil, S. 364.

78 MdS II d 612 ff. »Ariane«, 2. Teil, S. 365 f.

79 MdS II d 628–656. Die entsprechende »Ariane«-Stelle ist in Anm. 80 zitiert.

80 Zwischen MdS II d 657–665 und der entsprechenden Stelle auf S. 366 des zweiten »Ariane«-Teils sind die Beziehungen am deutlichsten. Desmarets schreibt:
»Seneque fut bien estonné d'apprendre que tant de personnes auoient esté prattiquées en si peu de temps, et loüa fort ceste entreprise. Il aduertit son neueu qu'il falloit donc se haster, de peur que tant de personnes ayant part au secret, il n'y eut quelqu'vn d'entr'eux dont la resolution se relaschast. Lors que Lucain luy eut nommé la plus part des coniurez, il trouua que l'on s'estoit heureusement addressé à tous ceux qui pouuoient garder le sret (!), et qui ne manquoient pas de courage: toutefois il iugea du Senateur Sceuinus ce qui arriua depuis, pource qu'il dit que c'estoit vn homme qui auoit du cœur. mais qui faisoit fort l'empesché de peu de chose; et qu'ayant vn si grand dessein en l'esprit, il auoit peur qu'il ne descouurist par ses actions, ce que la langue penseroit bien cacher.«
Bei Tristan L'Hermite sagt Seneque:
»Ie craindrois Seuinus en vne grande affaire:
Il s'empesche de tout, de tout il fait mistere,
Si ses propos mal ioints ne donnent des soupçons,
Il en pourra donner par toutes ses façons.
    Mais l'execution ne doit pas estre lente
Faisant vne entreprise et haute et violente;
Hâtez vostre dessein, ie trouue vn grand hasard
A garder vn secret où tant de gens ont part.
Il se faut depécher de peur de quelque traistre.«

81 MdS II d 647 f. »Ariane«, 2. Teil, S. 367.

82 »Ariane«, 2. Teil, S. 361.

83 MdS II c 531–542.

84 E I a 341–345.

85 »Ariane«, 2. Teil. S. 370.

86 MdS III a 782–788.

87 E II d 362–366.

88 E II d 327.

89 Vgl. S. 205.

90 Vgl. S. 200 ff.

91 E I a 103 ff. *Just* rügt die »allzu weitschweifige, hier sogar unbeholfene Weise«, in der Lohenstein die unbekannte Herkunft der Freigelassenen Epicharis als aristokratische Abstammung auslegt. (RT, S. XVI)

92 Walter *Benjamin* (Ursprung des deutschen Trauerspiels. Revidierte Ausgabe, besorgt von Rolf *Tiedemann*, Frankfurt 1963, S. 162) bringt diese Formulierung im Zusammenhang mit dem »Exotismus Lohensteinscher Dramen«.

93 Herbert *Singer*, Der galante Roman, Stuttgart 1961, S. 14.

94 Monteverdis Oper »Arianna« (1608) nach dem Text von Rinuccini machte die Ariadne-Sage zum modischen Sujet. »Der Ariadne-Stoff wurde nahezu repräsentativ für die Oper des 17. und 18. Jahrhunderts; es sind über vierzig Ariadne-Opern dieser Zeit namhaft gemacht worden«. (*Frenzel*, Artikel »Ariadne«)

95 Günther *Müller* (Aufbauformen des Romans, Neophilologus 27, 1953, S. 1–14; nachgedruckt in: Zur Poetik des Romans, hrsg. von Volker *Klotz*, Darmstadt 1965, S. 280–302) hält diese »Form der großen chronologischen Umstellung« für eine von vier

Grundbauformen der Gattung Roman. Diese Form sei außer durch Heliodor vor allem aus der Odyssee bekannt und in zahlreichen Barockromanen übernommen. An weiteren Formen bespricht Müller den Roman der einsinnigen Lebenskurve, den Roman des Bewußtseinsflusses und den Roman des Nebeneinander.

96 »Ariane«, 1. Teil, S. 273.
97 Ebenda, S. 274.
98 E I a 107.
99 E I a 254.
100 »Ariane«, 2. Teil, S. 377.
101 TT, S. 13 f.
102 RT, S. 154.
103 Die von Lohenstein übernommenen Namen lauten in der Schreibung des Romans (in Klammern ist der Lohenstein-Vers vermerkt, in dem der betreffende Name erstmals erscheint): Dicearque (111), Asylas (115), Ariane (123), Aristide (132), Palamede (133), Hermocrate (141), Melinte (141), Marcelin (144), Emilie (145), Camille (146), Cyané (167), Pisistrate (250), Arcas (273), Trebace (281). Nicht namentlich erwähnt Lohenstein die Räuber (113), zwei Sklaven (181), mit denen der schon benannte Arcas und Nise gemeint sind, die Diana-Priesterin Virginie, des bösen Marcelin tugendhafte Schwester (201), sowie den Kerkermeister (238) und den Hauptmann (263).
104 E II d 376 f.
105 Vgl. E I a 296 f.
106 E I a 196 ff. und 208 ff.
107 Verse 195 und 202.
108 III f 560 und 566.
109 Besonders IV b 165 ff. Ironisch wirkt allerdings auch die Formulierung vom »so frommen Printz« (III b 60), mit der Sulpitius Asper eine Äußerung des »Hoffheuchlers« Proculus wiedergibt.
110 I a 95 ff.
111 Vgl. S. 13.
112 I a 339 f.
113 Vgl. S. 202.
114 Zum Beleg vgl. Anm. 5.
115 MdS II f 721 f.
116 MdS IV a 1093.
117 RT, S. 296.
118 E I a 118.
119 E I a 103–121.
120 E II a 38.
121 Vers 40.
122 II a 39 f.
123 II d 379 f.
124 IV b 413.
125 I a 109.
126 V d 551.
127 V d 548.
128 Zu den Versen 359 und 437.
129 Vers 178.
130 *Tac.* ann. 15,63,1.
131 Vgl. Lohensteins Anmerkung zu V a 111.
132 Über Tristans Beziehung zu Mascaron vgl. *Bernardin*, S. 419 und *Madeleine* in der Einleitung zu seiner Ausgabe von Tristans »La Mort de Seneque«, S. XIV f.
133 Daß Tristan diese Schreibung von Mascaron übernommen hat, sagt *Madeleine* a.a.O. auf S. XV.
134 *Mascaron*, S. 14–41, 53–88 und 90–99.

135 *Mascaron*, S. 41–48.
136 E V b 334–339 und 397 f.
137 Verse 352–360.
138 Verse 411–414.
139 Verse 391–394.
140 Schon *Sexau* (S. 57) bemerkte, daß die Religion bei Lohenstein eine geringere Rolle spielt als bei seinen Zeitgenossen. Seine Wendung zum Diesseits oder besser zur Darstellung eines aus menschlicher Eigeninitiative statt im Vertrauen auf Gott gestalteten Lebens betonten dann vor allem *Hankamer* und *Lunding*, danach auch *Schaufelberger*, *Just, Gillespie* und andere. Zwar ist der transzendentale Bereich nicht ausgeschaltet, aber Gott und Verhängnis bezeichnen für Lohenstein doch mehr die Grenze als den Maßstab menschlichen Handelns. *Fülleborns* Gegenargumente haben die Säkularisierungsthese relativiert, aber in der Sache keineswegs widerlegt. Über den auch von *Tarot* (Sophonisbe, S. 85) und *Voßkamp* (S. 222) beanstandeten Begriff ›Säkularisierung‹ läßt sich streiten, insofern Lohenstein geistliche Motive weniger verweltlicht als außer acht läßt. Aber das macht die Wendung zum Diesseits nur noch entschiedener. Über die damit gerade in der »Epicharis« verbundene Abkehr von Gryphius vgl. S. 149.
141 Verse 152, 158–161, 230–235, 363–365.
142 Verse 368–370.
143 Verse 162–164.
144 Verse 264–266.
145 Verse 360–362, 376–379.
146 Vers 313.
147 »quoniam senile corpus et paruo victu tenuatum, lenta effugia sanguini praebebat« (*Tac.* ann. 15,63,3).
148 Vers 365. Die entsprechende *Mascaron*-Stelle ist auf S. 222 zitiert.
149 Vgl. S. 223.
150 Vers 374 f.
151 Vers 389.
152 Vers 387 f.
153 Vgl. das Zitat auf S. 222.
154 Vers 359.
155 Zitiert auf S. 221. (*Mascaron*, S. 45 f.)
156 *Mascaron*, S. 99.
157 Vers 316.
158 Vers 308. Zu 309–312 vgl. auch *Mascaron*, S. 47 (zitiert auf S. 221).
159 Vgl. MdS V a 1606 und den Botenbericht V d 1779–1786.
160 Vers 417.
161 Vgl. Hans v. *Müller*, S. 220.
162 Vers 433 f.
163 *Mascaron*, S. 99.
164 H. *Friedrich*, Montaigne, Bern: Francke 1949, S. 248.
165 MdS V d 1787 und 1795.
166 Die Anmerkung des Justus *Lipsius*, die beide Möglichkeiten andeutet (vt sanguis efflueret, vel vt venenum in calidum corpus permearet), steht nicht in der von Lohenstein benutzten Tacitus-Ausgabe von 1600, sondern kam erst später hinzu.
167 *Mascaron*, S. 89.
168 Vers 416.
169 Vgl. das ausführlichere Zitat auf S. 225.
170 In MdS V d 1830–1834 berichtet der Bote, der dem Philosophen den Todesbefehl überbracht hat, dem Kaiser:

> »Alors leuant les yeux,
> Il a dit en poussant sa voix foible et tremblante,
> Dans le creux de sa main prenant de l'eau sanglante,

Qu'à peine il a iettée en l'air à sa hauteur:
Voicy ce que ie t'offre, ô Dieu Liberateur!«

171 Zum Beleg vgl. S. 219.
172 P. *Villey*, Les sources et l'évolution des Essais de Montaigne, Paris: Hachette 1908.
173 J. v. *Stackelberg*, Tacitus in der Romania. Studien zur literarischen Rezeption des Tacitus in Italien und Frankreich, Tübingen 1960, S. 167 f.
174 Vgl. Lohensteins Anmerkung zu Vers 420.
175 Zum Beleg vgl. S. 225.
176 Vgl. S. 225.
177 Vgl. S. 225.
178 Vgl. S. 225.
179 Das gilt für Lohensteins Anmerkungen zu den Versen 45, 51, 66, 128 und 130. In *Justs* Register (RT, S. 312) sind sie irrtümlich der Schrift »De tranquillitate vitae ad Serenum« zugeordnet, auf die sich nur die Anmerkungen zu den Versen 39 und 41 beziehen.
180 Vgl. Lohensteins Anmerkung zu Vers 111. Um die Vorwürfe geht es in den Versen 109–130.
181 *Verhofstadt* (Untergehende Wertwelt), S. 187–189.

### Viertes Kapitel

1 Ähnliches gilt auch für »Sophonisbe«. Nur kommt zu den drei Hauptfiguren, Sophonisbe und ihren beiden Männern Syphax und Masinissa, noch der weise, außerhalb des Konflikts stehende römische Feldherr Scipio hinzu.
2 II d, III f, V d.
3 RT, S. 296.
4 Bernd-Reiner *Voss* (Der Pointenstil des Tacitus, Münster 1963) bemerkt hierzu: »Das ist wohl das eindruckvollste Beispiel für die Möglichkeit, durch Pointierung antithetischer Struktur die Bedeutung des Berichteten hervorzuheben.« (S. 89)
5 Nach Neron, der in zehn Szenen auftritt, gehören Seuinus die meisten Szenen: II a, b, III c, d, IV c, d, V b, c. In III b und IV b ist hauptsächlich von ihm die Rede. Sabine Popée tritt in sieben, Lucain in sechs, Epicaris in fünf, Seneque, Pison und Rufus treten in je vier Szenen auf.
6 Scevin tritt in elf, Epicaris in neun, Nero in acht Szenen auf.
7 Epicaris spricht 724 2/3 Verse, Seneca 361 1/2, Nero 273 2/3, Scevin 231, Piso 74 1/2.
8 Vgl. die Literaturangaben in Lohensteins Anmerkung zu $C^2$ III 350. Er bezieht sich besonders auf den Traktat »De Martyrum Cruciatu« des Jesuiten Antonius *Gallonius* (italienisch 1591, lateinisch 1594), dem alle Peinigungen außer der ersten entnommen seien. Conrad *Müller* (S. 74 f.) hat die Entsprechungen im einzelnen aufgezeigt.
9 Zur Mißdeutung der Folterszenen durch die Forschung des 19. Jahrhunderts vgl. *Just*, S. 152, Anm. 19.
10 Vgl. S. 214.
11 *Tac.* ann. 15,54,4.
12 Corinna kann als Verkleinerungsform von griech. κόρη (= junge Frau) verstanden werden.
13 II c 276 ff.
14 II c 269–273.
15 II c 305–307. Vgl. III e 316–319.
16 *Tac.* ann. 15,55,2 (zitiert auf S. 213).
17 Vers 327.
18 II c 205–257. Vgl. bes. die Verse 216, 223 und 236 ff.
19 Vers 244.
20 Näheres zu der Scevin-Szene folgt auf S. 135 f.

21 III a 13–16.
22 Ähnlich äußert sich *Lupton,* S. 179, der auch feststellt, daß Corinna nicht nur wie bei Tacitus ihren Mann, sondern auch den Kaiser berät.
23 A III 264, S III 345. Vgl. auch des Ibrahim Bassa unterbrochenes Sterben (IB III 254), des Antonius Reaktion auf Cleopatras falschen Tod ($C^1$ III 346 = $C^2$ III 522) und den Beginn des Widerstandes gegen Sultan Ibrahim (IS III 321).
24 Näheres dazu auf S. 123 f. und 213 f.
25 Vgl. Agrippinas Verteidigungsrede (A I d).
26 Verse 370–378.
27 Vers 377. Die Entsprechung zu II d zeigt sich auch darin, daß Lohenstein das frei-werdende Schlußargument des Taciteischen Sceuinus, Milichus mache sich zum An-kläger und Zeugen zugleich, der Epicharis gegen Proculus in den Mund legt, und zwar in Vers II d 353 f.
28 III e 386–391.
29 Verse 392 ff.
30 MdS III d 1071 ff. Vgl. die Inhaltsangabe auf S. 55.
31 Vers 398.
32 MdS IV c 1309 f.
33 *Lupton* (S. 180) bemerkt, daß sie »dort anfängt, wo Corinna aufhört.«
34 Ähnliches gilt für die beiden anderen Frauenrollen des Stücks: Epicharis und die nur in IV b auftretende Mutter Lucans, Atilla.
35 Jacques *Madeleine* in der Einleitung zu seiner Ausgabe von Tristans »La Mort de Seneque«, S. XVI.
36 Verse 541–552.
37 IV d 554–565, V c 457–462.
38 V d 714.
39 V d 571.
40 V d 614.
41 V d 574.
42 Vers 674.
43 Vers 678.
44 Vgl. *Lunding,* S. 134.
45 Vers 690.
46 III e 351. *Tac.* ann. 15,55,2 (zitiert auf S. 213).
47 Vers 689.
48 Verse 699–701.
49 Vers 696.
50 Vers 708.
51 III g 666–669. Vgl. auch IV b 389–393.
52 Verse 178–181.
53 RT, S. 296.
54 Sowohl Vers 718 f. als auch 740 (beide in V d) betreffen die Belohnung des Denunzian-ten Milichus.
55 Vgl. S. 57 f.
56 Besonders I d 657–661.
57 MdS IV c 1332 f.
58 MdS V c 1687 f.
59 I d, III b, d, IV d.
60 Vgl. Anm. 7.
61 I d 652–657.
62 I b 376 nach *Tac.* ann. 15,48,3 (zitiert auf S. 203).
63 III b 36, 67 und 78.
64 III d 142 und 144.
65 IV d 529–536.

66 z. B. I a 246–296 und V a 47–98.
67 RT, S. 157.
68 IV d 568 und 600.
69 Vers 554.
70 Vers 566.
71 Verse 575–581.
72 Verse 584–587.
73 RT, S. 157.
74 V c 457–461.
75 Vers 484.
76 Zur Orthographie dieses Namens vgl. S. 204.
77 IV b 398.
78 IV b 428 ff. und 446 f.
79 IV b 449–452. Vgl. S. 216.
80 IV b 443.
81 RT, S. 157.
82 Verse 456–485.
83 Verse 489 ff.
84 Verse 442–454.
85 Verse 475–478.
86 Vers 475.
87 IV d zählt 116 Verse, die nicht einmal Piso allein gelten. Auf Senecas Ende in V a
   und b verwendet Lohenstein 438 Verse.
88 Vgl. *Bernardin*, S. 425 f.
89 Sie sterben in folgender Reihenfolge: Sulpitius Asper in IV b, Piso, Scaurus und Lateranus in IV d, Seneca in V b, Rufus und Flavius in V c, Lucan, Quinctian, Senecio,
   Scevin und Epicharis in V d. Zu der besonderen Rolle von Senecas Frau Paulina vgl.
   S. 73.
90 III g 706 f. und 720.
91 Vgl. S. 56 f.
92 Vor C², IS, S, C¹, A, IB.
93 RT, S. 154.
94 Vgl. S. 227.
95 *Lunding*, S. 123.
96 I d 741.
97 Zweite Abhandlung.
98 Erste und vierte Abhandlung.
99 Ars poetica 192.
100 Die Szene I b (161–348) dieses Stücks ist zwar reich besetzt, aber neben den Gefan-
    genen und den Janitscharen bleiben auch Hali und Achmath stumm, Ibrahim und
    Isabelle werden nicht gleichzeitig, sondern nacheinander verhört.
101 Auch im »Carolus Stuardus« findet sich eine Szene mit vier Sprechern, und zwar die
    letzte der zweiten Abhandlung, allerdings erst in der zweiten Fassung von 1663.
102 C¹ I d (= C² I e), C¹ III b (= C² III b), A I d, II c, IV c, V b.
103 C¹ I a (= C² I a), A I b, V c. Vgl. auch C¹ II b (= C² II c).
104 Vgl. S. 214. *Horaz*, Ars poetica 179 ff.
105 Neben »Sylvanus« hat Lohenstein auch »Silvanus«.
106 I d 755–767.
107 Für die letzte Möglichkeit spricht, daß überhaupt die Reihenfolge bei dem Umtrunk
    nach höfischem Zeremoniell geordnet erscheint. Nach dem designierten Konsul Late-
    ran und dem Prätorianergeneral Rufus folgen die Senatoren Scevinus und Quinctia-
    nus, danach der Hausherr Natalis, der laut Tacitus ein Ritter war, von Lohenstein
    aber ständisch nicht festgelegt wird, sodann der Dichter Lucan und der Militärtribun
    Flavius und schließlich die vorher erwähnten Ritter und Soldaten. Die Gestalt der

Epicharis entzieht sich solcher eindeutigen ständischen Zuordnung. Sie eröffnet und beschließt den Reigen.

108 Verse 679, 684, 689, 699, 726.
109 Vers 621.
110 Vers 694.
111 Verse 652–667.
112 I b 368.
113 I c 501.
114 I d 645.
115 I d 627–632.
116 I d 671–678.
117 II a 38 und 109.
118 II b 147.
119 Sulpi(t)z: II d 418, als Asper IV b 398. Flavius: IV a 25.
120 IV b 270.
121 IV d 588.
122 V d 574.
123 V d 660.
124 V d 615 und 667.
125 IV b 264.
126 IV b 369.
127 III e 514.
128 III e 483.
129 I a 360.
130 RT, S. 156.
131 III g 717 f.
132 Verse 193 und 210.
133 III c 127, e 278–281, V d 689, 700.
134 IV d 629.
135 I a 72.
136 IV a 126 ff.
137 Außer in den beiden genannten Szenen tritt Epaphroditus in III a und e (bes. 480 f.) auf, wo er von Nero die Befehle für sein späteres Handeln empfängt.
138 Vgl. *Suetons* Biographien über Nero (Kap. 49) und Domitian (Kap. 14).
139 I a 72–74, d 671–678.
140 Vers 314.
141 Vers 363.
142 Verse 426 f. und 444–446.
143 Vers 553.
144 Die entsprechenden Tacitus-Kapitel sind auf S. 215 f. zitiert.
145 Piso, der zu ihm von Epicharis entsandte Scaurus sowie Lateran werden in IV d in Pisos Haus sterben. Der zwielichtige Statius Proximus tritt dabei als Henker Laterans in Erscheinung. Granius Sylvanus, dessen Beteiligung an der Verschwörung weder bei Tacitus noch bei Lohenstein je entdeckt wird – nach *Tac.* ann. 15,71,2 (zitiert auf S. 227) brachte er sich dennoch selbst um – kommt in IV c als Neros Bote von Seneca zurück. Den Martius Festus hat Epicharis zu Seneca geschickt. Außerdem fehlt Gallus, den Lohenstein wahrscheinlich mit Munatius Gratus verwechselt hat.
146 *Lunding*, S. 134.
147 IV b 178–181.
148 IV b 366.
149 Verse 326 und 376 f.
150 IV b 190 f.
151 Vers 398.
152 Zu diesem Punkt vgl. *Just*, S. 147 f.

153 Vgl. S. 215.
154 RT, S. 295 f.
155 IV a 90.
156 I a 21–30. Die vorangehende Äußerung des Scaurus erinnert an *Gryphius'* bekanntes Sonett »Es ist alles eitel«, dessen erstes Quartett Gryphius leicht verändert auch im Prolog zur »Catharina von Georgien« (Verse 27–30) bringt.
157 IV a 100–105.
158 II e 467.
159 RT, S. 295.
160 *Just,* S. 148.
161 II Reyen 581–584. Vgl. auch I Reyen 802–804 sowie einige Äußerungen Neros und seiner Helfershelfer: II c 260–266, III e 429 f., V d 739. Die anders lautende Prognose der Epicharis in II e 438–447 erweist sich als Irrtum.
162 Vgl. *Szyrocki,* S. 79 ff.; *Mannack,* S. 41.
163 *Just,* S. 150.
164 *Lunding,* S. 121 f.
165 RT, S. 296.
166 *Lunding,* S. 122.
167 *Just,* S. 146. Vgl. bis S. 154.
168 Auch *Verhofstadt* (Untergehende Wertwelt, S. 175) meint, daß Lohenstein eine persönliche Stellungnahme »offenbar vermeiden möchte«. Die noch auffälligere Unentschiedenheit vieler Problemdispute im »Arminius« hat Dieter *Kafitz* kürzlich mit den allgemeinen didaktischen Bestrebungen der Voraufklärung in Zusammenhang gebracht. Vgl. Kap. VII, Anm. 1. Das wirft auch auf die »Epicharis« ein neues Licht.
169 *Hildebrandt,* S. 47 f.
170 *Hildebrandt,* S. 85 f.
171 *Hildebrandt,* S. 90.
172 *Hildebrandt,* S. 88.
173 »Arminius«, Buch II 7, S. 1297 a.
174 *Hildebrandt,* S. 161. Gegen Hildebrandt äußern sich auch *Verhofstadt* (Untergehende Wertwelt, S. 177 f.) und im Anschluß an ihn *Szarota* (Künstler, Grübler und Rebellen, S. 317).

*Fünftes Kapitel*

1 Zu III b vgl. allerdings *Tristans* Szene IV a. Dazu vgl. S. 58 und 210 f.
2 A I b 157–165, V c 173–179. E I b 495–500. II b 197–204, c 305–310, IV b 458–464, d 628–636, V c 489–500.
3 So mehrfach in E IV b.
4 A I d, E II d, III d, e, V a, b.
5 A IV c 155–184, V b 127–146. E IV d 610–625.
6 z. B. in E I c. Näheres dazu S. 110.
7 *Gryphius* läßt Folterereignisse nur berichten, und zwar in »Leo Armenius« (II 293–331) und »Catharina von Georgien« (V 59–100). Er entspricht damit der klassischen Anweisung des *Horaz* (Ars poetica 179 ff.), der die Inszenierung des Gräßlichen auf der Bühne untersagt hatte.
8 »Leo Armenius« II a 167–209 und später, »Carolus Stuardus« V c und d der zweiten (= V b und c der ersten) Fassung.
9 »Cardenio und Celinde« II b 90 ff., IV b 161 ff., »Carolus Stuardus« III d 139 ff., »Papinianus« IV d 259 ff.
10 »Carolus Stuardus« II d 349–352, »Papinianus« IV e 305–315.
11 Vgl. »Leo Armenius« II a 167 ff., »Papinianus« IV e 305 ff.
12 I d 614–633 (= C² I e 898–917) und 709–720 (= C² I e 989–1000, nun aber mit anderer Sprecherfolge). IV e wird in C² zu IV f.

13 IV c 131–144.
14 Eine ähnliche Erscheinung findet sich A V b 149. Hier wird die bisher geregelte Rednerfolge von Agrippinas Häschern Anicetus, Herculeus und Oloaritus durchbrochen, als dem rhetorischen Disput die Mordtat folgt. Herculeus schlägt mit seinem Prügel zu, als er im Dialog an der Reihe ist, und überläßt das Reden dem Anicetus. Danach zieht Oloaritus seinen Dolch und ersticht die Kaiserin. Vgl. auch die Angaben zum »Innhalt« (RT, S. 16).
15 IV c 206 f.
16 IV d 287, angeregt durch Anicetus IV c 211–215.
17 Vgl. S. 196.
18 Vers 254.
19 Im folgenden ist neben der Sprechfolge jeweils der erste der vier berücksichtigten Verse vermerkt. Je einmal gebraucht Lohenstein die Reihenfolgen SOBA (267), SABO (285) und BABA (297), je zweimal BOSO (261, 279), SOSA (263, 301), SASO (265, 275), BASO (269, 299), BASA (291, 307) und SASA (293, 303), je dreimal SOBO (271, 277, 281) und SABA (289, 295, 305).
20 *Szyrocki* (Andreas Gryphius), S. 56 ff. In seinem Buch »Der junge Gryphius« (Berlin 1959) hat Szyrocki die Zahlenkomposition noch ausführlicher behandelt.
21 $C^1$ (= $C^2$) IV 76–84.
22 A IV c 153 ff.
23 In $C^2$ I e sind – im Gegensatz zu der entsprechenden Szene $C^1$ I d – sechs Personen im Gespräch. Vgl. bes. die Verse 981 ff.
24 S III a 1–47, V d 361–372. IS I b 176–182.
25 Vgl. auch den Übergang von der ganzzeiligen zur halbzeiligen Stichomythie in der Brudermordszene des »Papinianus« (II c 259 ff.).
26 »Leo Armenius« IV 25, »Catharina von Georgien« I 359.
27 $C^2$ III 684.
28 Besonders im »Leo Armenius« (I 473, II 445, 476, III 1, 303, V 57).
29 $C^2$ I 275, 635, III 246, V 213.
30 IB I 398, E III 121, S V 242, IS I 360.
31 In »Epicharis« nur II 272, III 560, IV 628, 631.
32 V 463. Die beiden Verse I 163 f. sind dreiteilig nach Emjambement.
33 $C^2$ I 864–868.
34 Vgl. etwa die Verse 168–173 von *Senecas* »Medea«.
35 Vgl. etwa IB I 438–451, in größerem Format die beiden Reden Poppäas vor Nero (A II a 83–107 und 123–147).
36 *Just,* S. 123, Anm. 5.
37 Vgl. auch S. 44.
38 IS IV 108–172.
39 *Schiller* gebraucht diese Formulierung zur Charakterisierung des Alexandrinerverses in seinem Brief an Goethe vom 15. Oktober 1799.
40 Von »Pracht der Glieder« und »blühender Gestalt« ist in den Versen 101 und 113 die Rede, von »Liebreitz« bzw. »Liebes-reitz« in 73, 102 und 111, von »Anmuth« in 110, 112 und 149. Vgl. *Tacitus* ann. 13,46,1 (zitiert auf S. 186).
41 Vgl. die Artikel »Liebreiz« und »Anmut« bei Friedrich *Kluge*, Etymologisches Wörterbuch der deutschen Sprache, 20. Aufl. Berlin 1967 sowie Alfred *Anger,* »Reize« und »Reiz«-begriff bei Christoph Martin Wieland, Untersuchungen zur Sinnlichkeit der deutschen Rokoko-Dichtung, Diss. Köln 1953 (Masch.).
42 Zu Beginn der Anmerkungen zu $C^1$ ist »der fürtreffliche *Marino*« mit einer Stelle aus dem »Adone« zitiert. Lohenstein versichert hier, daß er »der Außländer/ besonders dises *Marino* Sachen hoch achte« (AT, S. 222).
43 A IV c 191 f.
44 Besonders deutlich ist das doppelte Hendiadyoin in A III d 362: »quod venti et fluctus deliquerint« (Tac. ann. 14,3,3) wird zu »Was Winde/ Well und Flutt zerschmettern

und zerreissen«. In Vers 353 der gleichen Szene ist »in mari« (Tac. ann. 14,3,3) zu »in See und Wellen« entfaltet. Gelegentlich greift Lohenstein im Zuge der Übertragung auch zu der für ihn auch sonst bezeichnenden zeugmatischen, Abstraktes und Konkretes verbindenden Doppelung (vgl. *Schöne*, S. 141–144): Poppäas Unterstellung, Agrippina könne nur eine ihrem Sohn feindliche Schwiegertochter (nurum [...] non nisi infestam) ertragen (Tac. ann. 14,1,2), äußert sich bei Lohenstein in den Worten, offenbar solle »nur giftigs Hassen/ Und ein vergälltes Weib« dem Kaiser vermählt sein (A II a 140 f.). »Sie schöpfft itzt Luft und Ruh«: Diese Worte des Boten Agerinus über Agrippina (A IV d 223) beruhen wahrscheinlich auf ihrer Botschaft an Nero, daß sie vorerst Ruhe nötig habe (sibi ad praesens quiete opus) (Tac. ann. 14,6,2).

45 Bei Tacitus ann. 13,46,2 nennt Poppäa ihren Mann Otho »animo et cultu magnificum«. Bei Lohenstein lobt sie »Otho/ dem an Muth/ an Pracht das minste fehlet« (A II a 96). Agrippinas Botschaft an Nero, »visendi curam differret« (Tac. ann. 14,6,2), gibt Lohenstein mit den Worten wieder,
»Der Käyser wolle nicht so gar geschwinde sich
Sie zu besuchen mühn«. (A IV 228 f.)
»Es ist nicht's erstemal:« So streckt Lohenstein den Hinweis Scevins, er habe schon öfters (saepius) ein Testament abgefaßt (Tac. ann. 15,55,2; E III e 333). Litotetischen Anstrich haben auch E III e 345 »nicht [...] viel trau« statt »diffideret«) und E V c 498 (»nicht verzagter« statt »tam fortiter«).

46 Besonders in Agrippinas Verteidigungsrede. Vgl. etwa A I d 385–400 mit Tac. ann. 13,21,2 (zitiert auf S. 188). Während Lohenstein hier Taciteische Gedankenteile verselbständigt, greift er in den beiden Trikola A I d 412–416 und 445–450 jeweils einen Gedanken mehrfach variierend auf.

47 Aus der »impatientia caritatis« (Tac. ann. 13,21,5) werden »Ungedult und Libe« (A I d 476). Daß Senecas Loyalität gerade Nero bekannt sei, »qui saepiùs libertatem Senecae, quàm seruitium expertus esset« (Tac. ann. 15,61,1), gibt Lohenstein mit den Worten wieder, niemand kenne ihn so gut wie der Kaiser,
»Der seine Redligkeit aus allzeit-freyen Sitten/
Und wie sein Geist niemals nichts knechtisches gelitten/
Zum öftern selbst erkennt.« (E IV c 471–473)
Umgekehrt weicht in dem schon besprochenen Beispiel »der Edlen Blum« die Taciteische Nebenordnung der Begriffe einer Unterordnung.

48 Wie die Frage A III d 356 auf einer Behauptung, so beruht die Behauptung der Verse 360–362 der gleichen Szene auf einer rhetorischen Frage. Vgl. S. 194.

49 *Martin* weist etwa nach, daß Lohenstein im Gegensatz zu Gryphius nicht das breite Trikolon, sondern die knappe Zweierformel bevorzugt (S. 39 f.) und daß er der amplifizierenden Synonymenhäufung die Akkumulation verschiedener Sachen vorzieht (S. 38). Daß dies für den jungen Lohenstein nicht oder weniger gilt, übersieht Martin. Das Erstlingsdrama »Ibrahim Bassa« und in etwa auch »Cleopatra« erinnern mit ihrer breiteren Ausdrucksweise noch an Gryphius.

50 Vgl. bes. A II a 94, E III d 184–189, e 338–344, IV b 383–385, 426 f., 444–446.

51 Hierher gehören die Konkretisierung bei Tacitus bloß angedeuteter Sachverhalte (A I d 389–391, 445–450, II a 137–139, IV c 190, E I d 665 f., IV b 431–437), die Verdeutlichung des Situationsbezugs (A II a 142, IV c 195 f., d 229–231), die ausdrückliche Hervorkehrung einer heuchlerischen Absicht (A III d 370 f.) sowie der Einschub sentenziöser Begründungen (A I b 273 f., d 456, V a 116 f., E III d 237–243), überbrückender Zwischengedanken (A I d 397, III d 363–368) und nuancierender Zusätze zu einem Gedanken (E I c 581, d 656, III d 213). Die entsprechenden Tacitusstellen sind im Anhang unter der jeweiligen Szene zu finden.

52 A II a 146. Vgl. S. 189.

53 *Tac.* ann. 13,19,3. A I b 188 f.

54 *Tac.* ann. 13,21,2. A I d 388.

55 *Tac.* ann. 13,21,3. A I d 441.

56 *Tac.* ann. 13,46,2. A II a 93 f.

57 *Tac.* ann. 14,2,1. A III a 125, ähnlich A III c 269 f.

58 *Tac.* ann. 14,1,2. A II a 129 f.

59 *Tac.* ann. 15,65. E I b 448.

60 *Tac.* ann. 14,7,2. A IV b 113–115.

61 *Tac.* ann. 14,3,3. A III d 368–370.

62 *Tac.* ann. 15,67,2. E IV b 431–439.

63 *Tac.* ann. 13,22,1. A I e 580–583.

64 *Tac.* ann. 13,21,3. A I d 445–450.

65 *Tac.* ann. 15,67,4. E V c 492.

66 Vgl. etwa A I d 397 f. und E III e 345–347. Die zugrunde liegenden Ablativi absoluti sind auf S. 188 und 213 zitiert.

67 Nicht aufgegriffen hat Lohenstein etwa die Verbformen »visere« (Tac. ann. 13,46,2; A II a 97), »timeri« (Tac. ann. 14,1,2; A II a 127), »struxisse« (Tac. ann. 15,55,3; E III e 353 f.) und das Prädikatsnomen »capax« (Tac. ann. 14,3,3; A III d 356).

68 z. B. »amplectitur« in »Umbarme« (Tac. ann. 15,59,3; E III d 244), »consociaturum« in »beygesellt« (Tac. ann. 15,67,1; E IV b 385).

69 *Tac.* ann. 13,19,1. A I c 287.

70 *Tac.* ann. 15,65. E I b 449.

71 *Tac.* ann. 15,52,1. E I d 655.

72 *Tac.* ann. 15,59,3. E III d 213 f.

73 *Tac.* ann. 15,59,3. E III d 247.

74 *Tac.* ann. 15,55,2. E III e 346.

75 *Tac.* ann. 13,21,5. A I d 474.

76 *Tac.* ann. 15,55,2. E III e 347.

77 *Tac.* ann. 15,59,3. E III d 248.

78 *Tac.* ann. 15,58,4. E IV b 270 f.

79 *Tac.* ann. 15,68,1. E IV b 446 f.

80 Vgl. die Beispiele bei *Schöne,* S. 136 f.

81 E. *N[eumeister],* Specimen dissertationis historico-criticae de poetis Germanicis hujus seculi praecipuis, o. O. 1695, S. 66.

82 Johann Jacob *Breitinger,* Critische Abhandlung Von der Natur den Absichten und dem Gebrauche der Gleichnisse. Mit Beyspielen aus den Schriften der berühmtesten alten und neuen Scribenten erläutert. Durch Johann Jacob Bodmer besorget und zum Drucke befördert, Zürich 1740, S. 224.

83 Johann Christoph *Gottsched,* Versuch einer Critischen Dichtkunst, Darmstadt 1962 (Nachdruck der 4. Auflage, die 1751 in Leipzig erschien), S. 623.

84 Vgl. C¹ I 1–18 mit C² I 1–14.

85 Vgl. bes. A I a 132, E IV b 435–439 und 447.

86 Vgl. auch die Besprechung von Martins Dissertation bei *Just,* S. 21.

87 *Tac.* ann. 14,2,1. A III a 12–16.

88 Vgl. A I d 387–392, 440–443, II a 146 und die entsprechenden Tacitus-Stellen im Anhang.

89 *Tac.* ann. 15,54,3. E II b 197–202.

90 z. B. macht Lohenstein »fortes viros« (*Tac.* ann. 15,59,2) zu »ein Held« (E III d 187).

91 Aus dem Griechischen übersetzt Lohenstein zu den Versen C¹ I 315 (= C² I 474), A V 721, E I 480, S I 366, II 198, 461, 516, III 196, IV 104, aus dem Lateinischen zu A III 404 und S V 140, aus dem Italienischen zu Beginn der »Agrippina«-Anmerkungen und zu A II 544 sowie zu S II 511. Andere Zitate aus diesen Sprachen sowie alle französischen und spanischen Zitate läßt er unübersetzt. Vgl. auch seine Übersetzung von Baltasar Graciáns »El politico Fernando«.

92 Zitat nach Lohensteins Anmerkung zu A I d 386.

93 Zitat nach Lohensteins Anmerkung zu E III e 304.

94 Vgl. S. 20 f. und 23.

95 Sonst gibt Lohenstein hier nur kürzere Aussprüche in direkter Rede wieder, wie des Flavius mutige Vorwürfe gegen Nero (*Tac.* ann. 15,67,2).

96 Vgl. die Wiedergabe auf S. 188.

97 Vers 353.

98 Vers 359.

99 Vers 404, bezogen auf die Verse 401–403.

100 Seneca erscheint also durchaus nicht so schlecht, wie einige meinen. Der von *Tieck* empfundene Widerspruch zwischen dem moralisch fragwürdigen Seneca der »Agrippina« und dem weisen Seneca der »Epicharis« (vgl. dazu *Just* in RT, S. XVIII) ist mehr durch die Taciteische Vorlage als durch Lohensteins eigene Intention bedingt. Vgl. auch die Aufwertung Senecas in A I b. Was Burrhus dort an kritischem Profil verliert, gewinnt Seneca. Tacitus ann. 13,20,2 (zitiert auf S. 187) berichtet von ihm nur, durch seine Fürsprache habe Burrhus sein Amt behalten, und stellt das dann noch infrage, da der Gewährsmann dieser Nachricht, Fabius Rusticus, als Freund und Günstling Senecas zu dessen Lob neige. Lohenstein verzichtet nicht nur auf diesen Vorbehalt (er ist nur in der Anmerkung zu Vers 229 zitiert) und erhöht so die bloße Eventualität zur Faktizität, er erweitert die Rolle des Philosophen auch. Seneca verbürgt sich nicht nur für Burrhus. Er ist es auch, der anstelle des Taciteischen Burrhus vor übereilten Schritten gegen Agrippina warnt (232–234, 239–242) und der dem verzagenden Kaiser Mut zuspricht (222 f.). Die sonstige Rolle des besonnenen Weisen und kaiserlichen Erziehers wirkt hier also mit. – Auf der andern Seite bleibt das Seneca-Bild der »Epicharis« nicht ganz ohne Schatten. Die von der Nachwelt gegen ihn erhobenen Vorwürfe kommen zur Sprache, wenn auch nur in Form der Zurückweisung (V a 109–130). Vgl. auch Lohensteins Anmerkung zu E V a 111.

101 Vgl. Lohensteins Anmerkungen zu den Versen 409 und 420.

102 Vers 433.

103 Vers 429.

104 Verse 563 und 588.

105 Vgl. S. 113 f. und Anm. 38.

106 Verse 385, 399, 421, 434, 457, 459, 483, 485, 487.

107 Verse 385 f., 399, 459–461.

108 Vers 405.

109 Verse 385 und 394.

110 Vers 414 f.

111 Verse 396, 400, 417, 445, 447, 449.

112 S. 82.

113 Vgl. dazu S. 81.

114 »Fuere qui [...]« (*Tac.* ann. 15,59,1).

115 Vgl. dazu S. 212 f.

116 Vgl. Lohensteins Anmerkung hierzu.

117 Vers 154.

118 Die Tendenz, den Mittelpunkt der Szenenfolge auch inhaltlich hervorzuheben, ist auch bei *Gryphius* zu beobachten. Sein »Papinianus« hat in der Reihenfolge der fünf Abhandlungen 4, 6, 7, 6 und 4 Szenen. Die psychologisch und sprachlich stärkste Szene des Stücks bietet er mit dem Monolog des Intriganten Laetus in III d.

119 IV a 134.

120 Verse 232–235 und 255–258. Vgl. Lohensteins Anmerkungen dazu.

121 Verse 150, 165 und 206–208.

122 An zweiter und dritter Stelle folgen E II b und I c. Vgl. dazu S. 147 ff.

123 Verse 165, 206–208, 232 f., 257 f. Vgl. dazu Lohensteins Anmerkungen. Für Vers 150 käme auch eine Anregung von *Tristan L'Hermite* infrage (MdS IV b 1186, zitiert auf S. 212). Gleichen Sinn haben E II 170 f. und C¹ I 83 (= C² I 159).

124 Verse 137–141, 151, 183 f., 223–230, 259–262.

125 Vgl. auch MdS IV b 1178 und 1196 (zitiert auf S. 212). Nach Gerhard *Fricke* (Die Bild-

lichkeit in der Dichtung des Andreas Gryphius, Berlin 1933, S. 227) liegt »schon seit Seneca die allegorische Bestimmtheit des Bildes von der Seefahrt ganz fest.« Zur Geschichte der Schiffahrtsmetapher vgl. auch Ernst Robert *Curtius*, S. 138–141.

126 Vers 242.
127 Vers 256.
128 S. 88 f.
129 E IV b 449–452.
130 Verse 7, 37, 46 und 90.
131 »*Incertum an* ... è una delle formule più frequenti della narrazione tacitiana ...« (C. *Marchesi*, Tacito, 3. Aufl. 1944, S. 212. Zitiert nach *Stackelberg*, S. 15).
132 Vgl. S. 198 f.
133 *Tac.* ann. 14,4,4 (zitiert auf S. 194).
134 *Tac.* ann. 15,54,3. E II c 209 f.
135 Vgl. Kap. II, Anm. 93.
136 RT, S. 14.
137 Vers 151.
138 Näheres dazu nebst einer Skizze bietet der Horaz-Komentar von Adolf *Kießling* und Richard *Heinze* (2. Teil: Satiren, 6. Aufl. Berlin 1957, S. 338 f.). Vgl. auch Ugo Enrico *Paoli*, Das Leben im alten Rom, 2. Aufl. Bern 1961, S. 115–122.
139 *Paoli*, a. a. O., S. 119.
140 Besonders in Buch 5, Kapitel 28. Lohenstein benutzte, nach seinen Seitenangaben zu urteilen, Rosinus in der von Thomas *Dempster* kommentierten Ausgabe.
141 *Just*, S. 58.
142 Vers 10 f.
143 E II b 183.
144 *Tac.* ann. 15,60,5 (zitiert auf S. 216).
145 Das Bett in A II a hat Lohenstein erfunden, mit dem Bett in A III b macht er die von Tacitus bezeichnete Situation noch eindeutiger. Das Bett in A V b ist durch Tacitus nachgewiesen. Letzteres gilt auch für die öfters erwähnten Dolche. Nur macht Lohenstein durch deiktische Hinweise verstärkt auf sie aufmerksam (A IV c 207, d 262, V b 151; E I d 724, II b 191, c 210, 229, 257, 306, III e 303, 312, IV b 270, d 626, V b 342–346, 376, d 577, 746).
146 *Plutarch*, Große Griechen und Römer. Eingeleitet und übersetzt von Konrat Ziegler, Bd 5, Zürich 1960, S. 378.
147 Vgl. C² III 671 und 679.
148 Den Botenbericht bringt *Benserade* in Akt 4, Szene 3. Über seine Tragödie als Quelle von Lohensteins »Cleopatra« vgl. meinen 1971 in der »Sammlung Metzler« erschienenen Lohenstein-Band, S. 28–30.
149 *Plutarch* (wie Anm. 146), S. 382.
150 C² IV 473.
151 C² IV 540–548.
152 Beleg wie Kap. III, Anm. 5.
153 E V d 522 f.
154 E V d 735.
155 E V d 516 f.
156 Vgl. C² I 919–930 mit Plutarchs Antonius-Biographie, Kapitel 27, und A I 93–112 mit Tacitus ann. 13,45.
157 A I a 111.
158 S. 89.
159 E IV a 90.
160 TT, S. 109. Hier fehlt die Angabe der Tageszeiten.
161 E III e 401.
162 E II b 181.
163 Verse 137, 142, 146 und 173.

164 Vers 147.
165 *Benjamin*, S. 149 ff.
166 Vgl. die Nachweise auf S. 206 zu *Tac.* ann. 15,54,2.
167 E II c 225–227.
168 Vers 188.
169 Vgl. bes. die Szenen A II a und III b und die Ausführungen dazu auf S. 20 ff.
170 *Lunding*, S. 10.

### Sechstes Kapitel

1 *Schanz/Hosius*, 2. Teil, S. 632.
2 Ebenda, S. 632 f.
3 Zitiert nach *Schanz/Hosius*, 2. Teil, S. 633, Anm. 1.
4 Zitiert nach *Stackelberg*, S. 6.
5 Zitiert nach der Antwerpener Ausgabe von 1668, die der Ausgabe letzter Hand von 1607 entspricht.
6 Vgl. *Flemming* (Das schlesische Kunstdrama), S. 43 f.
7 *Just* in AT, S. XX.
8 Über die »type-characters« bei Tacitus handeln besonders die Kapitel X und XI des Buches von B. *Walker*, The Annals of Tacitus. A Study in the Writing of History, 2. Aufl. Manchester 1960. Vgl. auch *Stackelberg*, S. 26–28.
9 *Stackelberg*, S. 26.
10 Formulierungen dieser Art finden sich in der Literatur besonders in bezug auf Lohenstein. Aber auch in des Tacitus Bestreben, überall finstere Hintergründe und Abgründe zu öffnen, sieht Friedrich *Klingner* (Römische Geisteswelt, 3. Aufl. München 1956, S. 465) »fast eine Wollust«.
11 *Just,* S. 143 ff.
12 C² I 952. Vgl. ab Vers 943.
13 S II 169. Vgl. auch II 185, III 212, 436, IV 140, 225. Sophonisbe wird mit Circe (IV 89) und besonders mit Medea verglichen (I 535, II 167, IV 81), der sie auch durch ihre Bereitschaft zur Tötung eines ihrer beiden Söhne (I e 385 ff.) und durch die geplante Inbrandsetzung ihrer Burg gleicht (V b 238).
14 A III a 81–88.
15 A V a 48.
15a Ansätze finden sich schon früher, etwa bei *Sallust,* an dessen Sempronia-Charakteristik (Catil. 25) die der Poppäa bei Tacitus erinnert.
16 *Tac.* ann. 15,54,4.
17 *Tac.* ann. 2,71,2 und 11,3,2.
18 *Tac.* ann. 4,39,1.
19 *Tac.* ann. 12,57,2; 13,14,1; 14,2,1.
20 *Tac.* Germ. 18; ann. 1,33,3; 2,43,4; 16,10,4.
21 *Tac.* ann. 15,57,2.
22 Gut und knapp skizziert *Flemming* (Das schlesische Kunstdrama, S. 44) Lohensteins Frauengestalten. Allerdings gilt seine zusammenfassende Darstellung nur für Cleopatra, Agrippina und Sophonisbe, nicht für Epicharis, die er als vierte weibliche Titelgestalt mit einbezieht.
23 S. 81.
24 Der heutige tadelnde Nebensinn ist diesem Wort in der Literatur des 17. Jahrhunderts noch nicht ohne weiteres beizumessen.
25 Als seltenere Synonyma finden sich auch »Ehrgeitz« (A III a 7 und 46) und »Regiersucht« (A III a 90). *Gryphius* spricht von »Statsucht« (z. B. »Papinianus« I 260).
26 Vers 109 ff. (AT, S. 247 f.)
27 Vorrede zur »Sophonisbe«, Vers 207 (AT, S. 250).
28 *Stackelberg*, S. 23 f.: »Konkrete Sachbezeichnungen, selbst allgemeiner Art, wie etwa

*vestis* (1 Spalte) sind bei Tacitus erheblich seltener als Wörter, die seelische Regungen, Affekte bezeichnen. Und von den Affekten der Menschen wird bei weitem am häufigsten die Furcht genannt. Für *metus* und *metuere* gibt Gerber-Greef allein über 10 Spalten Belege. Addiert man zu diesen die ganze Skala der Ausdrücke für furchtsame Empfindungen, zählt man zu metus und metuere sollicitudo, pavor, formido und terror nebst entsprechenden Verbal- und Adjektivbildungen hinzu, so ergibt das in Gerber-Greefs Lexicon über 20 Spalten. Es dürfte kein anderes Begriffsfeld in Tacitus' Werk so häufig betreten werden.« Vgl. auch Hans *Drexler,* Tacitus, Grundzüge einer politischen Pathologie, Frankfurt/M. 1939.

29 S. 40–44.

30 E III a 3.

31 Vgl. bes. E III d 216–222, wo Neros und Pisos Furcht einander gegenübergestellt werden.

32 Auch Tacitus sagt ausdrücklich, Seneca habe »nulla pauoris signa« gezeigt (ann. 15,61,2) und sei »interritus« (ann. 15,62,1) in den Tod gegangen.

33 Ludwig *Bieler*, Geschichte der römischen Literatur, Bd 2, Berlin 1961, S. 101 f.

34 In der Vorrede zu seiner Tacitus-Ausgabe von 1607 (hier zitiert nach der Antwerpener Ausgabe von 1668).

35 Vgl. die Artikel »Nero« und »Tiberius« bei *Frenzel.*

36 Als dramatisch ist vor allem die Komposition des Taciteischen Geschichtswerkes empfunden worden. Vgl. etwa Clarence W. *Mendell,* Der dramatische Aufbau von Tacitus' Annalen, in: Viktor Pöschl (Hrsg.), Tacitus, Darmstadt 1969, S. 432–495 (übersetzt aus: Yale Classical Studies, 5, 1935, S. 3–53).

37 *Schanz/Hosius,* 2. Teil, S. 635.

38 Bernd-Reiner *Voss,* Der Pointenstil des Tacitus, Münster 1963, S. 118 f.

39 Tac. ann. 1,1,3.

40 Vgl. dazu H. *Nesselhauf,* Tacitus und Domitian, in: Hermes 80, 1952, S. 222–245, auch in: Pöschl, S. 208–240.

41 Ein ausgemachter Gegner des Tacitus war allerdings der auch von Lohenstein gelegentlich zitierte Jesuit Famianus *Strada.* Über gelegentliche Zweifel an der Wahrhaftigkeit des Tacitus seitens der französischen Übersetzer des 17. Jahrhunderts berichtet *Etter,* S. 172.

42 *Stackelberg,* S. 92.

43 *Etter,* S. VII.

44 *Stackelberg,* S. 106.

45 »Sed tamen negari non potest, quin simulatio et dissimulatio saepe principibus necessaria, et in eis summe commendanda sit.« Dies bemerkt *Muret* in seinem Kommentar zu Tacitus ann. 1,11,5. Zitiert ist die Stelle nach *Stackelberg,* S. 117.

46 *Stackelberg,* S. 127.

47 Vgl. *Stackelberg,* S. 139.

48 Vgl. Einleitung, Anm. 25 und 26.

49 Vgl. bes. Nr. 13, wo Gracián das menschliche Leben als einen Kampf gegen der Menschen Bosheit darstellt.

50 *Stackelberg,* S. 112.

51 *Stackelberg,* S. 261.

52 Vgl. die Ausführungen über Schauspielmetaphern bei *Curtius,* S. 148–154.

53 »Maria Stuart«, 1. Aufzug, 6. Auftritt, Vers 545.

54 Vgl. Heinrich *Lausberg,* Elemente der literarischen Rhetorik, 2. Aufl. München 1963, § 428.

55 C² II 283.

56 Vgl. auch *Hildebrandt,* S. 111–115.

57 AT, S. 16. Der betrogene Betrüger beherrscht sonst eher die Komödien der Zeit.

58 Verse 199–204 (AT, S. 250).

59 C² IV 344 f.

60 »Ja Tugend muß oft selbst nur in der Larve gelten.« (AT, S. 245)

61 AT, S. XIX f. *Rotermund* (Affekt, S. 262) hat den Zusammenhang mit der error-Theorie des Jesuiten Masen betont.

62 AT, S. XX.

63 C² I 1045 f.

64 A II a, E II a, IS III f (397 ff.).

65 »Papinianus« IV 166.

66 *Lausberg* (wie Anm. 54), § 430,2.

67 Antonius-Biographie, Kap. 76.

68 Vgl. die erste Szene der zweiten Abhandlung. In der Fassung von 1661 ist das Eintreffen eines entsprechenden Briefs des Augustus nur kurz erwähnt. In der Fassung von 1680 nimmt Cleopatra den Brief in einer dafür neu geschaffenen Szene selbst von dem Augustus-Boten Thyrsus entgegen. Cleopatras Untreue gegenüber Antonius ist das eigentlich Neue an Lohensteins Bearbeitung.

69 C² IV 100. Vgl. auch C¹ II 9 (= C² II 125) und Lohensteins Anmerkung dazu (AT, S. 228) sowie C² IV 593.

70 Sehr lesenswert ist in diesem Zusammenhang Harald *Weinrich*, Linguistik der Lüge, Heidelberg 1966. Mit dieser unter dem Kennwort »Kreta« eingesandten Schrift gewann der Verfasser den Preis der Deutschen Akademie für Sprache und Dichtung im Jahre 1965. Die Preisfrage lautete: »Kann Sprache die Gedanken verbergen?«

71 In Szene IV e (340 ff.) verkleidet Cleopatra ihren Sohn Caesarion in einen Mohren. In V b (vgl. bes. Vers 200) und c ist des Antonius Sohn Antyllus verkleidet.

72 Vgl. bes. S IV c 261 ff.

73 Vgl. Kap. V, Anm. 84.

74 Vgl. seine Anmerkungen zu C² I 782, IV 49, 346, A II 220 und bes. E III 510.

75 G. Ph. *Harsdörffer*, Poetischen Trichters zweyter Theil, Nürnberg 1648, S. 81 (zitiert nach *Schöne*, S. 145). Schöne zitiert auch die zugrunde liegende Aussage *Scaligers* über die Sentenzen: »sunt enim quasi columnae, aut pilae quaedam vniuersae fabricae illius«.

76 *Schöne*, S. 148 ff. Vgl. auch *Just*, S. 66 ff. Just bespricht zunächst die »Vorschaltung der sententiösen Deutung« (S. 68) und danach die häufigere Erscheinung, »daß Reden, Zwiegespräche, ja ganze Szenen mit einer Sentenz *enden*.« (S. 69)

77 Nach *Schöne* (S. 152) überwiegen die Adressen an Bühnenpersonen, in die die Zuschauer nur indirekt mit einbezogen sind. Bezeichnend hierfür ist die singularische Aufforderung »Lerne«, z. B. IS IV 353. Umgekehrt wendet sich Agrippina mit dem Imperativ »Lernt«, der die dem Motto des Stücks entsprechende Erkenntnis einleitet (A V a 113), nicht an ihre einzige Zuhörerin auf der Bühne, die Bediente Sosia, sondern an die Zuschauer. Vgl. S. 45.

78 Bei Gryphius wären zu nennen: »Leo Armenius« II 491, 572, »Catharina von Georgien« I 15, 34, »Carolus Stuardus« V 149, »Papinianus« III 182, 489, IV 205.

79 Sentenziösen Charakter haben außer den hier zu besprechenden Anmerkungen Lohensteins auch die zu E I b 420, 436, 457, 459, c 530, 537, 546, 553, 558, 563, 597, II a 44, b 168, Reyen 540, III b 97, c 136, f 534, g 601, 654, 684, IV b 459, c 493, 499, 509, 511, d 545, 612, 613, 617, 625, V a 21, 29, 41, 45, 128, 133, b 253, 258, 343, d 630 sowie diejenigen zu C² III 324, IV 390, V 248, 341, 615, C¹ I 443, II 403, IV 84, A II 303, 306, S III 368, IS II 376, 410, V 448, 591. Hiervon verweisen nur die zu E III 97, IV 545 und C² III 324, V 341 auf Tacitus. Berücksichtigt sind nur die Fälle, in denen Dramentext und angemerkte Quellenstelle gleichermaßen sentenziös erscheinen. Nicht erfaßt sind also die Sentenzen, die Lohenstein aus angemerkten historischen Exempeln erst destilliert (davon aus Tacitus: A I 200, II 494), sowie die konkreten Erfahrungsregeln etwa aus der Tierwelt, die erst im Dramentext durch sinnbildliche Anwendung auf menschliches Verhalten sentenziöses Gewicht erlangen (z. B. A III 85). Nicht berücksichtigt sind auch juristische Verfahrensweisen (z. B. E II 281 und 357).

80 Vgl. seine Anmerkungen zu den Versen 21, 29, 39, 41, 45, 51, 66, 128, 130 und 133,

dazu auch S. 76. Umgekehrt verwendet er in E I 530 und IV 493 Argumente des historischen Seneca gegen die gleichnamige Dramenfigur.

81 Vorwiegend politischen Charakters sind übrigens auch die in den Anmerkungen 78 und 79 verzeichneten Stellen.

82 Vgl. Lohensteins Anmerkungen zu den Versen 144, 147, 150, 170 und 174. Die zu Vers 168 zitierte Stelle von *Davila* ist dem Tacitus-Kommentar *Forstners* entnommen, den Lohenstein dort angibt.

83 Zu III 97 und IV 545.

84 Mehrere italienische Sentenzensammlungen aus Tacitus erwähnt *Etter*, S. 92, Anm. 29.

85 Vers 577.

86 Vgl. seine Anmerkungen zu den Versen 531, 555 und 561. In der letzten Anmerkung fehlen die Kapitelangaben. Die beiden dort zitierten Stellen stammen aus ann. 16,28 und hist. 4,74.

87 Vgl. Lohensteins Anmerkung zu Vers 531.

88 *Stackelberg*, S. 123.

89 Zitiert bei *Stackelberg*, S. 188.

90 Genaueres dazu bei *Stackelberg*, S. 71.

91 RT, S. 154.

92 Vgl. S. 11 f.

93 Vgl. *Flemming* (Gryphius), S. 39 f.

94 Vgl. S. 102.

95 Auch das zu Vers 530 von Lohenstein angemerkte Seneca-Zitat hat genau so *Milton*, S. 326, die zu Vers 546 genannte Aristoteles-Stelle bringt er auf S. 304. Die Seitenangaben beziehen sich auf: John Milton, The Works, Bd VII, New York 1932. Der Band enthält die lateinische »Defensio« nebst einer englischen Übersetzung. Das von Lohenstein benutzte Kapitel 5 umfaßt die Seiten 266–347.

96 So die Verse 509 und 511. Den Versen 529, 537 und 543 entsprechen Stellen aus anderen Kapiteln von Miltons Schrift (S. 382, 92 f., 358). Auf die Beziehung zu Milton weist auch *Verhofstadt* (Untergehende Wertwelt, S. 193 f.) kurz hin.

97 Vgl. Kap. I, Anm. 30 (S. 240).

98 *Milton* (wie Anm. 95), S. 316 f.

99 E I b 490.

100 I a 324, II b 178, III d 249.

101 I b 492.

102 IV 683.

103 IV 696.

104 IV 689–694.

105 Der echte oder scheinbare Widerspruch zwischen den in die republikanische Zeit verliebten »Annalen«, dem letzten und größten Werk des Tacitus, und seinen früheren Schriften mit ihren prinzipatfreundlicheren Äußerungen soll hier nicht verschwiegen werden, zumal er die Forscher bis heute beschäftigt. Vgl. die Aufsätze von *Theiler*, *Jens* und *Syme*. Unabhängig von der Streitfrage, ob Tacitus von einem Anhänger des Prinzipats zu einem Republikaner geworden oder ob er sich auf diese oder jene Art treu geblieben sei, läßt sich aber doch sagen, daß er die Tyrannei immer gehaßt und die – auch unter dem Prinzipat denkbare – Freiheit immer geschätzt hat. Daß er sich im »Dialogus de oratoribus« des möglichen Umschlags der Freiheit in anarchistische Willkür (licentia) bewußt ist, ändert daran wenig. Jedenfalls legitimieren auch die frühen Schriften nicht die einseitigen Deutungspraktiken der Tacitisten.

106 C² ist gegenüber C¹ beträchtlich erweitert, bes. in der ersten und letzten Abhandlung. Außerdem sind die älteren Passagen stilistisch überarbeitet. C. *Müllers* Vergleich im letzten Kapitel seines Buches (S. 64–107) kann nicht als erschöpfend gelten, da er vornehmlich die unwichtigeren sprachlichen Veränderungen kommentiert, die maßgebenden Motive der Erweiterung hingegen nicht genau bestimmt und abstuft. Vereinzelte Bemerkungen bieten *Kerckhoffs* (S. 23 f.) und *Verhofstadt* (Untergehende Wert-

welt, S. 283–295). Vgl. auch S. 8–11, 56 und 145 f. des vorliegenden Buches und die Anmerkungen dazu. Eine quantitative Synopse der Veränderungen findet sich in AT, S. 8 f. Vgl. dazu auch *Just*, S. 62, Anm. 68. Zu der Aufwertung des Augustus vgl. inzwischen auch *Kafitz*, S. 196 f., weniger deutlich *Spellerberg*, 1970, S. 157 f.

107 AT, S. 222.

108 AT, S. 224.

109 C¹ I 224 = C² I 348. Die Änderung des Versanfangs ist in diesem Zusammenhang unerheblich.

110 Inferno 34,64 ff.; Paradiso 6,55 ff.

111 Vgl. *Stackelberg*, S. 56–60.

112 C² V 838.

113 C¹ I 483–490 (AT, S. 216 f.). Vgl. demgegenüber C² I 763–774. Vgl. auch den Austausch von C¹ II 372–392 gegen die an Plutarch orientierten Verse C² II 524–540.

114 Vgl. die Anmerkungen zu C¹ I 256 und 468 mit denen zu C² I 288 und 752. Die Anmerkung zu C¹ I 256 beginnt: »Von des *Octavii Caesaris* Rachgier meldet *Sveton.*« (AT, S. 225).

115 Vers 238. »Staats-Klugheit« entspricht dem französischen Begriff »raison d'état«, den wir heute mit »Staatsräson« wiedergeben. Hier wird also der Kernbegriff der damaligen politischen Wissenschaft und besonders auch der Tacitisten angesprochen. Vgl. Friedrich *Meinecke*, Die Idee der Staatsräson in der neueren Geschichte, hrsg. und eingeleitet von W. *Hofer*, München 1957.

116 Vers 261 f. (AT, S. 219).

117 Vers 291 f.

118 Vers 303 f.

119 Lohenstein übernahm den Satz von Jean de *Serres*. Schon Marc-Antoine *Muret* hatte ihn in seinem Tacitus-Kommentar zitiert. (*Stackelberg*, S. 117)

120 Auf seinen Einwand, er könne des Augustus Schwester Octavia nicht lieben, bekommt Antonius zu hören: »Wer Wol regiren wil/ thut mehr als dis zum Schein.« (C¹ I 709) Bei unveränderter Umgebung lautet dieser Vers später: »Die Klugheit wehrt oft an für Liebe Schertz und Schein.« (C² I 989) Vgl. auch den Ersatz von C¹ II 372–392 (AT, S. 217 f.) durch C² II 524–540.

121 C¹ IV 241–248 (AT, S. 218, Nr. 22).

122 AT, S. 226.

123 S IV 86 f. Vgl. auch S IV 98–105 und 225.

*Siebtes Kapitel*

1 Die beste Übersicht über die älteren Bearbeitungen des Arminius-Stoffes bietet *Riffert* (1880). Vgl. auch *Hofmann-Wellenhof* (1887/88), den Arminius-Artikel bei *Frenzel* und die Bibliographie von *Hansen*. Die spezielle Forschung zu Lohensteins Roman wurde nach der hilfreichen Inhaltsanalyse des *Cholevius* (1866) jahrzehntelang durch *Laporte* (1927) und *Wehrli* (1938) repräsentiert. *Woodtli* (1943) behandelt nur in größerem Zusammenhang einen wichtigen Teilaspekt, die Dissertation von *Jacob* (1949) blieb ungedruckt. Das neue Interesse für Lohenstein, das die Ausgabe der Trauerspiele durch Just seit den fünfziger Jahren wachrief, hat in letzter Zeit auf den »Arminius« übergegriffen. Die Beobachtung, daß Lohenstein sich in den vielen Streitgesprächen des Romans selber kaum festlegt, deutet *Verhofstadt* (Untergehende Wertwelt, 1964, S. 62–142) mit Hilfe der neueren Gedankenästhetik und meint, dem Dichter komme es »auf den Genuß der bewegungsvollen Gedankenentwicklung« an (S. 137). *Kafitz* (1970) geht von den zeitgenössischen Rezensionen, insbesondere des Thomasius, aus und bringt die undogmatischen Dispute, die die Entscheidung dem Leser überlassen, überzeugender mit den didaktischen Bestrebungen der Voraufklärung in Zusammenhang. Die Polin *Szarota* betont in ihren Veröffentlichungen und besonders in ihrem neuesten Buch die zeitgeschichtliche Aktualität des Romans. Das

vorliegende Kapitel gilt einigen bisher nicht oder nicht angemessen behandelten Gesichtspunkten.

2 Hier und im folgenden ist nach der Leipziger Erstausgabe des Romans zitiert, die 1689 und 1690 in zwei Teilen erschien. Die zitierte Stelle findet sich in dem unpaginierten Vorbericht auf der 5. Seite.

3 Vgl. Einleitung, Anm. 5.

4 *Tac.* ann. 1,61. Vgl. auch Kap. 55.

5 Auf S. 4 b der »Allgemeinen Anmerckungen« heißt es: »Inzwischen muß dennoch der Fleiß des *Georg Spalatinus/ Ulrichs von Hütten/ Johann Heinrich Hagelgansens* und *Conrad Samuel Schurtzfleischens* gerühmet werden/ so dasselbe zusammen gelesen und in gehöriger Ordnung aufgezeichnet/ was *Strabo/ Florus/ Paterculus/ Tacitus/ Dio* und andere/ von ihm uns zu wissen gemachet haben.« Dieser Aussage über Arminius sind einige Fußnoten beigegeben. Zu Spalatinus ist angemerkt: »Bey dem *Schardio T. l. Rerum German. p. 259.–298.*« Bei der letzten Zahl ist die mittlere Ziffer verkehrt. Das Buch von *Schurzfleisch* betrifft weniger Arminius als die germanische Frühgeschichte im allgemeinen und ist deshalb in unserem Zusammenhang weniger wichtig. Auch *Hagelgans* holt weiter aus.

6 Auf S. 214–218.

6a Nach *Tacitus* (Germ. 11) bevorzugten die Germanen die Mondwechsel für politische Entscheidungen.

7 *Hagelgans* datiert die Varusschlacht allerdings auf 10 n. Chr.

8 H. A. v. *Zigler und Kliphausen,* Asiatische Banise, Darmstadt 1965, S. 13 f.

9 Vgl. S. 23 f. Zu *Ziglers* »Arminius«-Kenntnis vgl. auch Anm. 48.

10 Abschatz heiratete 1669 Anna von Hund. Deren Onkel Henrich Wentzel von Hund war mit Anna Maria von Zigler und Kliphausen verheiratet. Vgl. Johann Heinrich *Zedler,* Grosses vollständiges Universal-Lexicon aller Wissenschafften und Künste, Leipzig und Halle 1732–54 unter »Hund« (Bd 13, S. 1197 a) und »Ziegler« (Bd 62, S. 547).

10a Eine Ausnahme bildet jetzt *Szarota,* 1970, S. 427 ff.

11 Vgl. Anm. 7. Soweit ich sehe, folgt Lohenstein eher Hagelgans.

12 Das kurze Kapitel 8 des *Spalatinus* (S. 261) handelt laut Überschrift »De Tiberii profectione in Germaniam post cladem Varianam, et rebus ab eo gestis«.

13 Kapitel 16–20.

14 A. *Schöne* (Hrsg.), Das Zeitalter des Barock, Texte und Zeugnisse, München 1963, S. 407–435.

15 Als Erzähler fungiert er in den Romanbüchern I 4, 6 und 8.

16 Arm. II 6, 1050 b.

17 Lohenstein vermutet den ubischen Altar nicht in Köln, sondern in Bonn. Entsprechend ist im Register des Romans »Bonn/ zuvor der Ubische Altar genannt«, aufgeführt.

18 Vgl. die entsprechenden Artikel in der »Real-Encyclopädie der classischen Alterthumswissenschaft« von *Pauly* und *Wissowa.*

19 Die Verwandlung darstellerischer in wirkliche Zusammenhänge ließ sich auch in der »Epicharis« beobachten, so in der Verbindung von Epicharis- und Scevin-Handlung und in der Szene IV d, wo Lohenstein drei bei Tristan L'Hermite zusammen genannte Männer gemeinsam in den Tod gehen läßt. In anderer Weise entspricht diesem Verfahren auch die Neigung, beiläufige Motive früherer Bearbeiter in den Mittelpunkt zu rücken. Vgl. etwa S. 56 f. Die auf dem Titelblatt des Romans versprochene und von den Zeitgenossen gewünschte »sinnreiche« Darstellung erzielt Lohenstein also nicht zuletzt durch die Verwirklichung bereits vorgeformter Kombinationsmöglichkeiten. Immerhin ist zu beachten, daß er mit seinem Roman »ein Sinngebilde als Großform (un todo artificioso mental)«, überhaupt versucht, nach dessen Möglichkeit der von ihm geschätzte Baltasar *Gracián* in seinem Werk »Agudeza y Arte de Ingenio« 1649 gefragt hatte (zitiert nach *Curtius,* S. 304). Zumindest läßt sich der Roman gut als eine Art Sinnspiel in Großformat erklären. Für Gracián ist das Sinnspiel (span. concepto,

ital. concetto) »ein Akt des Verstandes, der die Entsprechung zwischen zwei Gegenständen ausdrückt« (Discurso 63, zitiert nach *Curtius*, S. 302).

20 Nach *Florus* 4,12,61 hat Augustus alle Länder befriedet – außer Deutschland und Armenien.

21 *Cholevius*, S. 313–375.

22 Arm. I 6, 731 b.

23 Vgl. die Reyen zur zweiten und fünften Abhandlung der »Sophonisbe« sowie die Prophezeiung von Didos Geist (S V 147 ff.), außerdem die Widmung zu »Ibrahim Sultan« (TT, S. 100–102).

24 E III g 715 f.

25 Personenverzeichnis zu Szene V b (RT, S. 252). Im Personenverzeichnis zu Beginn des Stücks (RT, S. 158) heißt er »*Cotualda* ein deutscher Hauptmann.«

26 Vgl. seine Anmerkung zu C² V 824 (C¹ V 476).

27 E. *N(eumeister)*, Specimen dissertationis historico-criticae de poetis Germanicis hujus seculi praecipuis, o. O. 1695, S. 56: »Cecinit etiam Noster *Epos de Bello Germanico*, quod vero non gravibus sine causis tradidit Vulcano.«

28 Zitiert nach *Rotermund*, S. 17.

29 S. 5 b.

30 Vgl. bes. *Laporte*, S. 11–16.

31 »Allgemeine Anmerckungen«, S. 6 b.

32 Vgl. Einleitung, Anm. 5.

33 *Tac.* ann. 1,59 – Arm. II 6, 1042 b–1043 a; ann. 2,9 f. – Arm. II 7,1171 a–1174 b; ann. 2,15 – Arm. II 7, 1190 a–1193 a; ann. 2,45 – Arm. II 9,1513 b. Die kontrastierenden Gegenreden halten Segesthes, Flavius, Germanicus und Marbod, die beiden erstgenannten jeweils vorher, die anderen beiden nachher.

34 *Tac.* ann. 1,34 f. – Arm. II 6,989 b–990 a; ann. 1,42 f. – Arm. II 6,992 b–993 b; ann. 2,14 – Arm. II 7,1185 b–1187 b. Die erstgenannte Rede, mehr ein Gespräch, gibt Tacitus indirekt wieder.

35 Nur versehentlich unterläuft ihm einmal ein »ich« (Arm. II 6,993 a, letzte Zeile).

36 Das ist die letzte der in Anm. 34 genannten Reden.

37 Arm. II 7, 1186 b. Daß »Teutsche durch nichts/ als durch Teutsche zu vberwinden« seien, formulierte schon *Hagelgans* (S. 244), dessen Buch Lohenstein wohl kannte.

38 Die Senatsreden des Tiberius (ann. 1,11–14; Arm. II 6,976 a–978 a) und die Ansprache Caecinas an seine Soldaten (ann. 1,67; Arm. II 6,1070 b–1071 a) beläßt Lohenstein in indirekter, die Rede des Germanen Segesthes (ann. 1,58; Arm. II 6,1036 b–1037 a) in direkter Form. Marbods Rede (ann. 2,46; Arm. II 9, 1514 a–b) wurde, allerdings nicht mehr von Lohenstein selbst, direkt gemacht, die des Flavius bleibt nur zum Teil indirekt (ann. 2,10; Arm. II 7,1171 b–1172 b).

39 Arm. II 6, 991 b und später.

40 Arm. II 6, 1033 b.

41 Arm. II 7, 1093 a–1095 b.

42 Arm. II 7, 1205 b.

43 Arm. II 6, 1067 a.

44 Arm. II 6, 1059 b.

45 Arm. II 6, 1069 b.

46 *Tac.* ann. 2,14,1; Arm. II 7, 1182 b.

47 Arm. II 7, 1198 a. Vgl. *Tac.* ann. 2,17,2.

48 Arm. II 6, 1039 b–1040 a. Mit fast gleichen Worten beschreibt *Zigler* (S. 336) die Wut des Tyrannen Chaumigrem während seiner Belagerung der Stadt Odia. Nach *Pfeiffer-Belli* (S. 134) entspricht Ziglers Darstellung der Schilderung des Zornigen in der zuerst 1645 in Paris erschienenen Schrift »Les Caracteres et les Passions« von Marin *Cureau de la Chambre,* die 1696 von *Bohse-Talander* ins Deutsche übersetzt wurde. Auch Lohensteins Stelle beruht auf dieser Affektenlehre, die ihrerseits letzten Endes auf *Seneca,* De ira I 1,3 zurückgeht. Gemessen an der von *Pfeiffer-Belli* (S. 134 f.) zitierten Über-

setzung Bohses, lassen er und auch Zigler nur weg, daß »der Athem stinckend« sei. Für Lohensteins guten Helden ist diese Auslassung erklärlich, für Ziglers garstigen Tyrannen kaum. Vielleicht folgt Zigler hier Lohenstein. Vgl. S. 159.

49 *Tac.* ann. 2,10,2 f.

50 Arm. II 7, 1174 b.

51 Arm. II 6, 1057 b.

52 Arm. II 7, 1210 a.

53 *Tac.* ann. 6,1 und 51; *Sueton,* Tib. 42–45.

54 Außerhalb der Beziehung zu Thusnelda werden seine Ausschweifungen nur kurz erwähnt (Arm. I 8, 1251 a).

55 Arm. II 6, 978 b.

56 Arm. II 8, 1319 a.

57 *Tac.* ann. 2,39 f.; Arm. II 7, 1087 (»Innhalt«).

58 Arm. II 7, 1144 a.

59 Arm. II 7, 1151 a–1154 b.

60 *Laporte,* S. 16.

61 *Laporte,* S. 15.

62 *Laporte,* S. 27.

63 *Laporte,* S. 16.

64 R. *Newald,* Die deutsche Literatur vom Späthumanismus zur Empfindsamkeit, 1570–1750, 5. Aufl. München 1965, S. 329.

65 *Laporte,* S. 6.

66 *Laporte,* S. 10.

67 »Wie es denn auch denen Römern ins gesamt an Erfindungen nicht mangelte ihren Sieg und der Deutschen Niederlage zu vergrössern/ ihre Thaten zu erhöhen/ der Deutschen durchzuziehen«, erwähnt Lohenstein Arm. II 7, 1212 b. Arm. II 7, 1221 a fürchtet Germanicus, »daß weil das Geschrey wie die Ferne-Gläser eine Sache vermehret und vermindert/ niemand mehr glauben würde: daß die Deutschen vom Germanicus eine solche Niederlage könten erlitten haben/ nach dem sie wenige Tage hernach den Römern ein so hartes wieder versätzt hätten.« Vgl. auch Arm. II 6, 1075 b: »In solche ruhmräthige Eitelkeit war die alte Tugend der Römer verfallen: daß sie über ihre eigene Niederlagen frolockten/ und die Feld-Hauptleute Zunahmen der Völcker anzunehmen sich nicht schämten/ von denen sie Schläge bekommen hatten.«

68 Vgl. etwa die Anmerkungen von Werner *Schur* zu Weserschlacht (»Wie es in Wahrheit um die Bedeutung des Sieges steht, zeigt die schnelle Erholung des Feindes.«) und Angrivarierwallschlacht (»Der Abbruch des Feldzuges nach den beiden erfolgreichen Schlachten zeigt am besten, wie unfruchtbar die Siege in Wirklichkeit waren.«) (*Tacitus,* Annalen, deutsch von August *Horneffer* mit einer Einleitung von Joseph *Vogt* und Anmerkungen von Werner *Schur,* Stuttgart 1957, S. 84, Anm. 23 und S. 87, Anm. 27).

69 *Tac.* ann. 2,18,1.          70 Arm. I 6, 753 b.

71 Arm. I 6, 754 a.

72 Arm. II 6, 1006 a.

73 Arm. II 6, 1006 a.

74 Arm. II 6, 1055 a.

75 Arm. II 7, 1241 a.

76 S. 6 a.

77 S. 6 a.

78 »Allgemeine Anmerckungen«, S. 4 a.

79 *Laporte,* S. 22.

80 *Laporte,* S. 11.

81 Ohne ausdrückliche Stellungnahme gegen Laporte hat schon Max *Wehrli* (Das barocke Geschichtsbild in Lohensteins Arminius, Frauenfeld/Leipzig 1938) auf den begrenzten Wahrheitsanspruch des »Arminius« wie auch der französischen Romane auf-

merksam gemacht. Vgl. besonders S. 13 f. und 95 f. Auf S. 96 beruft er sich ebenfalls auf S. 6 der »Allgemeinen Anmerckungen« und stellt fest, es seien sich »Dichter und Leser völlig klar über den rein phantasiemäßigen Charakter ihrer Romane«.

82 *Gebauer*, S. XVIII f.

83 *Cholevius*, S. 312.

84 Arm. II 9, 1468 (Inhaltsangabe).

85 *Tac.* ann. 2,88,1.

86 2. Seite des unpaginierten Vorberichtes.

87 Arm. II 9, 1594 a–b.

88 Der vor der Weserschlacht als römischer Bote erwähnte Albius Atticus (Arm. II 7, 1170 b) ist wohl eine andere Person.

89 »Absonderliche Anmerckungen«, S. 49 b.

90 S. 9 a–10 b.

91 *Cholevius*, S. 379. Vgl. *Tacitus* ann. 11,16,1.

92 Vgl. S. 68.

93 Auch *Wehrli* (vgl. Anm. 81) geht auf die französische Romantradition nur beiläufig ein. Vgl. aber Anm. 98.

94 *Frenzel*, S. 54.

95 TT, S. 13 im Apparat. Die genannte Tragikomödie war mir nicht zugänglich. Mehrere Bestellungen durch die Fernleihe blieben erfolglos.

96 Nach den Angaben in British Museum, General Catalogue of Printed Books, London 1931 ff. erschien der Roman des Fräuleins von Scudéry 1641, zwei Jahre später eine gleichnamige Tragikomödie ihres Bruders George.

97 Der Roman erschien 1627, Zesens Übersetzung 1647. Wichtig sind in diesem Zusammenhang auch die Sophonisbe-Tragödien von *Mairet* (1634) und Pierre *Corneille* (1663). Wenigstens das bedeutendere Stück Mairets, das als erste regelmäßige Tragödie im Sinne der französischen Klassik gilt, dürfte Lohenstein gekannt haben. Daß in Lohensteins Szene II e Masinissa die als Syphax verkleidete Sophonisbe umbringen und daß in V e Masinissa sich selbst ins Schwert stürzen will, erinnert an die beiden von Mairet gegenüber dem historischen Stoff vorgenommenen Änderungen. Bei ihm stirbt Syphax in der Schlacht, wodurch die Bigamie umgangen wird, und Masinissa stürzt sich nach seiner Klage an Sophonisbes Leiche wirklich ins Schwert. Es scheint also, als habe Lohenstein die ahistorischen Zutaten in ähnlicher Weise zurückgenommen wie bei der »Epicharis«. Vgl. den Artikel »Sophonisbe« bei *Frenzel*.

98 Diesen Umfang übertrifft Lohenstein mit den über 3000 zweispaltigen Quartseiten seines »Arminius« bei weitem. Über seine Beziehung zu La Calprenède vgl. jetzt genauer *Spellerberg*, 1970, S. 217, 240–246 und 249 f.

99 C² IV 373.

100 In der Anmerkung zu C² IV 373.

101 Bd 12, S. 374.

102 Will *Durant*, Kulturgeschichte der Menschheit, Bd 23, deutsch von Bee *Juker*, Lausanne: Editions Rencontre o. J., S. 261.

103 6. Seite des unpaginierten Vorberichtes.

104 P. D. *Huet,* Traité de l'origine des romans, Faksimiledrucke nach der Erstausgabe von 1670 und der Happelschen Übersetzung von 1682 mit einem Nachwort von Hans *Hinterhäuser*, Stuttgart: Metzler 1966, S. 5 f.

105 Wie Anm. 103.    106 *Huet* (wie Anm. 104), S. 96.

107 Vgl. *Kafitz*, der neben der disputatorischen Form auch den Lehrgehalt des »Arminius« ausführlich erläutert.

108 Vgl. den Aufsatz von *Kroymann*, über Lohenstein besonders *Voßkamp*.

109 Vgl. die Prodigien im zweiten »Agrippina«- und im ersten »Epicharis«-Reyen nach Tacitus ann. 13,58 bzw. 15,47. Zu der Weissagung von Agrippinas Tod vgl. S. 44. Über Lohensteins kritische Einstellung zur Astrologie, wie sie im »Arminius« zum Ausdruck kommt, vgl. *Verhofstadt* (Untergehende Wertwelt), S. 131–138.

# LITERATURVERZEICHNIS

## 1. Texte und Quellen

Die antiken Autoren, die nicht im Wortlaut zitiert wurden, sind hier nicht aufgeführt. Die von Lohenstein benutzten Werke, deren Ausgaben seinen Seitenangaben entsprechen, sind durch Angabe der Verse kenntlich gemacht, zu denen er die Seitenzahl anmerkt.

*Bochart,* Samuel: Hierozoicon, sive bipertitum opus de animalibus Sacrae Scripturae. Bd 1. 2. London 1663. (C² I 353 und öfter.)

*Bochart,* Samuel: Geographia sacra. Bd 1. 2. Frankfurt/M. 1674. (C² I 311 und öfter.)

*(Desmarets de Saint-Sorlin,* Jean:) Ariane. Bd 1. 2. Paris 1632.

*Forstner(us),* Christoph(orus): In XVI. Libros Annalium, (quatenus extant) C. Cornelii Taciti notae politicae. Frankfurt 1662. (E I 645 und öfter.)

*Gilbert,* (Gabriel): Arie et Petus, ou les amours de Neron, Tragedie. Paris 1660.

*Gracián,* Baltasar: Obras completas. Hrsg. v. Arturo del Hoyo. Madrid 1960.

*Gryphius,* Andreas: Gesamtausgabe der deutschsprachigen Werke. Hrsg. v. Marian Szyrocki und Hugh Powell. Bd 1. 2. 3. 4. 5. 6. 7. Tübingen 1963–69.

*Hagelgans,* Johann Heinrich: Deß thewren Fürsten vnd Beschürmers Teutscher Freiheit Arminii glorwürdige Thaten . . . Nürnberg 1640.

*Hofmann,* Johann Jacob: Lexicon universale Historico-Geographico-Chronologico-Poetico-Philologicum. Bd 1. 2. Basel 1677.

*Horn(ius),* Georg(ius): Arca Noae, sive historia Imperiorum et Regnorum a condito orbe ad nostra tempora. Leiden und Rotterdam 1666. (C² I 1068 und öfter.)

*Huet,* Pierre Daniel: Traité de l'origine des romans. Faksimiledrucke nach der Erstausgabe von 1670 und der Happelschen Übersetzung von 1682. Mit einem Nachwort von Hans Hinterhäuser. Stuttgart 1966.

*Kircher,* Athanasius: Oedipus Aegyptiacus, hoc est: Universalis Hieroglyphicae veterum Doctrinae temporum injuriâ abolitae instauratio. Bd I. II 1. II 2. Rom 1652–1654. (A III 310 und öfter.)

*La Calprenède,* Gautier de Costes de: Cleopatre. Bd 11–12. Leiden 1658.

*Lipsius,* Justus: Admiranda siue, de magnitudine Romana libri quattuor. Antwerpen 1598.

*Lohenstein,* Daniel Casper von: Blumen. Breslau 1680. (Selbständig paginierte Teile, darunter »Rosen« und »Hyazinthen«.)

*Lohenstein,* Daniel Casper von: Ibrahim Sultan Schauspiel/ Agrippina Traurspiel/ Epicharis Traurspiel/ Und andere Poetische Gedichte/ so noch mit Bewilligung des S. Autoris (zum Druck verfertigt) Nebenst desselben Lebens-Lauff und Epicediis. Breslau 1685.

*Lohenstein,* Daniel Casper von: Großmüthiger Feldherr Arminius oder Herrmann, Als ein tapfferer Beschirmer der deutschen Freyheit/ Nebst seiner Durchlauchtigen Thusnelda In einer sinnreichen Staats- Liebes- und Helden-Geschichte Dem Vaterlande zu Liebe Dem deutschen Adel aber zu Ehren und rühmlichen Nachfolge in Zwei Theilen vorgestellet/ Und mit annehmlichen Kupffern gezieret. Bd 1. 2. Leipzig 1689–90.

*Lohenstein,* Daniel Casper von: Türkische Trauerspiele. Ibrahim Bassa. Ibrahim Sultan. Hrsg. von Klaus Günther Just. Stuttgart 1953. (Rezensionen verzeichnet Eppelsheimer/ Köttelwesch, Bd 2, S. 122.)

*Lohenstein,* Daniel Casper von: Römische Trauerspiele. Agrippina. Epicharis. Hrsg. von

Klaus Günther Just. Stuttgart 1955. (Rezensionen verzeichnet Eppelsheimer/Köttelwesch, Bd 2, S. 122.)

Lohenstein, Daniel Casper von: Afrikanische Trauerspiele. Cleopatra. Sophonisbe. Hrsg. von Klaus Günther Just. Stuttgart 1957. (Rezensionen verzeichnet Eppelsheimer/Köttelwesch, Bd 3, S. 84.)

Lohenstein, Daniel Casper von: Cleopatra. Trauerspiel. Text der Erstfassung von 1661, besorgt von Ilse-Marie Barth. Stuttgart 1965.

Mairet, Jean: La Sophonisbe. Edition critique avec Introduction et Notes par Charles Dédéyan. Paris 1945.

(Mascaron, Pierre Antoine:) La Mort et les dernieres paroles de Seneque. Seconde edition. Paris 1639. (E V 400.)

Mazzella, Scipione: Sito, et antichità della città di Pozzuolo, e del suo amenissimo distretto con la descrittione di tutti i luoghi notabili, e degni di memoria, e di Cuma, e di Baia, e di Miseno, e de gli altri luoghi convicini. Neapel 1596.

Milton, John: Pro populo Anglicano defensio contra Claudii Anonymi, alias Salmasii, Defensionem Regiam. In: Milton: The Works. Bd 7. New York 1932.

Montaigne, Michel de: Essais, Livre 2, Chapitre 35: De trois bonnes femmes. In: Montaigne: Œuvres complètes. Hrsg. von A. Armaingaud. Bd 4. Paris 1926. S. 444–460.

Opitz, Martin: Buch von der Deutschen Poeterey (1624). Nach der Edition von Wilhelm Braune neu hrsg. von Richard Alewyn. Tübingen 1963.

Rosinus, Joannes: Antiquitatum Romanarum corpus absolutissimum cum notis T. Dempsteri. Leiden 1663.

Sansovino/Bisaccioni: Historia Universale dell'Origine, Guerre et Imperio de Turchi, Raccolta da M. Francesco Sansovino, Accresciuta in questa ultima impressione di varie materie notabili, con le vite di tutti gl'Imperatori Ottomani fino alli nostri tempi scritte dal Conte Maiolino Bisaccioni. Venedig 1654. (IS II 113.)

Schardius, Simon: Schardius redivivus Sive rerum Germanicarum scriptores varii, olim a D. Simone Schardio . . . collecti. Bd 1. Gießen 1673.

Scudéry, George de: Arminius, ou Les Frères Ennemis. Tragicomedie. Paris 1643.

Selden(us), Joannes (John): De dis Syris syntagmata II. Editio . . . omnium novissima, additamentis . . . locupletata, opera M. Andreae Beyeri. Bd 1. 2. Leipzig 1672. (C² I 57 und öfter.)

Spalatinus, Georgius: Historia Arminii Germanorum contra Romanos ducis. In: Schardius redivivus (s. dort). S. 259–268.

Suetonius: C. Suetonius Tranquillus et in eum commentarius. Exhibente Joanne Schildio. Editio quarta. Leiden und Rotterdam 1667. (A I 53 und öfter. Lohenstein benutzte eine frühere Auflage mit gleicher Paginierung.)

Suetonius Tranquillus, C.: Opera. Bd 1: De uita Caesarum libri VIII. Recensuit Maximilianus Ihm. Editio minor. Stuttgart 1964.

Tacitus: C. Cornelii Taciti Opera quae exstant. Iustus Lipsius postremùm recensuit. Antwerpen 1600. (E I 744 und öfter.)

Tacitus: C. Cornelius Tacitus. Accurante Matthia Berneggero. Straßburg 1638. (1664 fast unverändert und mit gleicher Paginierung nachgedruckt.)

Tacitus, Cornelius: Libri qui supersunt. Edidit Erich Koestermann. Bd I. II, 1. II, 2. Leipzig 1960–64.

Tristan (L'Hermite, François): La Mort de Seneque. Tragédie. Edition critique publiée par Jacques Madeleine. Paris 1919.

Tristan L'Hermite, (François): Osman. Tragedie. Nouvelle édition. Texte collationée par Edmond Girard sur l'édition posthume, publiée par Quinault, en 1656. Paris (1906).

Velleius Paterculus: C. Velleius Paterculus Cum selectis variorum Notis. Antonius Thysius edidit, et accurate recensuit. Leiden 1659. (S V 662.)

Vergilius Maro, P.: Opera Omnia: Bucolica, Georgica, Aeneis, Ciris et Culex, cum commentario F. Taubmanni. (Wittenberg) 1618. (A V 653.)

Vita Senecae. In: Seneca: Ioannes Frobenius uerae philosophiae studiosis S. D. En tibi lec-

tor optime, Lucij Annaei Senecae sanctissimi philosophi lucubrationes omnes, additis
etiam nonnullis, Erasmi Roterodami cura, si non ab omnibus, certe ab innumeris men-
dis repurgatae. Basel 1515. S. 5–7.

*Xiphilinus,* Jo(annes): Cassii Dionis Historiae Romanae libri LXI. Excerpta. In: Cassius
Dio: Historia Romana. Bd 2. Hamburg 1752.

*Zigler und Kliphausen,* Heinrich Anshelm von: Asiatische Banise. Vollständiger Text nach
der Ausgabe von 1707 unter Berücksichtigung des Erstdrucks von 1689. Mit einem Nachwort von Wolfgang Pfeiffer-Belli. Darmstadt 1965. (Lizenzausgabe des Winkler-Verlags
München.)

## 2. Literatur zu Lohenstein

*Acta eruditorum* (Leipzig). Mai 1689, S. 286–290. – Juni 1690, S. 271–276. (= Rezension
zum »Arminius«.)

*Andrae,* A.: Sophonisbe in der französischen Tragödie mit Berücksichtigung der Sopho-
nisbebearbeitungen in anderen Litteraturen. Oppeln und Leipzig 1891.

*Asmuth,* Bernhard: Daniel Casper von Lohenstein. Stuttgart 1971. (Slg Metzler. 97.)

*Baier,* Lothar: Persona und Exemplum. Formeln der Erkenntnis bei Gryphius und Lohenstein. In: Text und Kritik. Göttingen 1965. Nr. 7/8. S. 31–36.

*Bekker,* Hugo: The dramatic world of Daniel Casper von Lohenstein. In: German Life &
Letters 19, 1965/66, S. 161–166.

*Benjamin,* Walter: Ursprung des deutschen Trauerspiels. Revidierte Ausgabe, besorgt von
Rolf Tiedemann. Frankfurt 1963.

*Bobertag,* Felix: Die deutsche Kunsttragoedie des XVII. Jahrhunderts. In: Archiv für Litteraturgeschichte 5, 1876, S. 152–190.

*Bobertag,* Felix: Geschichte des Romans und der ihm verwandten Dichtungsgattungen in
Deutschland. 1. Abt. (Bis zum Anfange des 18. Jahrhunderts), 2. Bd, 1. Hälfte. Berlin
1881. (S. 179–256 über den »Arminius«.)

*Bobertag,* Felix (Hrsg.): C. Hofmann von Hofmannswaldau. Daniel Casper von Lohenstein
... Berlin u. Stuttgart (1885). (= Deutsche National-Litteratur, Bd 36.)

*Rubeen* (= Johann Jacob Bodmer): 14. Discours. In: Die Discourse der Mahlern (Zürich)
3, 1722, S. 105–112. (Verspottung des »Arminius«.)

*Bodmer,* Johann Jacob: Critische Betrachtungen über die Poetischen Gemählde Der Dichter. (Zürich) und Leipzig 1741.

(*Bodmer,* Johann Jacob): Nachrichten von dem Ursprung und Wachsthum der Critik bey
den Deutschen. In: Sammlung Critischer, Poetischer und andrer geistvollen Schriften, Zur
Verbesserung des Urtheils und des Wizes in den Wercken der Wolredenheit und der
Poesie. Stück 2. Zürich 1741. S. 81–180.

*Boeckh,* Joachim G. u. a.: Geschichte der deutschen Literatur 1600 bis 1700. (= Geschichte
der deutschen Literatur von den Anfängen bis zur Gegenwart. Hrsg. von Klaus Gysi
u. a. Kollektiv für Literaturgeschichte. Bd 5.) Berlin 1963.

*Borinski,* Karl: Baltasar Gracian und die Hoflitteratur in Deutschland. Halle 1894.

*Brancaforte,* Charlotte Lang: Daniel Casper von Lohensteins Preisgedicht »Venus«. Eine Untersuchung von Text, Struktur, Quellen und Sprache. Diss. University of Illinois 1966.
Dissertation Abstracts 27, 1967, S. 3863–3864 A.

*Braun-Troppau,* E. W.: Matthias Rauchmüller (1645–1686). In: Oberrheinische Kunst 9,
1941, S. 78–109 und 10, 1942, S. 119–150.

*Brede,* Laetitia: Das »Große Gemüth« im Drama Lohensteins. In: Literaturwissenschaft-
liches Jahrbuch der Görres-Gesellschaft 8, 1936, S. 79–98.

*Breitinger,* Johann Jacob: Critische Abhandlung Von der Natur den Absichten und dem
Gebrauche der Gleichnisse. Mit Beyspielen aus den Schriften der berühmtesten alten und
neuen Scribenten erläutert. Durch Johann Jacob Bodmer besorget und zum Drucke
befördert. Zürich 1740. (Faksimiledruck Stuttgart 1967.)

*Cholevius,* Leo: Die bedeutendsten deutschen Romane des siebzehnten Jahrhunderts. Ein

Beitrag zur Geschichte der deutschen Literatur. Leipzig 1866. Unveränderter Nachdruck Darmstadt 1965.

*Cysarz*, Herbert: Deutsche Barockdichtung. Leipzig 1924.

*Cysarz*, Herbert: Daniel Casper von Lohenstein. In: Schlesische Lebensbilder. Bd 3. Breslau 1928. S. 126–131.

*Dietrich*, Margret: Europäische Dramaturgie. 2. Aufl. Graz–Wien–Köln 1967.

*Dorn*, Wilhelm: Benjamin Neukirch. Sein Leben und seine Werke. Ein Beitrag zur Geschichte der zweiten schlesischen Schule. Weimar 1897. (Über Lohenstein S. 54 f., 65–77.)

*Ermatinger*, Emil: Barock und Rokoko in der deutschen Dichtung. Leipzig u. Berlin 1926.

*Ernst*, G. Ph.: Die Heroide in der deutschen Litteratur. Diss. Heidelberg 1901. (S. 39–52 über Lohenstein.)

*Feit*, (Paul): Sophonisbe, Tragödie von G. G. Trissino, eingeleitet und übersetzt. Progr. Lübeck 1888.

*Filippon*, Severino: Il marinismo nella letteratura tedesca. In: Rivista di Letteratura Tedesca 4, 1910, S. 3–128. (S. 58–67 über Lohenstein.)

*Flemming*, Willi: Andreas Gryphius und die Bühne. Halle 1921.

*Flemming*, Willi: Das deutsche Barockdrama und die Politik. In: Euphorion 37, 1936, S. 281–296.

*Flemming*, Willi (Hrsg.): Das schlesische Kunstdrama. 2. Aufl. Darmstadt 1965.

*Flemming*, Willi: Andreas Gryphius. Eine Monographie. Stuttgart, Berlin, Köln, Mainz 1965.

*Flemming*, Willi: Lohenstein. In: Enciclopedia dello spettacolo. Fondata da Silvio d'Amico. Bd 6. Rom 1959. Sp. 1598 b–1600 b.

*Fluch*, Johann (Hans) Franz Josef: Nerodarstellungen, insbesondere in der deutschen Literatur. Diss. Gießen 1923. (Masch.)

*Forster*, Leonard: The Temper of Seventeenth Century German Literature. London 1952.

*Frenzen*, Wilhelm: Germanienbild und Patriotismus im Zeitalter des deutschen Barock. In: DVjs. 15, 1937, S. 203–219.

*Friederich*, Werner Paul: From Ethos to Pathos. The Development from Gryphius to Lohenstein. In: The Germanic Review 10, 1935, S. 223–236.

*Fulda*, Ludwig (Hrsg.): Die Gegner der zweiten schlesischen Schule. Stuttgart o. J. (= Deutsche National-Litteratur, Bd 39.)

*Fülleborn*, Ulrich: Die barocke Grundspannung Zeit – Ewigkeit in den Trauerspielen Lohensteins. Stuttgart 1969. (Rez. von Bernhard Asmuth: Germanistik 11, 1970, S. 738.)

*Gebauer*, George Christian: Vorrede der neuen Auflage. In: Daniel Casper von Lohenstein: Großmüthiger Feld-Herr Arminius oder Herrmann ... Leipzig 1731. S. I–LVI.

*Gerling*, Renate: Schriftwort und lyrisches Wort. Die Umsetzung biblischer Texte in der Lyrik des 17. Jahrhunderts. Meisenheim am Glan (= Diss. Bochum) 1969. (Kap. III über Lohensteins »Geistliche Gedancken«.) (Rez. von Wilfried Barner: Germanistik 11, 1970, S. 524 f.)

*Gervinus*, G(eorg) G(ottfried): Geschichte der deutschen Dichtung. 4. gänzlich umgearbeitete Auflage. Bd 3. Leipzig 1853. S. 433–438.

*Gillespie*, Gerald E(rnest): Heroines and historical fate in the drama of Daniel Casper von Lohenstein. Diss. Columbus (Ohio State University) 1961. (Masch.)

*Gillespie*, Gerald: Lohenstein's protagonists. In: The Germanic Review 39, 1964, S. 101–119.

*Gillespie*, Gerald Ernest Paul: Daniel Casper von Lohenstein's historical tragedies. (Columbus:) Ohio State University Press 1965. (Rezensionen verzeichnet Eppelsheimer/Köttelwesch, Bde 7. 8.)

*Gillespie*, Gerald: Freedom of conscience in Schiller and Lohenstein. In: Kentucky Foreign Language Quarterly. Bd XIII, 4. Lexington, Ky. 1966, S. 237–246.

*Gillespie*, Gerald: The rebel in the 17th century tragedy. In: Comparative Literature (Oregon) 18, 1966, S. 324–336. (S. 331–333 über »Epicharis«.)

*Gillespie,* Gerald: Cosmic vision in Lohenstein's poetry. In: Neophilologus 53, 1969, S. 413–422.

*Hankamer,* Paul: Deutsche Gegenreformation und deutsches Barock. Die deutsche Literatur im Zeitraum des 17. Jahrhunderts. 3. Aufl. Stuttgart 1964.

*Hansen,* Wilhelm: Lippische Bibliographie. Detmold 1957. Sp. 1466–1492 (Arminius in der Dichtung.)

*Heckel,* Hans: Geschichte der deutschen Literatur in Schlesien. Bd 1. Breslau 1929.

*Heidegger,* Gotthard: Mythoscopia Romantica: oder Discours von den so benanten Romans ... Zürich 1698. (Faksimiledruck Homburg 1969.) (Rez. von Gottfried Wilhelm Leibniz (vgl. Kafitz, S. 51): Monathlicher Auszug aus allerhand neu-herausgegebenen/ nützlichen und artigen Büchern, Hannover, December 1700, S. 881–894. – Nikolaus Hieronymus Gundling: Neuer Unterredungen dritter Monat oder Martius, darinnen so wol schertz- als ernsthafft über allerhand gelehrte und ungelehrte Bücher und Fragen freymüthig und unpartheyisch raisonniret wird, 1702, S. 255–271.)

(*Helwich,* Christian:) De vita et scriptis Danielis Caspari a Lohenstein. In: Observationes selectae ad rem litterariam spectantes (Halle) 6, 1702, S. 85–100.

*Hildebrandt,* Heinrich: Die Staatsauffassung der schlesischen Barockdramatiker im Rahmen ihrer Zeit. Diss. Rostock 1939.

*Hippe,* Max: Aus dem Tagebuche eines Breslauer Schulmannes im siebzehnten Jahrhundert. In: Zs. des Vereins für Geschichte und Alterthum Schlesiens 36, 1901, S. 159–192.

*Hofmann,* Karl: Heinrich Mühlpfort und der Einfluß des Hohen Liedes auf die zweite schlesische Schule. Heidelberg 1893. S. 62–64.

*Hofmann-Wellenhof,* P(aul) von: Zur Geschichte des Arminius-Cultus in der deutschen Literatur. Progr. Graz 1887/88. (2 Hefte.)

*Hübscher,* Arthur: Die Dichter der Neukirch'schen Sammlung. In: Euphorion 24, 1922, S. 1–28 und 259–287.

*Hultsch,* Paul: Der Orient in der deutschen Barockliteratur. Diss. Breslau 1936. (Über »Arminius« S. 57–61, über die türkischen Trauerspiele S. 69 f.)

*Jacob,* Herbert: Lohensteins Romanprosa. Der Stil eines Barockschriftstellers. Diss. Berlin (H. U.) 1949. (Masch.)

*Jöcher,* Christian Gottlieb: Allgemeines Gelehrten-Lexicon. Bd 2 (D–L) Leipzig 1750. Nachdruck Hildesheim 1961. S. 2503.

*Jördens,* Karl Heinrich: Lexikon deutscher Dichter und Prosaisten. Bd 3 (K–M). Leipzig 1808. S. 443–456. – Bd 6 (Suppl.) 1811. S. 518 f.

*Juker,* Werner: Die Theorie der Tragödie in den deutschen Poetiken und ihre Durchführung in den bedeutendsten Trauerspielen des siebzehnten Jahrhunderts. Diss. Heidelberg 1924. (Masch.)

*Just,* Klaus Günther: Die Trauerspiele Lohensteins. Versuch einer Interpretation. Berlin 1961. (Zitiert: Just.) (Rezensionen verzeichnet Eppelsheimer/Köttelwesch, Bde 5. 6. 7.)

*Just,* Klaus Günther: Lohenstein und seine Zeit. In: Schlesien 6, 1961, S. 239–242.

*Just,* Klaus Günther: Allegorik oder Symbolik? Zur Figuration der Trauerspiele Lohensteins. In: Antaios 10, 1968, S. 91–108.

*Kafitz,* Dieter: Lohensteins »Arminius«. Disputatorisches Verfahren und Lehrgehalt in einem Roman zwischen Barock und Aufklärung. Stuttgart 1970.

*Kahlert,* A.: Schlesiens Anteil an deutscher Poesie. Breslau 1835. S. 53–56.

*Kâmil,* Burhaneddin: Die Türken in der deutschen Literatur bis zum Barock und die Sultansgestalten in den Türkendramen Lohensteins. Diss. Kiel 1935.

*Katz,* Max-Otto: Zur Weltanschauung Daniel Caspars (!) von Lohenstein. Studien zur deutschen Barockliteratur. (Teildruck.) Diss. Breslau 1933.

*Kaufmann,* Jürg: Die Greuelszene im deutschen Barockdrama. Diss. Zürich 1968. (S. 105–115 über Lohensteins »Epicharis«.)

*Kayser,* Wolfgang: Lohensteins Sophonisbe als geschichtliche Tragödie. In: GRM 29, 1941, S. 20–39.

*Kerckhoffs*, Aug(ust): Daniel Casper von Lohenstein's Trauerspiele mit besonderer Berücksichtigung der Cleopatra. Beitrag zur Geschichte des Dramas im 17. Jahrhundert. Paderborn 1877. (Rez. von Scherer: Anzeiger für dt. Alterthum u. dt. Litteratur 3, 1877, S. 278 f. – Rich. Mar. Werner: Zs. für die österreichischen Gymnasien 29, 1878, S. 296–308.)

*Kettler*, H(ans) K(uhnert): Baroque Tradition in the Literature of the German Enlightenment, 1700–1750. Cambridge 1943.

*Klein*, Johannes: Die Gesellschaftskritik im Drama Lohensteins. In: Archiv für Sozialgeschichte (Hannover) 5, 1965, S. 227–244.

*Koberstein*, August: Grundriß der Geschichte der deutschen Nationalliteratur. 5. umgearbeitete Aufl. von Karl Bartsch. Bd 2. Leipzig 1872. (bes. S. 140–144 und 180 f.)

*Kolitz*, Kurt: Johann Christian Hallmanns Dramen. Ein Beitrag zur Geschichte des deutschen Dramas in der Barockzeit. Göttingen (= Diss. München) 1911.

*Krogmann*, Willy: Das Arminiusmotiv in der deutschen Dichtung. Wismar 1933.

*Kurz*, Heinrich: Geschichte der deutschen Literatur mit ausgewählten Stücken aus den Werken der vorzüglichsten Schriftsteller. Bd 2. Leipzig 1856. S. 397–400 und 433 f.

*Laporte*, Luise: Lohensteins »Arminius«. Ein Dokument des deutschen Literaturbarock. Berlin 1927. (Nachdruck Nendeln/Liechtenstein 1967.)

*Lefebvre*, Joël: Lohenstein et Sénèque. – In: Jean Jacquot (Hrsg.): Les tragédies de Sénèque et le théâtre de la Renaissance. Paris 1964. – S. 262–269.

*Lempicki*, Sigmund von: Geschichte der deutschen Literaturwissenschaft bis zum Ende des 18. Jahrhunderts. 2. Aufl. Göttingen 1968 (zuerst 1920).

*Ligacz*, Ryszard: Fremde Einflüsse auf das Kunstdrama der Schlesier im 17. Jahrhundert. Posen 1962.

*L(ohenstein)*, H(ans) C(asper) V(on): Lebens-Lauff Deß sel. Autoris. In: Daniel Casper von Lohenstein: Ibrahim Sultan ... Und andere Poetische Gedichte. Breslau 1685.

*Lubos*, Arno: Das schlesische Barocktheater. Daniel Caspar von Lohenstein. In: Jahrbuch der Schlesischen Friedrich-Wilhelms-Universität zu Breslau (Würzburg) 5, 1960, S. 97–122.

*Lubos*, Arno: Geschichte der Literatur Schlesiens. Bd 1. München 1960.

*Lunding*, Erik: Das schlesische Kunstdrama. Eine Darstellung und Deutung. Kopenhagen 1940. (Zitiert: Lunding.)

*Lunding*, Erik: Stand und Aufgaben der deutschen Barockforschung. In: Orbis litterarum (Kopenhagen) 8, 1950, S. 27–91 (S. 41 f. über Schaufelbergers, S. 45 über Wehrlis Lohenstein-Buch.)

*Lupton*, Philip Wadsley: Die Frauengestalten in den Trauerspielen Daniel Casper von Lohensteins. Diss. Wien 1954. (Masch.)

*Männling*, Johann Christoph: Arminius enucleatus. Das ist: Des unvergleichlichen Daniel Caspari von Lohenstein/ Herrliche Realia, Köstliche Similia, Vortreffliche Historien/ Merckwürdige Sententien, und sonderbahre Reden. Als Köstliche Perlen und Edelgesteine aus dessen deutschen Taciti oder Arminii Ersterem (und 2.) Theile. Mit fleiß dehnen Liebhabern der Deutschen Wohl-Redenheit/ Nebst einem vollkommenem Register zusammen getragen ... Stargard und Leipzig 1708.

*Männling*, Johann Christoph: Lohensteinius sententiosus, Das ist: Des vortrefflichen Daniel Caspari von Lohenstein/ Sonderbahre Geschichte, curieuse Sachen/ Sinn-reiche Reden/ durchdringende Worte/ accurate Sententien, Haupt-kluge Staats- und Lebens-Regeln/ und andere befindliche Merckwürdigkeiten/ Aus dessen sowohl Poetischen Schrifften und Tragoedien, als auch Lob-Reden/ und andern ihm zustehenden gelehrten Büchern/ Wie aus einem verborgenen Schatze zusammen colligiret/ Und der gelehrten Welt zur Vergnügung/ der Jugend zum nützlichen Gebrauch Nebst einem vollkommenen Register ans Tage-Licht gestellet ... Breslau 1710.

*Mannack*, Eberhard: Andreas Gryphius. Stuttgart 1968.

*Markwardt*, Bruno: Geschichte der deutschen Poetik. Bd 1. 3. Aufl. Berlin 1964. S. 466–470.

*Martin*, Walther: Der Stil in den Dramen Lohensteins. Diss. Leipzig 1927.

*Meinhardt*, Helmut: Stoffe, Ideen und Motive im schlesischen Kunstdrama des 17. Jahrhunderts. Diss. Rostock 1925. (Masch.)

*Mendelssohn*, Moses: Antheil an den Briefen, die neueste Litteratur betreffend. 313. Brief. – In: M. M.: Gesammelte Schriften. Bd 4. Abt. 2. Leipzig 1844. (Auch in Jördens, Bd 3, S. 451–453.)

*Menzel*, Wolfgang: Deutsche Dichtung. Bd 2. Stuttgart 1859. S. 337–339, 398–400, 436–442.

*Möller*, Georg Hermann: Die Auffassung der Kleopatra in der Tragödienliteratur der romanischen und germanischen Nationen. Ulm 1888. (= Diss. Freiburg i. B.)

*Möller*, Georg Hermann: Beiträge zur dramatischen Cleopatra-Literatur. Schweinfurt 1907.

*Monath*, Wolfgang: Das Motiv der Selbsttötung in der deutschen Tragödie des 17. und frühen 18. Jahrhunderts. Diss. Würzburg 1956. (Masch.)

*Müller*, Conrad: Beiträge zum Leben und Dichten Daniel Caspers von Lohenstein. Breslau 1882. (Rez. von W. Creizenach: Lit. Zentralbl. 45, 1882. – L. Hirzel: Dt. Lit.-Zeitung 2, 1883. – Franz Lichtenstein: Anzeiger für dt. Alterthum u. dt. Litteratur 9, 1883, S. 290–295.)

*Müller*, Günther: Deutsche Dichtung von der Renaissance bis zum Ausgang des Barock. Darmstadt 1957. (Fotomechanischer Nachdruck der 1. Aufl. 1927.)

*Müller*, Günther: Barockromane und Barockroman. In: Literaturwiss. Jahrbuch der Görres-Gesellschaft 4, 1929, S. 1–29.

*Müller*, Günther: Geschichte der deutschen Seele. Freiburg 1939.

*Müller*, Hans von: Bibliographie der Schriften Daniel Caspers von Lohenstein, 1652–1748. Zugleich als ein Beispiel für die buchgewerblich exakte Beschreibung von deutschen illustrierten Büchern des 17. Jahrhunderts aufgestellt. In: Werden und Wirken. Festgruß für Karl W. Hiersemann. Leipzig 1924. S. 184–261.

*Müller*, Helmut: Studien über die Lyrik Daniel Caspers von Lohenstein. Diss. Greifswald 1921. (Masch.)

*Müller*, Othmar: Drama und Bühne in den Trauerspielen von Andreas Gryphius und Daniel Casper von Lohenstein. Diss. Zürich 1967.

*Münch*, Gotthard: Kaspar von Lohenstein und Matthias Rauchmiller. In: Jahrbuch der Schlesischen Friedrich-Wilhelms-Universität zu Breslau (Würzburg) 11, 1966, S. 51–62.

*Muncker*, Franz: Einleitung. In: C. M. Wieland: Hermann. Heilbronn 1882. S. III–XXX.

*Muris*, Oswald: Dramatische Technik und Sprache in den Trauerspielen Dan. Cas.'s (!) von Lohenstein. Ein Beitrag zur Charakteristik des Renaissancedramas im 17. Jahrhundert. Diss. Greifswald 1911.

*Nadler*, Josef: Literaturgeschichte des deutschen Volkes. Dichtung und Schrifttum der deutschen Stämme und Landschaften. 4. Aufl. Bd 1. Berlin 1939. S. 655.

*Naumann*, Walter: Daniel Casper von Lohenstein: »Umschrift eines Sarges«. In: Naumann: Traum und Tradition in der deutschen Lyrik. Stuttgart, Berlin, Köln, Mainz 1966. S. 124–129.

Neue Zeitungen von Gelehrten Sachen. Leipzig 1731, S. 527 f. (= Rezension zur 2. Aufl. des »Arminius«.)

*Neukirch*, Benjamin: Vorrede. In: Benjamin Neukirchs Anthologie. Herrn von Hoffmannswaldau und andrer Deutschen auserlesener und bißher ungedruckter Gedichte erster theil (1697). Hrsg. von Angelo George de Capua und Ernst Alfred Philippson. Tübingen 1961. S. 6–22. (Über Lohenstein: S. 14–17.)

*Neumann*, Friedrich: Geschichte des neuhochdeutschen Reimes von Opitz bis Wieland. Studien zur Lautgeschichte der neuhochdeutschen Gemein-Sprache. Berlin 1920.

*N(eumeister)*, E(rdmann): Specimen dissertationis historico-criticae de poetis Germanicis hujus seculi praecipuis. o. O. 1695. S. 65 f.

*Newald*, Richard: Die deutsche Literatur vom Späthumanismus zur Empfindsamkeit. 1570–1750. 5. Aufl. München 1965.

*Nuglisch*, Oskar: Barocke Stilelemente in der dramatischen Kunst von A. Gryphius und D. C. von Lohenstein. Diss. Breslau 1938.

*Olschki,* Leonardo: G. B. Guarinis Pastor Fido in Deutschland. Ein Beitrag zur Literaturgeschichte des 17. und 18. Jahrhunderts. Leipzig 1908 (= Diss. Heidelberg). (Zu Lohenstein bes. S. 111 ff.)

*Passow,* W(ilhelm) A(rthur): Daniel Caspar von Lohenstein. Seine Trauerspiele und seine Sprache. Meiningen 1852.

*Pechel,* Rudolf: Prolegomena. In: Christian Wernickes Epigramme. Hrsg. u. eingeleitet von R. P. Berlin 1909.

*Pfeiffer,* Christoph: Das Leben Des seel. Herrn Autoris. In: J. C. von Lohensteins Edler Personen Eröffnete Grüffte/ Das ist: Unterschiedene Leich-Abdanckungen/ Einigen guten Freunden von Adel gehalten. Breslau 1718. S. 79–103.

*Pfeiffer-Belli,* Wolfgang: Die asiatische Banise. Studien zur Geschichte des höfisch-historischen Romans in Deutschland. Berlin 1940.

*(Pyra,* Jakob Immanuel:) Erweis, daß die G*ttsch*dianische Sekte den Geschmack verderbe. Hamburg u. Leipzig 1743. S. 48–68. (Über Unterschiede zwischen Milton u. Lohenstein.)

*Rehm,* Walther: Römisch-französischer Barockheroismus und seine Umgestaltung in Deutschland. In: Rehm: Götterstille und Göttertrauer. Bern 1951. S. 11–61. (Vorher in: GRM 22, 1934, S. 81–106 und 213–239.)

*Riffert,* J. E.: Die Hermannsschlacht in der deutschen Literatur. In: Herrigs Archiv 63, 1880, S. 129–176 und 241–332.

*Rotermund,* Erwin: Christian Hofmann von Hofmannswaldau. Stuttgart 1963. (Zitiert: Rotermund.)

*Rotermund,* Erwin: Der Affekt als literarischer Gegenstand. Zur Theorie und Darstellung der Passiones im 17. Jahrhundert. In: H. R. Jauß (Hrsg.): Die nicht mehr schönen Künste. Grenzphänomene des Ästhetischen (= Poetik und Hermeneutik III). München 1968. S. 239–269. (Über Lohenstein S. 261–264.)

*Rousseau,* Johann Baptist: Dramaturgische Parallelen. Bd 1. München 1834. S. 187–197.

*Rütsch,* Julius: Das dramatische Ich im deutschen Barock-Theater. Zürich/Leipzig 1932.

*Schaufelberger,* Fritz: Das Tragische in Lohensteins Trauerspielen. Frauenfeld/Leipzig 1945. (Rez. von Friedrich Sengle: DVjs. 27, 1953, S. 147 f.)

*Scheel,* Willy: Klopstocks Kenntnis des germanischen Alterthums. In: Vierteljahrschrift für Litteraturgeschichte 6, 1893, S. 186–212.

*Scherer,* Wilhelm: Geschichte der Deutschen Litteratur. Berlin 1883. S. 362 f., 379, 389.

*Schlegel,* Johann Heinrich: Abhandlung von andern Tragödien, die auch von Sophonisbe handeln. In: Jakob Thomsons Sophonisba ein Trauerspiel aus dem Englischen übersetzt ... von J. H. S. Leipzig 1758. S. 183–208. (S. 194 ff. über Lohenstein.)

*Schmidt,* Erich: Lohenstein. In: Allgemeine Deutsche Biographie. Hrsg. durch die historische Commission bei der Bayrischen Akademie der Wissenschaften. Bd 19. Leipzig 1884. S. 120–124.

*Schönaich,* Christoph Otto von: Die ganze Aesthetik in einer Nuss oder Neologisches Wörterbuch. Hrsg. von Albert Köster. Berlin 1900.

*Schöne,* Albrecht: Emblematik und Drama im Zeitalter des Barock. München 1964.

*Schönle,* Gustav: Deutsch-niederländische Beziehungen in der Literatur des 17. Jahrhunderts. Leiden 1968.

*Schröter,* Christian: Gründliche Anweisung zur deutschen Oratorie nach dem hohen und Sinnreichen Stylo Der unvergleichlichen Redner unsers Vaterlandes, besonders Des vortrefflichen Herrn von Lohensteins in seinem Großmüthigen Herrmann und andern herrlichen Schrifften. Leipzig 1704.

*Schröter,* Christian: Politischer Redner, Welcher aufs deutlichste zeiget, wie man die in dem sinnreichen Arminio des berühmten Herrn von Lohensteins enthaltene vortreffliche Staats-Regierungs-Kriegs-Lebens- und Sitten-Regeln, Samt andern denckwürdigen Begebenheiten zu allerhand gelehrten Discursen, wie auch mit leichter Mühe und Arbeit zu allerhand Politischen, Vornehmlich Zu Lob-Trauer-Hochzeit- und Glückwünschungs-Reden appliciren ... kan. Leipzig 1714. (Rez.: Deutsche Acta eruditorum, Leipzig, 19. Teil, 1713, S. 594–601.)

279

*Schulz*, Dora: Das Bild des Herrschers in der deutschen Tragödie. Vom Barock bis zur Zeit des Irrationalismus. Kallmünz (= Diss. München) 1931.

*Sexau*, Richard: Der Tod im deutschen Drama des 17. und 18. Jahrhunderts (von Gryphius bis zum Sturm und Drang). Bern 1906.

*Sinapius*, Johannes: Des Schlesischen Adels Anderer Theil oder Fortsetzung Schlesischer Curiositäten. Leipzig u. Breslau 1728. S. 787 f.

*Skrine*, Peter: A Flemish model for the tragedies of Lohenstein. In: The Modern Language Review 61, 1966, S. 64–70.

*Spellerberg*, Gerhard: Eine unbeachtete Quelle zur *Epicharis* Daniel Caspers von Lohenstein. In: Euphorion 61, 1967, S. 143–154.

*Spellerberg*, Gerhard: Verhängnis und Geschichte. Untersuchungen zu den Trauerspielen und dem »Arminius«-Roman Daniel Caspers von Lohenstein. Bad Homburg v. d. H., Berlin, Zürich 1970.

*Speyer*, Carl: Eine literarische Fälschung aus dem Jahre 1693. In: Neue Heidelberger Jahrbücher. N. F. 1926. S. 78–83. (Über Lohensteins Heroiden.)

*Stachel*, Paul: Seneca und das deutsche Renaissancedrama, Studien zur Literatur- und Stilgeschichte des 16. und 17. Jahrhunderts. Berlin 1907.

*Szarota*, Elida M(aria): Vielschichtige Tradition und schöpferische Gestaltung in Lohensteins Arminiusroman. In: Tradition und Ursprünglichkeit. Akten des 3. Internationalen Germanistenkongresses 1965 in Amsterdam. Hrsg. von Werner Kohlschmidt und Herman Meyer. Bern u. München 1966. S. 170–171.

*Szarota*, Elida Maria: Künstler, Grübler und Rebellen. Studien zum europäischen Märtyrerdrama des 17. Jahrhunderts. Bern u. München 1967. (Rezensionen verzeichnet Eppelsheimer/Köttelwesch, Bde 8. 9.)

*Szarota*, Elida Maria: Lohenstein und die Habsburger. In: Colloquia Germanica 1, 1967, S. 263–309.

*Szarota*, Elida Maria: Lohensteins Arminius als Zeitroman. Sichtweisen des Spätbarock. Bern u. München 1970.

*Szyrocki*, Marian: Andreas Gryphius. Sein Leben und Werk. Tübingen 1964.

*Tarot*, Rolf: Literatur zum deutschen Drama und Theater des 16. und 17. Jahrhunderts. Ein Forschungsbericht (1945–1962). In: Euphorion 57, 1963, S. 411–453.

*Tarot*, Rolf: Zu Lohensteins *Sophonisbe*. In: Euphorion 59, 1965, S. 72–96.

*Tentzel*, W(ilhelm) E(rnst) (Hrsg.): Monatliche Untersuchungen einiger guten Freunde von allerhand Büchern und andern annehmlichen Geschichten. Bd 1, Leipzig 1689, S. 531–533 (Brief des Dichters Abschatz an Lohensteins Witwe). S. 510–520 und Bd 2, 1690, S. 504–509 (Rezension zum »Arminius«).

*Thomas(ius)*, Christian: Freymüthige Jedoch Vernunfft- und Gesetz-mäßige Gedancken Uber allerhand fürnemlich aber Neue Bücher Durch alle zwölff Monat des 1689. Jahrs. Durchgeführet. Halle 1690. S. 646–686.

*Tieck*, Ludewig (!): Deutsches Theater. Bd 2. Berlin 1817. (S. XVII–XXII der Vorrede handeln über Lohenstein, dessen »Ibrahim Bassa« in der Anthologie enthalten ist.)

*Trunz*, Erich: Die Erforschung der deutschen Barockdichtung. Ein Bericht über Ergebnisse und Aufgaben. In: DVjs. 18, 1940, Referatenheft, S. 1–100.

*Valentin*, J. M.: Une représentation inconnu de l'*Epicharis* de Lohenstein. In: Etudes Germaniques 24, 1969, S. 242–248.

*Verhofstadt*, E(dward): Stilistische Betrachtungen über einen Monolog in Lohensteins Sophonisbe. In: Revue des langues vivantes 25, 1959, S. 307–314.

*Verhofstadt*, Edward: Zur Datierung der Urfassung von Lohensteins Cleopatra. In: Neophilologus 44, 1960, S. 195–199.

*Verhofstadt*, Edward: Politieke en filosofische thema's in een 17e-eeuwse roman. Een interpretatie van Lohensteins Arminius. In: Handlingen van de Zuidnederlandse Maatschappij voor Taal- en Letterkunde 16, 1962, S. 411–421.

*Verhofstadt*, Edward: Daniel Casper von Lohenstein: Untergehende Wertwelt und ästhetischer Illusionismus. Fragestellung und dialektische Interpretationen. Brügge 1964. (Rezensionen verzeichnet Eppelsheimer/Köttelwesch, Bd 7.)

*Vogel*, Hermann: Christian Friedrich Hunold (Menantes) (1681–1721). Sein Leben und seine Werke. Leipzig 1897. S. 20–31.

*Voßkamp*, Wilhelm: Untersuchungen zur Zeit- und Geschichtsauffassung im 17. Jahrhundert bei Gryphius und Lohenstein. Bonn 1967 (= Diss. Kiel). (Rez. von Gerald Gillespie: Germanistik 9, 1968, S. 740 f.)

*Vrancken*, Sigrid: Das Antonius-Cleopatramotiv in der deutschen Literatur (Teildruck). Diss. Bonn 1930.

*Wegener*, Carl Hanns: Hans Assmann Freiherr von Abschatz. Ein Beitrag zur Geschichte der deutschen Literatur im 17. Jahrhundert. Berlin 1910 (= Diss. Münster). (Über Lohenstein bes. S. 41 f.)

*Wehrli*, Max: Das barocke Geschichtsbild in Lohensteins Arminius. Frauenfeld/Leipzig 1938.

*Weier*, Winfried: Duldender Glaube und tätige Vernunft in der Barocktragödie. In: Zs. für dt. Philologie 85, 1966, S. 501–542.

*Wendt*, H.: Der Breslauer Syndicus Dr. Andreas Assig (1618–1676) und seine Quellensammlungen. In: Zs. des Vereins für Geschichte und Alterthum Schlesiens 36, 1901, S. 135–158.

*Wentzlaff-Eggebert*: Friedrich-Wilhelm: Das Problem des Todes in der deutschen Lyrik des 17. Jahrhunderts. Leipzig 1931. (S. 183–192 über Lohenstein.)

*Wentzlaff-Eggebert*, Friedrich-Wilhelm: Die deutsche Barocktragödie. Zur Funktion von »Glaube« und »Vernunft« im Drama des 17. Jahrhunderts. In: Formkräfte der deutschen Dichtung vom Barock bis zur Gegenwart. Hrsg. von Hans Steffen. Göttingen 1963. (Kleine Vandenhoeck-Reihe, Sonderband 1.) S. 5–20.

*Willner*: Daniel Caspar (!) von Lohenstein als Dramatiker. Progr. Dirschau 1888.

*Windfuhr*, Manfred: Die barocke Bildlichkeit und ihre Kritiker. Stilhaltungen in der deutschen Literatur des 17. und 18. Jahrhunderts. Stuttgart 1966.

*Woodtli*, Otto: Die Staatsräson im Roman des deutschen Barocks. Frauenfeld/Leipzig 1943 (= Diss. Zürich.)

*Ziemendorff*, Ingeborg: Die Metapher bei den weltlichen Lyrikern des deutschen Barock. Berlin 1933. (Über Lohenstein S. 122–127.)


3. Benutzte Literatur über Tacitus

*Drexler*, Hans: Tacitus. Grundzüge einer politischen Pathologie. Frankfurt/M. 1939.

*Etter*, Else-Lilly: Tacitus in der Geistesgeschichte des 16. und 17. Jahrhunderts. Basel und Stuttgart 1966.

*Forster*, Leonard: Nachwort. In: Justus Lipsius: Von der Bestendigkeit (De constantia). Faksimiledruck der deutschen Übersetzung des Andreas Viritius nach der zweiten Auflage von c. 1601 mit den wichtigsten Lesarten der ersten Auflage von 1599. Hrsg. v. Leonard Forster. Stuttgart 1965. S. 19*–31*.

*Gerber*, A. und A. *Greef*: Lexicon Taciteum. Bd 1. 2. Hildesheim 1962. (Nachdruck der Leipziger Erstauflage von 1877–90.)

*Jens*, Walter: Libertas bei Tacitus. In: Hermes 84, 1956, S. 331–352.

*Klingner*, Friedrich: Tacitus. In: Klingner: Römische Geisteswelt. 3. Aufl. München 1956. S. 451–474. (Zuerst in: Die Antike 8, 1932, S. 151 ff.)

*Königer*, Hans: Gestalt und Welt der Frau bei Tacitus. Diss. Erlangen-Nürnberg 1966.

*Koestermann*, Erich: Cornelius Tacitus. Annalen. Erläutert und mit (jeweils) einer Einleitung versehen. Bd 1. 2. 3. 4. Heidelberg 1963–68.

*Kroymann*, Jürgen: Fatum, Fors, Fortuna und Verwandtes im Geschichtsdenken des Tacitus. In: Pöschl (s. dort). S. 130–160. (Vorher in: Satura. Früchte aus der Antiken Welt. Otto Weinreich dargebracht. Offenburg/Baden 1952. S. 71–102.)

*Mendell*, Clarence W.: Der dramatische Aufbau von Tacitus' Annalen. In: Pöschl (s. dort). S. 432–495. (Übersetzt aus: Yale Classical Studies 5, 1935, S. 3–53.)

*Nesselhauf*, Herbert: Tacitus und Domitian. In: Pöschl (s. dort). S. 208–240. (Vorher in: Hermes 80, 1952, S. 222–245.)

*Pauly/Wissowa*: Real-Encyclopädie der classischen Alterthumswissenschaft. Neue Bearb. (3. Aufl.) Bd 1 ff. Stuttgart 1893 ff. (bes. die Artikel von P. v. Rohden über Arminius und von Hohl über Kaiser Nero, letzterer in Suppl. Bd 3, S. 349–394.)

*Pöschl*, Viktor (Hrsg.): Tacitus. Darmstadt 1969. (= Wege der Forschung, Bd 47.)

*Schanz*, Martin: Geschichte der römischen Literatur bis zum Gesetzgebungswerk des Kaisers Justinian. 2. Teil: Die römische Literatur in der Zeit der Monarchie bis auf Hadrian. 4. neubearb. Aufl. von Carl Hosius. München 1935.

*Stackelberg*, Jürgen von: Tacitus in der Romania. Studien zur literarischen Rezeption des Tacitus in Italien und Frankreich. Tübingen 1960.

*Syme*, Ronald: Tacitus. Bd 1. 2. Oxford 1958.

*Syme*, Ronald: Tacitus und seine politische Einstellung. In: Pöschl (s. dort). S. 177–207. (Vorher in: Gymnasium 69, 1962, S. 241–263.)

*Theiler*, Willy: Tacitus und die antike Schicksalslehre. In: Phyllobolia für Peter von der Mühll. Basel 1946. S. 35–90.

*Tresch*, Jolanda: Die Nerobücher in den Annalen des Tacitus. Tradition und Leistung. Heidelberg 1965.

*Voss*, Bernd-Reiner: Der Pointenstil des Tacitus. Münster 1963.

*Walker*, B.: The Annals of Tacitus. A Study in the Writing of History. 2. Aufl. Manchester 1960.

## 4. Sonstige Literatur

*Adam*, Antoine: Histoire de la littérature française au XVII° siècle. Bd 1. 2. 3. 4. 5. Paris 1962.

*Bernardin*, N.-M.: Un précurseur de Racine. Tristan L'Hermite. Sa famille, sa vie, ses œuvres. Slatkine Reprints. Genf 1967.

*Curtius*, Ernst Robert: Europäische Literatur und lateinisches Mittelalter. 3. Aufl. München 1961.

*Eppelsheimer*, Hanns W. (Hrsg.): Bibliographie der deutschen Literaturwissenschaft. (Ab Bd 2 bearb. von Clemens Köttelwesch.) Bd 1 ff. Frankfurt a. M. 1957 ff.

*Frenzel*, Elisabeth: Stoffe der Weltliteratur. Ein Lexikon dichtungsgeschichtlicher Längsschnitte. Stuttgart 1962.

*Friedrich*, Hugo: Montaigne. Bern 1949.

*Rohde*, Erwin: Der griechische Roman und seine Vorläufer. Darmstadt 1960. (Fotomechanischer Nachdruck der dritten, von Wilhelm Schmid hrsg. Aufl. Leipzig 1914.)

*Valle*, Daniela dalla: Il teatro di Tristan L'Hermite saggio storico critico. Turin 1964.

Weitere, nur am Rande benutzte Literatur ist in den Anmerkungen zitiert. Vgl. auch die Literaturverzeichnisse von Verhofstadt (Untergehende Wertwelt), Kafitz, Spellerberg (Verhängnis und Geschichte) und Szarota (Lohensteins Arminius als Zeitroman), die neben der speziellen Lohenstein-Forschung auch weiterführende Titel berücksichtigen. Von der Lohenstein-Literatur vor 1810 ist nur das Wichtigste aufgeführt. Ausführlicher verzeichnet sie Jördens.